A. RAEDECKER (COORD.) – V. COUTURE – M. KNOL
F. MILLET – D. POUCHAIN – M. SERVANIN – PH. WATRELOT

L'ÉCONOMIE AU CAPES DE SCIENCES ÉCONOMIQUES ET SOCIALES

CAPES/AGRÉGATION
SCIENCES ÉCONOMIQUES
ET SOCIALES

DUNOD

Création graphique de la couverture : Hokus Pokus Créations

11, rue Paul Bert 92240 Malakoff
www.dunod.com

ISBN 978-2-10-071564-0

Les auteurs

Alexandra Raedecker : PRAG de SES à l'Université Paris Nanterre. Responsable du Master MEEF PLC SES de l'Université Paris Nanterre - Coordinatrice - A co-rédigé les conseils méthodologiques et rédigé les chapitres A et H.

Delphine Pouchain : PRAG de SES à Science Po Lille - Co-responsable de la préparation à l'Agrégation de SES de Sciences Po Lille. A rédigé les chapitres 1, 8, 9, 10, 11 et 12.

Fabrice Millet : professeur certifié de SES au Lycée Einstein à Sainte Geneviève des Bois. Chargé d'enseignement dans le master MEEF PLC SES de l'Université Paris Nanterre. A rédigé le chapitre B.

Matthias Knol : professeur agrégé de SES en CPGE au Lycée Saint-Jean à Douai. Chargé d'enseignement dans la préparation à l'Agrégation de SES de Sciences Po Lille. A co-rédigé les conseils méthodologiques et a rédigé les chapitres 2, 3, 4, 13, 14, et 15.

Monique Servanin : professeur agrégée de SES en CPGE au Lycée Marcelin Berthelot à Saint-Maur des Fossés. Chargée d'enseignement dans le master MEEF PLC SES de l'Université Paris Nanterre. A rédigé les chapitres 5, 6, et 7.

Philippe Watrelot : professeur agrégé de SES au Lycée Corot à Savigny. Formateur à l'ESPE de Paris et ancien président du CRAP - *Cahiers pédagogiques*. A rédigé les chapitres D, E, F, I, J et K.

Véronique Couture : professeure agrégée de SES au Lycée Jacques Prévert à Taverny. Chargée d'enseignement dans le master MEEF PLC SES de l'Université Paris Nanterre. A rédigé les chapitres C et G.

Table des matières

Les auteurs III

Table des matières V

Avant-propos 1

Conseils méthodologiques 3

Section 1 En quoi consiste le CAPES de SES ? 3

Section 2 Les épreuves écrites 5

Section 3 Les épreuves orales 11

Partie 1
La démarche de l'économiste

1 Histoire et épistémologie de la pensée 18

Section 1 Histoire de la pensée économique 19

Section 2 La méthode de l'économiste 32

Savoir-faire : Répondre à une question d'histoire et d'épistémologie de l'économie 41

A Initier au raisonnement scientifique **44**

Section 1 Initier une approche scientifique du monde social 44

Section 2 L'investigation comme mise en activité 46

Partie 2
Les acteurs et leurs relations

2 Le circuit économique : acteurs, opérations et fonctions **62**

Section 1 Le circuit économique 63

Section 2 Les fonctions des ménages 67

Section 3 Les fonctions des organisations productives 75

3 La production dans l'entreprise **79**

Section 1 Des entreprises très diverses 80

Section 2 Les choix du producteur 83

4 La coordination par le marché **90**

Section 1 Qu'est-ce qu'un marché ? 91

Section 2 Comment un marché fonctionne-t-il ? 95

Section 3 Quelques imperfections de marché 103

Savoir-faire : Analyser un sujet de dissertation 110

B Les savoirs quantitatifs **113**

Section 1 Les savoir-faire quantitatifs de la Seconde à la Terminale 114

Section 2 Mises en activité sur les savoirs-faire quantitatifs 116

C La progressivité des notions **121**

Section 1 Distinguer les termes de la connaissance 122

Section 2 La progressivité des apprentissages en SES 126

Section 3 Construire des fiches de progression 127

Partie 3
Monnaie, financement et système financier

5 La monnaie et le financement de l'activité économique **134**

Section 1 La monnaie 135

Section 2 L'évolution du système bancaire 144

Section 3 Le financement de l'activité économique 147

Savoir-faire : Introduire une dissertation 156

6 Les relations monétaires internationales **159**

Section 1 Marché des changes et taux de change 160

Section 2 L'évolution du système monétaire international 167

Section 3 La construction de l'europe monétaire 174

Savoir-faire : Savoir repérer des dates, des événements clés 177

7 La globalisation financière et ses crises **179**

Section 1 Les globalisations financières 180

Section 2 Les crises financières 185

Section 3 La régulation financière 194

Savoir-faire : Construire une problématique 197

D La sensibilisation : donner du sens aux apprentissages **199**

Section 1 Pourquoi passer par une phase de sensibilisation ? 200

Section 2 Faire émerger les représentations pour enseigner la monnaie 203

E La sensibilisation : créer une situation-problème **208**

Section 1 La situation-problème comme outil de sensibilisation 209

Section 2 Créer des situations-problèmes pour enseigner la monnaie 211

Partie 4
Croissance, fluctuations et crises

8 Les sources de la croissance **218**

Section 1 Qu'est-ce que la croissance ? 219

Section 2 Le spectre de l'arrêt de la croissance 224

Section 3 Dépasser le mur de la rareté ? 229

9 Comment expliquer l'instabilité de la croissance ? **232**

Section 1 Qu'est-ce qu'un cycle ? 233

Section 2 Comment expliquer les fluctuations et les crises ? 238

Savoir-faire : Structurer son développement 245

10 Croissance et développement durable **248**

Section 1 La solution par le développement durable 249

Section 2 Le développement durable, un oxymore 255

F Numérique et SES **263**

Section 1 De l'informatique au numérique en passant par les TICE 263

Section 2 Quels outils et quels usages en sciences économiques et sociales ? 267

Section 3 Mises en activité utilisant les outils numériques 270

G Préparer les épreuves du Baccalauréat **277**

Section 1 Les compétences mises en œuvre au baccalauréat 278

Section 2 Former les élèves aux épreuves du baccalauréat 283

Partie 5
Mondialisation et intégration européenne

11 Du commerce international à l'internationalisation de la production **294**

Section 1 La victoire apparente du libre-échange 295

Section 2 Aujourd'hui, des théories beaucoup plus circonspectes 299

Section 3 La mondialisation de la production 302

Savoir-faire : L'argumentation économique 308

12 L'intégration européenne **310**

Section 1 Les grandes étapes de l'intégration européenne 311

Section 2 La coordination problématique des politiques macroéconomiques 316

Section 3 La monnaie unique entre contestation et consolidation 319

H L'utilisation des documents en SES **324**

Section 1 Diversité et évolution de l'utilisation des documents en SES 325

Section 2 Pourquoi et comment utiliser des documents en SES ? 328

Section 3 Proposition de typologie des documents 330

I Étayage, désétayage : les consignes et questions sur documents **336**

Section 1 Guider les élèves dans la lecture et l'analyse des documents 337

Section 2 Illustrer la pratique de guidage 342

Partie 6
La régulation des déséquilibres macroéconomiques

13 Le rôle économique des pouvoirs publics **352**

Section 1 Favoriser la croissance à long terme : le rôle des politiques structurelles 354

Section 2 Protéger la population des risques sociaux et des inégalités : le rôle de la politique sociale 362

14 Les politiques macroéconomiques **369**

Section 1 La politique budgétaire 371

Section 2 La politique monétaire 376

15 Travail, emploi, chômage **384**
Section 1 La diversité des formes et analyses du chômage 387
Section 2 La pluralité des politiques de l'emploi 393
Savoir-faire : Conclure une dissertation 401

J L'évaluation **403**
Section 1 En amont : savoir ce qui est attendu et évalué 404
Section 2 En aval : faire de la correction un outil pour apprendre 407
Section 3 Mises en activité sur l'évaluation 410

K Le travail de groupe **413**
Section 1 les avantages (et inconvénients) du travail de groupe 414
Section 2 Mode d'emploi du travail en groupe 416
Section 3 Proposition de mise en activité 419

Partie 7
Sujets corrigés

16 Sujets corrigés de composition **424**
Section 1 La démarche de l'économiste 425
Section 2 Les acteurs et leurs relations 427
Section 3 Monnaie, financement et système financier 429
Section 4 Croissance, fluctuations et crises 430
Section 5 Mondialisation et intégration européenne 432
Section 6 La régulation des déséquilibres macroéconomiques 433

17 Sujets corrigés d'épreuve professionnelle **436**
Section 1 Économie du développement durable 437
Section 2 Le partage des richesses créées 441

Index **449**

Index des auteurs et des courants économiques **457**

Avant-propos

Ce livre fait partie d'une série de trois ouvrages préparant au concours du Capes de Sciences Économiques et Sociales ; les deux autres livres, disponibles dans la même collection, portent sur les mathématiques et la sociologie.

Ces ouvrages sont destinés aux candidats préparant le Capes ou l'Agrégation de Sciences Économiques et Sociales. Ils reposent sur le programme du Capes. Le programme de l'Agrégation de Sciences Économiques et Sociales est plus spécifique, organisé par thèmes. Toutefois, une bonne maîtrise des contenus fondamentaux présents dans ces livres est nécessaire pour réussir ce concours. En ce sens, ils constituent une aide solide à la préparation de l'Agrégation externe. Ils sont également une base pour les candidats à l'Agrégation interne. En effet, le concours du Capes externe présente désormais deux épreuves professionnelles proches de celle de l'Agrégation interne. Il peut enfin se révéler d'une grande utilité pour les enseignants de SES qui veulent actualiser leurs connaissances et travailler les compétences nécessaires à l'enseignement.

Pour réussir les concours, il ne s'agit pas seulement de connaître des théories et des références, mais il est aussi nécessaire de comprendre les démarches et les méthodes de chacune des sciences, pour analyser le monde contemporain. Les futurs professeurs (et les actuels) doivent maîtriser les concepts et mécanismes qu'ils devront mettre en œuvre dans le cadre de leur enseignement. On s'attend à ce qu'ils utilisent l'actualité économique et sociale pour sensibiliser les élèves, qu'ils analysent celle-ci grâce à une recherche empirique et théorique, qu'ils transmettent les fondamentaux d'une connaissance citoyenne et scientifique préparant à l'enseignement supérieur.

Aussi, cet ouvrage et celui de sociologie permettent de présenter non seulement les connaissances en respectant les thèmes au programme et la progressivité des savoirs à transmettre, mais aussi les compétences nécessaires à l'enseignement de ces contenus. Ils offrent à eux deux l'ensemble des compétences fondamentales utiles à la construction de séquences de cours.

La réussite au concours du Capes dépend en grande partie de la capacité à allier les connaissances savantes, didactiques et pédagogiques. Il est attendu du candidat une réflexion sur les savoirs à enseigner et sur la manière de le faire. C'est l'objectif principal de cet ouvrage que d'allier ces trois domaines dans les thèmes au programme.

Organisation de l'ouvrage

Ce livre est organisé par **thèmes** qui sont ceux des **programmes scolaires** de Seconde, de Première, de Terminale spécifique et de spécialité. L'ordre de présentation permet de rendre compte de la progressivité des savoirs à transmettre.

Chaque thème est organisé en chapitres : les **chapitres numérotés** présentent les savoirs savants fondamentaux du thème et définissent les notions à maîtriser (deuxième colonne des programmes scolaires), les **chapitres lettrés** développent des compétences nécessaires à l'enseignement des SES, illustrées par des mises en activité à destination des élèves ou à destination des futurs professeurs qui souhaitent s'entraîner à l'épreuve professionnelle.

Tout au long de l'ouvrage, nous exposons des **conseils méthodologiques** en reprenant précisément les savoir-faire qui apparaissent particulièrement discriminants et absolument essentiels à la réussite des épreuves du concours. On trouve ainsi, dans chaque thème, un **encadré « Savoir-faire »** qui présente une compétence spécifique des épreuves du concours et propose des activités ou indique les erreurs à ne pas commettre. De plus, chaque fin de chapitre numéroté propose des **sujets possibles de dissertation** et chacun des chapitres de l'ouvrage présente une **bibliographie** pour aller plus loin.

À la fin de l'ouvrage, enfin, sont regroupés des **exemples de sujets corrigés** sur chacune des épreuves, écrites et orales, du Capes.

Utilisation de l'ouvrage

L'utilisation de cet ouvrage est multiple. D'une part, il est complémentaire de celui de sociologie. En effet, les contenus mais aussi les compétences et savoir-faire abordés sont différents. D'autre part, il est un outil dont la structure permet plusieurs lectures.

Une lecture linéaire propose un aperçu de l'étendue des connaissances et compétences à maîtriser. Elle permet de comprendre la philosophie du concours du Capes. Une lecture par chapitres numérotés permet de travailler les fondamentaux disciplinaires. Une lecture par chapitres lettrés permet de travailler la mise en œuvre d'un enseignement basé sur les fondamentaux. L'objectif est de présenter les compétences essentielles, tout en donnant des exemples d'application de celles-ci aux thèmes du programme.

Cet ouvrage est donc un compagnon de l'année de préparation au concours ; avant de suivre un Master 1 MEEF PLC SES, pendant et après ; il permet de guider l'étudiant dans ses apprentissages.

Conseils méthodologiques

Réussir le concours du CAPES nécessite des connaissances. C'est cependant bien loin d'être une condition suffisante. Il faut également savoir organiser et utiliser les savoirs acquis pour répondre à une question posée et construire un cours. Cela nécessite une bonne compréhension des méthodes de travail en amont, et des épreuves du concours en aval. À cet égard, la lecture des rapports du jury (disponibles sur le site du ministère de l'Éducation nationale) est indispensable.

Cette méthodologie doit d'autant plus être maîtrisée qu'il faudra l'apprendre aux élèves une fois le concours réussi. Il s'agit donc autant de compétences à acquérir pour réussir le concours que de compétences à transmettre par la suite au cours de la carrière professionnelle.

Section 1 EN QUOI CONSISTE LE CAPES DE SES ?

1 Les épreuves d'admissibilité

Les épreuves écrites d'admissibilité comportent une composition à dominante économique ou sociologique (incluant la science politique ainsi que les regards croisés). Cette composition est constituée d'une dissertation et d'une question sur l'histoire de la pensée ou l'épistémologie de ces disciplines. Ces deux épreuves ont lieu en une seule séquence de cinq heures, avec un coefficient 1 (la dissertation est notée sur 16, et l'épreuve d'histoire de la pensée ou d'épistémologie est notée sur 4). Le sujet porte officiellement sur le programme de SES du lycée.

La deuxième épreuve écrite consiste en l'exploitation d'un dossier documentaire. Si l'épreuve précédente était à dominante économique, alors celle-ci sera à dominante sociologique et inversement. Le dossier concerne une partie du programme appliqué au lycée. Il s'agit d'utiliser les ressources présentées par celui-ci pour proposer une séquence pédagogique incluant les travaux donnés aux élèves et une évaluation. L'épreuve dure cinq heures et est affectée d'un coefficient 1.

2 Les épreuves d'admission

Les épreuves d'admission, orales, comportent deux épreuves.

La première est une épreuve dite de « mise en situation professionnelle ». Le candidat admissible doit traiter un sujet de sociologie (et/ou de science politique et/ou regards croisés) ou d'économie. Il s'agit de mobiliser toutes les connaissances acquises pour répondre de manière structurée à ce sujet durant trente minutes. Suivent trente minutes d'entretien avec le jury sur le sujet mais également des questions portant sur d'autres aspects du programme en sociologie et en économie. Enfin, des questions didactiques permettent de clore l'entretien de mise en situation professionnelle. La préparation dure trois heures.

La deuxième épreuve est une épreuve d'entretien à partir d'un dossier. Elle est composée de trois parties distinctes : le candidat doit d'abord proposer une séquence de cours qu'il élabore à partir du dossier qui lui est remis. L'exposé dure vingt minutes. Suivent vingt-cinq minutes durant lesquelles le candidat doit répondre aux questions des membres du jury sur la séquence proposée mais également sur le système éducatif, la manière dont le candidat envisage sa pratique professionnelle, etc. Restent enfin quinze minutes consacrées à la résolution d'un exercice de mathématiques. L'épreuve dure ainsi une heure, et le candidat dispose de deux heures de préparation.

Ces deux épreuves sont d'importances égales (coefficient 2).

3 Premiers conseils

Cette présentation succincte des épreuves permet de tirer quelques enseignements utiles à la réussite du concours.

D'une part, le concours valorise les compétences orales qui pèsent deux fois plus que les compétences écrites pour la réussite. Toutefois, les épreuves orales ne sont accessibles que si l'écrit est réussi. Ainsi, si les compétences écrites doivent être travaillées dès le début de la préparation, l'oral ne doit pas être négligé. Trop de candidats présentent des profils intéressants, de réelles capacités didactiques et pédagogiques, mais un manque évident de préparation à intervenir à l'oral. C'est pourtant bien la plus grande partie du travail d'enseignant qui a lieu à l'oral.

D'autre part, les sujets portent sur les programmes scolaires. Les candidats parfois tendent à penser que cela signifie que le sujet est inscrit dans le programme. Bien évidemment, on ne saurait que déconseiller aux candidats de penser que le programme serait une liste exhaustive des sujets qui peuvent « tomber ». Bien au contraire, il s'agira de confronter le candidat à des notions fondamentales, qui malheureusement trop souvent ne font pas l'objet de réflexion de la part des futurs enseignants. Le concours du CAPES vise à sélectionner de futurs enseignants ayant pris conscience de la difficulté didactique d'enseigner des notions parfois « banales » : monnaie, consommation, balance commerciale n'en sont que des exemples. Ainsi, la délimitation des sujets au programme scolaire n'invite qu'à travailler les fondamentaux, sans déterminer pour autant les sujets.

Enfin, le nouveau concours invite à l'analyse documentaire. Très présente à l'écrit et à l'oral, cette compétence est souvent un faux acquis des candidats au concours qui pensent avoir la compétence d'analyse et de traitement des différents supports. Pourtant, chaque année, l'expérience montre que les candidats peu confrontés aux documents ont perdu l'habitude de considérer précisément le travail sur ceux-ci. L'analyse est souvent bien trop rapide, succincte, et particulièrement superficielle. Des erreurs que font nos élèves de lycée sont commises par ceux préparant le concours. Nous ne pouvons donc qu'insister sur l'importance de travailler régulièrement cette compétence, sans attendre les concours blancs. Tout document de presse peut être utilisé pour l'entraînement, il s'agit d'une part de prendre conscience de la multiplicité des formes du document, mais aussi de ses contenus. De plus, il s'agit de prendre des habitudes quant à la diversité des utilisations en classe.

Section 2 LES ÉPREUVES ÉCRITES

1 La gestion de la composition

La première épreuve écrite dure cinq heures. Comme elle est composée de deux épreuves différentes, il est nécessaire de bien gérer son temps pour répondre correctement aux deux exercices. La dissertation nécessite quatre heures et la question d'histoire de la pensée ou d'épistémologie une heure. Pour la dissertation, il est conseillé de rédiger au moins huit pages, et la question d'histoire de la pensée et d'épistémologie devrait comporter au minimum deux pages.

Il est souvent conseillé de commencer par la dissertation, pour ne pas risquer de passer trop de temps sur la deuxième partie de l'épreuve, au détriment de la première. Toutefois, ne pas répondre à la question est aussi un très mauvais signal à donner au jury de concours qui recrute de futurs enseignants capables d'organiser leur temps. On peut donc conseiller au candidat de tout préparer au brouillon avant de rédiger au propre, ce qui lui évitera de devoir gérer une réflexion synthétique dans le stress de la fin d'épreuve.

Focus

Répartition du temps d'épreuve

La dissertation en 4 heures peut se répartir de la manière suivante :

1. Analyse du sujet : 30 min – Commencer par définir les termes du sujet : tous doivent être travaillés, pas uniquement ceux identifiés dans le champ disciplinaire. Poser ensuite les questions sous-jacentes qui peuvent être épistémologiques, de politiques publiques, d'actualité, etc. Les enjeux du sujet sont alors posés et émergent de l'analyse. Déterminer un contexte spatio-temporel d'étude.
2. Recherche des arguments et construction du plan : 1 h 30 – À partir de la réflexion sur le sujet, une problématique doit être choisie, le plan n'est qu'une réponse en plusieurs parties à celle-ci. Il se doit donc d'être progressif et adapté au sujet. Une fois défini le plan de réponse, les arguments référencés sont agencés dans les parties. L'argumentation articule théories, faits sociaux et mise en perspective historique. C'est cette articulation qui fait la qualité de la réponse proposée. Il faut de plus préparer la conclusion
3. Rédaction : 1 h 45 – Une fois le plan construit et les arguments mobilisés placés dans l'argumentation. Il faut reprendre le travail effectué pour vérifier sa cohérence d'ensemble, l'enchaînement des parties et que le plan et les arguments répondent à la problématique et au sujet. Les annonces de plan et transitions rédigées au brouillon permettent une meilleure fluidité rédactionnelle. Lors de la rédaction de la copie, il faut se concentrer sur l'écriture : lisible, fluide, l'expression doit être correcte et sans faute de langue. La copie doit être correctement présentée, avec des paragraphes (marqués par des alinéas), des sauts de lignes (entre les parties et les transitions), une ponctuation correcte.
4. Relecture : 15 min – Il ne s'agit pas d'un retour réflexif, c'est inutile : l'épreuve est terminée ! Trop souvent les étudiants en profitent pour ajouter des incises, ou ne relisent pas par peur de trouver leur travail « nul ». Bien entendu, 15 minutes sont trop courtes pour évaluer le travail, il s'agit uniquement de vérifier l'orthographe, la syntaxe, la grammaire, de corriger la langue et l'écriture. Éventuellement, cette relecture faite avant de rédiger la conclusion peut permettre d'améliorer celle-ci.

La question d'histoire et d'épistémologie en 1 heure peut se répartir de la manière suivante :

1. Analyse du sujet : 15 min – Étape souvent oubliée, elle est pourtant le gage d'une bonne réponse. Elle permet de délimiter le sujet, de déterminer précisément les attendus de la question. Il faut s'attacher principalement à définir l'angle à traiter et à mettre de côté ce qui ne pourra, ne devra pas être abordé.
2. Élaboration du plan : 20 min – Après avoir précisément considéré le sujet, il est plus simple de mobiliser les arguments nécessaires. On définit alors un certain nombre de paragraphes (entre deux et quatre) qui seront autant d'éléments de réponse agencés progressivement. Il faut alors déterminer les références mobilisées pour chaque paragraphe.
3. Rédaction et relecture : 25 min.

Cette gestion du temps est essentielle à la réussite, c'est la première compétence de l'enseignant. Il faudra veiller à adapter ce temps d'épreuve, à définir votre propre répartition et à vous y tenir.

1.1 La dissertation

La dissertation doit être une réponse claire, structurée et nuancée au sujet. Cela implique un plan, qui doit comporter de manière impérative deux ou trois parties, ainsi que deux ou trois sous-parties. Ce plan ne devrait pas être apparent, dès lors, il faut annoncer les parties (en fin d'introduction), annoncer toutes les sous-parties (en début de partie) et rédiger des transitions entre les parties.

Il faut également une introduction qui amorce le sujet, en définit les termes, l'analyse (enjeux, contexte spatio-temporel, problématisation), propose une problématique et annonce le plan (voir « Savoir-faire », partie 3). Cette introduction ne peut pas faire moins d'une page. Au-delà de deux pages, elle prend trop d'importance et risque de noyer l'analyse du sujet. Cette partie de la dissertation est capitale, car c'est la première que lit le correcteur. À l'issue de sa lecture, il a déjà une idée de la qualité de la copie, et éventuellement d'une fourchette de note.

Le développement peut évidemment modifier l'impression générale, mais une dépendance au sentier rend plus difficile de modifier radicalement l'impression, sa structuration est capitale (voir « Savoir-faire », partie 4).

La conclusion est importante, car c'est la dernière chose que lit le correcteur. Mais elle ne peut pas déterminer de manière radicale la note mise à la copie. Elle est constituée de deux éléments majeurs : une réponse à la problématique qui permet de reprendre les points principaux d'explication, de réintégrer la réponse dans le sujet et une ouverture qui permet de clore la copie sur un enjeu non traité, et qui n'est pas un élément qui aurait pu (et donc dû) se trouver dans le développement (voir « Savoir-faire », partie 6).

Pour parvenir à ce résultat, il faut précisément suivre les étapes de réflexion suivantes :

- L'analyse du sujet doit permettre de déterminer les enjeux du sujet et donc la problématique choisie, grâce à une réflexion sémantique sur les termes du sujet. Il faut répondre à trois questions : que me demande-t-on ? (Nature de la question), sur quel domaine ? (Champ conceptuel). Dans quel contexte ? (voir « Savoir-faire », partie 2).
- Le ciblage du contenu permet de déterminer les références, données, indicateurs mobilisés. Il faut veiller à hiérarchiser ces contenus, à éliminer ceux qui sont secondaires et détailler les références importantes, en présentant la démarche de recherche de l'auteur pour montrer la capacité à adopter un « regard d'économiste ».
- La structuration de la pensée part toujours de la problématique, les parties du plan étant des éléments de réponse au sujet. Il faut donc veiller à établir des affirmations progressives ou s'opposant de manière nuancée. Cela dépend du type de problématique et donc de plan. Dans tous les cas, ces affirmations sont les « titres » de parties. Elles définissent ce qu'il va falloir démontrer dans la partie, grâce à des éléments d'explications et d'illustrations. On retrouve la structuration en AEIC (affirmer, expliquer, illustrer conclure) à tous les niveaux de la dissertation : un paragraphe est un AEIC, une sous-partie permet de démontrer par deux ou trois paragraphes et donc arguments une

affirmation. Une fois déterminés les éléments d'argumentation (voir « Savoir-faire », partie 5) il faut veiller à l'équilibre des parties.

1.2 La question d'histoire de la pensée ou d'épistémologie en économie

Cette épreuve dure une heure.

Il faut articuler une réponse structurée a *minima*. En une heure, on ne peut construire un plan élaboré, et en deux ou trois pages, on ne peut construire une introduction complète, etc. Mais quelques lignes introductives, et une réponse structurée en deux ou trois grandes étapes est nécessaire. Là encore, la réponse doit être nuancée, en s'appuyant sur des connaissances solides (donc des théories, des concepts, des auteurs).

Les compétences évaluées par cette épreuve sont notamment :
- la connaissance de la définition de la discipline et de ses démarches, des auteurs fondamentaux, des méthodes et questionnements de ceux-ci ;
- la capacité à actualiser ces connaissances, à mettre les théories historiques en regard de l'actualité, à proposer une épistémologie évolutive ;
- la capacité à structurer et synthétiser rapidement une réponse claire et précise sur des questions complexes.

Elle valide ainsi la capacité du candidat à enseigner les démarches des sciences économiques et sociales aux élèves (voir « Savoir-faire », partie 1).

2 La gestion de l'épreuve dite « professionnelle »

L'épreuve d'exploitation du dossier documentaire consiste à présenter une séquence pédagogique, intégrant des travaux à réaliser par les élèves et une évaluation des acquisitions attendues. Il est attendu du candidat qu'il maîtrise la conception de dispositifs d'apprentissages, en s'appuyant sur une réflexion didactique et pédagogique.

2.1 La méthodologie de l'épreuve professionnelle

L'épreuve professionnelle n'est pour le moment pas définie formellement par le jury du concours qui laisse une certaine liberté aux candidats. Toutefois, le temps imparti pour traiter le dossier documentaire rend nécessaire une rigueur particulière dans la gestion de l'épreuve.

Focus

Répartition du temps de l'épreuve professionnelle

Exercice moins normé que la dissertation, l'épreuve professionnelle est toutefois pratiquée dans les concours internes qui peuvent servir de point d'ancrage pour comprendre les attendus. La répartition du temps de cette épreuve est très personnelle. Les candidats doivent se l'approprier et s'exercer suffisamment avant le concours afin de définir pour eux-mêmes une répartition qui convient. Nous ne pouvons donc que proposer un temps indicatif.

1. Analyse du dossier : 50 min – Commencer par lire rapidement le dossier, de manière transversale. Déterminer la situation dans le programme, les notions et connaissances à transmettre, les prérequis généraux utiles et nécessaires au traitement du sujet. Ensuite, relire le dossier plus précisément pour analyser les documents. Préparer un tableau d'analyse qui présente au brouillon : l'information principale du document, l'information secondaire, la place dans le cours, l'utilisation qui peut en être faite avec les élèves.
2. Structuration de la séquence pédagogique : 30 min – À partir de la réflexion sur le sujet, et les documents, le plan permet d'expliciter pour les élèves la progression du cours, les titres doivent être suffisamment précis pour guider les apprentissages. L'intégration des documents dans le plan permet de vérifier la cohérence, l'équilibre des parties et la progressivité des compétences utilisées. Les activités et éléments de réponses attendues peuvent alors être préparés au brouillon.
3. Évaluations : 40 min – Une fois le plan construit et les documents placés, il faut reprendre le travail effectué pour vérifier sa cohérence d'ensemble, l'enchaînement des parties et que le plan et les documents répondent à la problématique et au sujet. Il faut construire alors les évaluations qui doivent être précises en termes d'objectifs, de guidage, de corrigés.
4. Rédaction : 2 h 15 – La rédaction de la copie d'épreuve professionnelle est longue, il faut donc que le candidat comme pour la dissertation ait acquis une bonne habitude de travail. On peut considérer que la rédaction de cette épreuve demande moins de concentration argumentative, ainsi cette phase est encore réflexive sur les contenus, puisqu'il est impossible de tout préparer au brouillon. Le guidage des activités et l'étayage sont faits directement sur la copie rendue.
5. Relecture : 15 min

Les parties de l'épreuve professionnelle sont les suivantes :

- L'introduction pédagogique permet de :
  - situer le thème au sein du programme et les indications complémentaires traitées. Elle précise la progression pédagogique conçue par le candidat ;
  - définir les objectifs de savoir et savoir-faire de la séquence qui sera proposée ;
  - déterminer les prérequis sur lesquels s'appuie la séquence.
- Si l'introduction pédagogique est un incontournable de l'épreuve, sa forme n'est pas stabilisée. Certains étudiants présentent de longues listes d'objectifs et de prérequis

sans grand intérêt, parfois non réutilisés ensuite. On y ressent l'obligation et non la réflexion. Il s'agit pourtant d'argumenter sur la manière dont le dossier est perçu et traité, ainsi que de montrer la cohérence que lui donne le candidat. On peut donc prévoir un paragraphe qui présente l'enchaînement progressif des savoirs et savoir-faire plutôt qu'une liste exhaustive.

- Le développement présente une séquence de cours constituée selon le dossier, d'une sensibilisation, d'un plan de cours apparent, d'activités proposées sur les documents du dossier, d'une évaluation formative et d'une évaluation sommative. L'ensemble des activités et évaluations proposées sont justifiées, leurs objectifs explicitement présentés et des éléments de corrections apportés. Des synthèses et transitions entre les parties permettent de montrer le fil rouge du cours proposé. Le développement présente un cours complet et évalué. On peut présenter pour chaque partie du plan : la modalité pédagogique de l'activité (travail individuel, en groupe, en binôme, etc.), la consigne de travail, le guidage proposé. Une synthèse permet de rendre compte des acquis en fin de partie. Les évaluations formatives sont proposées en cours de séquence, l'évaluation sommative en fin de cours permet de vérifier l'acquisition des apprentissages. Elle est corrigée.
- La conclusion permet de rendre compte des acquis des élèves, de présenter éventuellement les prolongements de la leçon, et d'indiquer les contenus traités après cette séquence.

2.2 Les compétences attendues

Le candidat dispose comme pour la composition d'une certaine liberté dans le traitement du sujet, comme il existe plusieurs plans possibles, il existe plusieurs séquences de cours possibles à partir d'un même dossier. Les présidents de jury insistent particulièrement sur trois fondamentaux :

- La cohérence d'ensemble : le candidat doit présenter une séquence de cours qui « se tient », qui présente un objectif précis, des activités qui y répondent et une évaluation qui permet de déterminer les acquisitions des élèves.
- L'argumentation : évidemment, elle ne prend pas la forme de celle de la dissertation. Il s'agit d'exposer et d'expliciter ses choix : dans l'introduction pédagogique, il faut expliciter le traitement fait du programme, la problématique choisie et le plan de séquence ; dans le développement, il faut expliciter les choix d'activités et de dispositifs pédagogiques ; dans l'évaluation, il faut expliciter les compétences de savoir et savoir-faire évaluées.
- La précision : le candidat doit présenter un travail rigoureux et correctement présenté. L'épreuve professionnelle en cinq heures présente un grand nombre de pages (certains candidats rendent parfois 12 pages). Il est nécessaire pour guider la lecture du correcteur que le travail soit correctement présenté, avec une structure claire : alinéas, sauts

de lignes, transitions, plan apparent, etc. De plus, le candidat doit faire preuve de son aptitude à la synthèse.

Certaines capacités sont indispensables à la réussite de cette épreuve :

- Capacité à exploiter rapidement et précisément un dossier documentaire : définir la question centrale de celui-ci, mettre en relation des documents, exploiter chacun des documents pour les agencer dans un cours (choix des parties conservées, des documents utilisés). Cette compétence nécessite implicitement une très bonne maîtrise des contenus disciplinaires.
- Capacités didactiques et pédagogiques : il faut préparer des activités adaptées au niveau des élèves pour leur faire acquérir les savoirs. Ces activités doivent être diversifiées, présenter un niveau d'analyse qui permette de mettre les élèves en activité et une progressivité dans les questionnements (voir chapitre C). Évidemment, il est nécessaire de maîtriser parfaitement les programmes scolaires.
- Capacité à structurer un cours : le plan doit être adapté au niveau de classe concerné, il doit présenter des parties équilibrées, les titres doivent être suffisamment précis pour que les élèves comprennent la progression et doivent correspondre aux indications complémentaires.

Section 3 LES ÉPREUVES ORALES

1 Quelques conseils concernant les épreuves orales

Les épreuves orales consistent à faire face à un jury. Évidemment, ses membres savent très bien que ce n'est pas un cours qui est proposé, et que le candidat ne se présente pas face au jury de la même manière qu'un enseignant se présenterait devant une classe. Néanmoins, ils jugent des compétences, des qualités nécessaires pour faire face aux élèves.

Il faut prendre en compte l'apparence. Il ne faut pas en faire trop, mais elle doit être soignée et marquer une forme de respect à l'égard des interlocuteurs.

Les épreuves orales sont particulièrement anxiogènes : le face à face avec le jury est stressant, le candidat doit donc contrôler ses émotions. C'est pourquoi l'entraînement régulier est très important.

2 L'épreuve de « mise en situation professionnelle »

L'épreuve de « mise en situation professionnelle » prend la même forme que les sujets de composition, mais à l'oral. Il faut structurer l'exposé, avec une introduction, un développement avec un plan, et une conclusion. L'exposé devant durer trente minutes maximum, on peut passer cinq minutes sur l'introduction, quelques minutes sur la conclusion, et une vingtaine sur le développement. Là encore, des parties et des sous-parties sont nécessaires, et il convient de les annoncer.

Cette épreuve nécessite des connaissances, une méthode claire et de montrer ses compétences didactiques. Il s'agit de formuler une réponse structurée au sujet. La gestion du temps de cette épreuve est particulièrement importante. Le temps de préparation de l'épreuve est limité à trois heures. Il faut donc être attentif à ne pas gaspiller ce temps.

Focus

L'utilisation du tableau

Utiliser le tableau est nécessaire. Cela permet de voir dans quelle mesure le candidat est capable d'utiliser cet outil incontournable de l'enseignant. L'utilisation doit être la plus rigoureuse possible. Il faut savoir composer avec l'espace, où on écrit le plan, où on note les schémas, les graphiques, où on écrit les concepts, les noms d'auteurs, etc.

C'est la raison pour laquelle des entraînements aux oraux sont utiles pour apprendre les techniques minimales, en évitant de se poser la question au moment même de l'oral.

Il faut éviter d'effacer avec sa main ou sa manche, penser à écrire ni trop petit, ni trop grand, et effacer le tableau en quittant la salle, par respect pour le candidat suivant.

En économie, les graphiques sont incontournables. Le candidat peut tout à fait prendre l'initiative de les présenter lui-même durant l'exposé, mais les membres du jury n'hésiteront pas à en demander au candidat. Il faut maîtriser parfaitement et avec une grande rigueur les graphiques (savoir ce que l'on met en abscisse, en ordonnée, nommer les courbes, etc.).

Une fois le sujet donné, il faut définir les termes du sujet. Ensuite, il faut analyser le sujet pour construire une problématique et un plan (comme à l'écrit pour l'épreuve de la composition).

Il est illusoire de rédiger entièrement votre exposé. D'abord, parce que c'est chronophage, et puis parce que vous seriez tenté de lire simplement votre exposé devant les membres du jury. Or ce n'est pas du tout ce qu'il attend. Lire l'exposé laisse entendre que vous ne maîtrisez pas ce que vous dites. Pour éviter la tentation, il est préférable de noter rapidement quelques éléments importants pour développer ces notes à l'oral.

Il faut maîtriser le temps, pour éviter de terminer trop tôt, ou pour éviter que le jury ne coupe l'exposé. Là encore, un entraînement régulier permet d'anticiper le temps que l'on peut tenir avec ses notes. Il faut ensuite se référer régulièrement à la montre pour gérer le temps de l'épreuve. Hiérarchiser les notes est utile : en distinguant dans les dernières minutes de la préparation ce qui est primordial de ce qui est secondaire, on peut laisser de côté les points annexes si on sent que le temps risque d'être dépassé.

3 L'épreuve d'« entretien à partir d'un dossier »

Que cherche-t-on à évaluer lors de cette prestation de 50 minutes (20 minutes de présentation du dossier, 20 minutes d'entretien à partir du dossier et 10 à 15 minutes de mathématiques) ? On a peu d'indications officielles, hormis les rapports de jurys. Mais, d'expérience, le jury repère si le candidat est « prêt » à prendre en charge une classe deux mois plus tard.

L'évaluation n'est pas centrée sur la maîtrise de savoirs savants mais sur la capacité à préparer un cours et à l'enseigner. Il faut donc être capable de situer le cours dans le programme officiel, maîtriser les problématiques précisées par les IC et indiquer ce que l'élève a déjà abordé (prérequis).

Ces compétences doivent permettre de choisir une stratégie de présentation d'un contenu apporté aussi par un dossier de documents (principalement des extraits de manuels). Il faut donc lors de la préparation (deux heures) que le candidat arrive à définir une problématique, un plan, des contenus à partir de ses connaissances et du travail effectué sur le dossier documentaire.

Lors des vingt minutes de présentation du dossier, le candidat doit montrer les compétences requises pour être professeur :
- avoir un registre élevé de langue et une élocution fluide ;
- connaître les savoir-faire au programme ;
- maîtriser le temps d'intervention ;
- présenter simplement les mécanismes et les notions demandés dans les programmes ;
- se servir des outils disponibles (tableau, documents) ;
- capter son auditoire (éviter la lecture de brouillon ou les regards fuyants) ;
- être convaincu et convainquant.

Toutes ces qualités sont complémentaires et négliger une d'entre elles pénalisera le candidat. Finir la présentation en quinze minutes, ne pas se servir du tableau, ne pas connaître les savoirs et savoir-faire demandés au lycée, ne pas être audible sont des signaux négatifs envoyés au jury.

Il faut montrer son niveau de motivation en répondant clairement aux questions. Le jury n'est pas là pour mettre a *priori* en difficulté, mais pour préciser des contenus, la logique de présentation d'une activité par exemple. Comme pour l'épreuve de mathématiques, l'approche est bienveillante mais ce qui est recherché, c'est un niveau de compétence et une réactivité face à des situations parfois imprévues. Il ne faut pas négliger la connaissance du système éducatif et il faut s'informer sur les dispositifs récents (accompagnement personnalisé, conseil d'enseignement, enseignement d'exploration, etc.)

Bibliographie

- Laurent Simula, Luc Simula, *La dissertation économique*, La Découverte, 2014.
- Jean Etienne, René Révol, *La dissertation économique aux concours*, Armand Colin, 2012.
- Marjorie Galy, Erwan Le Nader, Pascal Combemale, *Les sciences économiques et sociales*, La Découverte, 2015.
- Alain Beitone, Christine Dollo, Estelle Hemdane, Jean-Renaud Lambert, *Les sciences économiques et sociales* : enseignement et apprentissages, De Boeck, 2013.
- Gérard Grosse, Elisabeth Chatel, Adeline Richet, *Professeurs de sciences économiques et sociales* : un métier et un art, Scérén-Hachette, 2002.
- Yves Reuter, *Dictionnaire des concepts fondamentaux des didactiques*, De Boeck, 2013.
- Françoise Raynal, Alain Rieunier, *Pédagogie* : dictionnaire des concepts clés, ESF, 1997.
- Bruno Garnier, *Les grands enjeux du système éducatif français*, Dunod, 2015.

Partie 1

Histoire et épistémologie de la pensée | Chapitre 1
Initier au raisonnement scientifique | Chapitre A

La démarche de l'économiste

Chapitre 1

Histoire et épistémologie de la pensée

OBJECTIFS

- Montrer que la science économique telle qu'elle se présente aujourd'hui est le résultat d'une longue histoire dont elle porte l'empreinte
- Analyser la spécificité et l'intérêt de la démarche scientifique en économie

NOTIONS

- Rareté, choix individuel et collectif
- Coût d'opportunité, modèle
- Incitations et contraintes

SOMMAIRE

SECTION 1 **Histoire de la pensée économique**

SECTION 2 **La méthode de l'économiste**

L'histoire de la pensée économique se caractérise par sa fausse simplicité. Un premier problème, de nature quantitative, se pose : si l'on veut maîtriser l'histoire de la pensée, jusqu'où aller dans les détails ? Quelles théories économiques méritent de figurer dans l'histoire de notre discipline ? La tâche est immense. Elle revient à tenter de « séparer le bon grain de l'ivraie[1] ». Le deuxième problème, plus qualitatif, est un problème

[1] Mark Blaug, *Méthodologie économique*, Economica, 1982.

d'interprétation. Pour chaque courant, chaque auteur, tout et son contraire ont souvent déjà été dits. On constate une multiplicité d'interprétations concurrentes sur la pertinence relative de tel ou tel auteur, de telle ou telle étiquette, tel ou tel concept. On peut par exemple lire que le principal apport d'Adam Smith est sa théorie du profit, et/ou qu'il n'y a pas de théorie du profit chez Smith. Nous montrerons que, malgré ces difficultés, l'histoire de la pensée économique est nécessaire. Dans ce chapitre, nous rappellerons d'abord les grandes étapes de l'histoire de la pensée économique, depuis ses origines jusqu'à la révolution marginaliste. Dans un second temps, nous reviendrons sur la spécificité des méthodes de la science économique, et sur les questions qu'elles soulèvent d'un point de vue épistémologique.

Section 1 HISTOIRE DE LA PENSÉE ÉCONOMIQUE

1 « Pourquoi s'encombrer de l'histoire de la théorie économique[1] ? »

1.1 Une dimension souvent négligée

Boncoeur et Thouément[2], ou encore Blaug[3], montrent que l'histoire de la pensée économique est trop souvent considérée comme étant le « musée des théories dépassées » et le regrettent. C'est que beaucoup d'économistes souhaitent présenter l'économie comme étant une science « dure » (voir *infra*). Or, l'apprentissage des sciences « dures » se passerait de l'étude de leur histoire. L'histoire de la pensée économique ne serait d'aucune utilité et la référence aux auteurs anciens s'est faite de plus en plus rare, et beaucoup d'économistes préfèrent se considérer comme « sans histoire ».

De plus, d'un point de vue épistémologique, la science progresse en remettant en cause les théories précédentes. On trouve cette idée chez Thomas Kuhn[4] : les théories scientifiques finissent toujours par se trouver face à des obstacles, des éléments de la réalité qu'elles ne parviennent pas ou plus à expliquer. Une « révolution scientifique » doit alors s'engager. Ce sont ces révolutions qui permettent à la science d'avancer, grâce aux changements de paradigmes qu'elles induisent. Selon Kuhn, tout nouveau paradigme fait ainsi définitivement disparaître le précédent. Pour Gaston Bachelard[5] également, la connaissance

[1] Mark Blaug, *La pensée économique*, Economica, 1996.

[2] Jean Boncoeur, Hervé Thouément, *Histoire des idées économiques de Platon à Marx*, Nathan Circa, 2000.

[3] Mark Blaug, *La pensée économique*, Economica, 1996.

[4] Thomas Kuhn, *La structure des révolutions scientifiques* [1962], 1979.

[5] Gaston Bachelard, *La formation de l'esprit scientifique*, 1938.

se construit toujours contre les connaissances antérieures. Ces deux auteurs ne préconisent évidemment pas de négliger l'histoire des sciences, mais ils montrent que celles-ci progressent en remettant en cause les connaissances antérieures, alors dévalorisées par les nouveaux progrès de la science. Chaque nouveau courant se veut ainsi plus « scientifique » et plus « pertinent » pour expliquer le réel que le précédent.

1.2 Une histoire de la pensée économique écartelée entre deux écueils

Le premier écueil auquel est confrontée l'histoire de la pensée économique est le « danger de l'adoration[1] ». Il s'agit de la tentation qui consiste à vanter les mérites des premiers économistes, avec le désir de découvrir dans leurs travaux une idée en avance sur leur époque, en devançant leurs propres intentions (donc de façon anachronique). Les doctrines économiques du passé constituent alors selon Blaug le « catalogue d'une série de vues prémonitoires ». C'est ce que Béraud et Faccarello (2000) appellent le « mythe du précurseur ».

A contrario, le deuxième écueil, symétrique du premier, est pour Blaug le « danger de l'arrogance ». Dans ce cas, on ne voit dans les pensées anciennes que les erreurs et les défauts, sans apprécier les circonstances historiques qui les ont vus naître. On juge ainsi les anciens à l'aune de la théorie moderne. Les doctrines économiques du passé seraient alors les « erreurs des morts ». Jean-Baptiste Say est représentatif de cette position, quand il écrit dans son *Cours complet d'économie politique pratique* (1852) :

> Que pourrions-nous gagner à recueillir des opinions absurdes, des doctrines décriées et qui méritent de l'être ? Il serait à la fois inutile et fastidieux de les exhumer. Aussi l'histoire d'une science devient-elle de plus en plus courte à mesure que la science se perfectionne [...]. Ainsi dans le cas où nous connaîtrions parfaitement l'économie des sociétés, il nous importerait assez peu de savoir ce que nos prédécesseurs ont rêvé sur ce sujet, et de décrire cette suite de faux pas qui ont toujours retardé la marche de l'homme dans la recherche de la vérité.

1.3 Un appui critique pourtant nécessaire

Étudier l'histoire de la pensée économique permet à chaque économiste de comprendre qu'il est influencé par cette histoire, qu'il le veuille ou non. Comme le dit John Maynard Keynes[2] :

> Les idées, justes ou fausses, des philosophes de l'économie et de la politique ont plus d'importance qu'on ne le pense généralement. À vrai dire, le monde est presque exclusivement mené par elles. Les hommes d'action qui se croient parfaitement affranchis des influences doctrinales sont d'ordinaire les esclaves de quelque économiste passé.

L'histoire de la pensée économique est donc « un laboratoire que chaque économiste porte en lui, consciemment ou non[3] ». L'histoire de la pensée économique nous aide à

---

1 Mark Blaug, *La pensée économique*, Economica, 1996.

2 John Maynard Keynes, *Théorie générale de l'emploi, de l'intérêt, et de la monnaie* [1936], Payot, 1988.

3 Mark Blaug , *La pensée économique*, Economica, 1996.

progresser, à ne pas reproduire les erreurs du passé. Dans ce sens, nous nous instruisons également des impasses rencontrées au cours des époques antérieures.

L'apprentissage de l'histoire de la pensée économique est donc nécessaire, dans la mesure où la science économique se caractérise par une forme de « dépendance au sentier[1] ». La connaissance économique dépend du chemin suivi progressivement depuis des siècles ; ce qu'elle est aujourd'hui est le résultat de la route parcourue, et la somme de toutes les erreurs et découvertes du passé.

2 Les prémisses de la pensée économique

2.1 Les premières réflexions de nature économique

Les premiers économistes sont les philosophes. Platon aborde les questions économiques en recherchant la meilleure organisation possible de la Cité. Il développe les premières références aux avantages de la division du travail. Évidemment, il ne dit pas qu'elle augmente la productivité du travail. Mais l'idée affleure : grâce à la division du travail, dit-il, « on produit toute chose en plus grand nombre, mieux, et plus facilement ».

Aristote élève l'économie au rang de science de l'homme, à côté de la politique et de l'éthique. Il existe pour lui une forme d'économie naturelle, régie par le chef de famille, qui a pour objectif le bien-vivre du foyer, du domaine (qu'on peut élargir à la communauté). Cette économie est l'économie domestique, aussi appelée parfois « bonne chrématistique ». L'acquisition des biens nécessaires permet d'accéder à la véritable richesse et à la vie heureuse ; la quantité nécessaire de ces biens est finie. Le commerce est dit ici « naturel », tant qu'il a pour objectif de satisfaire une valeur d'*usage*. Les agents économiques échangent car ils en tirent de la satisfaction, et sont animés par la volonté de « bien » échanger. L'économie s'apparente ici à l'éthique de la bonne consommation. La vertu essentielle de l'agent économique est d'être économe.

Aristote explique que cette première forme d'économie peut être subvertie et dériver en une « mauvaise chrématistique » non naturelle. Dans ce cas, la finalité n'est plus le bien-vivre mais l'accumulation illimitée des richesses (par la monnaie). Cette économie n'a pas de fin en elle-même. Cette façon d'acquérir et d'accumuler est blâmable, car elle s'exerce forcément aux dépens d'autrui. Dans ce contexte, l'échange n'a plus pour objectif la satisfaction d'une valeur d'usage, mais seulement une accumulation sans fin de valeur d'échange.

2.2 Les mercantilistes

À partir du milieu du XVIe et jusqu'à la fin du XVIIe siècle, domine le courant mercantiliste, trop disparate pour former une véritable « école » en tant que telle.

[1] Paul David, "Clio and the Economics of QWERTY", *American Economic Review*, vol. 75, n° 2, 1985.

Certains commentateurs considèrent que les mercantilistes posent les premières véritables doctrines économiques. Pour la première fois, les activités économiques n'ont plus une finalité morale ou religieuse, comme pendant l'Antiquité ou au Moyen Âge, mais visent une fin spécifiquement économique : la richesse nationale. Les principaux représentants du mercantilisme sont Jean Bodin, Antoine de Montchrestien, ou encore William Petty.

La pensée des mercantilistes se libère de la religion, et accorde une importance primordiale à la puissance politique du Prince (le monarque), qui suppose le développement de sa puissance économique. La figure du marchand est réhabilitée : les intérêts des marchands et du souverain sont vus comme convergents, dans la mesure où la puissance politique de l'un passe par l'enrichissement des autres. La richesse du souverain et de son peuple dépend de la capacité du pays à capter des flux de richesses en provenance de l'étranger : l'enrichissement national implique la constitution d'un excédent commercial. Il faut donc restreindre les importations et favoriser les exportations. On voit également avec Bodin apparaître les premiers signes de ce qui deviendra ultérieurement la « théorie quantitative de la monnaie » (voir chapitre 5). Bodin attribue en effet l'essentiel de l'augmentation des prix de son époque à l'afflux d'or en provenance du « Nouveau Monde[1] ».

Avec les mercantilistes, tout doit faire l'objet de calculs et de vérifications mathématiques. L'économie se mathématise, elle se fonde sur les recensements, les calculs, l'analyse comparative : l'économie se constitue en tant qu'arithmétique politique. Joseph Schumpeter[2] estimera en 1954 qu'il faudrait parler de « mercantilismes » au pluriel, puisque l'on peut distinguer plusieurs variantes nationales qui n'insistent pas sur les mêmes aspects : le mercantilisme espagnol qui préconise l'accumulation de métaux précieux, le mercantilisme français qui se concentre sur l'industrialisation, et enfin le mercantilisme britannique qui met l'accent sur le commerce extérieur.

Les mercantilistes seront très critiqués par des auteurs davantage favorables au libéralisme économique, tels que John Locke ou encore Pierre de Boisguilbert. Ce dernier entend abolir les entraves au commerce. Il rompt violemment avec le mercantilisme afin de prôner les vertus de l'agriculture et de la libre-concurrence. Il esquisse un circuit monétaire annuel des revenus entre trois groupes sociaux (le « beau monde », les « laboureurs » et les « marchands »). Les mercantilistes seront également critiqués par Richard Cantillon, qui développe la première véritable analyse de l'entrepreneur (à distinguer du capitaliste). Sa caractéristique est d'acheter à un prix certain pour revendre à un prix incertain. Bien avant les travaux de Schumpeter et de Knight émerge la figure de l'entrepreneur (voir *La sociologie au CAPES de SES*) comme agent économique supportant le risque.

---

[1] Une controverse eu lieu entre Bodin et Malestroit, qui lui attribuait l'impression d'inflation de l'époque au droit de seigneuriage, qui permettait au pouvoir royal de rogner les pièces d'or.

[2] Joseph Schumpeter, *Histoire de l'analyse économique* [1954], Gallimard, 2004.

2.3 Les physiocrates

Les « physiocrates » apparaissent en France dans les années 1750-1770. François Quesnay est le fondateur et le chef de file incontesté de la physiocratie. Influencé par Locke et Boisguilbert, il s'intéresse à l'économie par le truchement de la médecine, et ce sont ses réflexions sur la circulation du sang qui inspireront ensuite sa conception de l'économie comme circuit. En 1758, il publie le *Tableau économique* qui lui assurera son audience au sein de la communauté des économistes. Dans un contexte politiquement, socialement et économiquement difficile, propice à une revalorisation du rôle de la terre, les physiocrates (Dupont de Nemours, Mercier de la Rivière, Mirabeau, Le Trosne, l'abbé Baudeau) s'accordent sur le primat à donner à la nature : « physiocratie » signifie étymologiquement pouvoir (*cratos*) de la nature (*phusis*). Les physiocrates limitent la production nationale à celle du secteur agricole. L'agriculture multiplie la matière (on plante un grain de blé, on recueille un épi), alors que les activités manufacturières ne font que la transformer. C'est la nature, grâce aux dons qu'elle octroie aux hommes, qui est à l'origine de tout le fonctionnement du circuit économique. Les physiocrates prônent une gestion modérée et raisonnable de la nature, de sorte à ce qu'elle puisse continuer à nous prodiguer ses bienfaits – ce en quoi on peut aisément leur attribuer une certaine modernité.

Dès lors, en déduit logiquement Quesnay, « tout ce qui favorise l'agriculture est favorable à l'État et à la nation ». Le commerce des grains doit être libéré. Les « lois de la nature » légitiment la propriété privée, ainsi que la liberté du commerce. Quesnay et les physiocrates critiquent fortement la politique économique française de l'époque, inspirée par le « système mercantile » ; ils accusent le « colbertisme » de négliger l'agriculture au profit de l'industrie et du commerce. Les physiocrates reprennent à leur compte la maxime de « laissez-faire, laissez-passer » attribuée à Vincent de Gournay. Le tableau économique va permettre de révéler le fonctionnement d'une économie qui respecte l'ordre naturel. C'est un premier « modèle » macroéconomique extrêmement simplifié schématisant la circulation des richesses entre les classes sociales. Quesnay distingue en effet trois classes, la classe productive (celle des fermiers, qui crée plus de valeur qu'elle n'en consomme), la classe des propriétaires (qui comprend le souverain, les propriétaires terriens, et le clergé), et la classe stérile (qui restitue la valeur qu'elle utilise en transformant les richesses). On trouve chez Quesnay une des premières théories de la production, considérée comme un processus de reproduction des « avances ». Pour produire, il faut au préalable avancer des ressources, qui ont dû être produites, qui vont s'user lors de leur utilisation et devront être reproduites pour que se perpétue le processus de production. Il s'agit d'un concept qui sera décisif pour les avancées futures de la science économique, sous l'appellation de « capital ».

C'est Quesnay qui utilisera, pour la première fois, le terme de « science économique ». L'économie n'est plus avant tout une science politique au service du Prince : elle devient une science qui consiste à respecter l'ordre naturel. L'économie acquiert ainsi une certaine forme d'indépendance. Elle se veut détachée des considérations religieuses ou politiques.

3 Le paradigme classique

Le terme « classique » a été employé pour la première fois par Karl Marx dans *Le capital*. Sur un plan historique, la période classique s'étend de 1776 à 1870 environ, c'est-à-dire globalement jusqu'à la « révolution marginaliste ». On peut (de manière provisoire) considérer que les économistes classiques sont ceux qui se reconnaissent dans le livre d'Adam Smith, *Enquête sur la nature et les causes de la richesse des nations*, paru en 1776. Les principaux auteurs de ce courant fondé par Smith sont David Ricardo (*Principes de l'économie politique et de l'impôt*, 1817), Jean-Baptiste Say (*Traité d'économie politique*, 1803) ou encore Thomas Robert Malthus (*Essai sur le principe de population*, 1798 et *Principes d'économie politique*, 1820).

Smith (1723-1790) est un philosophe et économiste écossais. Il était profondément influencé par la philosophie de David Hume, ainsi que par des philosophes écossais tels que Francis Hutcheson. Si Smith est aujourd'hui surtout connu en tant qu'économiste, il se considérait avant tout comme professeur de philosophie morale. De voyage en France, il a rencontré les physiocrates qui lui ont fait partager leur intérêt pour l'économie. Il admirait beaucoup leurs méthodes de pensée, tout comme leur libéralisme.

3.1 Les classiques fondent un nouveau paradigme économique

D'après Smith, trois systèmes d'économie politique sont en concurrence : le « système mercantile », le « système agricole » et le « système de la liberté naturelle ». Son objectif est de mettre en exergue les défauts de ces deux premières écoles, afin de mettre en évidence la supériorité de celle qu'il entend lui-même proposer en remplacement des deux autres.

L'école classique est donc d'abord en rupture avec le « système mercantile ». Ce dernier aurait confondu monnaie et richesse. Les classiques accusent les auteurs mercantilistes d'avoir identifié trop simplement dans leurs écrits la richesse avec le métal précieux. Avec les classiques, l'économie devient la science des richesses. L'économie n'est plus un savoir au service du souverain, c'est la science de la richesse, un savoir produit sur et pour la société et non plus pour le pouvoir politique uniquement. Les divergences entre classiques et mercantilistes sont également importantes concernant le rôle de l'État. Les premiers substituent la croyance en la main invisible et en l'autorégulation des marchés à l'interventionnisme des seconds. Enfin, le commerce international n'est plus un jeu à somme nulle comme chez les mercantilistes, mais un jeu à somme positive, avec la théorisation des avantages absolus (Smith) et relatifs (Ricardo). Le libre-échange est donc préféré au protectionnisme, dans la mesure où il est source de croissance (voir chapitre 11).

La rupture avec les physiocrates est tout aussi flagrante. Si les physiocrates placent la terre au centre de la création de la richesse, Smith accorde au travail une place de premier plan : « Le travail annuel d'une nation est le fonds primitif qui fournit à sa consommation annuelle toutes les choses nécessaires et commodes à la vie ; et ces choses sont toujours ou le produit immédiat de ce travail, ou achetées des autres nations avec ce produit. »

Focus

La théorie de la valeur chez les classiques

S'il n'y a pas une seule et unique analyse de la valeur chez les classiques, on peut cependant dire que la plupart d'entre eux privilégient l'analyse de la valeur d'*échange* et non d'*usage*. Les classiques recherchent des fondements objectifs à la valeur, permettant de comparer tous les biens entre eux (problème dit de la commensurabilité). Chez Smith, « La valeur d'une denrée quelconque pour celui qui la possède et qui n'entend pas en user ou la consommer lui-même, mais qui a intention de l'échanger pour autre chose, est égale à la quantité de travail que cette denrée le met en état d'acheter ou de commander. Le travail est donc la mesure réelle de la valeur échangeable de toute marchandise. » Pour la plupart des classiques, la valeur d'échange d'un bien dépend de la quantité de travail qu'elle contient, on parle donc de valeur travail. C'est la quantité de travail requise pour sa production qui permet d'expliquer la valeur supérieure du diamant par rapport à l'eau. La nature n'est donc pas la seule source de valeur comme chez les physiocrates. Chez Marx, le travail est créateur de valeur parce qu'il est exploité, ce qui signifie que le prolétaire n'est pas payé pour l'intégralité de son travail : la plus-value lui est extorquée. Notons enfin que sur cette question de la valeur, Say se différencie des autres économistes classiques en privilégiant une valeur issue de l'utilité des biens.

Par ailleurs, la nature est vue comme avare et non plus comme généreuse. En témoigne la notion de rendements décroissants que les classiques reprennent de Turgot. La croissance de la population implique de mettre en culture des terres de moins en moins fertiles, sur lesquelles une même quantité de travail produit de moins en moins de richesses. Le prix du blé augmente, tout comme le salaire de subsistance des ouvriers. La diminution des profits réduit les incitations et la capacité à accumuler du capital. Pour le dire avec les termes de Ricardo, la société va quitter l'« état progressif » pour entrer dans l'« état stationnaire ». S'il existe des moyens de retarder l'arrivée de cet état stationnaire (par tout ce qui augmente les « facultés productives de la terre », ainsi que grâce au libre-échange qui fera diminuer le prix du blé), ce dernier n'en demeure pas moins inéluctable.

3.2 Un appui parfois critique sur leurs prédécesseurs

Les classiques n'ont pourtant pas tout inventé, et reprennent certaines idées déjà énoncées au préalable par leurs prédécesseurs. Concernant par exemple le rôle de l'État dans l'économie, les classiques sont en rupture par rapport aux mercantilistes mais s'inscrivent dans la continuité des physiocrates. Classiques et physiocrates se rejoignent sur l'idée d'une « harmonie naturelle des intérêts », et donc sur un rôle relativement réduit de l'État. L'école classique défend globalement les principes du libéralisme, à des degrés variables d'un auteur à un autre. Ces économistes partagent également la croyance en la « loi des débouchés », ou « loi de Say », dont on trouve les prémisses chez les physiocrates. Selon

Say, « c'est la production qui ouvre des débouchés aux produits ». La création d'une nouvelle marchandise offrirait ainsi toujours un débouché pour d'autres produits puisque le pouvoir d'achat des producteurs équivaut au coût des produits offerts sur le marché. On dit pour résumer que « l'offre crée sa propre demande ».

Les classiques reprennent également de leurs prédécesseurs l'idée d'une société divisée en classes sociales. Si les modalités du découpage peuvent varier, la société est toujours décomposée en trois classes ayant trois fonctions économiques différentes. Chez les classiques, les travailleurs perçoivent le salaire, les capitalistes le profit, et les rentiers la rente. On dit donc que salaire, profit et rente sont les trois « parties constituantes du prix » : le prix doit couvrir le paiement de ces trois revenus. La « loi de la gravitation » garantira que le « prix de marché » (correspondant au jeu de l'offre et de la demande) gravitera toujours autour du « prix naturel ».

> Lorsque le prix d'une marchandise n'est ni plus ni moins que ce qu'il faut pour payer, suivant leur taux naturel, et le fermage de la terre, et les salaires du travail, et les profits du capital employé à produire cette denrée, la préparer et la conduire au marché, alors cette marchandise est vendue à ce qu'on peut appeler son prix naturel[1].

Comme l'explique Ricardo, dans la mesure où chaque capitaliste déplace ses fonds d'un emploi moins profitable vers une utilisation plus rentable, le prix de marché ne peut être durablement au-dessus ou au-dessous du prix naturel. Au-delà des fluctuations (perçues comme accidentelles) du prix de marché ne comptent réellement que les prix naturels.

3.3 Peut-on vraiment parler d'un paradigme classique unifié ?

Les points de désaccords entre économistes classiques restent nombreux. On peut citer d'abord le rôle de l'État, beaucoup plus étendu chez Smith par exemple que chez Say. On fait même parfois de Smith un précurseur des défaillances de marché, et notamment de la notion de « biens collectifs » que théorisera en 1954 Samuelson. Pour Smith, le rôle de l'État est donc potentiellement important, et n'est pas problématique tant que son intervention ne crée pas de « distorsions de concurrence ». Le « système de la liberté naturelle » n'est en rien une doctrine de la non-intervention de l'État dans l'économie. Même l'idée de main invisible a au final fort peu d'importance (et de pertinence) pour Smith lui-même[2].

Sur la théorie de la valeur également, il n'y a pas consensus entre les économistes classiques : Say donne sa préférence à la valeur-utilité plutôt qu'à la valeur travail. En cela, il est l'économiste qui préfigure le plus les thèses néoclassiques, faisant office de « pont » entre ces deux écoles. Comme l'écrit Say :

> Une mesure invariable des valeurs est une chimère parce qu'on ne peut mesurer les valeurs que par des valeurs, c'est-à-dire par une quantité essentiellement variable.

La valeur n'est plus objective, issue du monde de la production, mais subjective, et découlant *in fine* des rapports marchands.

---

[1] Adam Smith, *Enquête sur la nature et les causes de la richesse des nations*, 1776.

[2] Sur cette question épineuse, voir Jean Dellemotte, « La "main invisible" d'Adam Smith : pour en finir avec les idées reçues. », *L'économie politique*, n° 44, 2009.

Comment au final définir les économistes classiques ? Selon Marx, l'économie politique classique renvoie aux économistes qui croient en la théorie de la valeur travail (ce qui exclut Say des économistes classiques). Selon Keynes au contraire, les économistes classiques sont ceux qui croient à la loi de Say (pour lui, c'est Malthus qui n'est plus un classique). Malthus, qui ne croit ni en la loi des débouchés, ni à la valeur travail, est par contre le principal représentant des économistes classiques selon Schumpeter… Selon Béraud[1], les économistes classiques ne forment pas une école, et il est impossible de trouver un critère qui les rassemble tous. Dès lors, suivant sa perspective, on peut dire que les économistes classiques se sont intéressés aux mêmes phénomènes (richesse des nations, accumulation, répartition) mais ils les ont expliqués différemment. Les classiques ne sont donc pas une école, mais plutôt une succession d'auteurs qui se sont corrigés et complétés.

3.4 Marx, le dernier économiste classique ?

Marx (1818-1883) commence par faire des études de philosophie et de droit, durant lesquelles il croise les idées d'Hegel. À Paris, il fréquente des cercles ouvriers, et fait la connaissance de Friedrich Engels. Avec ce dernier, il rédige *Le Manifeste du Parti communiste* (1847). Il publie en 1867 *Le Capital*, son œuvre maîtresse. Du droit et de la philosophie, Marx en vient à l'économie politique quand il réalise que l'économie forme l'« anatomie de la société civile » : il faut donc en connaître les lois. Marx reprend les éléments de la structure théorique des classiques, notamment de Ricardo, mais pour combattre leurs résultats. Sa désignation en tant que « dernier classique » fait donc l'objet de controverses.

Marx dépasse la valeur travail à l'aide de la notion de « travail abstrait socialement nécessaire », c'est-à-dire le travail passé à produire un objet compte tenu de la productivité en vigueur. C'est l'exploitation de cette force de travail du prolétaire qui permet la création de valeur, dans la mesure où sa valeur d'usage est supérieure à sa valeur d'échange. Apparaît donc une plus-value, créée par le prolétaire mais accaparée par le capitaliste. Seul un changement de mode de production, à savoir le remplacement du capitalisme par le communisme, permettra de mettre fin à l'exploitation. Le capitalisme porte en lui les germes de sa destruction, car le taux de profit est voué à décliner inexorablement (voir chapitre 9).

À la différence de la plupart des économistes classiques, Marx théorise donc une société divisée en classes sociales antagonistes, et des lois économiques qui sont historiques car propres à un mode de production en particulier. L'économie est donc avant tout une science historique, qui permet de dévoiler la réalité des rapports de force (dissimulés par les autres économistes). En cela, Marx initie une autre façon de concevoir l'économie qui inspirera de nombreux économistes tels que ceux de l'école de la régulation.

4 La révolution marginaliste

Les principaux fondateurs de la révolution marginaliste sont simultanément le français Léon Walras, le Britannique Stanley Jevons, et l'Autrichien Carl Menger. Les

[1] Alain Béraud, Gilbert Faccarello (dir.), *Nouvelle histoire de la pensée économique*, La Découverte, 2000.

marginalistes se différencient de leurs prédécesseurs par une nouvelle méthode, basée sur l'individualisme et sur la formalisation mathématique. Le calcul différentiel devient accessible aux non-spécialistes, et le calcul à la marge se généralise : les marginalistes vont étudier l'utilité marginale (voir chapitre 2), ou encore la productivité marginale du travail, c'est-à-dire celle du dernier travailleur embauché. Les différences entre eux sont telles que l'on peut débattre de la question de savoir si Menger, fondateur de l'école autrichienne, est ou n'est pas déjà un économiste néoclassique, les Autrichiens prenant de plus en plus de distance vis-à-vis des théories défendues par les écoles franco-suisse et anglaise. La théorie néoclassique se développe véritablement à la fin du XIXe siècle, à partir de l'hypothèse qui en constitue le socle fondateur : pour faire ses choix, l'individu calcule de façon à maximiser sa satisfaction, à partir des moyens rares dont il dispose. Plus précisément, en 1974, Kenneth Arrow[1] considère que les deux piliers de la théorie néoclassique sont le principe d'optimisation par les agents économiques, et le principe de la coordination par le marché. C'est ce que Favereau[2] appellera la « théorie standard ».

4.1 Une filiation entre certains classiques et les néoclassiques

Selon la définition néoclassique de l'économie[3], les moyens sont rares et les fins poursuivies par l'agent économique sont illimitées : l'économie devient dès lors la science des choix. La rareté est considérée comme naturelle, universelle, s'imposant aux hommes de toutes les sociétés.

Définition

Rareté : insuffisance de produits utiles et recherchés par l'agent économique. Situation opposée à l'abondance. Un effort ou un sacrifice sont donc nécessaires pour dépasser cette rareté. Ressources naturelles, temps, informations se caractérisent par une rareté supposée intrinsèque.

Économistes classiques et néoclassiques se retrouvent donc sur ce primat donné à l'avarice de la nature. L'économie serait en conséquence elle aussi « naturelle » pour lutter contre la rareté. L'économie est donc la science qui doit permettre de gérer, et surtout de dépasser, cette rareté.

Comme l'indique le terme même de « néoclassiques », ces derniers vont reprendre de nombreux principes classiques. On va retrouver la croyance en la loi des débouchés, avec ses différentes implications en amont comme en aval du marché. Les marchés s'autorégulent. La monnaie est neutre, comme le soutiendra Irving Fisher en 1911 dans *Le pouvoir d'achat de la monnaie*. Suivant la voie ouverte par Say, les néoclassiques développent une théorie subjective de la valeur. Ils rejettent la théorie de la valeur travail objective, basée sur la production pour une approche subjective liée au comportement du consommateur : c'est le marché, et

[1] Kenneth Arrow, « Limited knowledge and economic analysis », *American Economic Review*, vol. 64, n° 1, 1974.

[2] Olivier Favereau, « Marchés internes, marchés externes », *Revue économique*, vol. 40, n° 2, 1989.

[3] Lionel Robbins, *Essai sur la nature et la signification de la science économique*, 1932.

non plus le monde de la production, qui fait émerger la valeur des biens. Les points communs entre classiques et néoclassiques sont tels que Keynes les désignera par le même mot, *Klassics*. Les termes de « révolution » marginaliste, ou de « paradigme » néoclassique, s'imposent néanmoins, puisque les divergences par rapport aux économistes classiques sont fondamentales, notamment du point de vue de la méthode et des principaux centres d'attention.

4.2 Les économistes néoclassiques : un nouveau paradigme

Les différences entre classiques et néoclassiques semblent l'emporter sur les similitudes. En effet, chez les néoclassiques :

> L'objet de la réflexion économique s'éloigne de l'univers social, de ses intérêts contradictoires, de ses conflits et de ses rapports de pouvoir pour construire un monde nouveau, proche de celui du monde de la nature, composé d'agents investis par des fonctions d'utilité et dont les comportements peuvent être déterminés avec une grande précision à tout instant[1].

Le cadre d'analyse se modifie donc de manière radicale. Le découpage de la société en classes sociales est remplacé par une perspective individualiste. L'approche se veut donc microéconomique, la spécificité de la macroéconomie est (du moins provisoirement) niée : la macroéconomie n'est que le résultat de l'agrégation des comportements microéconomiques. Les conflits d'intérêt font place à une répartition juste, chacun recevant l'équivalent de ce qu'il apporte à la production (rémunération des agents économiques à leur productivité marginale). Le point de vue est davantage statique et se concentre sur l'allocation des ressources plutôt que sur les questions de répartition. La problématique consiste à étudier les conditions nécessaires pour que l'organisation marchande d'une société permette une allocation optimale des ressources rares. Les néoclassiques vont également introduire la formalisation mathématique. Comme le dit Jevons, dans sa *Théorie de l'économie politique* (1871) :

> [...] ma théorie de l'Économique a un caractère purement mathématique. Et c'est parce que, croyant que les quantités que nous avons à traiter doivent être sujettes à des variations continues, je n'hésite pas à faire usage de la branche des sciences mathématiques qui convient, bien qu'elle oblige à ne pas craindre de raisonner sur les infiniment petits.

La formalisation mathématique joue chez Walras également un rôle essentiel, du moins pour la branche de l'économie, qu'il nomme *l'économie pure*. Enfin, les néoclassiques introduisent le calcul à la marge pour raisonner sur les conséquences de modifications infimes des quantités. La science économique entend ainsi se rapprocher toujours plus des sciences dites « dures », quitte à perdre en sens ce qu'elle gagne en légitimité :

> Seul le statique, le non-spontané, le prévisible, et donc le non-vivant, peut être appréhendé scientifiquement. La vie échappe à la science : tel est le prix de la précision et de l'élégance scientifique pour Descartes et tous les savants avec lui. [...]. Les modèles abstraits peuvent être élégants et s'agencer superbement l'un dans l'autre. Mais ils peuvent aussi être très éloignés du monde vivant. L'économie euthanasie le monde vivant[2].

1 Hakim Ben Hammouda , Nassim Oulmane , Mustapha Sadni Jallab, *Crise... Naufrage des économistes ?* Enquête sur une discipline en plein questionnement, De Boeck, 2010.

2 Tomas Sedlacek, *L'économie du bien et du mal* [2009], Eyrolles, 2013.

5 La révolution keynésienne

5.1 Une nouvelle conception de la science économique

Keynes (1883-1946) est le véritable fondateur de la macroéconomie. Il conteste la théorie néoclassique qui affirme que le marché est capable de s'autoréguler (*Théorie générale de l'emploi, de l'intérêt et de la monnaie*, 1936). Profondément marqué par la crise économique de 1929, il en déduit l'invalidité de la loi des débouchés. Malgré une formation à l'économie par des économistes néoclassiques, Keynes prend rapidement ses distances, pour développer une vision de l'économie tout à fait différente. Il admet l'efficacité du marché, mais cherche à dépasser ses défaillances (chômage persistant et répartition trop inégalitaire des revenus). Son objectif est de renforcer le système capitaliste sous la protection de l'État qui peut en améliorer le fonctionnement. Keynes propose une vision globale de la société, de ses maux et des moyens de les guérir : l'économie est dès lors un élément de son projet de transformation politique et sociale. Le rêve de Keynes, c'est que l'économie devienne secondaire, qu'elle passe à l'arrière-plan. Certaines de ses réflexions rappellent parfois la critique aristotélicienne de la mauvaise chrématistique. Toute sa conception de l'économie en découle : c'est une science morale, qui traite des valeurs, des anticipations, de l'incertitude : « contrairement à ce que pense Léonel Robbins, l'économie est essentiellement une science morale, et non pas une science naturelle ». Le rôle de l'économiste doit donc être entièrement repensé :

> Le maître en économie doit posséder une rare combinaison de qualités. Il doit atteindre un niveau élevé dans de nombreux domaines et combiner des talents qu'il est rare de trouver réunis. Il doit être mathématicien, historien, homme d'État, philosophe, dans une certaine mesure. Il doit comprendre les symboles et s'exprimer avec des mots. Il doit observer le particulier d'un point de vue général et atteindre le concret et l'abstrait du même élan de pensée. Il doit étudier le présent à la lumière du passé et dans la perspective du futur. Rien de la nature et des institutions de l'homme ne doit lui être étranger. Il doit être à la fois impliqué et désintéressé ; être aussi détaché et incorruptible qu'un artiste et cependant avoir autant les pieds sur terre qu'un homme politique[1].

Bref, l'économie s'apparente davantage à un art qu'à une science. Cette nouvelle conception de l'économie s'accompagne d'une nouvelle vision du capitalisme, conçu non plus comme une économie d'échanges réels comme chez les néoclassiques, mais comme une économie monétaire de production (EMP).

5.2 Une économie monétaire de production

À une vision de l'économie comme le lieu d'échanges *réels* (c'est-à-dire dans laquelle la monnaie est conçue comme *neutre*, Keynes substitue une économie monétaire de production, caractérisée par trois grands traits.

[1] John Maynard Keynes, « Alfred Marshall », *in The Collected Writings of John Maynard Keynes*, vol. X, 1933.

- Premièrement, il souligne le caractère monétaire des économies qu'il étudie, où la monnaie n'est pas neutre et peut être demandée pour elle-même en raison de la préférence pour la liquidité des agents économiques qui cherchent à se rassurer en thésaurisant, c'est-à-dire en accumulant une épargne non productive qui sort du circuit économique. Pour Keynes, les grandeurs économiques ne peuvent exister en dehors de leur expression monétaire. Les comportements vis-à-vis de la monnaie vont influencer le niveau de l'ensemble des grandeurs économiques, en particulier ceux de la production et de l'emploi.
- Deuxièmement, ce sont des économies de production, c'est-à-dire que l'entrepreneur et ses anticipations impulsent tout le mouvement du système économique, en lançant la production. Toute l'économie s'organise autour de cette activité de production, qui est un acte spécifique, et ne saurait se réduire, à la manière des néoclassiques, à un simple échange marchand.
- Enfin, l'insistance sur la monnaie et sur les anticipations des entrepreneurs permet de mettre au premier plan l'incertitude radicale qui marque les économies monétaires de production. Cette incertitude est radicale en tant qu'elle est endogène : elle provient de l'incertitude liée au futur et aux comportements d'autrui. Elle n'est pas probabilisable comme chez les néoclassiques.

Le rôle combiné de l'incertitude, de la monnaie, et des anticipations des entrepreneurs explique le caractère particulièrement instable du capitalisme. Cette vision débouche logiquement sur une nouvelle justification des politiques économiques, dans la mesure où les crises économiques constituent des cercles vicieux dont on ne peut sortir par le libre jeu des marchés.

Focus

L'héritage de Keynes

Selon Dostaler, « Il en est du keynésianisme comme du marxisme. Ce sont des mots aux significations multiples, des étiquettes revendiquées par des individus et des courants de pensée parfois très différents les uns des autres, des thèses souvent très éloignées de celles du père fondateur[1]. » La distinction de Favereau (1985[2]) permet d'y voir plus clair. Selon Favereau, Keynes aurait hésité entre deux projets de recherche distincts, d'où la coexistence d'un Keynes pragmatique et d'un Keynes radical. Cette distinction est précieuse car elle permet de bien mieux comprendre l'héritage complexe de Keynes (voir chapitre 17).

☞

[1] « Le retour de Keynes », entretien avec Gilles Dostaler, en ligne sur : http://crisevousavezditcrises.blogs.nouvelobs.com/archive/2009/06/10/le-retour-de-keynes.html

[2] Olivier Favereau , « L'incertain dans la révolution keynésienne : l'hypothèse Wittgenstein », *Économie et société*, mars 1985.

☞

- Le Keynes pragmatique reprend le vocabulaire néoclassique pour mieux se faire comprendre de ses détracteurs. Les cadres d'analyse classique et keynésien s'avèrent alors compatibles. C'est la vision néoclassique qui débouchera sur la synthèse, puis sur les développements néokeynésiens (Samuelson, Hicks, Solow, etc.).
- Le Keynes radical se caractérise au contraire par le projet de construire une véritable alternative à la théorie néoclassique. On insiste alors sur le rejet du cadre d'analyse classique, inadéquat en raison de l'incertitude radicale intrinsèque aux comportements économiques. Aucune synthèse entre les projets keynésien et néoclassique n'est alors envisageable, comme le défendent les économistes postkeynésiens tels que Kaldor, Robinson ou Kalecki. Ces derniers mettent l'accent sur l'incertitude, la concurrence imparfaite et l'instabilité des marchés. Ces économistes sont également appelés « économistes du chapitre 12 », en référence au chapitre de la *Théorie générale* dans lequel Keynes expose ses concepts les plus novateurs.

Aujourd'hui, on distingue la NEC (Nouvelle école classique) de la NEK (Nouvelle école keynésienne). Si la NEC (Lucas, Barro, Gordon, etc.) prolonge et radicalise la théorie néoclassique en développant des modèles avec anticipations rationnelles, les économistes de la NEK (Krugman, Akerlof, Yellen, Stiglitz, etc.) mettent en exergue les asymétries d'information et l'existence de défauts de coordination pouvant placer l'économie dans une situation d'équilibre sous-optimale. Ils confèrent par conséquent un rôle plus important aux institutions.

Section 2 LA MÉTHODE DE L'ÉCONOMISTE

1 Que signifie « science » dans « science économique[1] » ?

La science économique a voulu se positionner comme science en raison de l'aspect quantitatif des phénomènes qu'elle étudie. L'enjeu est également de gagner en légitimité. Dès les mercantilistes, les calculs, la mesure jouent un rôle essentiel. Pour ces derniers, la science économique est une *arithmétique* politique. Les classiques s'inspireront beaucoup du vocabulaire de l'astronomie (loi de la gravitation par exemple), tandis que les néoclassiques seront influencés notamment par la mécanique.

[1] Philippe Spieser, « Quel est le sens du mot science dans l'expression « science économique » ? », *Innovations*, vol. 3, n° 36, 2011.

Presque toutes les écoles de pensée économique ont cherché à dégager progressivement, en économie comme en physique, des « lois » si possible universelles, incontestables, valables universellement dans l'espace et dans le temps, dont l'énoncé observe une logique « hypothético-déductive » qui se veut aussi imparable qu'un énoncé mathématique[1].

1.1 Science signifie souvent « science dure »

Selon l'épistémologue Karl Popper[2], il n'y a pas de distinction à faire entre des sciences dites « dures », ou « exactes », et des sciences dites « sociales ». L'objectif est toujours d'expliquer, de trouver des lois, des principes de causalité. On ignore ici les motivations, l'intention, la subjectivité des acteurs. Il n'existe qu'une seule méthode scientifique, la méthode hypothético-déductive, dont on peut schématiser ainsi les grandes étapes (figure 1.1).

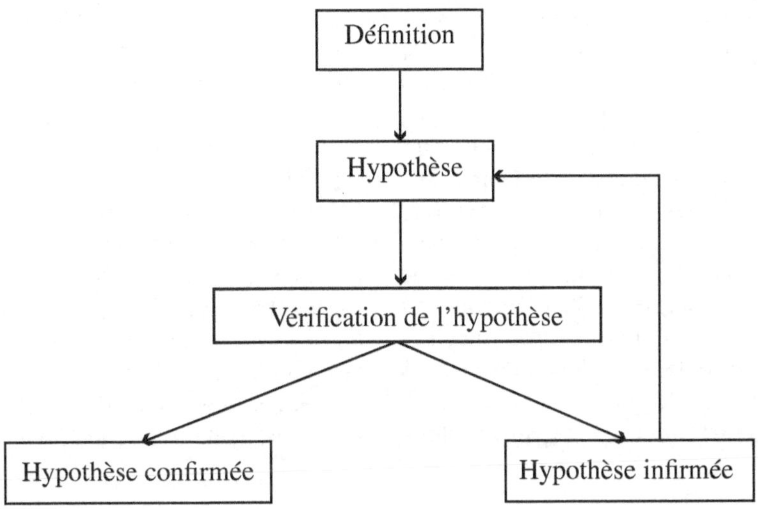

Figure 1.1 – La méthode hypothético-déductive

Une démarche scientifique consiste tout d'abord à construire des définitions et à poser certaines hypothèses. À partir de ce point de départ, il faut mettre en place un moyen de découvrir si les hypothèses sont justes ou pas : on pourra par exemple faire des expériences. Ensuite, on observera si les hypothèses de départ sont confirmées ou pas : si elles se révèlent exactes, l'expérience peut prendre fin et l'hypothèse est validée ; si les hypothèses s'avèrent fausses, il faudra en élaborer de nouvelles. Selon Popper, une

[1] Philippe Spieser, « Quel est le sens du mot science dans l'expression « science économique » ? », *Innovations*, vol. 3, n° 36, 2011.

[2] Karl Popper, *Conjectures et réfutations* : la croissance du savoir scientifique, 1963.

théorie n'est jamais définitivement vraie : elle est vraie tant que l'on n'a pas prouvé qu'elle était fausse : les théories sont donc provisoires. Puisqu'il n'existe qu'une seule méthode scientifique valable, on parle de monisme méthodologique.

Focus

Les traditions éthique et mécanique de l'économie

Selon Amartya Sen[1], la science économique a globalement deux origines :

- La tradition mécanique d'une part considère que les finalités sont données et on recherche « simplement » les moyens les plus appropriés aux fins poursuivies : par exemple maximiser son utilité. Les questions de logistique prédominent. Cette tradition, visible dès les travaux de Petty, est particulièrement prégnante chez Smith (concepts de main invisible, d'équilibre, de gravitation) et prend toute son ampleur avec Walras (par exemple dans son article de 1909, « Économique et mécanique »). Dans cette perspective, l'économie doit prendre modèle sur les sciences de la nature, le but est de construire une « physique sociale » (Auguste Comte). La tradition mécanique, si elle n'est pas la seule, est néanmoins largement prédominante.
- La tradition éthique d'autre part trouve son origine chez les philosophes grecs, en particulier chez Aristote avec sa distinction entre les deux formes d'économie. L'économie ne peut s'étudier indépendamment de l'éthique et de la politique. Selon ce point de vue, la question du « comment doit-on vivre ? » concerne aussi l'économiste.

L'économie prend modèle sur les sciences de la nature, la tradition mécanique étant de plus en plus présente au détriment de la tradition éthique, ce que regrette Sen. Ce dernier s'emploiera donc à réhabiliter la tradition éthique de l'économie.

Parallèlement, l'économie se présente comme autonome, notamment par rapport aux autres disciplines. Sous l'influence de Locke, celle-ci n'est plus subordonnée à la politique. De plus en plus, les économistes ne seront plus des théologiens ou des philosophes, mais bien des professionnels de l'économie à part entière. L'économie prend ses distances vis-à-vis de la religion et de la morale. Avec la main invisible par exemple, l'économie devient amorale. Si la recherche de l'intérêt personnel mène au bien-être général, il n'est plus nécessaire de se préoccuper individuellement de la moralité.

1.2 La méthode des sciences « dures » ne suffit pas à la science économique

Pourtant, l'application des méthodes des sciences dites « dures » en économie ne va pas de soi et pose un certain nombre de problèmes. Beaucoup d'énoncés de sciences

[1] Amartya Sen, *Éthique et économie* [1991], PUF, 2001.

économiques ne sont pas « testables » car ne pouvant faire l'objet d'expérimentations. De nombreuses « lois » économiques ne sont (au mieux) que des lois probabilistes ou tendancielles. Comme l'explique André Orléan[1], l'économie ne produit pas des lois mais seulement des connaissances. En effet, la science économique doit d'abord faire face à la « pluralité des motivations » : les actions économiques ne sont jamais qu'économiques. De plus, s'ajoute « l'ambivalence des mécanismes » : un même phénomène peut entraîner une conséquence... comme la conséquence inverse (augmenter les salaires peut être à la fois néfaste et favorable à l'emploi). Le rôle de l'histoire et les modifications du contexte et des institutions compliquent la tâche des économistes, dans la mesure où un mécanisme peut être valable à une époque et faux à une autre. Enfin, se pose dans les sciences sociales un problème spécifique, celui de la « réflexivité du social » : le fait de connaître la réalité entraîne des modifications non voulues de celle-ci (exemple des prophéties autoréalisatrices). Les théories économiques peuvent devenir adéquates par les réalisations qu'elles engendrent. L'analyse économique fait donc parfois advenir ce qu'elle décrit, comme le montre Marie-France Garcia-Parpet avec son fameux exemple du marché aux fraises, conçu selon les préceptes de la théorie standard[2].

1.3 « Science » peut aussi signifier « science de la culture ou « science humaine »

Pour certains, l'explication relève des sciences de la nature, et n'est pas toujours applicable aux sciences sociales, qui relèvent davantage de la *compréhension*. On parle alors de « dualité de la méthode scientifique ». On retrouve ici la distinction opérée par Wilhelm Dilthey (1905) et qui influencera notamment la méthode de Max Weber :

- les « sciences exactes » ont pour objectif l'explication et se basent sur la méthode hypothético-déductive ;
- les « sciences de l'esprit » (Geisteswissenschaft) sont des sciences compréhensives : en interprétant, se mettant à la place des acteurs, on peut retrouver le sens de leurs actions.

Si on ne peut que difficilement expliquer des phénomènes sociaux par des lois universelles, cela ne signifie pas que les sciences sociales ne peuvent être scientifiques. Si les sciences sociales ne peuvent toujours expliquer, elles peuvent parfois chercher à comprendre les individus. Cette posture est appelée compréhensive : l'individu qui agit donne un sens à son action, c'est-à-dire qu'il se donne des objectifs : il agit selon des raisons, selon des valeurs qui lui sont propres et que peut retrouver le chercheur.

[1] André Orléan, « À quoi servent les économistes ? », *Pour la science*, juillet 1999.

[2] Marie-France Garcia-Parpet, « La construction sociale d'un marché parfait : le marché au cadran de Fontaines-en-Sologne », *Actes de la recherche en sciences sociales*, vol. 65, n° 1, 1986. Cette dernière montre comment, par l'action d'un conseiller de la chambre régionale d'agriculture ayant suivi des études d'économie, la théorie néoclassique a servi de cadre de référence, de modèle, pour instituer tous les détails du nouveau marché aux fraises.

2 L'hypothèse de rationalité des agents économiques

Selon l'hypothèse de rationalité des agents économiques, ces derniers doivent utiliser au mieux des moyens supposés rares pour satisfaire leurs fins. La rationalité ne porte pas sur les fins, ni sur les moyens utilisés, mais concerne la relation logique entre les fins et les moyens.

2.1 La rationalité, une hypothèse nécessaire

L'hypothèse de rationalité s'impose dans un contexte de moyens rares et de fins illimitées : les moyens étant rares, il faut les utiliser de manière optimale afin d'en tirer un maximum de ressources.

Il s'agit pour l'agent économique rationnel de maximiser son utilité, c'est-à-dire sa satisfaction, sous un certain nombre de contraintes qui s'imposent à lui et l'obligent à faire des choix.

DÉFINITION

Choix individuel et collectif : la rareté oblige l'agent économique à sélectionner certains objectifs et à en abandonner d'autres : il doit donc faire des choix dépendant de ses préférences, puisqu'il ne peut tout obtenir.

DÉFINITION

Incitations et contraintes : ensemble des mécanismes qui orientent les choix des agents économiques, qu'ils soient individuels ou collectifs. On distingue les incitations (monétaires, organisationnelles par exemple) de la réglementation qui soumet aux règles, tandis que les incitations impliquent une liberté d'action.

En procédant à ces choix, l'agent économique est obligé de délaisser d'autres usages possibles de ses ressources, ce qui lui ferme alors certaines options alternatives : c'est ce que l'on appelle les coûts d'opportunité.

DÉFINITION

Coût d'opportunité : notion permettant de rendre compte de ce que toute ressource utilisée pour un emploi ne sera plus disponible pour un autre : elle est définitivement assignée à un seul usage. Ainsi, aller au cinéma me coûte certes le prix du billet, mais également le salaire perdu des deux heures non travaillées.

L'hypothèse de rationalité permet de délimiter le champ de la science économique. C'est cette hypothèse d'un *homo œconomicus* qui permet d'autonomiser la science économique. En effet, on oppose depuis Vilfredo Pareto (1917)[1] les « actions logiques » (que

[1] Vilfredo Pareto, *Traité de sociologie générale*, 1916.

l'on peut expliquer par un calcul coût/avantage) aux « actions non logiques » (comme enlever son chapeau en entrant dans une salle, comme le veulent la tradition et l'éducation). Le rationnel délimiterait donc le champ économique.

Si l'hypothèse de rationalité se prête bien à la formalisation mathématique, elle revêt également un autre intérêt. Depuis la fameuse « fable des abeilles » de Bernard Mandeville (1714), qui affirme que « Les vices privés font les vertus publiques », l'hypothèse de rationalité se justifie également en ce que la recherche par chacun de son intérêt personnel coïnciderait avec le bien-être collectif : on retrouve ici la main invisible de Smith qui a fait couler tant d'encre.

2.2 L'agent économique, un « idiot rationnel[1] » ?

Si nous manquons de preuves empiriques confirmant que l'individu agit exclusivement dans son intérêt personnel, on sait également qu'il est impossible d'isoler un motif économique parmi les différents motifs de l'action humaine. Comme le dit Émile Durkheim :

> L'homme dont parlent les économistes, cet égoïste systématique, n'est qu'un homme de raison artificiel. L'homme que nous connaissons, l'homme réel, est beaucoup plus complexe : il appartient à une époque et à un pays, il vit quelque part, il a une famille, un pays, une croyance religieuse et des idées politiques[2].

De nombreux paradoxes et expériences mettent en exergue les limites de cette hypothèse simplificatrice. Pensons par exemple au paradoxe de Maurice Allais[3] montrant que les agents économiques préfèrent une somme sûre à un jeu dont l'espérance de gain serait supérieure à cette somme, ou encore au *sunk cost fallacy* (ou sophisme d'amortissement), en vertu duquel les agents économiques souhaiteraient absolument rentabiliser un achat en utilisant le bien, même si cette utilisation réduit en fait leur utilité (une paire de chaussure neuve mais trop petite par exemple). On peut également signaler le jeu de l'ultimatum, mettant en évidence le goût pour l'équité des agents. Ces derniers préfèrent généralement partager une somme de façon égalitaire plutôt qu'en conserver la majorité pour eux. Ils se montrent plus généreux que ne le suppose l'hypothèse de rationalité. Enfin, le dilemme du prisonnier, s'il ne remet pas en cause l'hypothèse de rationalité en tant que telle, montre néanmoins que la poursuite par chacun de son intérêt personnel peut déboucher sur un résultat sous-optimal.

2.3 Comment dépasser « l'idiotie » de l'agent économique ?

Si les économistes ne peuvent réellement se passer de l'hypothèse selon laquelle l'agent économique fait des choix cohérents et/ou raisonnables, on peut cependant élargir l'hypothèse de rationalité faite par les néoclassiques (rationalité dite substantive). C'est

1 Amartya Sen, *Éthique et économie* [1991], PUF, 2001.

2 Émile Durkheim, « Cours de sciences sociales », *in La science sociale et l'action*, PUF, 1888.

3 Maurice Allais, « Le comportement de l'homme rationnel devant le risque : critique des postulats et axiomes de l'école américaine », *Econometrica*, vol. 21, 1953.

ce que propose Herbert Simon (1976[1]). Avec le concept de rationalité limitée ou procédurale, il suggère qu'un comportement est rationnel quand il est le résultat d'un processus de décision approprié. Comme le résume Simon :

> Le processus rationnel est donc celui qui intègre progressivement l'information acquise au processus de choix et permet ainsi d'arriver à une solution qui est parmi les meilleures possibles mais n'est plus nécessairement la solution optimale au regard de la rationalité « réelle ».

La solution retenue sera donc ici « satisfaisante » faute de pouvoir être « optimale », compte tenu de l'impossibilité de tenir compte de l'intégralité de l'information.

3 Science économique, modèle et hypothèses

L'hypothèse de rationalité des agents économiques est un bon exemple d'hypothèse que l'on peut facilement juger irréaliste. C'est le cas également de l'hypothèse de concurrence pure et parfaite. C'est à son propos que le débat sur le réalisme des hypothèses refait surface dans les années 1950. Si toute science se base sur des modèles ou sur des hypothèses plus ou moins irréalistes, la science économique est-elle allée trop loin dans ce processus ?

3.1 Toute science se base sur des modèles partiellement irréalistes

Pour théoriser la figure de l'entrepreneur, le capitalisme, la concurrence, le plus simple est de négliger leur diversité historique et géographique pour ne raisonner qu'en termes de « types purs » : c'est la démarche de Max Weber (1904[2]) pour lequel le chercheur doit s'employer à construire des idéaux-types. Même si ces derniers ne se retrouvent jamais tels quels dans la réalité, ils permettent la généralisation et la comparaison. Comme le dit si bien Paul Valéry, « Tout ce qui est simple est faux. Tout ce qui n'est pas simple est inutilisable. » Les hypothèses trop réalistes empêchent toute généralisation, indispensable à la théorisation. L'économiste va donc construire des modèles.

DÉFINITION

Modèle : représentation simplifiée et abstraite de la réalité mettant en relation des variables économiques afin d'étudier un phénomène réel.

Les hypothèses trop réalistes n'ont pas de réel intérêt dans une perspective scientifique. Cette position fut radicalisée par l'apriorisme méthodologique, développé par John Stuart Mill (1848) puis par Lionel Robbins (1932). Selon ces derniers, les sciences économiques ne peuvent se baser que sur l'introspection, afin d'en déduire le comportement d'un agent rationnel. L'économiste raisonne donc à partir d'axiomes déterminés *a priori*.

[1] Voir par exemple "From substantive to procedural rationality", *in* Spiro Latsis (dir.), *Method and Appraisal in Economics*, Cambridge University Press, 1980 ou *Models of Bounded Rationality* : behavioral economics and business organization, The MIT Press, 1989.

[2] Max Weber, *Essais sur la théorie de la science,* 1904.

3.2 Mais la science économique a été critiquée pour ses hypothèses trop peu réalistes

Les critiques de l'irréalisme de la théorie standard émergent très rapidement, notamment avec l'école historique allemande (Wihelm Roscher, Gustav von Schmoller). Cette école voit le jour en Allemagne dans les années 1840. Elle considère qu'il est impossible d'établir des lois économiques universelles, arguant de la spécificité de chaque contexte national. Les travaux de Friedrich List sur le protectionnisme éducateur, par exemple, montrent que les préconisations de Smith et de Ricardo en faveur du libre-échange correspondent bien à la situation de l'économie britannique, mais seraient défavorables à l'Allemagne. Méthodologiquement, l'école historique allemande prône la collecte de données et de monographies. Les économistes de l'école historique s'opposeront à l'économiste autrichien Menger dans la fameuse « querelle des méthodes » (*Methodenstreit*). À la fin du XIXe siècle, les institutionnalistes américains tels que Thorstein Veblen (1899, *Théorie de la classe de loisir*), ou John Commons livrent également leur critique des hypothèses irréalistes de l'économie néoclassique.

3.3 La réhabilitation de l'irréalisme des hypothèses

Milton Friedman réhabilite l'irréalisme des hypothèses dans les années 1950. Il s'oppose à l'idée selon laquelle les théories de la concurrence imparfaite (développées par Hotteling et Chamberlin dans les années 1930) seraient plus pertinentes car plus réalistes. Selon lui, l'important n'est pas le réalisme des hypothèses mais le pouvoir prédictif de la théorie. Comme l'écrit Friedman :

> La question pertinente à poser concernant les « hypothèses » d'une théorie n'est jamais de savoir si les hypothèses sont « réalistes » de manière descriptive, elles ne le sont jamais, mais si elles constituent des approximations suffisamment bonnes en vue de l'objectif recherché. Et on peut répondre à cette question seulement en regardant si la théorie marche, ce qui veut dire si elle permet des prédictions suffisamment précises[1].

Friedman défend même l'idée que le réalisme des hypothèses serait presque un défaut des théories, celles-ci étant d'autant plus intéressantes que leurs hypothèses sont plus « irréalistes » :

> On trouvera que les théories vraiment importantes et pertinentes ont des « hypothèses » qui sont des représentations descriptives grossièrement inexactes de la réalité, et, en général, plus une théorie est pertinente, moins réalistes sont ses hypothèses.

4 La notion de progrès en sciences économiques

4.1 Une analyse économique en marche vers le progrès ?

La science économique avance-t-elle continuellement vers une connaissance toujours plus parfaite du fonctionnement économique de nos sociétés ? Du point de vue théorique,

[1] Milton Friedman, *The Methodology of Economic and Other Essays*, University of Chicago Press, 1953.

certains éléments semblent le confirmer. On peut citer des exemples de progressions grâce à des théories qui se complètent et se perfectionnent au fil du temps (avantages absolus, puis comparatifs, puis théorème Heckscher-Ohlin-Samuelson par exemple). L'économie standard essaie également d'intégrer tant bien que mal des éléments qui lui échappaient : le temps, l'incertain, les problèmes d'information, l'environnement... D'un point de vue plus méthodologique, le discours économique s'est effectivement « scientificisé », et s'est éloigné toujours plus des représentations populaires. Selon Boisguilbert, Cantillon, ou encore Quesnay, les économistes doivent prendre (et ont pris) leurs distances avec le discours du peuple et des marchands. On constate également un réel souci de produire des théories plus réalistes, qui s'éloignent de la concurrence pure et parfaite (concurrence imparfaite, théorie des jeux, etc). Ainsi, à la question de savoir s'il y a eu progrès dans l'analyse économique, Blaug[1] répond de manière à la fois tranchée et optimiste :

> La réponse est clairement : oui, les outils analytiques ont été continuellement améliorés et accrus ; les données empiriques ont été de plus en plus recensées et classées dans le but de vérifier les hypothèses économiques ; les propositions vérifiables ont été dégagées de leur gangue méta-économique ; le fonctionnement du système économique est mieux compris qu'il ne l'avait jamais été auparavant.

4.2 Une évolution à nuancer fortement

Les avancées thématiques demeurent pourtant relativement limitées. Jacques Sapir[2] met en exergue l'incapacité de la théorie standard à penser le temps et l'argent, et l'impasse dans laquelle nous a enfermés notre fascination pour la théorie de l'équilibre général. Des siècles de débat et de réflexions économiques n'ont pas permis de mettre fin aux grands débats qui structurent toujours le champ économique : le marché est-il autorégulateur ? La monnaie est-elle neutre ou active ? Après des siècles de réflexion économique, les économistes ne sont pas parvenus à délimiter les champs d'intervention respectifs du marché et de l'État. Si aucune réponse consensuelle n'a émergé, c'est sans doute qu'il n'en existe pas. Encore faut-il accepter de l'admettre et reconnaître le rôle de l'histoire. En effet, le partage des tâches entre marché et État est une question au moins autant politique qu'économique, tranchée par l'histoire de chaque pays. D'un point de vue méthodologique, on pourrait également considérer que l'autonomisation apparente et auto-proclamée de l'économie vis-à-vis de la politique ou de l'éthique constitue davantage un appauvrissement qu'un progrès. Les théories économiques ne prenant leur sens que par rapport au contexte dans lequel elles ont été formulées, il est difficile d'évaluer *a posteriori* la pertinence des théories passées.

4.3 Tout dépend de ce que l'on entend par progrès

Les spécificités des sciences sociales obligent sans doute à redéfinir le concept de progrès. Le progrès, c'est aussi savoir accepter que les théories changent, s'adaptent, se

[1] Mark Blaug, *La pensée économique*, Economica, 1999.

[2] Jacques Sapir, *Les trous noirs de la science économique*, Albin Michel, 2000.

modifient avec les faits. Comme le disait Keynes, « quand les faits changent, je change ma théorie ». Le progrès, c'est aussi reconnaître la fécondité de la pluralité de paradigmes et des débats. De plus, l'analyse économique a évolué, ses définitions se sont modifiées, et donc ses objectifs aussi : or, pour parler de progrès, il faut bien savoir quel est le but recherché : progrès pourquoi et par rapport à quoi ? La question reste ouverte.

Savoir-faire

Répondre à une question d'histoire et d'épistémologie de l'économie : « L'hétérodoxie en économie »

Le contexte actuel est celui d'un échec apparent des économies hétérodoxes. En même temps, l'économie orthodoxe est de plus en plus remise en cause, notamment en contexte de crise économique. Dans quelle mesure est-il possible de définir et de construire une économie hétérodoxe ?

I Comment pourrait se définir une économie hétérodoxe ?

A L'hétérodoxie se définit en opposition à l'idéal-type de l'orthodoxie

L'hétérodoxie renvoie à l'idée d'un courant dominé, qui doit donc se définir par opposition à un courant dominant duquel il s'écarte.

Selon Pascal Combemale[1], l'orthodoxie se caractérise par :

- le passage de la question du pourquoi à la question du comment ;
- la distinction entre le normatif et le positif ;
- l'analyse d'un objet d'étude particulier ;
- l'ambition de découvrir des lois universelles et intemporelles ;
- l'hypothèse de rationalité.

Ces cinq hypothèses aboutissent à une question centrale : la coordination peut-elle être assurée par les seuls mécanismes du marché ?

B L'idéal-type de l'hétérodoxie

Toujours selon Combemale, l'hétérodoxie se caractérise par :

- la recherche d'une nouvelle méthodologie ;
- la contextualisation sociale des actes économiques ;
- l'absence d'autorégulation du marché ;
- une nouvelle théorie de la monnaie ;
- une autre conception de l'incertitude conçue comme radicale ;
- le temps est irréversible.

[1] Pascal Combemale, *L'économie dévoilée*, 1995.

☞

II Unité et diversité de l'hétérodoxie en économie

A Un dialogue avec les autres sciences sociales contre l'impérialisme économique

L'impérialisme économique, c'est appliquer des outils de l'analyse économique à d'autres champs des sciences sociales ; c'est la volonté de faire de l'économie la « grammaire universelle » du comportement humain. L'hétérodoxie accepte au contraire, voire revendique, la nécessité du dialogue avec les autres sciences humaines.

B L'école des conventions et de la régulation : microéconomie et macroéconomie de l'hétérodoxie

L'école des conventions estime que l'échange marchand est impossible sans un cadre commun, sans une convention constitutive : les contrats sont toujours incomplets. Elle souhaite dépasser le débat individualisme méthodologique *versus* holisme. Les conventions constituent le résultat d'actions individuelles, mais disposent d'un pouvoir contraignant.

L'école de la régulation s'intéresse aux régularités sociales et économiques qui permettent l'accumulation. Le fordisme par exemple est le mode de régulation des Trente Glorieuses, se caractérisant par une adéquation entre la façon d'extraire des gains de productivité (taylorisme) et la façon de les répartir.

III Est-il possible de construire une économie hétérodoxe ?

A Une orthodoxie qui phagocyte les critiques

L'orthodoxie réussit toujours à se nourrir des critiques et à les absorber (*exemples* : anticipations, coût de l'information, asymétries d'information, différents types de rationalité, risque, etc.). Combemale évoque un « processus de neutralisation-récupération ».

B Une hétérodoxie éparpillée

Les diverses tentatives de rapprochement entre différentes tendances hétérodoxes se sont pour le moment soldées par des échecs. On peut ainsi craindre une forme de balkanisation de l'hétérodoxie. Au sein même de l'hétérodoxie, les dissensions restent nombreuses. Reste à savoir ce que donnera le projet de les fédérer au sein de l'AFEP (Association française d'économie politique).

C Une opposition entre orthodoxie et hétérodoxie à réévaluer

L'opposition entre hétérodoxes et orthodoxes est trop caricaturale. On peut suivant Favereau (1989) distinguer au moins trois pôles : la théorie standard étendue, la théorie non standard, mais également la théorie standard étendue.

Questions de réflexion

1 ■ Les principaux apports d'Adam Smith à la pensée économique.
2 ■ L'analyse marginaliste constitue-t-elle une rupture dans l'histoire de la pensée économique ?
3 ■ Qu'est-ce que l'économie classique ?
4 ■ Y a-t-il des lois en économie ?
5 ■ La science économique doit-elle prendre modèle sur les sciences de la nature ?

Bibliographie

- Alain Béraud, Gilbert Faccarello (dir.), *Nouvelle histoire de la pensée économique*, La Découverte, 2000.
- Jean-Paul de Gaudemar, « Faire l'histoire de la pensée économique ? Questions pour un débat », *Revue économique*, vol. 29, n° 4, 1978.
- Les classiques des sciences sociales, collection « Les auteur(e)s classiques » : http://classiques.uqac.ca/classiques/

Chapitre

A Initier au raisonnement scientifique

OBJECTIFS

- Apprendre à porter un regard scientifique sur les phénomènes économiques
- Initier les élèves au raisonnement économique.
- Connaître la diversité des méthodes de l'économie

SOMMAIRE

SECTION 1 **Initier une approche scientifique du monde social**
SECTION 2 **L'investigation comme mise en activité**

Section 1 INITIER UNE APPROCHE SCIENTIFIQUE DU MONDE SOCIAL

1 La pédagogie constructiviste au cœur des programmes

Le préambule des programmes du cycle terminal en SES s'applique aux classes de Première et de Terminale. Il fixe trois objectifs principaux pour l'enseignement, dont le premier consiste à « permettre aux élèves de s'approprier progressivement les concepts, méthodes et problématiques essentiels de trois sciences sociales (la science économique, la sociologie et la science politique)[1]. » À ce titre, l'enseignement des sciences écono-

[1] *Bulletin officiel*, n°21, 23 mai 2013.

miques et sociales en cycle terminal nécessite pour l'enseignant de mettre en œuvre des activités qui initient les élèves à une approche scientifique du monde social. L'enseignant devra ainsi montrer aux élèves comment les sciences sociales tentent de rendre compte de manière rigoureuse de phénomènes par la construction d'indicateurs, et en posant des hypothèses soumises à vérification par des méthodes diverses. Cette approche scientifique du monde social peut être abordée de différentes manières avec les élèves et à différents moments de l'année.

L'approche scientifique du monde social est un apprentissage qui mobilise pleinement la pédagogie socio-constructiviste qui est au cœur du préambule du programme scolaire. Cette approche fonde ainsi des pratiques pédagogiques et doit être au cœur de la définition des dispositifs pensés par l'enseignant. Cette reconstruction des chemins de la science doit permettre d'éviter que les élèves soient confrontés à un point de vue scientiste, par lequel l'enseignant de par son statut détiendrait un ensemble de vérités à transmettre, tandis que l'élève lui ne saurait rien. De plus, elle doit permettre d'éviter le relativisme, qui consisterait pour les élèves à croire que les diverses conclusions transmises par l'enseignant se valent toutes et ne relèvent que de l'opinion. Notre pratique enseignante nous conduit à enseigner à des élèves qui pour certains dès la Seconde ont une vision très négative des sciences sociales « non scientifiques », et sont absolument convaincus de la scientificité des sciences dures : « les SES, c'est pas des sciences ». Pour d'autres élèves, la démarche scientifique est indistincte de l'opinion. Ainsi, il faut que l'enseignant soit à même de proposer des séquences qui permettent aux élèves de s'approprier la connaissance scientifique.

Le préambule du programme de cycle terminal précise le type de séance attendue de l'enseignant de SES :

> « On pourra ainsi, chaque fois que possible :
>
> – partir d'énigmes, paradoxes, interrogations susceptibles de susciter la curiosité des élèves, en prenant appui, si nécessaire, sur des supports variés (jeux, comptes rendus d'enquêtes, documents iconographiques et audiovisuels, tableaux statistiques, graphiques, monographies, etc.) (voir chapitres D et E) ;
>
> – les amener à se poser des questions précises et à formuler, sur cette base, des hypothèses visant à résoudre le problème identifié ;
>
> – leur proposer ensuite de mener des investigations (recherches documentaires, enquêtes, exercices, analyses de données statistiques, etc.) susceptibles de tester les hypothèses formulées ;
>
> – enfin structurer les apprentissages réalisés afin de permettre aux élèves de se les approprier et de les mémoriser. » (voir *La Sociologie au CAPES de SES*).

On détermine ainsi quatre phases dans l'activité d'enseignement : la sensibilisation, la problématisation, l'investigation et la structuration.

Une présentation scientifique des phénomènes étudiés implique de montrer l'épistémologie de chaque modèle, en impliquant les élèves dans la construction théorique des résultats.

2 De la pédagogie constructiviste à la démarche de l'économiste

Le préambule du programme de cycle terminal distingue deux grandes démarches scientifiques qui doivent permettre de tester les hypothèses formulées par le chercheur : le modèle et l'enquête[1].

Bien souvent, on assimile la démarche de l'économiste à la modélisation tandis que l'enquête correspondrait à la démarche du sociologue. Ce découpage de l'activité scientifique est évidemment très schématique et on ne saurait que déconseiller d'enseigner une telle caricature aux élèves. Aujourd'hui, le croisement des regards et la fécondité des approches pluridisciplinaires rendent moins distinctes les méthodes comme les démarches utilisées. Ce découpage entre modèle et enquête ne permet plus de rendre compte du continuum qui traverse les sciences sociales. Ceci dit, il a l'avantage de la simplicité et peut permettre de faire comprendre a minima les différences qui persistent entre les deux sciences. Le modèle renvoie à l'hypothèse de rationalité du comportement des individus, tandis que l'enquête privilégie la compréhension ou l'explication du comportement individuel.

On pourra alors définir la démarche de l'économiste en limitant la question économique à la question des choix en univers de rareté. Ce choix semble pertinent au regard de la première question posée par le programme scolaire de Première qui invite à traiter de la démarche de l'économiste. Cependant, dans la perspective de montrer aux élèves la diversité des approches scientifiques, il faudra tout au long du cycle terminal insister sur la diversité des analyses économiques. Par exemple, la démarche keynésienne macroéconomique remet en cause les hypothèses de rationalité des comportements et de rareté (c'est la perspective de Keynes lorsqu'il écrit sa *Théorie générale*).

Section 2 L'INVESTIGATION COMME MISE EN ACTIVITÉ[2]

L'objectif pédagogique des séquences proposées est d'initier les élèves au raisonnement scientifique, en leur permettant de reconstruire les contenus scientifiques.

Le préambule du programme scolaire précise ce qui est attendu de la présentation de la démarche de l'économiste :

> On montrera que l'analyse économique n'est pas définie par un ensemble d'objets mais par le type de questions qu'elle soulève et par les approches et les méthodes qu'elle utilise pour y répondre, tant au niveau de l'acteur individuel (individu, entreprise) qu'au niveau de la

[1] Louis-André Gérard-Varet, Jean-Claude Passeron, *Le modèle et l'enquête, EHESS, 1995.*

[2] Ces mises en activité ont été pratiquées en classe et s'inspirent en partie des nombreux travaux des collègues, publiés en ligne notamment.

société et des choix collectifs. On mettra l'accent sur le raisonnement coût-bénéfice qui est au cœur de l'analyse économique, et sur la nécessité des choix, dans le présent et dans le temps, que l'on s'intéresse aux choix des acteurs individuels ou aux choix collectifs. On insistera sur le caractère extensif de la notion de rationalité qui sous-tend le raisonnement économique, en évoquant la diversité des motivations et donc des satisfactions, ce qui interdit de juger, de l'extérieur, de la rationalité des actions observées. On montrera qu'elle n'exclut pas les déséquilibres, notamment macroéconomiques, et que la répartition des revenus et des richesses résulte de l'interaction entre le fonctionnement des institutions marchandes et l'action des pouvoirs publics. Les analyses micro et macroéconomiques permettront d'initier les élèves à la pluralité des approches et à la démarche de modélisation, puis de validation-infirmation des hypothèses, en s'appuyant sur des tableaux de données statistiques, des séries de graphiques, et en menant des comparaisons internationales.

1 L'analyse économique est définie par le type de questions qu'elle soulève

La première assertion du programme a une importance particulière : la science économique n'est pas définie par ses objets mais par ses méthodes et les questions qu'elle soulève.

1.1 Dans un monde aux ressources limitées, comment faire des choix ?

Cette question renvoie spécifiquement à la démarche dominante de l'économie et donc à la définition de Lionel Robbins :

> Science qui étudie le comportement humain en tant que relation entre des fins et des moyens rares à usages alternatifs[1].

La question en elle-même présuppose que les hypothèses de rationalité et de rareté sont nécessaires à l'analyse économique.

Cependant, on l'a vu, tous les économistes ne sont pas en accord sur la question de la rationalité et de la rareté de nos économies. Est-ce à dire que l'économie n'est qu'un débat d'opinion ? Il faudra absolument veiller à ce que les élèves distinguent les débats d'opinion qui s'appuient sur des jugements de valeurs, des débats scientifiques qui confrontent des arguments. On pourra alors leur présenter en classe de Première dès le début d'année les débats portant sur la notion de rareté.

[1] Lionel Robbins, *An Essay on the Nature and the Significance of Economic Science*, 1932.

1.2 Exemple : « Un monde aux ressources limitées ? »

Nous proposons ici une séquence qui doit permettre de mener progressivement les élèves à formuler l'hypothèse de rareté relative. En partant des analyses ethnographiques, on amène les élèves à formuler la notion de rareté relative qui pourra être illustrée par l'utilité de l'eau dans différents environnements.

Document 1. Les sociétés primitives : des sociétés d'abondance ?

[...] Bref, l'économie primitive est une économie de subsistance parce que c'est une économie de la misère. À cette conception, l'ethnologue (Sahlins) oppose les faits ethnographiques. Étudiant les chasseurs collecteurs nomades des déserts d'Australie et d'Afrique du Sud, il s'aperçoit que loin de passer toute leur vie à la quête fébrile d'une nourriture aléatoire, ces prétendus misérables ne s'y emploient que cinq heures par jour en moyenne, que le travail est rarement soutenu, et que les jours de repos alternent avec les jours de travail. **L'économie primitive n'est donc pas une économie de la misère, mais la première société d'abondance.**

Pierre Clastres, préface *d'Âge de pierre, âge d'abondance* de Marshall Sahlins, Gallimard, 1970.

1. *Expliquez la phrase soulignée.*
2. *Diriez-vous que les sociétés d'aujourd'hui sont des sociétés d'abondance ?*

L'objectif est ici que les élèves puissent eux-mêmes formuler des hypothèses quant à la rareté ou l'abondance dans leur société. Il faudra prendre en compte l'ensemble des réponses des élèves, et les inscrire dans deux parties du tableau.

Document 2. La nature suffit-elle à satisfaire les besoins ?

En réalité, tous les progrès actuels de l'histoire et de la préhistoire confirment que la nature naturelle est une dure marâtre pour l'humanité. Le lait « naturel » des vaches « naturelles » donne la tuberculose et la vie saine d'autrefois faisait mourir un enfant sur trois avant son premier anniversaire. [...] Toutes les choses que nous consommons sont, en effet, des créations du travail humain, et même celles que nous jugeons en général plus «naturelles» comme le blé, les pommes de terre ou les fruits. Le blé a été créé par une lente sélection de certaines graminées : il est si peu «naturel» que si nous le livrons à la concurrence des vraies plantes naturelles, il est immédiatement battu et chassé ; [...] À plus forte raison, les objets manufacturés, des textiles au papier et des montres aux postes de radio, sont des produits artificiels, créés par le seul travail de l'homme.[...] Nous travaillons pour transformer la nature naturelle qui satisfait, mal ou pas du tout les besoins humains, en éléments artificiels qui satisfassent ces besoins : nous travaillons pour transformer l'herbe folle en blé, puis en pain, les merises en cerises, et les cailloux en acier puis en automobiles. [...]

Jean Fourastié, *Pourquoi nous travaillons*, PUF, 1959.

1. *Pourquoi le travail humain est-il nécessaire pour transformer la nature ?*
2. *En quoi la thèse de Fourastié s'oppose-t-elle à celle de Sahlins ?*
3. *Quels sont les besoins humains dont parle Fourastié ? Pourriez-vous en dresser une liste exhaustive ?*

La dernière question va amener les élèves à énoncer des hypothèses sur la rareté relative, on pourra alors reprendre le tableau et mettre en valeur le fait que la rareté dépend des besoins. Cette hypothèse est explicitée par le troisième texte de la séance.

Document 3. La rareté, une notion relative

En apparence, les biens et services qui nous sont offerts étant beaucoup plus nombreux qu'autrefois, la rareté diminue. En fait, il n'en est rien : certes beaucoup plus de biens nous sont offerts mais, en même temps, nous désirons aujourd'hui des choses dont nos ancêtres ne soupçonnaient même pas la possibilité. Pire, à chaque élargissement des champs des possibles, la rareté ne recule pas mais progresse. Tout progrès technique, toute innovation fait apparaître des besoins supplémentaires en équipements et en fournitures diverses [...] À chaque état de l'évolution économique, la rareté précédente est remplacée par une rareté encore plus difficile à surmonter.

Jean-Marie Albertini, *L'économie en 200 schémas*, Édition de l'Atelier, 1994.

1. *Définissez la notion de rareté.*

On pourra conclure en indiquant aux élèves que les économistes posent l'hypothèse de rareté des ressources dans la majorité des modèles. Celle-ci implique de faire des choix dans l'utilisation des ressources dont dispose l'individu. Évidemment, cette activité guidée n'est pas la seule possible, on peut imaginer une multitude d'activités sur la question de la rareté. L'essentiel est que les élèves investiguent sur la notion (voir chapitre C).

Pour sensibiliser les élèves on pourra partir de situations diverses dans lesquelles des choix s'imposent. On pourra aussi leur montrer que tous les jours ils font des choix : se lever, aller à l'école, choisir telle ou telle option, choisir son lieu de déjeuner, d'écouter l'enseignant ou son camarade, de sorties...

Très facilement les élèves sont amenés à évoquer les avantages et les inconvénients qu'apporte chaque choix possible, et même si parfois ils semblent réticents à l'admettre, rapidement ils comprennent que leurs choix sont en partie le résultat d'un processus de décision qui mène à comparer coûts et avantages de chaque choix.

1.3 Exemples : « L'économie : une science des choix »

Activité 1

Deux possibilités qui dépendent de « qui » est l'enseignant et « qui » sont les élèves.

- *La semaine prochaine, vous avez deux contrôles à préparer, un de maths et un de français (à adapter à la situation).*
- *Le week-end prochain, vous avez deux propositions de sorties.*

1. *Identifiez la raison pour laquelle vous allez devoir choisir entre les deux.*

   Réponse : La ressource rare est le temps disponible pour l'individu

2. *Faites un tableau pour lister les inconvénients et avantages de chacun de ces choix.*

   On peut proposer aussi le tableau suivant aux élèves :

Choix	Avantages	Inconvénients
Sortie 1 : chez Léa	Plus près de chez moi ; mes parents préfèrent Léa ; je n'ai rien à apporter ; je peux dormir là-bas ; les copains de Léa sont très sympas ; la musique sera plus à mon goût ; il y aura Mathilde que je vois rarement depuis qu'on n'est plus dans le même lycée	Chez Léa, il y aura Eléonor que je n'apprécie pas
Sortie 2 : chez Alice	Il y aura Matthieu (j'en pince pour lui) ; je n'ai rien à apporter ; je peux dormir là-bas	

On peut à partir de cet exercice poser des questions aux élèves pour introduire l'ensemble des notions utiles à la compréhension de la question.

a. Quels critères semblent s'annuler et donc ne pas être déterminants dans le choix ?

b. Retrouvez les inconvénients de la sortie chez Alice au regard des avantages de la sortie chez Léa.

On pourra introduire la notion d'opportunité, puis de coût d'opportunité.

c. Quel choix faites-vous ?

Évidemment, ici tout dépend de la valorisation de chaque critère : on introduit donc la subjectivité des préférences. Pour maximiser sa satisfaction, il faut pondérer chaque critère (p_1 à p_7 dépendent de la subjectivité de l'individu) et évaluer la satisfaction (l'utilité, U) qu'il apporte. Sous contrainte du temps disponible, on peut alors déterminer combien de temps passer à la soirée de Léa ou d'Alice.

Max$U$ (S_1, S_2) = Max(p_1 × Matthieu, p_2 × Eléonor, p_3 × Mathilde, p_4 × poids de la préférence parentale, p_5 × distance domicile, p_6 × poids de la sympathie des copains, p_7× poids de la musique)

Sous contrainte : temps disponible

Remarque

On peut présenter schématiquement le modèle qui permet ensuite de trouver la solution optimale, cependant, on peut choisir une présentation plus simple :
S_1 = Avantages (Mathilde, poids de la préférence parentale, distance domicile, poids de la sympathie des copains, poids de la musique) – (Inconvénients (Eléonor) – coût d'opportunité (Matthieu))
S_2 = Avantages (Matthieu) – (coût d'opportunité (Mathilde, poids de la préférence parentale, distance domicile, poids de la sympathie des copains, poids de la musique) + gain d'opportunité (Eléonor))
→ Le meilleur choix est celui qui rapporte le plus relativement à l'autre.

Pour éviter de mettre les élèves sur la voie d'un raisonnement non marginaliste[1], on peut conclure l'exercice en faisant deux remarques :

- Si Alice et Léa habitent près l'une de l'autre, je peux partager la soirée.
- L'évaluation de la satisfaction apportée par les différents critères est difficile. C'est pourquoi la science économique marginaliste ne peut être qu'une science quantitative et peu qualitative.

Activités alternatives

On peut imaginer et construire un questionnaire sur l'argent de poche et un traitement informatique (Excel) de leurs choix de consommation. La mise en œuvre demande une réflexion sur les CSP d'origine des élèves, l'effectivité de l'argent de poche reçu, sur la possibilité matérielle d'utilisation de l'informatique, sur le temps effectivement nécessaire à la mise en œuvre.

On peut aussi présenter des modèles simples à un budget et deux biens. Ce choix est le plus courant.

Plus utilement, on peut utiliser les jeux pédagogiques proposés par l'économie expérimentale.

1.4 Que produit-on et comment le mesure-t-on ? Comment répartir les revenus et la richesse ? Quels sont les équilibres macroéconomiques ?

Ce questionnement renvoie à une définition par l'objet de la science économique. Souvent, une première approche en Seconde amène cette définition de la science économique par l'objet.

[1] Le raisonnement mène à une analyse coût-avantage mais pas à un raisonnement à la marge, puisqu'ils font un choix entre les deux soirées. À la marge, il faudrait dériver la fonction d'utilité pour trouver les conditions de premier ordre et second ordre. Et le résultat sera qu'il faut équilibrer à la marge l'utilité des deux soirées.

D'une manière générale, l'économie étudie les mécanismes qui déterminent la production et la consommation des richesses, les échanges de biens et de services entre les hommes.

Cependant, le préambule insiste bien sur le fait de ne pas définir la science par ses objets. Ainsi, dans cette partie, il semble plus judicieux de s'appliquer à la maîtrise des contenus qui permettront aux élèves de développer une réflexion économique. On pourra alors insister en termes scientifiques sur les difficultés de mesure (indicateurs et variables qualitatives) et sur la diversité des approches économiques (introduction de la différence entre microéconomie et macroéconomie).

Si les élèves ont déjà traité, ou traitent en même temps, le programme de sociologie, on peut aussi faire un parallèle utile entre macrosociologie et microsociologie.

Les élèves perçoivent rapidement en Première (thème : « Les processus de socialisation et la construction des identités sociales ») que s'opposent en sociologie des auteurs qui partent de l'individu pour comprendre la société et d'autres qui partent de la société considérant qu'elle n'est pas la somme des parties. On peut faire un parallèle avec les réflexions menées par Keynes sur la macroéconomie.

2 L'économie est une science hypothético-déductive

Le programme scolaire invite les enseignants à traiter la méthode adoptée par une grande partie de la science économique. L'économie orthodoxe adopte en effet l'hypothèse de rationalité pour résoudre la question des choix à faire dans un monde de rareté. Elle adopte ainsi une démarche hypothético-déductive, démarche classique et dominante de la science moderne ; qui est décrite dans le préambule du programme scolaire et utilisée comme démarche pédagogique.

On pourra dès lors introduire la diversité des approches de la science en général en distinguant les démarches hypothético-déductive, inductive et déductive, mais un travail de coordination avec le professeur de philosophie de la classe semble le mieux à même de faire comprendre l'enjeu scientifique et les débats qui sous-tendent ces démarches.

Vis-à-vis de la démarche scientifique, il faut absolument dissiper deux confusions faites par l'ensemble des acteurs non scientifiques (élèves, médias, politiques).

2.1 « Le caractère scientifique de la démarche n'a pas de lien avec la discipline »

La distinction dans le système éducatif entre les filières dites « scientifiques » et « économique et sociale » tend à générer une confusion qui peut avoir des effets symboliques chez les élèves et les parents. Il sera nécessaire de redéfinir avec les élèves ce qui définit la science, et de distinguer les sciences humaines et dures.

On pourra mettre en œuvre cette proposition d'activité faite par Vincent Levrault, professeur de SES au CEPMO.

	Relève de la science	Ne relève pas de la science	Justifiez votre réponse
Biologie			
Astronomie			
Poésie			
Economie			
Astrologie			
Chimie			
Littérature			
Sociologie			

Cette activité a pour objectif de faire émerger les représentations des élèves et d'initier éventuellement un débat entre eux, de les mener à argumenter et donc à trouver les critères de définition de la science, des sciences dures et humaines.

2.2 « La démarche scientifique est l'objet, mais aussi la méthode de l'enseignement »

Pour ce faire on peut suivre les nombreux protocoles d'expériences que les élèves mobilisent en enseignement dit « scientifique ».

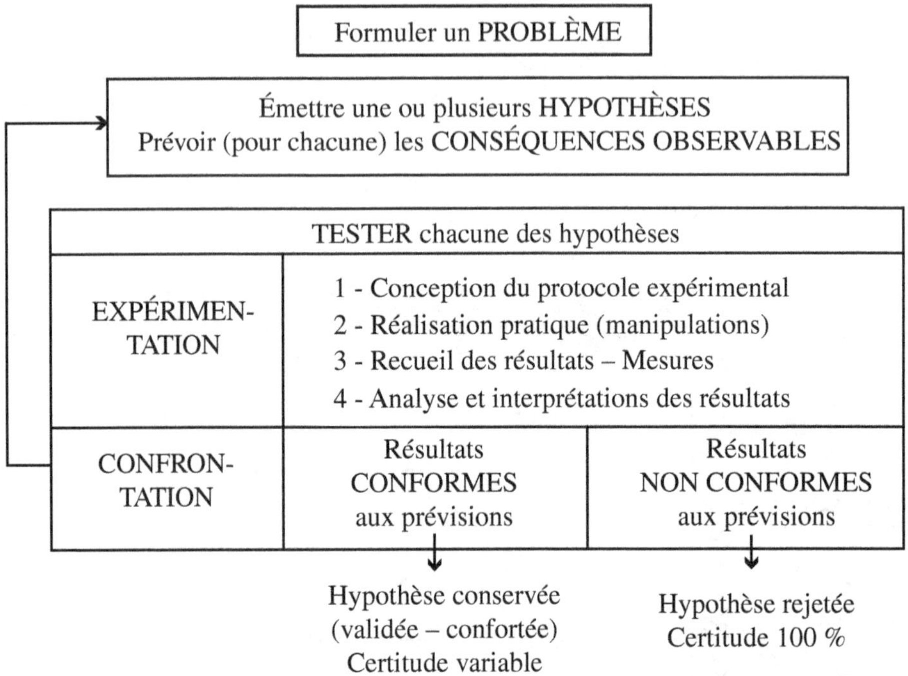

Source : Eric Triquet, « Contrat didactique », UPMF Grenoble, Master IC2A.

Figure A.2 – Les grandes étapes de la démarche scientifique

Il faudra veiller cependant à ne pas faire semblant de mener l'investigation tout en cadrant trop les élèves ; en effet l'intérêt de l'exercice est qu'ils construisent leur propre savoir.

On peut comparer deux séquences qui respectent la démarche scientifique, l'une mettant réellement en activité authentique les élèves, l'autre n'y parvenant pas.

- **Professeur A. Le « faux-semblant » de l'activité intellectuelle**
  Observation : « Le coût du travail augmente le taux de chômage. »
  Conséquences :
  – il y a une action du coût du travail sur le chômage.
  – c'est l'entreprise qui embauche les salariés.
  – quelque chose empêche les embauches : forcément un coût pour l'entreprise, celui du travail.

Hypothèse : Le coût du travail augmente le chômage sous l'action des coûts de production. Trois hypothèses à tester :
– le travail est un coût pour l'entreprise.
– l'augmentation du coût du travail augmente les coûts de production de l'entreprise.
– plus le coût du travail est élevé, plus le chômage l'est aussi.
Expérience : On pourra présenter les développements en économie expérimentale, mais aussi expliquer aux élèves que si le rêve du chercheur en sciences sociales est de tester ses hypothèses, il n'a pas de laboratoire pour le faire.
Solutions : Le modèle de marché du travail montre que si le coût du travail est supérieur à la productivité marginale de celui-ci, alors des individus ne trouvent pas à s'employer malgré leur offre de travail.
Résultats : Un coût du travail supérieur à la productivité marginale du travail est créateur de chômage.

- **Professeur B : L'investigation scientifique en sciences sociales**
Observation : « Le taux de chômage est élevé dans l'économie française. »
Question : Qu'est ce qui peut créer un tel niveau de chômage ?
Hypothèses posées par les élèves :

1 les chômeurs n'ont pas envie de travailler.

2 les chômeurs ne sont pas incités à travailler.

3 les chômeurs travaillent illégalement, le taux de chômage est biaisé par la mesure.

4 les chômeurs présentent des caractéristiques qui nuisent à l'embauche (qualification, origine sociale ou ethnique, sexe, etc.).

5 les entreprises embauchent moins cher ailleurs.

6 les entreprises n'ont pas intérêt à embaucher parce qu'elles ne produisent pas.

7 les entreprises n'ont pas intérêt à embaucher car ça coûte trop cher.

Vérifications :
– les chômeurs par définition sont des individus qui cherchent un emploi → Hypothèse 1 non validée.
– les chômeurs touchent des allocations → Hypothèse 2 validée partiellement par un calcul coût/avantage, mais à moyen terme le travail est intégrateur et le revenu du travail bien supérieur à celui des aides et allocations sociales.
– les enquêtes sont nécessaires pour comprendre la mesure du chômage qui n'est pas uniquement un phénomène quantitatif → Hypothèse 3 difficilement vérifiable, mais les études sociologiques sur les chômeurs et les mesures du travail au noir permettent d'appréhender le caractère qualitatif de ce phénomène.
– statistiquement, on observe que le chômage des non qualifiés, des jeunes, des seniors, des femmes, des immigrés est plus important → Hypothèse 4 vérifiée : notion de discrimination à l'embauche.
– statistiquement les délocalisations ne sont pas nécessairement responsables d'une augmentation du chômage → Hypothèse 5 vérifiée partiellement par des études économétriques.

- la production a ralenti depuis la crise économique et les entreprises produisent moins → Hypothèse 6 vérifiée.
- témoignages de chefs d'entreprises qui dénoncent le coût trop élevé du coût du travail en France. Modèle néoclassique du marché du travail et imperfections sur le marché (salaire d'efficience) → Hypothèse 7 vérifiée.

Résultats : Les déterminants du chômage sont nombreux. Le contexte spatio-temporel des analyses économiques doit être pris en compte pour comprendre les phénomènes économiques, même si des régularités statistiques montrent la prégnance de certains mécanismes économiques, parfois assimilées à des lois naturelles.

Les hypothèses pour expliquer le phénomène sont multiples, tant sociologiques qu'économiques, les élèves partant de leurs représentations vont évoquer un certain nombre d'hypothèses qu'il faudra traiter, même pour répondre « je ne sais pas, je ne connais pas d'étude sur ces hypothèses, comment pourrait-on la tester ? Quel protocole pourrait-on imaginer pour ce faire ? ». Trop souvent, l'enseignant privilégie de poser les hypothèses traitées plutôt que de profiter des connaissances des élèves.

La démarche du professeur B bien que plus longue, permet que les élèves soient réellement dans une démarche d'investigation scientifique, et non dans un faux-semblant, guidé par le professeur. Ceci implique une très bonne maîtrise scientifique des phénomènes économiques et des sciences sociales par l'enseignant. De plus, l'enseignant dans une position inconfortable devra accepter de noter, relever des hypothèses soulevées par des élèves, pour lesquelles il ne pourra pas proposer d'infirmation ou confirmation, mais apportera une réponse provisoire.

3 L'analyse économique n'est pas uniforme

3.1 La modélisation

Exemple : « Qu'est-ce qu'un modèle économique ? »

Le modèle est un idéal-type, une manière de caractériser qui n'est pas propre à l'économie et n'entraîne pas nécessairement mathématisation. La modélisation est donc plus généralement une activité scientifique. Ainsi, les idéaux-types en sociologie sont très utilisés[1], ils correspondent à la construction de modèles de comportement des individus ou collectifs.

En mettant en parallèle, en TD des exemples sociologiques avec le modèle de marché tel que présenté en cours, on peut construire des groupes d'élèves qui présenteront aux autres des idéaux-types à partir d'extraits choisis. On pourra alors lors de la reprise collective montrer aux étudiants que la critique externe d'inadéquation à la réalité est

[1] Schnapper Dominique, *L'épreuve du chômage, Gallimard, 1981 ; Esping-Andersen* Gøtha, *Les trois mondes de l'Etat-providence*, PUF, 1999.

inhérente à l'activité de modélisation qui cherche à caractériser des mécanismes idéels et non réels.

Exemples d'idéaux-types

- Les modèles de la légitimité chez Max Weber
- Les modèles de l'État-providence de Gøtha Epsing-Andersen
- Les modèles de chômeurs théorisés par Dominique Schnapper

Exemple : « Le modèle de marché concurrentiel »

On trouve sur les sites d'enseignants et dans les manuels, mais aussi dans les fiches Éduscol de très bons exemples de mise en activité à développer avec les élèves. De plus les jeux de pédagogie fondée sur l'économie expérimentale utilisant des cartes sont très bien développés.

À ce titre, on se doit de signaler l'excellent travail réalisé par Nicolas Eber sur les jeux pédagogiques. S'inspirant de jeux d'économie expérimentale, les enseignements permettent un meilleur apprentissage par les élèves. Un article publié en 2003[1] rend compte de l'ensemble des sources utilisables pour trouver des jeux, très bien référencées sur des sites internet, et détaille trois jeux utilisables avec les élèves, ainsi que les coûts et bénéfices de cette pratique d'enseignement.

3.2 La critique de la modélisation

Les critiques internes

La critique des hypothèses mène à développer des modèles « plus proches de la réalité » : les modèles néokeynésiens qui intègrent l'imperfection des hypothèses, ou les modèles post-keynésiens fondés sur des hypothèses opposées (*exemple* : structure des rendements, complémentarité *vs.* substituabilité des facteurs).

On pourra aussi se référer à la « critique de la critique » développée par Milton Friedman et qui réhabilite la modélisation (voir chapitre 1).

L'intérêt du modèle est indéniable, car il permet de créer une habitude stable de travail pour les économistes (économie de réflexion) ; cependant, la vision extrême selon laquelle peu importent les hypothèses posées ne s'avère pas convaincante, voire nuisible à la compréhension. La remise en cause de la démarche hypothético-déductive fait partie des recherches en économie expérimentale :

> Les évaluations « randomisées » existent depuis les années 1960 en économie, mais ont connu un essor au cours de la décennie passée, notamment en économie du développement. Leurs résultats sont parfois inattendus : des expériences menées en Afrique ont révélé par exemple que traiter les élèves contre les parasites intestinaux était bien plus efficace pour leur réussite

[1] Eber Nicolas, « Jeux pédagogiques : vers un nouvel enseignement de la science économique », *Revue d'économie politique, n°113, 2003.*

scolaire que leur distribuer des livres ou diminuer le nombre d'élèves par classe. En mettant au jour des « causalités insoupçonnées », ces expérimentations sont susceptibles de donner naissance à de nouveaux modèles d'explication des comportements et des processus de pauvreté. Pour E. Duflo et A. Banerjee, la théorie économique s'avère parfois être un « mauvais guide » pour choisir entre des programmes concurrents visant un même objectif[1].

Les critiques externes

La critique porte sur la démarche de modélisation qui trop éloignée de la réalité ne permet pas l'étude des phénomènes économiques. Les études menées par les économistes critiques mènent alors à une approche pluridisciplinaire et intégratrice en sciences sociales. L'étude des phénomènes macroéconomiques présente des démarches alternatives : croissance durable ou non (substituabilité des facteurs *vs.* complémentarité), chômage conjoncturel, phénomènes d'inflation et de déflation, phénomènes monétaires et financiers.

On pourra à diverses occasions prévoir des activités diverses sur :
- le mythe de la valeur en mobilisant les recherches de Michel Aglietta et Andrée Orléan : les modèles fondés sur l'équilibre réel et qui n'intègrent la monnaie qu'ex post ne permettent pas de comprendre les mécanismes économiques liés à la valorisation par les individus de la monnaie, ni son rôle politique et social ;
- l'hypothèse de rationalité en mobilisant les recherches de Georges Akerlof et Robert Shiller sur les esprits animaux[2].

On peut aussi avoir une approche méthodologique et montrer que les développements récents de la science économique tendent à l'expérimentation, et donc développent une démarche plus inductive. Cependant, la critique de ces recherches est à l'inverse de la critique de modélisation : situées et datées ces recherches ne sont pas fondatrices de schèmes de pensée efficaces et réfutables.

Pour conclure on peut revenir sur les notions à utiliser avec les élèves. Il ne s'agit pas ici de notions du programme mais du préambule, est-ce à dire qu'elles seraient moins importantes ?

À notre sens, cela implique surtout qu'elles n'ont pas particulièrement à être traitées dans une partie, un questionnement du programme. Cependant, leur statut est d'autant plus important qu'elles sont le préambule de l'activité d'enseignement, on pourra alors les considérer comme notions structurantes. En effet, à tout moment du programme d'économie, à tout questionnement et lors de toute analyse on pourra les remobiliser avec les élèves.

---

[1] Abhijit Banerjee, Esther Duflo, « L'approche expérimentale en économie du développement », *Revue d'économie politique*, septembre-octobre 2009, p.693 ; site Ses-Ens Lyon, Dossiers, « Une démarche novatrice d'expérimentation sociale mise en application dans le laboratoire d'action contre la pauvreté », 2010.

[2] Georges Akerlof, Robert Shiller, *Les esprits animaux,* Pearson, 2009.

Bibliographie

- Renaud Chartoire, « À la base de la démarche de l'économiste : la construction de modèles », *Idées*, n° 162, décembre 2010.
- Nicolas Eber, « L'économie expérimentale comme outil pédagogique : quelle efficacité ? », *Revue d'économie politique*, n° 117, 2007.
- Le blog des expériences pédagogiques en SES présente de nombreuses investigations possibles pour amener les élèves à construire leur propre savoir : http://ecoexpepedago.blogspot.fr
- Le réseau de réflexion pédagogique propose de nombreux outils utiles pour l'investigation : www.reseau-canope.fr

Partie 2

Le circuit économique : acteurs, opérations et fonctions | Chapitre 2
La production dans l'entreprise | Chapitre 3
La coordination par le marché | Chapitre 4
Les savoirs quantitatifs | Chapitre B
La progressivité des notions | Chapitre C

Les acteurs et leurs relations

Chapitre

2

Le circuit économique : acteurs, opérations et fonctions

OBJECTIFS

- Présenter les différents acteurs économiques et leurs fonctions
- Montrer l'intérêt de la représentation du circuit économique
- Sensibiliser aux grandes questions que se posent les économistes

NOTIONS

- Production, consommation, épargne, investissement, redistribution, revenu disponible, pouvoir d'achat, salaire
- Production marchande et non marchande
- Consommation intermédiaire, valeur ajoutée
- Utilité, contrainte budgétaire, prix relatif

SOMMAIRE

SECTION 1 **Le circuit économique**

SECTION 2 **Les fonctions des ménages**

SECTION 3 **Les fonctions des organisations productives**

Section 1 LE CIRCUIT ÉCONOMIQUE

1 Les fonctions économiques

Les fonctions économiques désignent les actes que doivent assurer les acteurs (aussi appelés agents) économiques et qui définissent leur rôle et leur place au sein de l'économie. On compte ainsi plusieurs fonctions essentielles :
- produire ;
- investir ;
- épargner ;
- consommer ;
- redistribuer, etc.

Il se peut que certains acteurs réalisent des actions qui ne relèvent pas nécessairement de leur fonction principale : il s'agit alors d'une fonction secondaire, ou d'actions isolées qui ne concernent pas tous les acteurs d'un même type, ou d'une action temporaire, compte tenu du contexte particulier.

Ainsi, les entreprises produisent, c'est leur fonction principale. Mais elles consomment également quand elles utilisent, par exemple, de l'énergie pour produire (ce que les économistes appellent les consommations intermédiaires). Il s'agit là d'une action secondaire. De même, si certaines entreprises épargnent (on dit qu'elles sont en capacité de financement), la plupart des entreprises (ou toutes les entreprises prises de manière agrégée) sont plutôt emprunteuses (elles sont en besoin de financement). De plus, afin d'assurer leur fonction principale, produire des biens et services marchands, les entreprises doivent assurer une autre fonction importante : investir. Il s'agit de se constituer un capital à partir duquel il sera possible de créer tous les biens et services souhaités. Cet investissement permet d'assurer cette production, tant en quantité (investissement de capacité ou de remplacement pour remplacer le capital obsolète ou usé) qu'en qualité (investissement de productivité, pour être plus efficace). Mais au-delà de cette fonction pour les entreprises, liée à leur offre, l'investissement assure aussi une fonction de demande importante au niveau global. En investissant, une entreprise assure notamment un débouché important pour d'autres entreprises qui produisent justement des biens d'équipement. Cette fonction d'investissement n'est pas seulement assurée par les entreprises, mais par tous les acteurs.

DÉFINITION

Production : action qui consiste à combiner des facteurs de production afin de fabriquer des biens et des services.

DÉFINITION

Consommation : action qui consiste à détruire les biens et services afin de satisfaire un besoin. On distingue plusieurs consommations : la consommation intermédiaire, qui consiste à détruire ou incorporer des biens et des services durant le processus de production, et la consommation finale effective des ménages, qui consiste pour les ménages à acquérir des biens ou des services (qu'ils les aient achetés ou pas) afin de satisfaire un besoin économique.

DÉFINITION

Épargne : flux de revenus accumulés pour constituer un patrimoine, ce qui reste du revenu disponible des ménages, une fois les dépenses de consommation réalisées. Si celle-ci est négative, cela signifie que les ménages ont consommé davantage que ce que leur permet leur revenu disponible.

DÉFINITION

Investissement : acquisition d'actifs matériels ou immatériels dans le but de produire plus et mieux.

DÉFINITION

Redistribution : opération qui consiste à opérer des prélèvements sur les revenus primaires, pour les transférer à des acteurs économiques qui auraient besoin de revenus de transfert. La répartition primaire concerne la distribution de revenus suite à la participation à la production, alors que la redistribution doit corriger les défauts de ladite répartition primaire.

2 Les acteurs économiques

Les acteurs économiques sont divers, et sont regroupés selon leurs fonctions économiques. On distingue ainsi les entreprises, les sociétés financières, les ménages, les administrations publiques, les associations et le reste du monde (les acteurs économiques non-résidents sur le territoire national). On reprend ici, en la modifiant légèrement, la typologie des acteurs construite par la comptabilité nationale.

Tableau 2.1 – Les acteurs économiques

Acteur	Définition	Fonction	Ressources
Administration publique	Unité produisant des services non marchands (à l'exclusion des associations) ou effectuant des opérations de redistribution du revenu et des richesses nationales	Offrir des services non marchands et redistribuer les richesses (la Défense nationale)	Prélèvements obligatoires
Institutions sans but lucratif au service des ménages	Unité produisant des services non marchands à destination des ménages, à l'exclusion des administrations publiques (associations ; fondations...)	Offrir des services non marchands (l'Amicale pétanquiste de Vierzon)	Essentiellement dons, subventions, revenus de la propriété...
Entreprise non financière	Unité produisant des biens ou des services dans le but de les vendre sur un marché (entreprises privées, publiques, SCOP...)	Vendre des biens ou des services marchands (L'Oréal)	Produit de la vente (c'est-à-dire le chiffre d'affaires)
Société financière	Société qui propose des services financiers	Servir d'intermédiaire financier entre les agents à besoin de financement et les agents à capacité de financement (La Société Générale)	Produit de la vente (c'est-à-dire le chiffre d'affaires)
Ménage	Unité rassemblant des individus vivant dans le même logement	Consommer, épargner et produire des biens et des services non marchands (Madame et Monsieur Dupont)	Revenus du travail, du patrimoine et revenus de transfert constituent le revenu disponible brut
Reste du monde	Ensemble des unités non-résidentes	Échanger avec les unités résidentes	Importations, exportations

Acteurs et relations

3 Les opérations

L'objectif étant d'analyser les relations entre les acteurs, on procède à une analyse de leurs opérations réalisées. On distingue trois types d'opérations (visibles sur la figure 2.1) :

- les opérations sur les biens et services correspondent aux fonctions de production ou de consommation, que l'on retrouve en grande partie sur le marché des biens et services ;
- les opérations de répartition : une fois que la production a eu lieu et que le fruit de la création de richesses est réparti entre tous ceux qui y ont participé (répartition primaire), les administrations publiques peuvent décider d'opérer des transferts entre ces acteurs (répartition secondaire). Cela donne donc lieu à divers prélèvements obligatoires (sur les entreprises et les ménages), dont une partie sert à financer les prestations sociales, les subventions à certaines entreprises, etc. (voir chapitre 13) ;
- les opérations financières permettent aux agents qui disposent de capacités de financement de prêter leurs capitaux à des acteurs qui sont en besoin de financement. Ces opérations ont lieu surtout sur le marché financier.

4 La représentation du circuit

Chaque acteur assumant une fonction particulière, les acteurs sont en interaction, et même interdépendants : par exemple, les ménages consomment ce que les entreprises produisent.

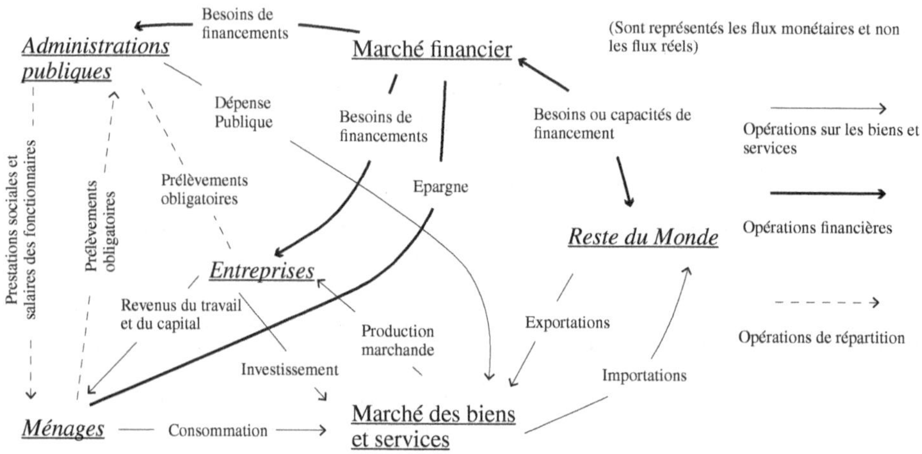

Figure 2.1 – Un exemple de circuit simplifié

Sur la figure 2.1, on retrouve quatre acteurs importants :
- les ménages ;
- les entreprises ;
- les administrations publiques ;
- le reste du monde.

On représente également deux marchés, lieux où se rencontrent ces acteurs :
- le marché des biens et services ;
- le marché financier.

Sur le marché des biens ou services, les entreprises (résidentes, mais également non résidentes, *via* les importations) vendent leur production, qui est achetée par les autres acteurs, y compris les entreprises, sous forme notamment d'investissement. Le fruit de cette vente permet de rémunérer les ménages pour leur participation à la production marchande, ainsi que de payer les prélèvements obligatoires dus aux administrations publiques. Les revenus des ménages rendent possible la consommation de biens et services marchands, l'épargne et permettent de payer des prélèvements obligatoires. Ces ménages profitent en retour de prestations sociales et des salaires des fonctionnaires (par les services non marchands qu'ils offrent à la population, ce que l'on appelle la consommation collective), qui alimentent leurs ressources.

Les acteurs se rencontrent sur le marché financier en fonction de leurs besoins ou de leurs capacités de financement. En règle générale, ce sont les ménages qui apportent des capitaux (leur capacité de financement), pour financer les projets des autres acteurs (principalement entreprises non financières et administrations publiques). Comme les besoins et capacités de financement ne s'équilibrent pas nécessairement entre les acteurs résidents, il faut parfois faire appel au reste du monde, en empruntant l'épargne excédentaire étrangère, ou en y plaçant l'épargne excédentaire nationale.

Alors que le marché représente des acteurs individuels en négociation ou en concurrence construisant un équilibre marchand, le circuit symbolise davantage les flux marchands et non marchands entre des acteurs collectifs (les secteurs institutionnels de la comptabilité nationale par exemple).

Le circuit a l'avantage de représenter le fonctionnement global d'une économie selon la métaphore organiciste : chaque acteur (collectif) assume une fonction dans le système économique, et est donc indispensable aux autres. Évidemment, en retour, il dépend des autres.

Par rapport à une analyse en termes de marché, on perd alors le point de vue microéconomique, puisque l'on ne voit pas comment chaque acteur individuel se comporte et élabore sa stratégie. Mais l'avantage est que l'on peut voir se construire non seulement un système économique basé sur des échanges, mais également sur la production, la circulation et l'utilisation des richesses, qui apparaît beaucoup moins dans une analyse des marchés.

Section 2 LES FONCTIONS DES MÉNAGES

La consommation et l'épargne sont bien entendu liées, et donc les déterminants de ces deux actes sont également liés. Les ménages consomment et épargnent à partir de leur revenu disponible.

DÉFINITION

> **Revenu disponible** : revenu directement utilisable pour la consommation et l'épargne. Il correspond à la somme des revenus du travail, du capital et mixtes et des revenus de transferts (déduits des prélèvements obligatoires).

DÉFINITION

> **Salaire :** revenu que verse un employeur à ses salariés, en échange de la mise à disposition de leur force de travail. Principal revenu du travail en France en 2016.

Nous pouvons ainsi opposer le point de vue keynésien et le point de vue néoclassique. En effet, selon les néoclassiques, et au premier rang desquels Léon Walras, la consommation est une sorte de résidu : c'est ce qu'il reste du revenu, une fois que l'individu a épargné. L'épargnant est motivé par le gain, c'est-à-dire l'intérêt. Plus le taux d'intérêt est élevé, plus il épargne, et donc moins il consomme. Keynes a un point de vue inverse : c'est l'épargne qui est le résidu, dans la mesure où ce qui est premier, c'est la consommation, qui dépend du revenu. On retrouve ici sa fameuse « loi psychologique fondamentale » :

plus le revenu augmente, plus la consommation augmente également, mais moins vite, si bien que l'épargne augmente, mais plus vite. Il définit aussi un niveau de consommation incompressible, indépendante du revenu et liée aux besoins primaires des individus. Ainsi, le taux d'intérêt pour Keynes joue moins sur le niveau que sur la structure de l'épargne.

1 L'épargne

1.1 La structure de l'épargne

La partie de l'épargne qui ne constitue pas un remboursement de crédit bancaire s'appelle la capacité de financement. Il s'agit de la différence entre l'épargne et la FBCF, formation brute de capital fixe. Les ménages réalisent des dépenses de FBCF, lorsqu'ils accèdent à la propriété, et qu'ils remboursent un crédit immobilier : dans ce cas, on considère qu'il s'agit d'une épargne, dans la mesure où les ménages se constituent un patrimoine immobilier. Cela signifie donc que les ménages à capacité de financement ont un excédent de leur revenu sur la consommation et sur l'épargne immobilière. Cette épargne est placée sur les marchés financiers ou auprès des banques, afin d'être utilisée par les agents en besoin de financement et de dégager des revenus du capital pour son propriétaire. Il s'agit donc d'une épargne financière. On peut calculer le taux d'épargne financière par le rapport entre la capacité de financement et le revenu disponible. Cela permet d'évaluer l'effort d'épargne financière des acteurs économiques.

Le taux d'épargne brute des ménages français était de 15,1 % et leur taux d'épargne financière était de 6,1 % en 2014.

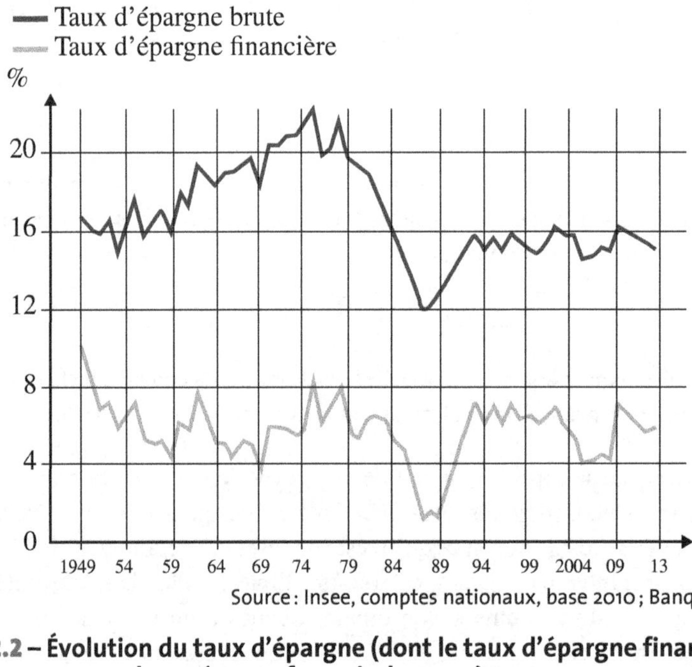

Source : Insee, comptes nationaux, base 2010 ; Banque de France.

Figure 2.2 – Évolution du taux d'épargne (dont le taux d'épargne financière) des ménages français de 1949 à 2013

Terminons par une dernière catégorie d'épargne, qui n'est utilisée ni pour acquérir un patrimoine immobilier, ni un patrimoine financier : il s'agit de la thésaurisation, qui est une épargne qui sort du circuit. Dans ce cas, la monnaie est gardée pour elle-même, sans qu'elle ne rapporte donc de revenu du capital.

1.2 Les déterminants de l'épargne

En plus du revenu et du taux d'intérêt, il existe d'autres déterminants de l'épargne comme par exemple l'âge. Franco Modigliani propose un modèle de lissage de la consommation, dans une perspective anti-keynésienne proche de celle de Friedman (voir chapitre 14). Selon lui, le cycle de vie de chaque individu est divisé en plusieurs périodes, caractérisées par des revenus et des flux d'épargne différents (voir chapitre 8).

Les systèmes institutionnels modifient aussi les comportements d'épargne concernant la retraite : l'existence d'un système de retraite par répartition a une influence notable sur l'épargne : ce dernier permet d'éviter aux individus de se constituer un patrimoine important pour les vieux jours. En l'absence d'un tel système, les individus doivent alors constituer une épargne en prévision ce qui favorise l'épargne. Les systèmes de protection sociale, éducatifs et fiscaux sont aussi déterminants pour expliquer le niveau d'épargne d'une population.

Le niveau de pessimisme des conventions keynésiennes[1] joue également. En phase de forte incertitude sur l'avenir, les individus développent une forte préférence pour la liquidité. Keynes expliquait que, dans ces moments, la détention de monnaie rassure les individus. Ils désirent donc garder des encaisses davantage qu'en période d'optimisme. On retrouve cette situation en cas de « trappe à liquidités ». Dans ce cas, la consommation est d'autant plus réduite.

2 La consommation

2.1 La structure de consommation

Les économistes s'intéressent à l'évolution de la consommation de certains biens, et aux déterminants de cette évolution. Ils en ont identifié deux qui sont essentiels : le prix du bien consommé, ainsi que le revenu du consommateur.

Définition

Pouvoir d'achat : quantité de biens et de services que le revenu disponible permet effectivement d'acquérir, compte tenu de leur prix.

Pour analyser correctement l'évolution de la consommation d'un bien en fonction de ces deux déterminants, ils ont construit un outil statistique pratique : l'élasticité. En

[1] La convention keynésienne (ou convention extrapolative) est une anticipation des individus, fondée sur l'idée que, faute d'informations, le futur sera conforme aux événements du passé. Mais cette anticipation est également affectée par le « climat des affaires », c'est-à-dire le pessimisme ou l'optimisme des individus vis-à-vis de l'avenir, ainsi que par « l'opinion moyenne » des autres acteurs, car une forme de mimétisme apparaît lorsque l'on manque d'information.

fonction de l'élasticité des différents biens, il est possible de construire une typologie de ces biens.

- L'élasticité de la demande par rapport au revenu se mesure par le rapport entre le taux de variation de la demande et le taux de variation du revenu. Il permet de rendre compte de l'évolution de la consommation d'un bien lorsque le revenu varie. Ainsi, si l'élasticité est de 1,2, cela signifie que lorsque le revenu augmente de 1 %, la consommation de ce bien augmente de 1,2 %. Bien souvent, cette élasticité est positive, proche de 0 pour les biens inférieurs, supérieure à 1 pour les biens supérieurs.
- L'élasticité de la demande par rapport au prix se mesure par le rapport entre le taux de variation de la demande et le taux de variation du prix. Cela permet d'exprimer la réaction de la demande à une variation du prix. Ainsi, si l'élasticité est de –0,5, cela signifie que lorsque le prix augmente de 1 %, la demande diminue de 0,5 %. Cette élasticité est traditionnellement négative.

Il existe toutefois deux types de biens qui contreviennent à cette observation. Ainsi, certains biens nommés Giffen voient leur demande augmenter lorsque leur prix augmente. Cette situation s'observe dans des cas de rareté générale. Les prix de tous les biens augmentent, y compris ceux qui ne sont pas consommés en priorité. Si bien que les consommateurs se déportent sur les biens consommés en priorité : lorsque le prix de ces biens augmente, leur demande augmente, car les consommateurs ne peuvent pas se retourner vers d'autres biens, plus chers, dits de luxe. C'est ce que l'on a observé en Irlande dans les années 1840 : les prix de l'alimentation ont augmenté, ce qui revenait à une perte de pouvoir d'achat. Les Irlandais consommaient la pomme de terre comme aliment de base. Lorsque le prix de la pomme de terre augmenta, ils ne purent la remplacer par d'autres aliments, dont le prix augmenta également et ils achetèrent moins d'aliments supérieurs comme la viande, se tournant davantage vers la pomme de terre.

D'autres biens voient également leur demande augmenter au fur et à mesure que leur prix augmente, ce sont les biens Veblen, liés au phénomène d'ostentation. Plus leur prix augmente, et plus certains consommateurs à revenus élevés souhaitent disposer de ces biens pour afficher leur niveau de vie, et par là même se distinguer socialement. Ce phénomène concerne certains biens supérieurs, comme les vacances de luxe ou les œuvres d'art qui permettent de signaler une position sociale élevée.

Par ailleurs, en période de forte déflation, les individus peuvent retarder leur consommation, s'ils anticipent que les prix poursuivront leur baisse.

La microéconomie permet de montrer que l'effet d'une baisse du prix d'un bien ne va pas systématiquement dans le sens d'une hausse de la demande de ce bien. En effet, les économistes distinguent deux effets, l'effet de revenu et l'effet de substitution. Ils agissent en sens contraire, et donc l'effet d'une baisse du prix sur la demande du bien dépendra de la force relative des deux effets.

L'effet revenu analyse la conséquence de la variation du prix d'un bien (ici, une baisse) sur le pouvoir d'achat du consommateur. En règle générale, comme une baisse du prix améliore le pouvoir d'achat, on s'attend à ce que la consommation augmente. L'effet substitution analyse la conséquence de la variation du prix relatif du bien (par rapport au prix des autres biens) sur la structure du panier de biens. Ainsi, si le prix d'un bien diminue, cela signifie qu'il coûte moins cher par rapport aux autres biens, et le consommateur devrait augmenter la part de son budget destiné à acheter ce bien, au détriment des autres.

Mais la combinaison de ces deux effets ne fonctionne pas systématiquement dans le sens que l'on s'imagine : l'effet revenu peut entraîner une baisse de la consommation d'un bien inférieur lorsque le revenu augmente, car un substitut supérieur devient financièrement accessible. Dans ce cas, la consommation du bien dont le prix a baissé peut diminuer si l'effet revenu l'emporte sur l'effet substitution[1].

2.2 L'équilibre du consommateur

Les néoclassiques ont élaboré ce que l'on appelle aujourd'hui « le programme du consommateur », afin d'analyser le comportement du consommateur, et surtout de produire la courbe de demande qui est un des fondements de la loi de l'offre et de la demande.

DÉFINITION

> **Utilité** : indice relatif de la satisfaction qu'un consommateur retire de la consommation d'un bien ou d'un service.

Plusieurs hypothèses président à ce programme du consommateur :

- La rationalité du consommateur lui permet de maximiser son utilité.
- Le consommateur consomme l'intégralité de son budget.
- L'économie fonctionne en concurrence pure et parfaite.

Par souci de simplicité, on considère que seuls deux biens sont à la disposition du consommateur au sein d'un panier P : $P = (x ; y)$. Il peut tout à fait substituer dans son panier des biens x par des biens y, et inversement.

Comprendre les courbes d'indifférences

Chaque consommateur est caractérisé par une fonction d'utilité, du type U : $U(x ; y)$. Cela signifie que son utilité dépend de la consommation de chacun des deux biens, et plus il a de biens à sa disposition, plus son utilité augmente. On considère que l'utilité marginale d'un bien, c'est-à-dire l'utilité procurée par la dernière unité du bien consommée, est décroissante : le premier bien consommé apporte plus d'utilité que le second, le second que le troisième, etc. Il s'agit ici de la première « loi de Gossen ». Cette fonction d'utilité permet de proposer des courbes d'indifférence (figure 2.3).

---

[1] Pour une analyse graphique de ces deux effets, on peut très facilement se reporter à un manuel de microéconomie, comme le Robert Pinyick, Daniel Rubinfeld, *Microéconomie*, Pearson, 2012.

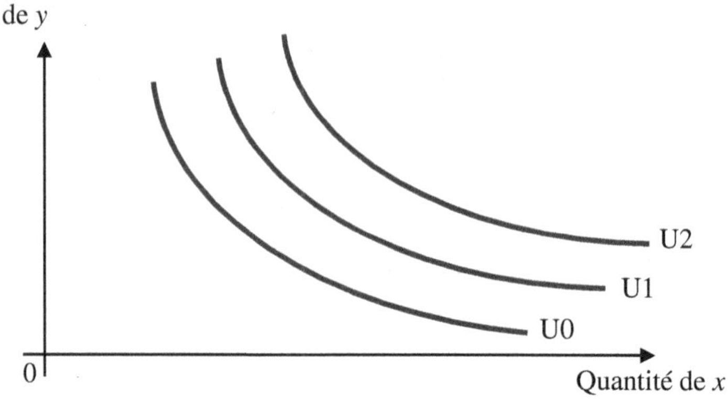

Figure 2.3 – Les courbes d'indifférence

Une courbe d'indifférence est composée de tous les paniers de bien (x ; y) qui apportent la même utilité au consommateur. Dès lors, chaque courbe d'indifférence représente un indice d'utilité différent. Plus la courbe s'éloigne de l'origine, et plus l'indice d'utilité est élevé. Chaque courbe d'indifférence est décroissante et convexe. Décroissante, car lorsque vous réduisez la quantité d'un bien dans votre panier, il faut compenser par davantage du second bien, à indice d'utilité inchangé. Convexe, car les consommateurs développent une « préférence pour les mélanges » : lorsqu'ils disposent d'une faible quantité d'un bien, ils n'acceptent de s'en séparer qu'en compensation d'une relativement grande quantité de l'autre bien. En effet, cette faible quantité de biens, alliée au fait que l'utilité marginale est décroissante, aboutit au fait que la moindre unité d'un bien, dans ce cas, la valeur marginale subjective de ce bien est élevée et s'en séparer est un sacrifice d'autant plus fort.

À partir de cette courbe, on peut mesurer le taux marginal de substitution (TMS). Il désigne la quantité d'un bien que le consommateur est prêt à sacrifier pour obtenir une quantité supplémentaire de l'autre bien :

$$\text{TMS} = \frac{\partial y}{\partial x}$$

Le TMS est donc identique à la pente de la courbe d'indifférence en un point considéré. Un TMS égal à 2 signifie que le consommateur est prêt, à un instant donné, à échanger 1 bien x contre 2 biens y, ce qui signifie que l'utilité marginale du bien x est 2 fois plus forte que l'utilité marginale du bien y (Um_x / Um_y = 2).

Le TMS est donc le rapport inverse des utilités marginales :

$$\text{TMS} = \frac{\frac{\partial U}{\partial x}}{\frac{\partial U}{\partial y}} = \frac{Um_x}{Um_y}$$

Comprendre la contrainte budgétaire

La consommation n'est jamais infinie : si les désirs n'ont pas de limites, la satisfaction de ceux-ci en ont une, le budget. En effet, l'individu dispose d'un revenu, et par hypothèse, nous sommes partis du principe qu'il consommait tout son budget. Dès lors, l'individu doit faire face à une contrainte budgétaire, il ne peut consommer au-delà de ce que lui permet son revenu. Cette contrainte budgétaire est matérialisée par la droite de budget (figure 2.4).

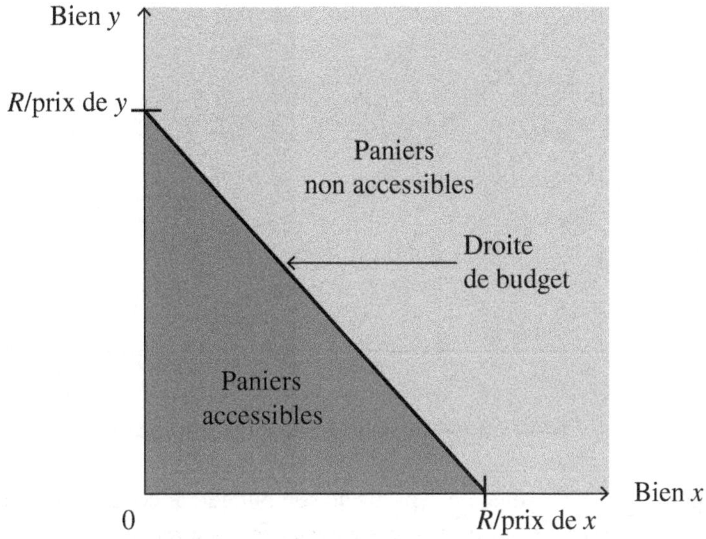

Figure 2.4 – La droite de budget

DÉFINITION

Contrainte budgétaire : contrainte qui s'impose au consommateur, du fait d'un revenu limité.

Cette droite de budget définit les paniers accessibles au consommateur. En effet, tous les points de cette droite sont constitués de paniers achetés avec tout le revenu. En deçà, les paniers sont bien entendu accessibles, mais avec une épargne qui est dégagée. Au-delà, le revenu n'est pas suffisant. Plus cette droite est éloignée de l'origine, plus le revenu est élevé, et donc les paniers accessibles sont mieux dotés. Il faut également tenir compte de la pente de cette droite, qui dépend des prix des biens x (P_x) et y (P_y). En effet, la pente (exprimée en valeur absolue) est égale au rapport des prix :

$$[|-P_x/P_y|.]$$

DÉFINITION

Prix relatif : prix d'un bien exprimé par rapport à un autre bien.

Comprendre l'équilibre du consommateur

L'équilibre du consommateur apparaît lorsqu'avec son budget, le consommateur peut maximiser son utilité, c'est-à-dire accéder à la courbe d'indifférence caractérisée par l'indice d'utilité la plus élevée, donc la plus éloignée de l'origine.

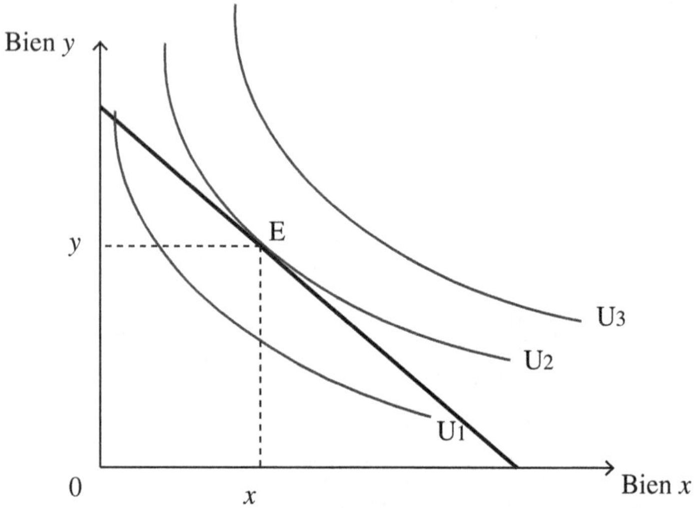

Figure 2.5 – L'équilibre du consommateur

Sur la figure 2.5, on constate qu'à partir de son budget, le consommateur pourrait tout à fait atteindre la courbe d'indifférence U_1. Mais ce n'est pas intéressant pour lui, car il peut faire mieux : atteindre la courbe U_2, améliorant son utilité. Par contre, la courbe U_3 est inaccessible, puisque tous les paniers de biens qui la concernent sont inaccessibles à partir du budget initial.

On peut même constater que la courbe d'indifférence U_2 est la meilleure courbe atteignable par le consommateur : toute courbe caractérisée par un indice d'utilité supérieur est absolument inaccessible. Et seul un panier de biens de la courbe U_2 est accessible, au point *E*. On en déduit que c'est en ce point que l'utilité du consommateur est maximisée. En ce point, la droite de budget est tangente à la courbe d'indifférence.

Cette tangence a une implication : la pente de la droite de budget est égale au TMS (qui est la pente de la tangente au point de la courbe qui nous intéresse). Dès lors :

$$\text{TMS} = \frac{\frac{\partial U}{\partial x}}{\frac{\partial U}{\partial y}} = \frac{Um_x}{Um_y} = \frac{P_x}{P_y}$$

$$\text{Ou : } \frac{Um_x}{P_x} = \frac{Um_y}{P_y}$$

Autrement dit, à l'équilibre, on retrouve la deuxième loi de Gossen qui est celle de l'égalité des utilités marginales pondérées par les prix.

Cette égalité montre qu'à l'équilibre, un euro dépensé en bien x permet d'apporter la même utilité qu'un euro dépensé en bien y. Si l'égalité n'était pas réalisée, cela signifierait alors que l'on n'est pas encore à la situation optimale, et qu'il serait donc possible d'améliorer la situation de l'agent économique en échangeant les deux biens, et ce jusqu'à ce que l'égalité soit atteinte.

Section 3 LES FONCTIONS DES ORGANISATIONS PRODUCTIVES

Nombreux sont les acteurs qui produisent. On retrouve en effet les entreprises, les administrations publiques et les associations. Mais s'il existe plusieurs types d'acteurs produisant des biens et des services, c'est parce qu'ils ne produisent pas le même type de produits. Ainsi, les entreprises produisent des biens et services marchands, quand les associations et les administrations publiques produisent des services non marchands.

DÉFINITION

Production : activité qui consiste à combiner des ressources pour fabriquer des biens ou fournir des services.

1 La production marchande

La production marchande est constituée de tous les biens et services qui doivent être vendus sur le marché. Le marché leur confère un prix, et ce prix est une façon de comptabiliser leur valeur. À partir de là, il devient facile de mesurer la quantité de richesses marchandes produites. Le marché permet ainsi de comptabiliser des carottes et des automobiles en agrégeant la valeur marchande de chaque bien produit.

DÉFINITION

Production marchande : production écoulée ou destinée à être écoulée sur le marché.

Elle comprend :

– les produits vendus à un prix économiquement significatif (c'est-à-dire un prix couvrant plus de 50 % des coûts de production) ;
– les produits troqués ;

– les produits utilisés pour effectuer des paiements en nature, y compris les rémunérations des salariés en nature ;
– les produits livrés par une unité d'activité économique locale à une autre unité d'activité économique locale appartenant à la même unité institutionnelle et destinés à être utilisés par cette dernière pour sa consommation intermédiaire ;
– les produits ajoutés aux stocks de biens finis et de travaux en cours, destinés à une ou plusieurs des utilisations précédentes.

2 La production non marchande

La production non marchande désigne tous les produits vendus à moins de 50 % de leur coût de production, ou offerts. Comme la production ne serait pas rentable dans ces conditions sur un marché, ils sont l'objet d'échanges hors marché. Cette production non marchande ne peut être assumée par les entreprises (ou alors elle deviendrait marchande), et donc elle est dévolue aux associations, aux administrations publiques, mais également aux ménages.

Définition

> **Production non marchande** : production qui n'est pas destinée à être vendue sur un marché.

Les administrations publiques assument une partie de cette production non marchande pour certains services qui relèvent des défaillances de marché (voir chapitre 13). Il peut s'agir par exemple d'internaliser certaines externalités (c'est le cas typique de l'Éducation nationale ou de la santé), ou encore de produire des biens collectifs (c'est le cas de la Défense nationale). Si les défaillances de marché constituent des justifications importantes de l'action publique, les administrations peuvent aussi décider de prendre en charge certaines productions simplement sur la base d'un consensus politique et social, selon lequel la production de certains services doit relever d'une production publique (en vertu de laquelle ces services deviennent des biens publics, cas de l'Éducation nationale en partie).

Les associations et les fondations prennent en charge une partie de la production non marchande. Bien que minime, leur production reste importante dans la mesure où elles interviennent lorsque les entreprises et les administrations publiques ne veulent ou ne peuvent pas intervenir.

Les ménages enfin assument une part non négligeable de la production non marchande, en grande partie sous le nom de « production pour emploi final propre ». En effet, les statisticiens considèrent que le propriétaire d'une maison qui y habite se rend à lui-même un service, et donc produit une richesse qu'il consomme lui-même. Dès lors, il convient de la comptabiliser dans les richesses créées (mais non marchandes). Notons que les richesses produites par les ménages ne comptabilisent pas une multitude d'activités comme notamment le travail domestique.

3 La répartition de la valeur ajoutée

La production, marchande ou non marchande, est comptabilisée sous forme de valeur ajoutée : il s'agit de la valeur que la production ajoute à des éléments utilisés durant la production, appelés consommations intermédiaires.

Définition

Valeur ajoutée : richesse effectivement créée par les organisations productives du territoire.

La valeur ajoutée créée au sein des entreprises est répartie entre les différents acteurs de la production : travailleurs et apporteurs de capitaux. Cette répartition primaire de la valeur ajoutée semble structurellement stable à deux tiers pour les travailleurs et un tiers pour les apporteurs de capitaux. Toutefois, la répartition des richesses crées est encore aujourd'hui un débat central en science économique[1].

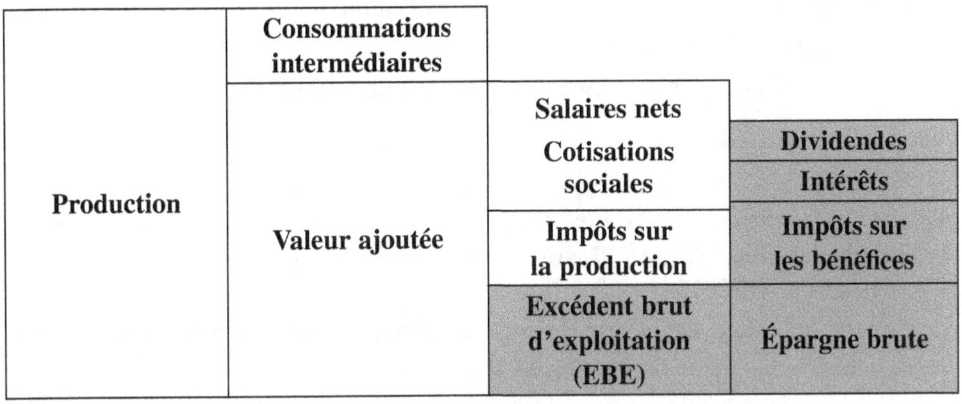

Figure 2.6 – La répartition de la valeur ajoutée

La valeur ajoutée rémunère ainsi les travailleurs par les salaires et cotisations sociales, les apporteurs de capitaux, actionnaires (rémunérés sous forme de dividendes), les prêteurs (rémunérés sous forme d'intérêts), mais aussi l'entreprise elle-même lorsqu'elle dégage une épargne. L'État participe aussi à la valorisation de richesses. À ce titre, il prélève les impôts.

L'analyse économique propose des outils très diversifiés afin de mieux se représenter les relations entre les acteurs. Deux façons d'envisager les choses sont possibles, en fonction des représentations que l'on se fait de l'économie. Soit on développe un point de vue plutôt macroéconomique, et les acteurs sont analysés selon leur fonction économique. Ils deviennent des acteurs collectifs (les entreprises, les ménages, etc.) Dès lors,

[1] Voir notamment Gilbert Cette *et al.*, « Le partage des fruits de la croissance », rapport du CAE, 2009 ou le rapport Cotis, sur le partage de la valeur ajoutée de la même année (Insee), ou encore les recherches de Michel Husson.

on envisage l'économie comme un circuit dans lequel ces acteurs interagissent. Ce circuit permet alors de suivre la production, puis la répartition des richesses, jusqu'à leur destruction. Mais si ce point de vue a son intérêt, il ne permet pas d'expliquer les comportements individuels. L'approche microéconomique cherche alors à approcher le point de vue individuel, en tentant de comprendre les motivations de l'acteur, les stratégies mises en place, et donc ses décisions. Ces deux approches ne s'opposent pas nécessairement, elles offrent deux manières différentes, complémentaires, d'analyser les comportements des acteurs.

Questions de réflexion

1 ■ Quel est l'intérêt économique d'une analyse en termes de circuit ?

2 ■ Épargne et consommation.

3 ■ Quels sont les déterminants de la consommation ?

4 ■ Qui produit des richesses ?

5 ■ N'y a-t-il que les entreprises qui créent des richesses ?

Bibliographie

- Jean-Paul Piriou, Jacques Bournay, *La comptabilité nationale*, La Découverte, Grands Repères, 2015.
- Philippe Askenazy, *Le partage de la valeur ajoutée*, La Découverte, Repères, 2011.
- Frédéric Poulon, *Économie générale*, Dunod, 2005.

Chapitre

3 La production dans l'entreprise

Acteurs et relations

OBJECTIFS

- Analyser la diversité des organisations productives
- Analyser les choix du producteur : comment et combien produire ?

NOTIONS

- Entreprise
- Facteurs de production,
  coûts (total, moyen, marginal), recettes (totale, moyenne, marginale), profit
- Loi des rendements décroissants

SOMMAIRE

SECTION 1 **Des entreprises très diverses**

SECTION 2 **Les choix du producteur**

Section 1 DES ENTREPRISES TRÈS DIVERSES

En France, actuellement, les entreprises sont à l'origine d'une part très importante de la valeur ajoutée (plus de la moitié), ce qui en fait des acteurs majeurs. Elles ont toutes en commun d'être des acteurs sur les marchés, où elles se font concurrence, et parfois coopèrent (de manière légale ou illégale, si elles s'entendent pour contrôler le marché au détriment des consommateurs).

Pour atteindre leur objectif de vente sur le marché, elles doivent produire, et donc combiner des facteurs de production, c'est-à-dire les associer. On retient en général le capital fixe, le travail et les consommations intermédiaires.

DÉFINITION

Entreprise : unité institutionnelle dotée d'une autonomie de décision, et qui combine des facteurs de production afin de vendre sa production sur les marchés.

DÉFINITION

Facteurs de production : tous les éléments qui, une fois associés, concourent à la production. Le capital fixe est un facteur de production durable, utilisé durant plusieurs cycles de production. Le capital circulant ou consommation intermédiaire est un facteur non durable, consommé lors du processus de production et non produit par l'entreprise elle-même. Le travail est une activité humaine dont le but est de produire des biens et des services.

1 Des entreprises de tailles différentes

Les entreprises se distinguent d'abord en fonction de leur taille : à côté de très grandes entreprises, on trouve de toutes petites entreprises. Cette diversité est importante, car on n'y effectue pas le même travail, on ne les dirige pas de la même manière, elles n'ont pas les mêmes capacités de financement, donc d'investissement et d'innovation.

On constate que si les grandes entreprises[1] emploient plus de travailleurs que les microentreprises, ces dernières sont les plus nombreuses, et de loin, constituant plus de 95 % des entreprises françaises. Par ailleurs, les petites et moyennes entreprises et les entreprises de taille intermédiaire (ETI) jouent un rôle important dans l'économie, tant sur le plan de l'emploi que sur celui de l'innovation. Par rapport à d'autres pays, et en

[1] En 2008, l'Insee a modifié sa définition de l'entreprise. Elle était définie auparavant sur une base juridique, c'est-à-dire le statut de l'organisation (EURL, société anonyme, etc.) ; à partir de cette date, la définition est davantage fondé sur une base économique. Cela permet de prendre en compte l'autonomie de décision des entreprises, et de distinguer les sociétés qui dépendent des groupes, et ne jouissent pas de cette autonomie, des entreprises qui, elles, en disposent réellement.

particulier l'Allemagne, la France souffre d'un déficit de ce type d'entreprises et donc d'une structure productive inefficiente[1].

Tableau 3.1 – Les entreprises françaises en fonction de leur taille en 2011

	Microentreprises	Petites et moyennes entreprises	Entreprises de taille intermédiaire (ETI)	Grandes entreprises
Caractéristiques (emploi et chiffre d'affaires annuel)	Moins de 10 personnes ; chiffre d'affaires n'excédant pas 2 millions d'euros	10 à 249 personnes ; chiffre d'affaires n'excédant pas 50 millions d'euros	250 à 4 999 personnes ; chiffre d'affaires n'excédant pas 1,5 milliard d'euros	5000 personnes au moins ; chiffre d'affaires de plus de 1,5 milliard d'euros
Nombre d'entreprises	3 001 329	137 534	4 959	243
Nombre de salariés (en milliers)	2 925	4 153	3 363	4 493

Source : d'après l'Insee.

Par ailleurs, les entreprises de tailles très différentes établissent souvent des relations spécifiques : en règle générale, les plus grandes sont des donneuses d'ordres pour les plus petites qui deviennent ainsi leurs sous-traitantes.

2 Des entreprises avec des statuts juridiques différents

Si toutes les entreprises vendent leur production sur les marchés, ce qu'elles recherchent par cet intermédiaire peut être très différent, et c'est pourquoi de nombreux statuts juridiques d'entreprise ont été créés en fonction du but recherché.

L'entreprise individuelle, qui existe sous la forme de plusieurs statuts juridiques (EURL, EIRL, auto-entreprise) a été à l'origine une structure confondue avec la famille, dans la mesure où toute la famille s'y investissait. On y retrouve des entreprises essentiellement dans l'artisanat, le commerce ou encore l'agriculture. L'entreprise appartient à celui qui, avant, aurait été le chef de famille, mais ces considérations étant de plus en plus archaïques, le statut s'est modernisé pour s'adapter.

Les sociétés correspondent à des entreprises qui n'appartiennent pas à un unique propriétaire, mais à plusieurs. Là encore, ce type d'entreprise correspond à un grand nombre de statuts juridiques (SA, SARL, SAS).

On trouve également des entreprises dans ce que l'on appelle l'économie sociale et solidaire, dont le but est la solidarité et l'utilité sociale (bénéfices réinvestis, gestion participative, etc). Ces entreprises peuvent prendre alors une multitude de formes juridiques, de la coopérative ou la mutuelle, jusqu'à l'association ou la fondation.

1 Voir les publications de l'Insee sur les entreprises en France.

3 Des entreprises publiques et privées

La plupart des entreprises appartiennent à des agents économiques privés : des individus, certes, mais également d'autres entreprises (banques, maisons mères ou autres), voire pourquoi pas des associations. De ce fait, ces entreprises sont donc des entreprises privées. Mais les pouvoirs publics peuvent également posséder des entreprises. Dans ce cas, l'entreprise peut être qualifiée de publique. Il faut alors que le pouvoir public en question possède la majorité du capital de celle-ci (51 % au moins) Ainsi, il faut son accord pour pouvoir prendre les décisions dans l'entreprise.

Le mouvement qui conduit l'État à prendre une part plus importante du capital d'une entreprise s'appelle une nationalisation. Historiquement, la France a connu plusieurs grandes vagues de nationalisation : durant le Front Populaire, des entreprises d'armement (1936) et la SNCF (1937) ont fait l'objet de nationalisations ; à la Libération, c'est le tour des entreprises dans l'énergie (gaz et électricité), et enfin en 1981 et 1982, ce sont de nombreuses entreprises industrielles (Péchiney-Ugine-Kuhlmann, Rhône-Poulenc, Thomson, etc.) et bancaires (Paribas, Suez, Crédit du Nord, etc.) qui sont nationalisées. Ces nationalisations répondent soit à une logique économique d'efficacité, soit à une logique politique (comme l'éventualité d'une guerre par exemple).

Les pouvoirs publics peuvent également choisir de se désengager des entreprises. Dans ce cas-là, on parle de privatisation : les pouvoirs publics revendent alors leurs parts à des acteurs privés. Cela n'implique pas que les pouvoirs publics se désengagent totalement (on parle alors de privatisation partielle). Ainsi, l'État en France possède encore des parts significatives dans de nombreuses entreprises, sans pour autant contrôler l'entreprise : elles n'appartiennent plus au secteur public, mais l'État y a malgré tout son mot à dire. Ces mouvements de privatisation se sont développés à partir de 1986, et régulièrement en France, l'État a réduit son portefeuille d'actions. On peut citer les privatisations de Saint-Gobain en 1986, d'Elf-Aquitaine en 1994, d'Air-France en 1999, etc. Dans ces cas, l'objectif de ces privatisations fut double, elles ont permis aux pouvoirs publics de dégager des ressources financières importantes dans un contexte financier contraignant (elles permettent de financer de nouvelles dépenses ou de rembourser des dettes) ; elles répondent aussi à un critère d'efficacité, si on considère que la gestion privée est plus efficiente.

Bien évidemment, nous pouvons trouver d'autres facteurs de différences entre les entreprises. Le secteur d'activité (primaire, secondaire, tertiaire[1]) joue un rôle essentiel, car il a un impact sur la taille de l'entreprise, sur ses gains de productivité, etc. Ainsi, dans le secteur primaire, nombre d'entreprises, du moins en France sont de petite taille, dans le secteur secondaire, le progrès technique tient une place importante, favorisant ainsi les gains de productivité.

La recherche et développement (R&D) permet également de différencier les entreprises. Certaines peuvent financer des projets importants de R&D, notamment les grandes

[1] Le secteur primaire concerne la production de matières premières, le secteur secondaire la transformation de ces matières premières, et le secteur tertiaire, la production de services.

entreprises, d'autres moins. Certaines entreprises innovent, mais dans des innovations mineures (les grandes entreprises et les entreprises familiales). Les ETI ont quant à elles le potentiel pour des innovations plus importantes, voire majeures, car souvent plus jeunes et plus souples. Mais il faut aussi tenir compte de ce qu'Olivier Bouba-Olga appelle dans ses travaux la « basse technologie » (notamment dans les secteurs traditionnels, comme l'agro-alimentaire ou l'artisanat semi-industriel), qui consiste non pas à développer des projets de R&D, mais à développer des compétences organisationnelles, comme des relations originales avec la clientèle ou des modes d'organisation plus efficace.

Nous pouvons enfin citer également une diversité dans la propriété des entreprises. Le lien avec le statut juridique est à cet égard important. Ainsi, les SCOP (historiquement : sociétés coopératives et participatives) appartiennent aux salariés. Les microentreprises appartiennent à une seule personne (ce qui ne l'empêche pas de travailler avec des salariés). On peut aussi trouver des actionnaires, qu'ils soient de grandes institutions financières (comme des fonds d'investissement, des banques, des assurances, etc.) ou des familles (comme pour les entreprises comme Auchan ou Michelin).

Section 2 LES CHOIX DU PRODUCTEUR

Les économistes néoclassiques ont développé des outils microéconomiques pour comprendre comment le producteur (ici assimilé à l'entreprise) prend ses décisions en matière de production[1]. Nous allons partir du principe que le chef d'entreprise détermine d'abord la quantité qu'il souhaite produire, et qu'ensuite il choisit la technique de production utilisée.

1 Déterminer la quantité produite

La quantité de biens et de services produits dépend de deux éléments dans la logique microéconomique : la structure des coûts et le prix du marché.

1.1 La structure des coûts du producteur

DÉFINITION

Coûts de production

Le coût total : agrégation de l'ensemble des charges financières que le producteur doit supporter afin de produire.

Le coût moyen (*CM*) ou unitaire : mesure du coût de chaque unité produite, en moyenne. Il se calcule en divisant le coût total par le nombre d'unités produites.

[1] Pour une approche plus hétérodoxe de l'entrepreneur, voir chapitre 8. Pour une approche socio-économique, voir *La sociologie au concours du CAPES de SES.*

Le coût marginal (*Cm*) : coût de la dernière unité produite. Si on produit *n* unités, alors le coût marginal de la *n*ième unité se calculera en retranchant le coût total pour *n*–1 unités du coût total pour *n* unités. On peut approcher le coût marginal en dérivant la fonction de coût.

Le coût fixe : coût indépendant de la quantité produite. Que la production soit nulle ou qu'elle soit importante, il doit s'en acquitter.

Le coût variable : coût qui dépend de la quantité produite. Plus la production est importante, plus ce coût augmente.

Les coûts du producteur (moyens et marginaux), dans un premier temps, ont tendance à baisser, pour une production faible. En effet, certains coûts très importants doivent être payés, quel que soit le niveau de la production. Ce sont ce que l'on appelle des coûts fixes, comme un réseau (d'eau, d'énergie, électronique), la mise en place d'une machine très coûteuse produisant un grand nombre d'exemplaires, ou encore les coûts de recherche et développement. Plus on produit, plus on peut amortir ce coût fixe sur un grand nombre d'unités produites, ce qui permet de réduire le coût moyen.

Dans un second temps, ces coûts tendent à augmenter, au-delà d'un certain niveau de production, lorsque le nombre d'unités produites augmente. En effet, l'organisation de l'entreprise devient progressivement inadaptée pour cette échelle de production, car afin de produire davantage, le nombre de travailleurs augmente sans que l'on ait adapté la structure productive de l'entreprise à court terme, et chaque travailleur supplémentaire est de ce fait moins efficace que le précédent. Cela justifie l'hypothèse des rendements factoriels décroissants, et ici, plus particulièrement, l'hypothèse de la décroissance de la productivité marginale du travail. Ainsi, les coûts moyens et marginaux prennent la forme d'une courbe d'abord décroissante, puis croissante (figure 3.1).

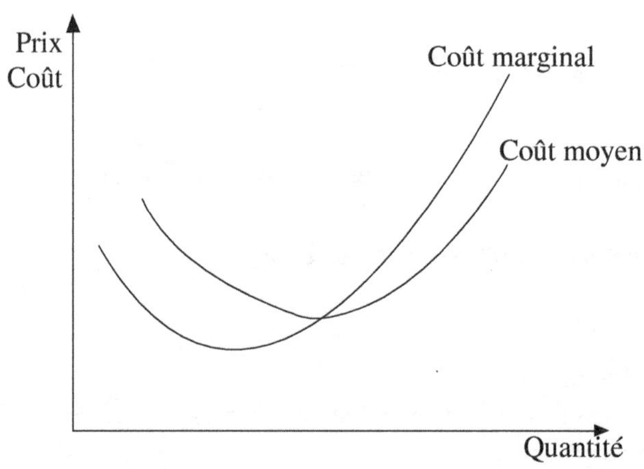

Figure 3.1 – Les coûts moyen et marginal en fonction de la production

Cette évolution exprime ce que l'on appelle la loi des rendements décroissants : plus on cherche à produire, et plus les rendements moyens diminuent (ou les coûts moyens progressent).

DÉFINITION

Loi des rendements décroissants : toutes choses égales par ailleurs, quand on augmente la quantité d'un facteur dans l'entreprise, la productivité de ce facteur doit diminuer. La productivité marginale du travail et/ou du capital est donc décroissante en fonction de l'intensité de leur utilisation.

Une particularité de la structure des coûts est que la courbe de coût marginal croise la courbe de coût moyen en son minimum. En effet, le coût marginal est le coût de la dernière unité produite, donc il influe mécaniquement sur le coût moyen. Ainsi, tant que le coût marginal est inférieur au coût moyen, toute unité supplémentaire produite tire le coût moyen vers le bas. À partir du moment où le coût marginal devient supérieur au coût moyen, alors il tire celui-ci vers le haut.

1.2 Comparer les coûts et le prix de vente

Le prix de vente s'impose par hypothèse au producteur (voir chapitre 4). Dès lors, il est considéré comme un preneur de prix.

DÉFINITION

Recettes

La recette totale est l'ensemble du produit de la vente, équivalent au chiffre d'affaires.

La recette moyenne (*RM*) : chiffre d'affaires divisé par le nombre d'unités vendues.

La recette marginale (*Rm*) est la recette apportée par la dernière unité vendue. Ainsi, la recette de la *n*ième unité vendue se calculera par la différence entre la recette totale pour *n* unités vendues et la recette pour $n-1$ unités vendues.

DÉFINITION

Profit : différence entre le chiffre d'affaires d'une entreprise et ses coûts de production (coûts du travail, prix des consommations intermédiaires, impôts liés à la production).

On peut noter que lorsque personne n'a le pouvoir d'influer sur les prix (ni un producteur, ni un consommateur), alors le prix (*p*) est stable à un instant donné, quelle que soit la production réalisée par un chef d'entreprise. Dès lors, la recette marginale est égale au prix de vente. La recette marginale est donc constante, et égale à la recette moyenne. On a donc en situation de concurrence : $RM = Rm = p$.

Le producteur est rationnel au sens des néoclassiques : il souhaite maximiser son profit. Cela implique que chaque unité vendue lui permet de gagner au moins autant que ce qu'elle lui coûte. Autrement dit, il compare le prix de vente (la recette marginale) et le coût marginal. Tant que le premier est supérieur au second, la production est profitable. Or, à partir d'un certain seuil, le coût marginal augmente. Dès lors, il arrive un moment où, en augmentant la production, le coût marginal rejoint le prix de vente, puis le dépasse. C'est à ce seuil que le producteur décide d'arrêter la quantité produite. Pour ce niveau de production, le profit total est maximisé, le profit marginal (de la dernière unité produite et vendue) est nul (figure 3.2).

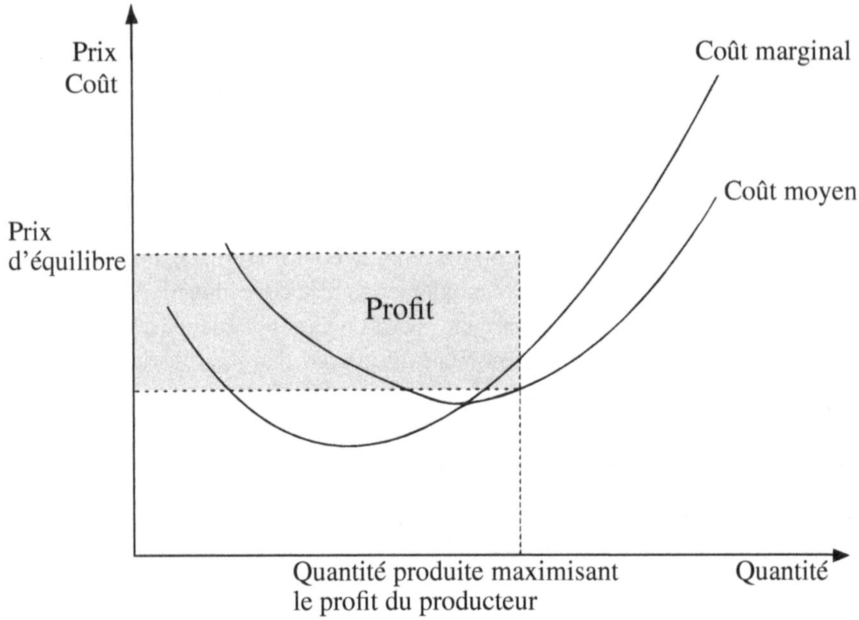

FIGURE 3.2 – La détermination de la quantité produite et du profit maximal

L'égalité entre le prix de marché et le coût marginal détermine la quantité produite. Cette quantité garantit au producteur un profit total maximal (compte tenu du prix). Ce profit est matérialisé sur la figure précédente par l'aire comprise entre la différence entre prix d'équilibre et coût moyen en ordonnée, et la quantité produite en abscisse.

2 Choisir la combinaison productive

2.1 Comprendre l'isoquante

Pour atteindre son objectif, l'entreprise doit combiner des facteurs de production, c'est-à-dire associer le capital et le travail. L'hypothèse de substituabilité des facteurs de production[1] permet de considérer que le producteur peut modifier sa combinaison productive, en remplaçant un facteur par un autre, tout en maintenant le même niveau de la production. Il existe donc une multitude de combinaisons productives possibles afin d'atteindre une quantité produite. Un producteur peut adopter une combinaison productive avec beaucoup de capital et peu de travail (on dit que la combinaison productive est alors très capitalistique) ou à l'inverse peu de capital et beaucoup de travail (la combinaison est alors très travaillistique). L'ensemble des combinaisons productives permettant de produire une même quantité donne l'isoquante, prenant la forme d'une courbe décroissante et convexe sur la figure 3.3.

[1] Remise en cause par les postkeynésiens, voir Marc Lavoie, *L'économie post-keynésienne*, La Découverte, 2004.

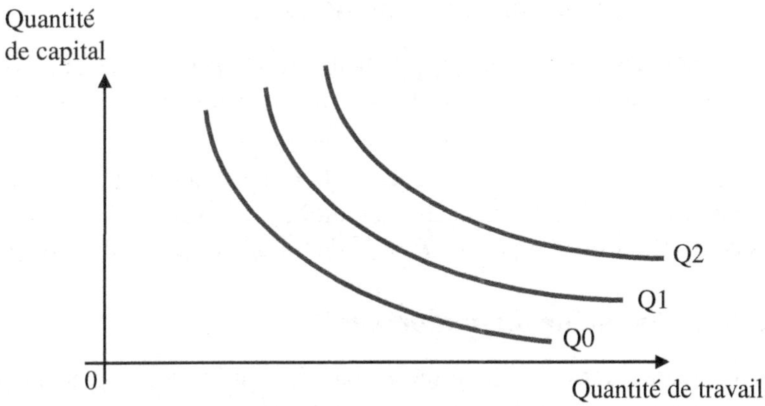

Figure 3.3 – Les isoquantes

Pour chaque niveau de production, il existe une isoquante spécifique. Sur la figure précédente, trois isoquantes sont tracées, Q_2 correspondant à une production supérieure à Q_1, elle-même supérieure à une production Q_0.

Ces isoquantes sont décroissantes et convexes. Décroissantes, car lorsque l'on veut maintenir la production avec un peu moins de capital, il est nécessaire de substituer à ce capital en moins du travail en plus. Convexes, car les rendements factoriels sont décroissants, ce qui signifie plus précisément que lorsque l'on produit avec beaucoup de capital, la productivité marginale du capital est relativement faible, si bien que l'on peut réduire de beaucoup le capital, et une petite quantité de travail (ayant une productivité marginale élevée) permettra de compenser la réduction de capital (ayant une productivité marginale faible). Enfin, il faut noter que chaque point de la courbe donne des informations sur le taux d'échange entre les deux facteurs de production. Ce taux d'échange s'appelle le taux marginal de substitution technique (TMST). Il correspond au coefficient directeur de la tangente à la courbe en chaque point. Il est égal à la valeur absolue du rapport des quantités infinitésimales de chaque facteur que l'on échange afin de maintenir la production égale.

$$\text{TMST} = \frac{-\partial K}{\partial L}$$

Ainsi, un TMST de 2 signifie que la réduction de deux unités de capital est compensée par la hausse d'une unité du travail. Cela peut également s'interpréter de manière différente : si en un point de l'isoquante, deux unités marginales de capital permettent la même production qu'une unité marginale de travail, alors la productivité marginale du travail est deux fois plus élevée que la productivité marginale du capital. On en déduit donc une seconde formule du TMST : il est la valeur absolue du rapport des deux productivités marginales.

$$\text{TMST} = \frac{-Pm_L}{Pm_K}$$

avec Pm_L, productivité marginale du travail, et Pm_K, productivité marginale du capital).

2.2 Prendre en compte la contrainte budgétaire

Le chef d'entreprise dispose d'un budget spécifique, qu'il ne peut pas dépasser : ce budget se matérialise par une droite d'isocoût (semblable à la droite de budget, voir figure 2.5).

Cette droite d'isocoût est décroissante, car s'il met tout son budget pour acheter du facteur capital, il n'aura plus rien pour acquérir du facteur travail, et inversement. On remarquera que le coefficient directeur de cette droite est la valeur absolue du rapport des prix des deux facteurs $|-P_l/P_k|$, avec P_l, prix du travail et P_k, prix du capital.

2.3 Déterminer l'équilibre du producteur

L'objectif du producteur est de minimiser son budget pour financer la quantité produite choisie, en atteignant la droite d'isocoût la plus proche de l'origine. Ce faisant, il va opter pour une certaine combinaison productive, et donc une certaine méthode de production, plus ou moins capitalistique. La figure 3.4 va nous aider à comprendre le raisonnement du producteur.

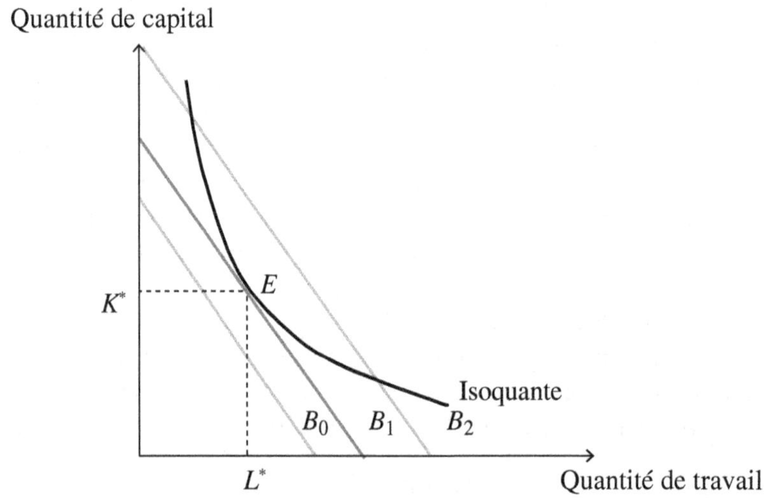

Figure 3.4 – L'équilibre du producteur

Le producteur veut produire la quantité donnée par l'isoquante. Trois budgets, symbolisés par des droites d'isocoût sont ici envisagés : B_0, B_1 et B_2. Le budget B_0 sera abandonné : il est certes le plus faible des trois, mais il ne permet pas de produire la quantité choisie par le chef d'entreprise, puisqu'il ne permet pas d'atteindre l'isoquante. Le budget B_2 permet d'atteindre l'isoquante. Donc, ce budget pourrait être adopté. Mais ce ne sera pas le cas, car le budget B_1 permet de produire la même quantité, mais à moindre coût.

Ce sera donc la droite d'isocoût tangente à l'isoquante au point E qui sera choisie. En ce point, le producteur atteint son équilibre : il maximise sa production sous contrainte de son budget, pour une quantité d'équilibre (L^*, K^*).

À cet équilibre, les coefficients directeurs de la droite d'isocoût et de la tangente à l'isoquante au point d'équilibre (le TMST) sont identiques. Cela signifie donc que :

$$\frac{-Pm_L}{Pm_K} = \frac{-P_l}{P_k}$$

ce qui revient à : $$\frac{Pm_L}{P_l} = \frac{Pm_K}{P_k}$$

On retrouve la seconde loi de Gossen[1], selon laquelle, à l'équilibre du producteur, on doit avoir une égalité des productivités marginales des facteurs de production pondérées par leurs prix. Cela signifie concrètement qu'en ce point très précis (le point d'équilibre), un euro dépensé en travail a la même productivité (marginale) qu'un euro dépensé en capital. Si ce n'était pas le cas, on ne serait pas à l'équilibre, car un autre point permettrait d'améliorer la situation du producteur. Admettons qu'en un point supposé d'équilibre, on ait une productivité marginale du capital supérieure à la productivité marginale du travail. Le producteur aurait alors intérêt à remplacer du travail (relativement moins productif) par du capital (relativement plus productif), jusqu'à ce que l'on retrouve une situation où les productivités marginales sont égales. Le chef d'entreprise n'était pas à l'équilibre, puisqu'il va pouvoir soit produire plus avec le même budget, ou produire autant, avec un budget moindre.

Questions de réflexion

1 ■ La structure productive en France.

2 ■ Le profit est-il le principal objectif des entreprises ?

3 ■ L'entreprise doit-elle être la plus grande possible ?

4 ■ Les rendements décroissants.

5 ■ Pourquoi des statuts juridiques différents pour les entreprises ?

Bibliographie

- Jean-Pierre Biasutti, Laurent Braquet, *Comprendre l'entreprise*, Ellipses, 2013.
- Emmanuel Buisson-Fenet, Marion Navarro, *La microéconomie en pratique*, Armand Colin, 2e édition, 2015.
- Jacques Généreux, *Économie politique*, tome 2, La Découverte, 2014.

[1] Heinrich Gossen, *Exposition des lois de l'échange*, 1854.

Chapitre

4 La coordination par le marché

OBJECTIFS

- Déterminer comment l'équilibre se fixe sur un marché concurrentiel et en quoi il est optimal comme mode d'organisation des échanges
- Reconnaître le pouvoir de marché du producteur et analyser la diversité des structures de marché monopolistiques

NOTIONS

- Institutions marchandes, droits de propriété
- Demande, offre, prix d'équilibre, quantité d'équilibre
- Rationnement, surplus, gains à l'échange, allocation des ressources
- Preneur de prix, faiseur de prix, pouvoir de marché, barrière à l'entrée
- Oligopole, monopole, monopole discriminant

SOMMAIRE

SECTION 1 **Qu'est-ce qu'un marché ?**

SECTION 2 **Comment un marché fonctionne-t-il ?**

SECTION 3 **Quelques imperfections de marché**

Section 1 QU'EST-CE QU'UN MARCHÉ ?

Un marché se définit comme le lieu, fictif ou réel, où se rencontrent l'offre et la demande d'un bien ou d'un service. Il existe autant de marchés qu'il y a de biens et de services. Évidemment, la limite du marché est une question éminemment politique, car tout ne peut faire l'objet d'un échange, du moins de manière légale.

Par exemple, la constitution d'un marché mondial des biens culturels et particulièrement des biens musicaux ou cinématographiques pose problème à de nombreux dirigeants politiques français. En effet, alors qu'aux États-Unis, ces biens culturels sont vus comme des biens comme les autres, échangeables sur un marché où ils se feraient concurrence, en France, on a tendance à considérer que la production de biens culturels relève plus d'enjeux identitaires que d'enjeux industriels[1].

La prise en compte de toutes ces considérations montre que d'une part, la constitution d'un marché est une décision éminemment politique, dans le sens où elle doit reposer sur un consensus entre individus composant la société ; d'autre part, le marché doit reposer sur des règles rigoureuses. En particulier, ces règles doivent empêcher que des échanges illicites n'aient lieu.

1 Le marché nécessite des institutions

1.1 Institutions et droits de propriété

Les règles sont importantes pour garantir la sécurité des échanges. En effet, le propriétaire d'un bien peut chercher à escroquer un demandeur, en vantant abusivement la qualité du produit. Il est aussi nécessaire de faire respecter les droits de propriété des agents économiques. Il en va ainsi de certaines innovations (de produit ou de procédé, peu importe), dont le mérite revient à une entreprise par exemple. Elle en a assumé les coûts de conception, de développement, et à ce titre, elle doit pouvoir être rémunérée temporairement de son succès, dont tout le monde profite. Or, elle peut être imitée, ce qui peut à bien des égards être considéré comme du vol. C'est la raison pour laquelle il existe des droits de propriété intellectuelle : l'innovateur peut se protéger en déposant un brevet, lui garantissant la propriété de l'innovation pour un certain laps de temps[2]. Sans ce droit de propriété, rares seraient les innovations, dans la mesure où il faudrait assumer le risque et les coûts, tout en laissant des concurrents profiter d'un éventuel succès de la recherche.

[1] On les qualifie parfois de biens tutélaires.

[2] Joseph Schumpeter insiste ainsi sur la nécessité des rentes temporelles d'innovations dans *Théorie de l'évolution économique*, 1912.

Acteurs et relations

DÉFINITION

Droit de propriété : droit d'user d'un actif, quel qu'il soit, comme l'individu le souhaite, le droit d'en tirer un revenu, et le droit de le céder.

Pour Douglass North (économiste néoclassique du sous-courant néo-institutionnaliste, prix Nobel 1993), les droits de propriété permettent la mise en place d'institutions, en général marchandes, qui favorisent la croissance. Il explique ainsi la forte croissance de la Grande-Bretagne depuis le XVIIIe siècle et la Révolution industrielle, grâce à des institutions plus efficaces qu'en France par exemple, car plus respectueuses des droits de propriété. En Grande-Bretagne, les innovations étaient mieux protégées, de même que le patrimoine des individus. Ce qui est meilleur pour la croissance, dans la mesure où cela incite davantage à utiliser de manière rationnelle et efficace son patrimoine, en le prêtant par exemple à des individus ayant des projets créateurs de richesses.

DÉFINITION

Institutions marchandes : règles, formelles et/ou informelles, appliquées sur un marché, et permettant de réguler les activités économiques qui y sont menées, de façon à favoriser le bien-être de tous ses intervenants.

1.2 Différents types d'institutions pour encadrer les marchés

Au-delà de ces « institutions créatrices de marché », un économiste hétérodoxe turc, Dani Rodrik, ainsi qu'un économiste indien, Arvind Subramanian, insistent en 2003 sur la nécessité de mettre en place d'autres institutions tout aussi importantes pour le fonctionnement du marché. Ils s'attachent ainsi à définir les « institutions de réglementation des marchés » qui prennent en charge les défaillances que ceux-ci peuvent connaître (ainsi, il faut réglementer les marchés financiers, les secteurs caractérisés par des réseaux, etc.) mais aussi les « institutions de stabilisation des marchés », comme les banques centrales, ou les règles budgétaires, qui permettent de réduire la volatilité des marchés (notamment au niveau des prix) ou encore les « institutions de légitimation des marchés », qui permettent de prendre en charge la protection sociale, et de garantir les revenus des individus face aux évolutions de la conjoncture que peut provoquer le marché.

2 La structure du marché

Le nombre d'acteurs se rencontrant sur un marché a des conséquences importantes sur les résultats auxquels la négociation va aboutir, dans la mesure où ce nombre peut être à l'origine d'un pouvoir de marché. Ce pouvoir de marché peut être détenu aussi bien par un ou des offreur(s) que par un ou des demandeur(s). Il casse la symétrie et l'équilibre dans la négociation, en permettant à l'un ou à l'autre de dominer et donc d'imposer ses intérêts (prix et quantité).

Définition

Pouvoir de marché : capacité d'un individu (producteur ou consommateur) à influer sur l'échange, notamment en orientant, voire en imposant le prix, par sa seule action individuelle.

Le pouvoir de marché apparaît d'autant plus facilement qu'un acteur peut imposer ses prix et ses quantités au(x) contrepartiste(s) : il devient alors faiseur de prix, ou *price maker*. Cela signifie qu'il a des marges de manœuvre pour peser sur l'échange, étant donné que les contrepartistes auront nettement moins de choix. Dans ce cas, on parle de concurrence imparfaite parce qu'il n'y a pas atomicité (une multitude d'offreurs et de demandeurs).

Définition

Faiseur de prix : producteur ou consommateur bénéficiant d'un pouvoir de marché, lui permettant d'influencer les prix en sa faveur.

2.1 Les différents types de structures du marché

Tableau 4.1 – Les différentes structures de marché (Stackelberg)

	Une multitude d'offreurs	Quelques offreurs	Un offreur
Une multitude de demandeurs	Concurrence	Oligopole	Monopole
Quelques demandeurs	Oligopsone	Oligopole bilatéral	Monopole contrarié
Un demandeur	Monopsone	Monopsone contrarié	Monopole bilatéral

On distingue d'abord les monopole et monopsone : ils sont caractérisés respectivement par un seul offreur ou un seul demandeur, alors qu'il y a une multitude de contrepartistes. Dans le cas du monopole, le seul offreur pourra peser sur les prix à la hausse, sachant que les demandeurs ne pourront se tourner vers aucun autre producteur. Dans le cas du monopsone, c'est l'inverse : le demandeur fera tout pour que les prix baissent.

Il existe ensuite des cas intermédiaires, comme l'oligopole et l'oligopsone : il y a quelques producteurs, ou quelques offreurs. Cela atténue quelque peu le pouvoir de marché, mais un producteur ou un consommateur parmi les quelques présents sur le marché peut s'imposer aux autres et dès lors imposer ses prix sur le marché. Par ailleurs, dans une situation d'oligopole ou d'oligopsone, les quelques producteurs ou consommateurs qui dominent peuvent très bien s'entendre pour se partager le marché, et fonctionner comme dans une situation de monopole (ententes sur les prix, cartels), ou bien mener une guerre des prix, si bien qu'encore une fois, la concurrence disparaîtrait du marché (voir chapitre 13).

DÉFINITION

Oligopole : structure de marché caractérisée par une multitude de consommateurs et quelques producteurs.

DÉFINITION

Monopole : structure de marché caractérisée par une multitude de consommateurs et un unique producteur.

2.2 De la concurrence à la concurrence pure et parfaite

La concurrence tient une place particulièrement importante dans l'analyse des marchés, au point qu'elle constitue la référence par rapport à laquelle les économistes raisonnent. La concurrence est d'abord le cadre d'une compétition entre les offreurs et les demandeurs où tous cherchent à écouler leur production ou à obtenir des biens et services au meilleur prix. Cette façon d'envisager la concurrence est très large. D'abord, elle ne suppose pas une multitude d'intervenants. En effet, il n'y a pas nécessairement de rapport entre le nombre d'intervenants et le degré de concurrence, dans la mesure où la concurrence peut prendre différentes formes. Certes, une entreprise peut produire dans le cadre d'un monopole. Mais il peut exister des substituts à sa production, même si ce substitut est produit sur un marché un peu différent, ce qui fait de lui un substitut imparfait. C'est le cas par exemple de la SNCF en France, qui profite d'un monopole dans le transport des voyageurs en France par voie ferrée. Mais la SNCF n'en a pas moins plusieurs concurrents : d'abord les transporteurs aériens, voire maritimes, puis la route également, sur les courtes distances ou les cars.

On peut également envisager la concurrence de manière dynamique : la concurrence est alors un processus davantage qu'un état. C'est la perspective adoptée par le courant hétérodoxe autrichien. En effet, un monopole peut très bien être concurrentiel. Si de potentiels concurrents peuvent entrer sans entraves sur le marché (pour reprendre les termes de William Baumol, John Panzar et Robert Willig[1], en 1982, le marché est alors *contestable*), alors l'entreprise en situation de monopole ne cherchera pas à abuser de son pouvoir de marché : les surprofits réalisés à cette occasion attireraient ces concurrents, et la concurrence finirait par ruiner ces surprofits.

Les néoclassiques préfèrent prendre en compte une perspective plus étroite et statique pour envisager la concurrence. Ainsi, à partir de 1921, Frank Knight détermine les caractéristiques de celle-ci. Pour qu'elle puisse être qualifiée de « pure et parfaite », il convient qu'elle réunisse cinq critères qui sont les suivants :
- atomicité du marché : il faut une multitude d'offreurs et de demandeurs sur le marché ;
- homogénéité du produit : les producteurs proposent tous sur le marché des biens strictement identiques ;

[1] William Baumol, John Panzar, Robert Willig, « Contestable markets: an uprising in the theory of industry structure », *American Economic Review*, 1982.

– libre entrée et libre sortie sur le marché : quiconque veut entrer ou sortir du marché ne doit subir aucune entrave ;
– libre circulation des facteurs de production qui peuvent arriver sur un marché et le quitter en fonction des besoins des producteurs ;
– transparence de l'information : (les informations sont immédiatement disponibles et sans coût).

Contrairement à une structure oligopolistique ou monopolistique, une structure de marché concurrentielle limite tout pouvoir de marché, et dès lors, tous les producteurs et consommateurs sont des *price takers*, ou des preneurs de prix : les prix de marché s'imposent à eux, ils n'ont pas d'influence individuellement sur leur niveau.

DÉFINITION

Preneur de prix : situation d'un producteur ou d'un consommateur qui ne peut, individuellement, influer sur le prix de marché.

En cas de monopole, monopsone, oligopole ou oligopsone, le pouvoir de marché aboutit à une situation sous-optimale. En effet, la concurrence permettrait d'améliorer le bien-être global.

Section 2 COMMENT UN MARCHÉ FONCTIONNE-T-IL ?

Le marché est le lieu de rencontre entre offreurs et demandeurs, permettant de maximiser la satisfaction de l'ensemble des acteurs, il est un mode de coordination des échanges optimal, puisqu'il établit un prix juste, vecteur de l'information.

1 La rencontre de l'offre et de la demande

1.1 De la courbe de coût marginal à la courbe d'offre du marché

Si le prix de vente augmente sur un marché, alors le producteur est prêt à augmenter sa production, tant que les unités supplémentaires (marginales) rapportent au moins autant que ce qu'elles coûtent. Donc tant que le prix augmente, le producteur à intérêt à produire plus. On peut en déduire alors que la courbe d'offre est confondue avec la courbe de coût marginal : celle-ci indique en effet quelle quantité le producteur va produire en fonction du prix. L'offre est donc une fonction croissante par rapport au prix.

DÉFINITION

Courbe d'offre : courbe mesurant la quantité produite et mise sur le marché par le ou les producteur(s), en fonction du prix. Cette courbe est considérée comme croissante.

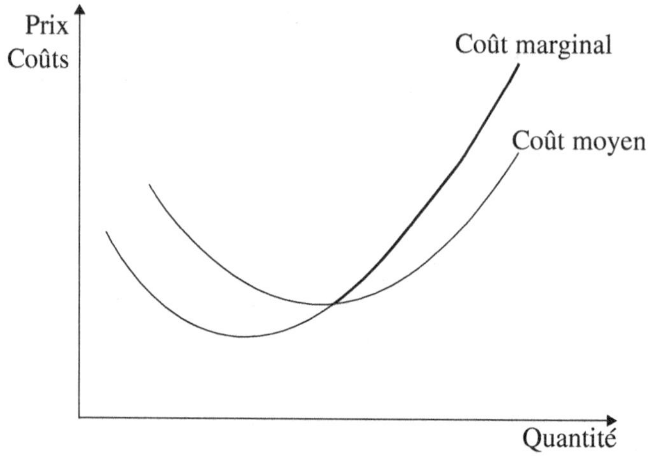

Figure 4.1 – La courbe d'offre est confondue avec la courbe de coût marginal, au-dessus de la courbe de coût moyen

Mais la courbe d'offre n'est pas totalement confondue avec la courbe de coût marginal : elle n'apparaît qu'à partir de l'intersection entre la courbe de coût marginal et la courbe de coût moyen. Cela s'explique aisément : si le prix est inférieur au coût moyen (ce qui est le cas pour une quantité produite inférieure à celle qui apparaît à l'intersection des deux courbes), alors l'activité n'est absolument pas rentable pour le producteur, et la production est nulle en deçà de cette quantité. On parle alors de seuil de rentabilité (ou seuil d'entrée, ou encore point mort) : une entreprise n'entrera sur le marché afin de produire qu'à la condition que la production soit rentable. Pour ce faire, la condition minimale est que le prix compense au minimum le coût moyen.

La courbe d'offre du producteur permet ensuite de déterminer la courbe d'offre du marché : il suffit d'agréger les offres des producteurs individuels pour obtenir la courbe d'offre du marché. On connaît la quantité offerte par chaque producteur pour chaque prix. Dès lors, pour chaque prix, en agrégeant la quantité offerte par chaque producteur, on obtient la production proposée sur le marché.

Définition

Offre : quantité de biens et de services mis en vente sur un marché par les producteurs pour un prix donné.

On se déplace sur la courbe d'offre lorsque le prix varie : lorsqu'il augmente, le producteur est alors incité à produire davantage, et lorsqu'il diminue, il réduit la quantité produite. Par contre, lorsque l'offre évolue pour des raisons structurelles, alors c'est la courbe d'offre qui se déplace. Cela peut être dû à un afflux de producteurs, à une baisse des coûts de production, par le progrès technique par exemple, qui permet un déplacement de la courbe d'offre vers la droite (ce qui signifie que pour le même prix de marché, la production sur le marché s'accroît).

1.2 De la demande du consommateur à la courbe de demande du marché

L'objectif du programme du consommateur est moins de comprendre réellement le comportement de ce consommateur, que de parvenir à construire la courbe de demande du marché. En effet, celle-ci est nécessaire afin d'expliquer la formation de l'équilibre sur un marché.

La première étape est de construire la courbe de demande pour un consommateur. Pour ce faire, on cherche à déterminer comment va évoluer la quantité demandée d'un bien lorsque son prix varie. On part de l'équilibre du consommateur, et on observe ce qui arrive lorsque le prix du bien x diminue.

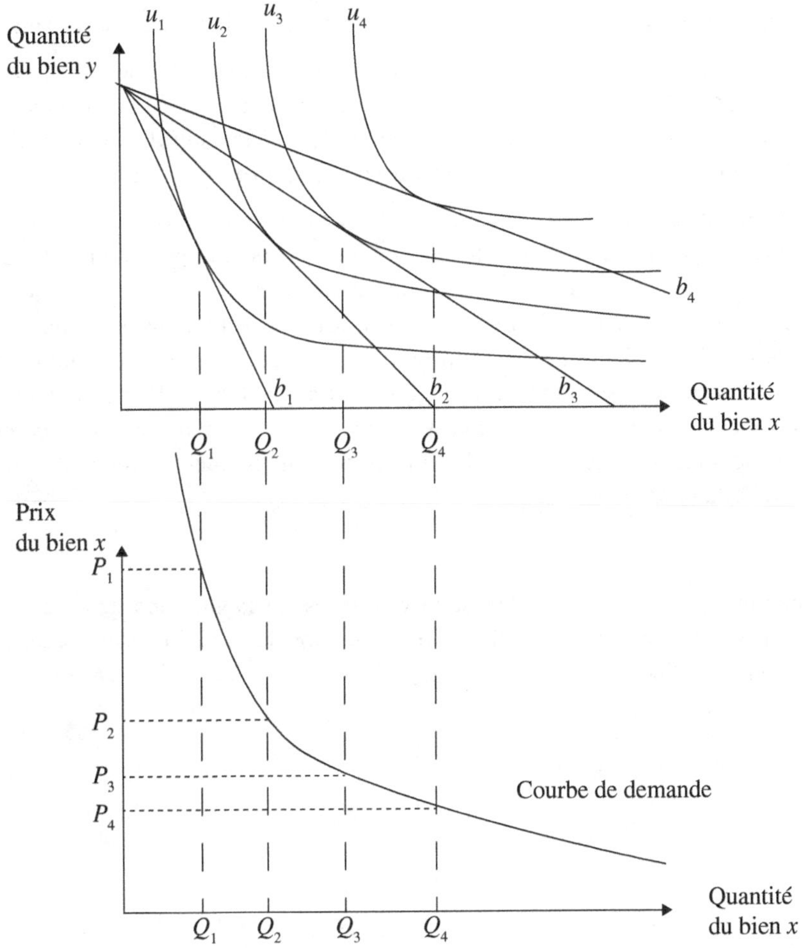

Figure 4.2 – La construction de la courbe de demande individuelle

Lorsque le prix du bien x baisse, passant de P_1 à P_2 puis P_3 et enfin P_4, le pouvoir d'achat du consommateur augmente logiquement, se traduisant ainsi par un déplacement de la droite de budget (de b_1 vers b_4), ce que l'on observe sur le quadrant du haut (effet revenu). Celle-ci pivote autour du point d'intersection entre la droite de budget et l'axe des ordonnées, car le prix du bien y reste inchangé (effet substitution). Ce déplacement permet logiquement au consommateur d'accéder à des courbes d'indifférence plus éloignées de l'origine, avec donc des indices d'utilités plus élevées (U_1, U_2, puis U_3 et enfin U_4). De ces nouvelles courbes d'indifférence, on déduit les nouveaux équilibres du consommateur, avec les nouvelles quantités de bien x demandées (de Q_1 à Q_4).

Sur le quadrant du bas, on reporte les quantités de bien x consommées en fonction du prix de x. On constate que, plus le prix du bien baisse, et plus ce bien est demandé en grandes quantités. Au final, la courbe de demande est une fonction décroissante du prix.

À partir de cette courbe de demande individuelle, on peut en déduire la courbe de demande du marché : il suffit, pour chaque prix, d'agréger toutes les demandes individuelles, et ainsi, on en déduit la demande de marché. De ce fait, la demande de marché est également une courbe décroissante en fonction du prix.

On se déplace sur la courbe lorsque le prix sur le marché varie : plus le prix baisse, plus la quantité demandée augmente, et au contraire, plus le prix augmente, et plus la quantité demandée baisse. Par contre, la courbe de demande se déplace lorsqu'il y a une modification de la structure du marché. Ainsi, lorsque le nombre de demandeurs augmente, la courbe se déplace vers la droite, mais ce déplacement peut aussi intervenir lorsque le revenu des consommateurs augmente, lorsque le prix d'un autre bien diminue (vers la gauche si le bien en question est un substitut, vers la droite s'il est complémentaire), ou lorsque les préférences du consommateur évoluent, l'incitant à demander davantage le bien en question.

DÉFINITION

Demande : quantité de biens et de services que les consommateurs sont prêts à acquérir sur un marché à un prix donné. Il ne faut pas confondre la demande et la consommation qui est un acte d'achat.

1.3 La loi de l'offre et de la demande

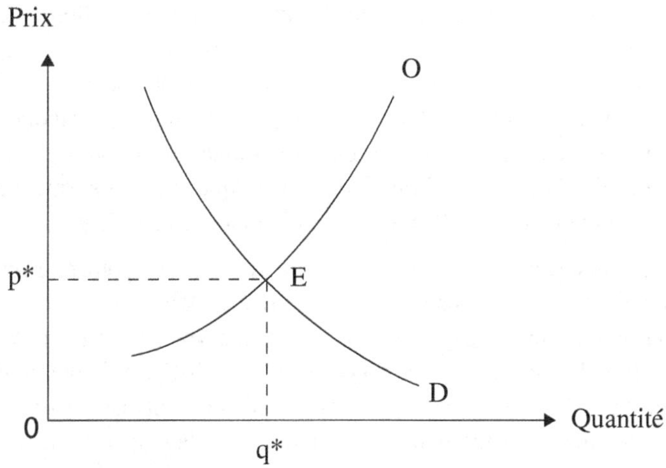

Figure 4.3 – L'équilibre sur le marché

Le marché, dans la théorie néoclassique standard, a la caractéristique de s'autoréguler. Cela signifie qu'il est capable de converger en permanence vers l'équilibre. Par ailleurs, cet équilibre est stable : une fois l'équilibre atteint, il n'y a aucune raison que de manière endogène, un déséquilibre apparaisse.

Définition

> **Quantité d'équilibre** : quantité de bien ou service échangée sur un marché, lorsqu'il y a égalité entre l'offre et la demande.

Définition

> **Prix d'équilibre** : prix sur le marché permettant l'égalité entre les quantités offertes et demandées.

Comment cet équilibre stable est-il possible ? C'est la loi de l'offre et de la demande qui doit permettre ce résultat. Pour le comprendre, il faut partir d'une situation de déséquilibre, et observer le processus de retour vers l'équilibre. Par exemple, admettons un marché où l'offre excède la demande, peu importe la raison. Lorsque l'offre excède la demande, cela signifie que les tensions s'expriment en faveur de la demande : en effet, les offreurs souhaitent tous écouler leur offre, et savent très bien que la demande n'est pas suffisante. Ils vont être fortement incités à baisser leur prix. Avec un prix de marché qui diminue, davantage de demandeurs se présenteront sur le marché, attirés par la baisse du prix. Parallèlement, certains offreurs diminueront leur offre car le nouveau prix égalise leur coût marginal pour une quantité plus faible. Ce double mouvement conduira à réduire le déséquilibre entre offre et demande. Il se poursuivra jusqu'à ce que tous les offreurs et tous les demandeurs aient trouvé satisfaction, au prix du marché.

Dans cette situation, le prix de marché devient un prix d'équilibre. Logiquement, ce processus de convergence est spontané. En effet, il est issu du « bon » fonctionnement des mécanismes marchands. Cette loi de l'offre et de la demande s'accorde assez bien avec la métaphore de la main invisible d'Adam Smith (voir chapitre 1) : chaque individu sur le marché, qu'il soit offreur ou demandeur, cherche à maximiser son intérêt, en cherchant à atteindre cet objectif, il participe à l'émergence de l'équilibre, qui permet de satisfaire tous les intervenants, moyennant quoi les intérêts individuels convergent vers l'intérêt général.

Léon Walras utilisait lui la figure du commissaire-priseur pour expliquer de manière métaphorique le processus d'ajustement entre offre et demande. Ainsi, sur chaque marché, officierait un commissaire-priseur, chargé de recevoir les offres et les demandes de chaque agent, et de lancer un prix, de façon à égaliser l'offre et la demande. Cette figure permettait de régler la question du processus d'ajustement. En réalité, personne n'est chargé de cette fonction (sauf peut-être sur des marchés spécifiques), si bien qu'aujourd'hui, cette figure est abandonnée par les économistes néoclassiques.

2 La concurrence pure et parfaite maximise la satisfaction des individus

La concurrence pure et parfaite doit garantir l'équilibre sur les marchés. Dès lors que cet équilibre est assuré, alors, au prix du marché, tous les individus, producteur ou consommateur maximisent leur satisfaction ; aucun acteur sur le marché n'est frustré, le prix est juste et il est vecteur de l'information sur l'utilité et le coût de production du bien. Il est possible de mesurer cela par l'intermédiaire de la méthode des surplus.

Définition

Surplus : différence (en valeur absolue) entre le prix que l'on est prêt à accepter (à l'achat pour le consommateur, à la vente pour le producteur) et le prix de marché. Il permet d'offrir une mesure approximative de la satisfaction d'un (ou des) consommateur(s) et d'un (ou des) producteur(s).

2.1 Le surplus du consommateur

Le surplus du consommateur est la différence entre le prix auquel le consommateur était prêt à acheter le bien sur le marché, et le prix de marché qu'il a dû effectivement payer. Cette différence est une mesure de la satisfaction de l'individu dans la mesure où il « gagne » la différence. Le prix qu'il était prêt à débourser provient de la courbe de demande individuelle : elle indique en effet quel prix le consommateur est disposé à payer, pour la énième unité du bien consommée. Dès lors, le surplus du consommateur est mesuré par l'aire comprise entre l'axe des ordonnées, la droite correspondant au prix du marché, et la courbe de demande individuelle (figure 4.4).

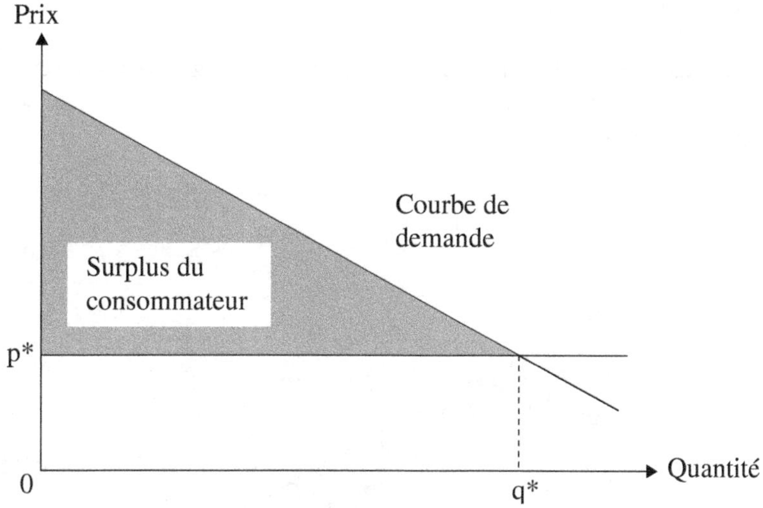

Figure 4.4 – Le surplus du consommateur

2.2 Le surplus du producteur

Le surplus du producteur se détermine de manière identique. Il mesure la satisfaction du producteur dans la mesure où il était prêt à vendre sa production à un prix plus faible que le prix de marché, ce qui constitue donc pour lui un « gain ». Le prix auquel le producteur était prêt à vendre est déterminé par sa courbe d'offre : elle représente bien toutes les quantités produites et vendues par le producteur en fonction du prix de vente. Le surplus du producteur est mesuré par l'aire située entre l'axe des ordonnées, la droite correspondant au prix de marché, et la courbe d'offre individuelle (figure 4.5).

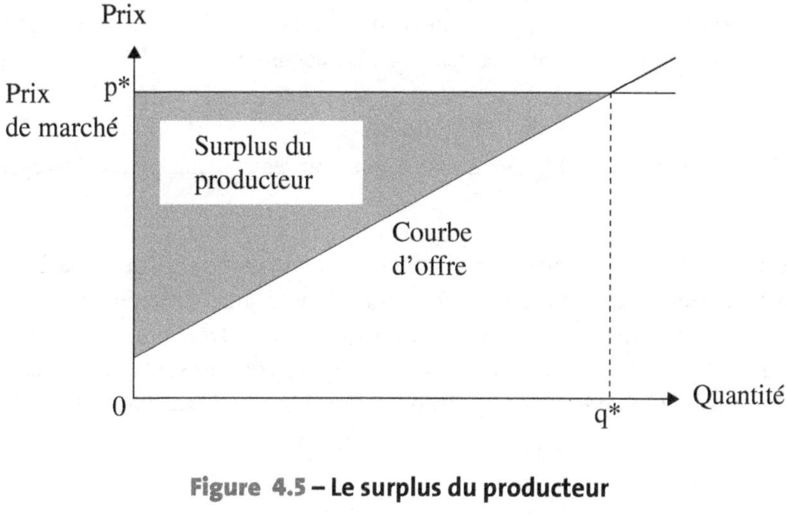

Figure 4.5 – Le surplus du producteur

2.3 Le surplus global

Du surplus individuel, on peut calculer le surplus agrégé, pour tous les consommateurs et tous les producteurs présents sur un marché. On peut représenter les deux surplus agrégés (figure 4.6).

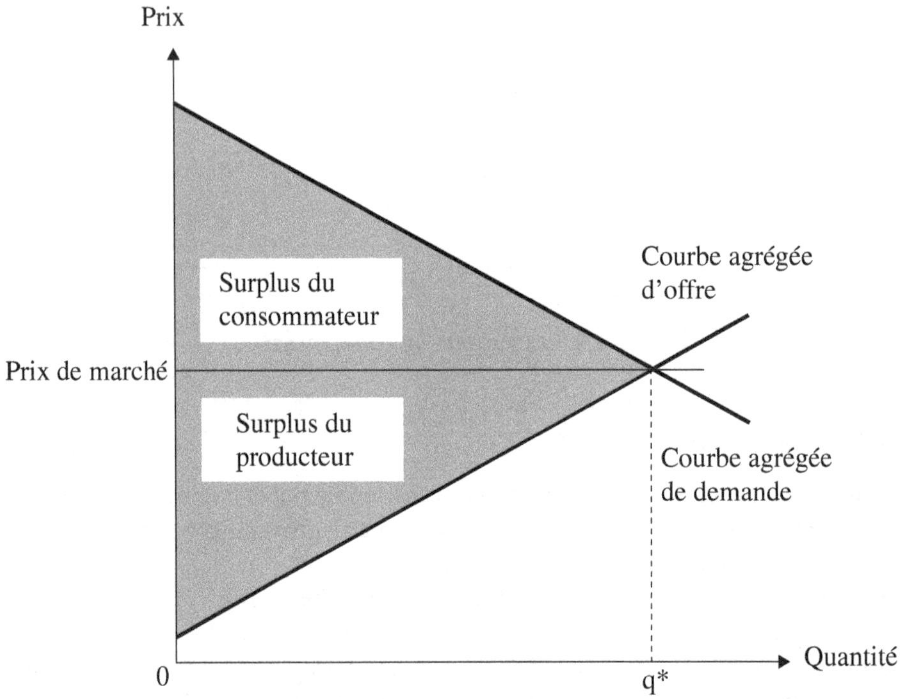

Figure 4.6 – Les surplus des consommateurs et des producteurs sur un marché

Chaque co-échangiste peut dégager un surplus, cela signifie donc que l'échange est mutuellement avantageux : il permet des gains à l'échange.

DÉFINITION

Gains à l'échange : ensemble des gains réalisés par les co-échangistes ; agrégation des surplus.

Le prix du marché est, en concurrence pure et parfaite, un prix d'équilibre. De ce point de vue, la concurrence pure et parfaite est optimale, toute autre structure de marché serait caractérisée par une somme des deux surplus plus faible. Dès lors, le marché permet d'assurer une allocation des ressources optimales, les ressources sont allouées de manière à ce que la satisfaction de tous les intervenants sur le marché soit maximisée.

DÉFINITION

Allocation des ressources : répartition des moyens (richesses, facteurs de production, etc.) entre les différentes affectations possibles. L'objectif de nombreux économistes est que cette allocation des ressources soit la plus efficace possible.

Section 3 QUELQUES IMPERFECTIONS DE MARCHÉ

1 Le rationnement de l'offre et de la demande

1.1 Le rationnement : une situation aux multiples causes

Parfois, la loi de l'offre et de la demande ne parvient pas à fonctionner dans la mesure où les conditions de la concurrence ne sont pas remplies. Auquel cas la concurrence pure et parfaite ne fonctionne pas. Le prix de marché n'est plus un bon indicateur de la valeur du bien et l'offre ou la demande peuvent être rationnées.

DÉFINITION

Rationnement : situation dans laquelle l'offre et la demande ne peuvent s'équilibrer, du fait d'un mauvais fonctionnement du marché, ce qui conduit à ce que, au prix du marché, certains consommateurs ne voient pas leur demande satisfaite, ou certains producteurs ne voient pas leur offre satisfaite.

Il se peut, par exemple, que le prix d'un concert permette de vendre tous les tickets, et que certains consommateurs fussent prêts à payer ce prix pour obtenir une place, qu'ils n'ont pas, compte tenu du fait que le nombre de places est limité. Dans ce cas, on a bien un cas de rationnement de la demande : au prix fixé, tous les consommateurs ne sont pas satisfaits.

Il en va de même avec ce que l'on appelle les « prix administrés », c'est-à-dire fixés par les pouvoirs publics. Ce prix administré vient perturber le marché, car il empêche l'équilibre de se former. Pour comprendre ce blocage, il faut partir du principe que le prix est un signal émis sur le marché. Il est perçu par les individus sous forme d'incitations (et aussi de désincitations) à offrir ou demander le bien sur le marché.

1.2 Un exemple de rationnement : prix planchers et prix plafonds

Admettons que les pouvoirs publics imposent un prix plus faible que le prix d'équilibre (on peut songer ici à la politique du prix du pain adoptée dans certains pays relativement pauvres, qui consiste à limiter la hausse du prix du pain, en imposant un prix plus faible que le prix qui aurait émergé sur le marché). Ce prix aura deux effets principaux. D'abord, ce prix relativement faible va désinciter les offreurs : logiquement, plus le prix est faible, plus les offreurs réduisent leur production. Ensuite, les demandeurs seront incités à acheter davantage : le prix relativement faible est intéressant, et la demande augmente parallèlement. Ce prix imposé introduit bien un déséquilibre, car il bloque le mécanisme autorégulateur présent dans la loi de l'offre et de la demande. Les offreurs sont rares, et les quantités offertes sont facilement écoulées, mais au prix d'une insatisfaction des demandeurs, qui n'obtiennent pas les quantités qu'ils escomptaient, au prix du marché. Dès lors, la demande est rationnée.

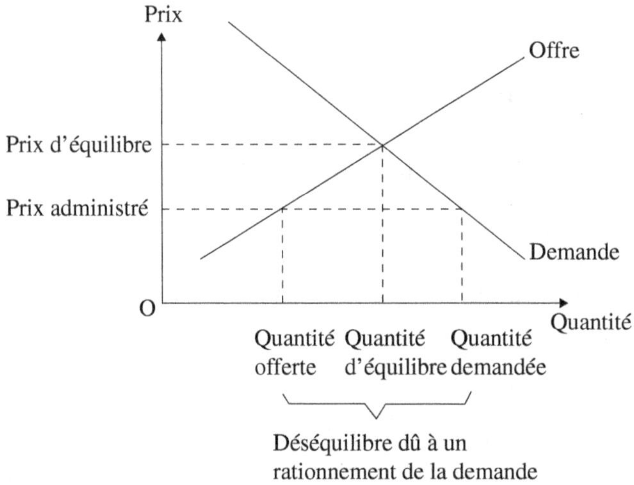

Figure 4.7 – Le rationnement de la demande sur un marché, dû aux prix planchers

La situation est identique lorsque le prix imposé est plus élevé sur le marché que le prix d'équilibre. On donne souvent l'exemple du salaire minimum sur le marché du travail, peut-être plus élevé que le salaire qui serait obtenu par la confrontation des offreurs et des demandeurs de travail. Pour un salaire minimal relativement élevé, les offreurs de travail sont prêts à travailler davantage, mais les demandeurs de travail estiment le travail trop cher, et réduisent leur demande. Mais ce faisant, un déséquilibre se crée (ou s'accentue) entre l'offre et la demande, caractérisé par un rationnement de l'offre de travail : compte tenu du prix, tous les offreurs de travail ne sont pas satisfaits, un certain nombre ne trouvent pas à s'employer, ce qui donne naissance à du chômage.

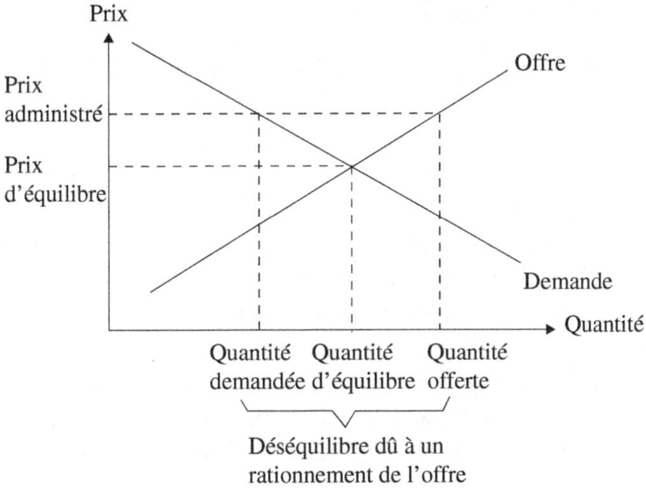

Figure 4.8 – Le rationnement de l'offre sur un marché, dû aux prix plafonds

1.3 Le rationnement est sous-optimal

Les rationnements de l'offre et de la demande peuvent être considérés comme sous-optimaux, car la concurrence pure et parfaite parviendrait à un surplus global supérieur. En effet, si le prix administré rationne l'offre, il aboutit à ce que la quantité demandée soit la quantité échangée sur le marché, et s'il rationne la demande, c'est la quantité offerte qui sera échangée sur le marché. Dans ce cas, une partie du surplus de concurrence pure et parfaite est perdue, c'est ce que l'on appelle la « perte sèche ».

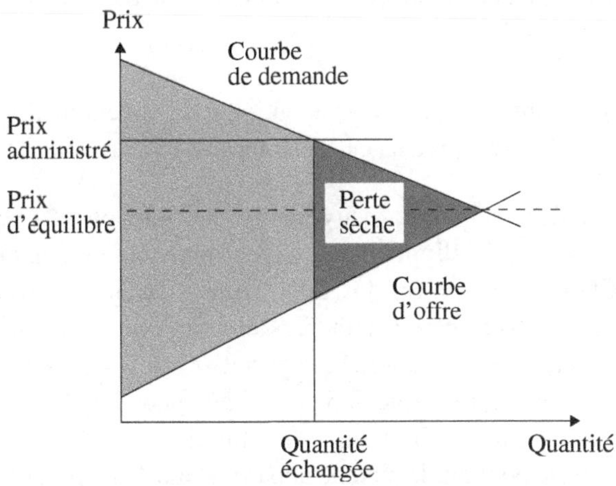

Figure 4.9 – La perte sèche dans le cas d'un rationnement de l'offre par un prix administré

2 La sous-optimalité du monopole

Si seule la concurrence pure et parfaite permet de maximiser la satisfaction des individus, alors tout obstacle à cette concurrence pure et parfaite, quel qu'il soit, ne peut être que sous-optimal. C'est le cas bien entendu de la structure de marché la plus éloignée de la concurrence pure et parfaite : le monopole. Dans ce cas, l'hypothèse d'atomicité n'est pas respectée. Le producteur, dans cette situation devient un *price maker*, un faiseur de prix. On considère alors qu'il connaît la structure de la demande sur le marché, et peut donc décider de sa quantité produite et donc de son prix, en fonction de cette demande. Cela ne signifie donc pas qu'en tant que faiseur de prix, le producteur peut imposer le prix qu'il veut, car la demande pourrait alors être très faible en cas de prix trop élevé (on dit alors que la demande est très élastique par rapport au prix). Mais le producteur dispose d'une certaine marge de manœuvre : ce qu'il perd en demande à cause du prix plus élevé peut être regagné grâce à la hausse du prix.

2.1 La formation du monopole

Un monopole peut se former de plusieurs manières. En règle générale, il y a monopole lorsqu'il existe des barrières à l'entrée sur le marché. Elles empêchent d'autres producteurs de venir concurrencer le monopole. La première barrière à l'entrée est naturelle, et relève du « monopole naturel » (voir chapitre 13). En effet, il existe des marchés sur lesquels il faut assumer des coûts fixes très importants avant de produire, comme les dépenses en recherche et développement. Plus ceux-ci sont élevés, et plus il est difficile d'entrer sur le marché, car l'investissement est alors risqué. C'est le cas par exemple du secteur aéronautique, dont le marché serait monopolistique, si les États européens n'avaient pas soutenu l'initiative de développer les avions Airbus. De même, en Chine, des entreprises vont également se lancer sur ce marché, avec l'aide de l'État chinois.

DÉFINITION

Barrière à l'entrée : obstacle qui empêche ou limite l'entrée d'un acteur, producteur ou consommateur, sur un marché, réduisant son caractère concurrentiel.

Mais certaines barrières à l'entrée peuvent être artificielles, et relever de pratiques anticoncurrentielles visant à éliminer les concurrents et à maintenir le monopole (Rockefeller aux États-Unis, à la fin du XIXe siècle, s'arrangeait avec des entreprises sous-traitantes pour que leurs prix soient plus élevés pour ses concurrents). Il existe d'autres barrières à l'entrée sur le marché : la publicité par exemple favorise ce que l'on appelle la concurrence monopolistique ; on peut citer également les secteurs sur lesquels il existe des *numerus clausus* qui limitent le nombre de producteurs, et donc la concurrence. Sur ces secteurs, le pouvoir de marché appartient ainsi aux producteurs, qui peuvent imposer des prix plus élevés. Ce fut le cas dans le secteur des taxis (structuré par un système de licence en nombre fini), largement concurrencé aujourd'hui par les nouveaux venus sur le marché.

2.2 Concurrence monopolistique et monopole discriminant

Le terme de concurrence monopolistique a été inventé en 1933 par Edward Chamberlin[1], pour caractériser les marchés en concurrence, mais sur lesquels les producteurs cherchent à différencier leur production les uns par rapport aux autres. Cette approche permet d'insister sur le rôle des entreprises et de leurs stratégies.

Chamberlin va par exemple mettre l'accent sur la différenciation hors-prix. Il s'agit de proposer un bien d'une qualité différente, voire supérieure (que la supériorité de la qualité du bien soit réelle ou imaginée). Une qualité supérieure ou différente permet au producteur d'échapper en partie à la concurrence : les caractéristiques propres de ce produit réduisent la possibilité de lui trouver des substituts parfaits. Cela rend le produit plus rare et moins facile à concurrencer : le producteur peut donc proposer des produits un peu plus chers, puisqu'il échappe partiellement à la concurrence. Les automobiles allemandes sont ainsi réputées être de meilleure qualité, et cela leur permet d'être vendues plus chères. Cette différenciation verticale permet de conférer à l'entreprise une compétitivité dite « hors-prix ».

Howard Hotelling[2] en 1929 va s'intéresser à la différenciation horizontale. Le bien se différencie de la concurrence par le lieu dans lequel il est vendu. Le lieu de vente permet de mettre à disposition des clients, de manière plus ou moins facile, la production. Ainsi, les commerces dits « de proximité » offrent un service supplémentaire, la proximité justement, ce qui permet aux clients de gagner en coûts de transport. Ce service supplémentaire est évidemment répercuté sur le prix, qui est plus élevé. Il y a dans cette perspective une concurrence limitée dans l'espace proche entre les différents producteurs qui se partagent le territoire.

Enfin, certaines entreprises en situation de monopole peuvent décider de pratiquer des prix différents en fonction des clients, afin de maximiser le profit. Sur les clients qui ont une élasticité de la demande faible, le prix a peu d'effet sur leur consommation. On peut donc appliquer des tarifs relativement élevés. Les prix connaîtront une limite lorsque la chute de la demande ne sera plus compensée par la hausse des prix. Aux clients à forte élasticité-prix, au contraire, on tendra à proposer des prix faibles pour susciter une demande plus forte.

DÉFINITION

> **Monopole discriminant :** monopole pratiquant des prix différents selon ses clients, afin de maximiser son profit.

Les exemples de « monopoles discriminants » sont nombreux. Ainsi, la SNCF pratique cette discrimination en appliquant des tarifs différents selon les horaires de départ : les actifs sont relativement captifs (à moins qu'ils n'optent pour d'autres moyens de

1 Edward Chamberlin , *Theory of Monopolistic Competition*, 1933.

2 Howard Hotelling, « Stability in competition », *The Economic Journal*, 1929.

Acteurs et relations

transport), et il est possible de moduler les tarifs en fonction des heures de travail : le matin et le soir, on paye donc plus cher. De même, les cinémas proposent des tarifs étudiants, en escomptant que cette population, forte demandeuse, se rende plus souvent au cinéma si les prix sont plus faibles.

2.3 Le programme du producteur en monopole

Dans le programme du producteur en situation de monopole, il faut raisonner à partir de la recette, car le prix n'est pas fixe mais varie en fonction de la quantité offerte sur le marché, donc produite par l'unique producteur. Or, plus il produit, plus la recette tend à baisser : chaque unité produite et vendue fait baisser le prix de vente. La recette moyenne (équivalente au prix par définition) est une fonction décroissante en fonction de la quantité produite. La recette marginale (la recette que rapporte une unité produite supplémentaire) est également décroissante, et c'est elle qui influence la recette moyenne.

Le producteur produira une unité supplémentaire si la recette marginale compense le coût marginal. Il décide donc d'arrêter de produire lorsqu'il atteint l'égalité entre recette marginale et coût marginal. Ainsi, on connaît la quantité totale qu'il produira. On peut en déduire le prix que le monopole imposera sur le marché : le prix est équivalent à la recette moyenne. Ainsi, il suffit de reporter sur la courbe de recette moyenne la quantité produite.

L'étape suivante concerne le profit du producteur en situation de monopole : il connaît la quantité produite, la recette moyenne (le prix donc) et le coût moyen. En confrontant ces différents éléments, il peut calculer le profit total : il s'agit de la différence entre la recette moyenne et le coût moyen, et ce pour l'ensemble de la production. On peut matérialiser ce profit graphiquement (figure 4.10).

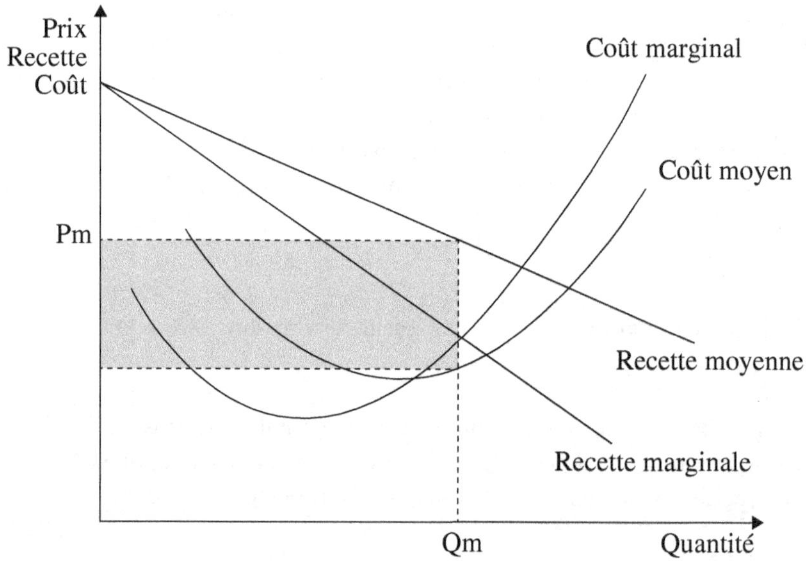

Figure 4.10 – La détermination du profit du producteur en situation de monopole

2.4 Le monopole réduit le bien-être global

Ce profit en situation de monopole est supérieur au profit en situation de concurrence pure et parfaite. On peut aisément comparer le profit du producteur dans les deux structures de marché (figure 4.11).

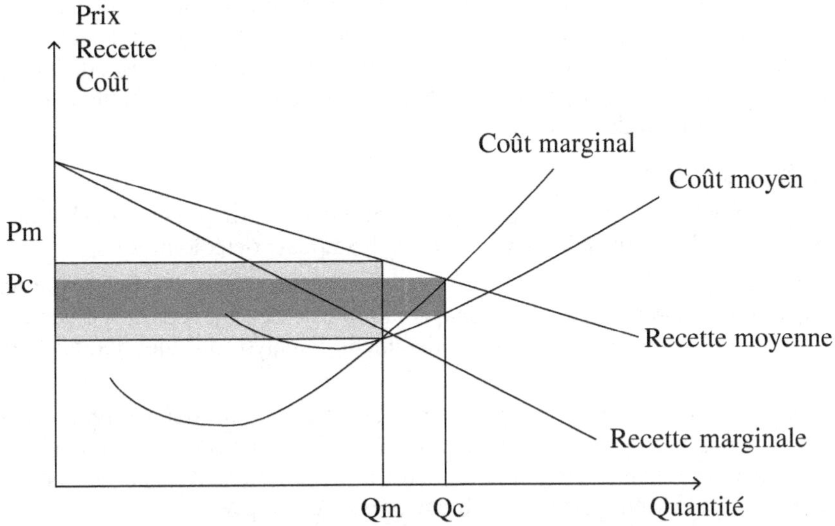

Figure 4.11 – La comparaison du profit du producteur, en concurrence pure et parfaite et en monopole

Sur ce graphique, on constate que le prix de monopole (P_m) est supérieur au prix de concurrence (P_c), alors que la quantité produite en monopole (Q_m) est plus faible qu'en concurrence (Q_c). On en déduit que le profit de monopole est supérieur au profit de concurrence, même si la quantité produite est plus faible. Le monopole s'arroge une rente, appelée rente de monopole, grâce à son pouvoir de marché. Cette rente est obtenue au détriment des consommateurs, qui non seulement pâtissent de quantités offertes moindres, mais en plus doivent payer un prix plus élevé qu'en concurrence pure et parfaite.

Savoir faire

Analyser un sujet de dissertation

L'analyse du sujet est fondamentale. Elle permet de mettre le traitement du sujet sur de bons rails. Autrement dit, si cette étape est négligée, il est probable, soit qu'un hors-sujet apparaisse, soit que des éléments importants soient oubliés, ou alors tout simplement que le traitement ne soit pas pertinent, du fait d'un traitement trop simple et sans profondeur du sujet.

Quel type de sujet ?

Il faut se demander à quel type de sujet on fait face : un sujet de type débat ou de type analyse ? Est-ce un sujet qui ne fait que juxtaposer deux termes ?

Un sujet de type « débat » est un sujet auquel on peut répondre par oui ou par non. Le sujet est un sujet de type débat lorsque la réponse ne va pas de soi. Il faut donc y répondre de manière nuancée, et évidemment, l'analyse du sujet doit aller dans ce sens.

Un sujet de type « analyse » commence souvent par « en quoi » ou par « comment », mais il peut prendre d'autres formes. Il ne s'agit pas de mettre en évidence les termes d'un débat, mais plutôt d'analyser, d'expliquer un mécanisme économique. Le plan devient assez inévitablement un « catalogue ».

Certains sujets ne font que juxtaposer deux termes (*exemple* : « Monopole et profit »). Il s'agit alors d'étudier les liens entre ces deux termes. Ces liens peuvent aller d'un terme à l'autre (et dans les deux sens), mais ils peuvent également être positifs et/ou négatifs. Cela rend le plan complexe, dans la mesure où il faut prendre en compte tous ces liens entre les deux termes. Mais cela n'empêche pas de privilégier certains sens.

De l'analyse des termes du sujet au sens du sujet

Cette analyse du sujet doit se faire de manière rigoureuse et progressive. La première étape consiste à analyser les termes du sujet un à un.

Pourquoi le concepteur du sujet a-t-il utilisé ce terme plutôt qu'un autre ? Comment faut-il l'interpréter ? L'analyse de chaque terme nécessite de connaître le sens économique des mots, et il faudra préciser leur signification dans l'introduction.

Une fois que chaque terme a été analysé, il faut reconsidérer le sujet dans son ensemble, en mettant en évidence les liens entre tous ces mots. Il faut parfois établir des sens de causalité (si causalité il y a), voir s'il convient de les relativiser, etc.

L'analyse du sujet permet de soulever l'enjeu (ou les enjeux) du sujet. Cet enjeu alimentera la problématique. Souvent, cette problématique apparaît assez facilement à partir du sujet, surtout pour les sujets de type débat. Mais on ne peut se contenter de répéter le sujet. Il faut justement montrer au correcteur que le « problème » soulevé par le sujet est cerné. Par ailleurs, soulever les enjeux du sujet rend la problématique plus complexe que le sujet, car justement, on prend en compte la complexité des termes utilisés, ou la complexité des relations entre les termes. Du coup, la réponse au sujet, autrement dit le plan qui sera ensuite développé, est ☞

elle-même complexe. C'est l'attention apportée à cette analyse du sujet qui permet une réponse pertinente au sujet posé.

Les erreurs à ne pas commettre

Sujet : « Le profit est-il le principal objectif des entreprises ? »

Mal interpréter le sujet

Ce sujet nécessite de définir profit et entreprises bien entendu. Mais le terme « principal » n'est pas anodin. Il doit être pris en compte, et on ne doit pas le remplacer par le terme « unique ». Cela signifie que traiter le sujet en expliquant que le profit est un objectif de nombreuses entreprises, mais n'est pas l'unique objectif, ne peut être satisfaisant : le sujet n'a en effet jamais sous-entendu que le profit était l'unique objectif des entreprises.

Réaliser un hors-sujet

Ce sujet nécessite une grande rigueur. En règle générale, les candidats montreront que la grande majorité des entreprises recherchent le profit (pour payer les propriétaires de l'entreprise ou pour investir). Mais pour relativiser, ils montreront qu'il existe d'autres motivations : favoriser l'intérêt général, agrandir l'entreprise pour asseoir la réputation des managers, etc. Mais montrer cela n'a aucun intérêt si on ne montre pas que ces objectifs se font à l'encontre de la recherche du profit, qui ne devient plus qu'un objectif secondaire. Car une entreprise peut vouloir s'agrandir, et de manière prioritaire rechercher malgré tout le profit.

Oublier un élément important

Ce sujet implique de définir profit, entreprise, et de cerner le mot « principal ». La tendance un peu mécanique sera de donner la définition traditionnelle de l'entreprise dans l'introduction, sans nécessairement aller plus loin. Mais c'est dommage, car une entreprise a-t-elle au fond des objectifs ? Une entreprise peut-elle réaliser un calcul coûts-avantages ? Peut-elle raisonner ? Évidemment non, elle n'est pas un acteur. En réalité, au travers d'elle, un grand nombre de types d'acteurs ont des objectifs différents, et pas toujours la maximisation du profit. En analysant le sujet, on aboutit ici à développer une idée intéressante, qui peut très facilement constituer une sous-partie pertinente, valorisée par le correcteur.

Questions de réflexion

1 ■ Faut-il combattre les monopoles ?
2 ■ La concurrence est-elle toujours optimale ?
3 ■ Le marché doit-il être régulé ?
4 ■ Quelles institutions nécessite le marché ?
5 ■ La concurrence imparfaite est-elle moins souhaitable qu'une concurrence pure et parfaite ?

Bibliographie

- Robert Pindick, Daniel Rubinfeld, *Microéconomie*, Pearson, 2012.
- Jean Gabszewicz, *La concurrence imparfaite*, La Découverte, 2003.
- Dani Rodrik, Arvind Subramanian, « La primauté des institutions (ce que cela veut dire et ce que cela ne veut pas dire) », *Finances & Développement*, 2003.

Chapitre

B Les savoirs quantitatifs

OBJECTIFS

- Présenter l'importance des savoirs quantitatifs dans la démarche des SES
- Apprendre à maîtriser les principaux savoir-faire quantitatifs

SOMMAIRE

SECTION 1 **Les savoir-faire quantitatifs de la Seconde à la Terminale**

SECTION 2 **Mises en activité sur les savoir-faire quantitatifs**

Pour les SES et ses logiques pédagogiques, les savoir-faire quantitatifs sont indispensables en cours et pour la bonne réussite des épreuves du baccalauréat, que ce soit en épreuve composée, en dissertation ou dans les épreuves de spécialité. Savoir présenter et analyser un document est incontournable pour cet enseignement. D'ailleurs, depuis quelques années une partie de l'épreuve composée est centrée sur ces compétences (EC2).

Alors comment aider les élèves à maîtriser ces savoir-faire quantitatifs pour affiner leur présentation et leur analyse de documents ?

Ne faut-il pas tout d'abord effacer certains blocages d'élèves qui sont souvent dus à des approches peu coordonnées, concernant des savoir-faire identiques, mais présentés différemment en SES et en mathématiques ?

Ne faut-il pas diversifier nos approches pour les adapter aux situations d'apprentissage et à un public souvent hétérogène ? Plus concrètement, comment aborder ces savoirs ?

Section 1 LES SAVOIR-FAIRE QUANTITATIFS DE LA SECONDE À LA TERMINALE

Lors des épreuves de baccalauréat, les élèves seront confrontés à des types d'évaluation (dissertation, épreuve composée ou lors de la partie spécialité), leur demandant de maîtriser de nombreuses compétences, notamment des savoir-faire quantitatifs spécifiques.

1 La progressivité des savoir-faire dans les programmes

Les savoir-faire quantitatifs sont fondamentaux dans la compréhension des phénomènes étudiés au lycée, particulièrement en SES. De la Seconde à la Terminale, certains savoir-faire seront abordés.

À chaque niveau de classe sont précisés les attendus à travers les programmes.

En Seconde, les savoir-faire applicables à des données quantitatives qui seront mobilisés dans le traitement du programme sont les suivants :
- proportion, pourcentage de répartition : mesure l'importance d'une partie par rapport à un ensemble ;
- taux de variation : mesure l'évolution relative d'une donnée, par rapport à l'origine ;
- coefficient multiplicateur : mesure un rapport entre deux variables ;
- indice simple : mesure une évolution par rapport à une référence appelée base ;
- moyenne arithmétique simple : elle exprime la grandeur qu'aurait chacun des membres de l'ensemble s'ils étaient tous identiques sans changer la dimension globale de l'ensemble ;
- moyenne pondérée arithmétique qui tient compte du poids de chaque élément-coefficient ;
- médiane : valeur qui sépare une population en deux parties d'égale importance ;
- élasticité : mesure de la variation d'une grandeur provoquée par la variation d'une autre grandeur ;
- lecture de tableaux à double entrée, de diagrammes de répartition, de séries chronologiques.

Puis en Première, l'enseignement des sciences économiques et sociales doit conduire à la maîtrise de savoir-faire quantitatifs, ce qui implique à la fois calcul et lecture (c'est-à-dire interprétation) des résultats.

Certains savoir-faire ont déjà été étudiés en Seconde, d'autres savoir-faire quantitatifs apportent une progression dans la capacité à analyser certains phénomènes économiques et sociaux. Par exemple :
- évolution en valeur et en volume : mesure l'évolution d'une variable économique corrigée ou non de l'augmentation de prix ;
- représentation graphique de fonctions simples (offre, demande, coût) et interprétation de leurs pentes et de leurs déplacements ;
- notion d'élasticité comme rapport d'accroissements relatifs : notions d'élasticité-prix de la demande et de l'offre, d'élasticité-revenu de la demande.

Les calculs ne sont jamais demandés pour eux-mêmes, mais pour exploiter des documents statistiques travaillés en classe ou pour présenter sous forme graphique une modélisation simple des comportements économiques, sociaux ou politiques.

En Terminale, l'enseignement spécifique de SES mais aussi les spécialités sciences sociales et politiques et économie approfondie, doivent conduire à la maîtrise de savoir-faire quantitatifs, qui ne sont pas exigés pour eux-mêmes mais pour exploiter des documents statistiques.

Calcul, lecture, interprétation des :
- écart-type : mesure la dispersion des données d'un ensemble ;
- indice de Gini et lecture d'une courbe de Lorenz : mesure de la répartition de la richesse d'une société donnée ;
- table de mobilité : mesure le nombre d'individus qui ont et n'ont pas la même origine sociale que leurs parents.

2 Quelles difficultés lors des apprentissages de ces savoir-faire ?

Une première difficulté est la capacité de l'élève à bien cerner ce qui lui est demandé.

Par exemple en mathématiques on lui parle de taux d'évolution, en SES de taux de variation. On le calcule (valeur d'arrivée *VA*/valeur de départ *VD*) en mathématiques et $((VA-VD)/VD) \times 100$) en SES.

Un autre exemple concerne la confusion entre déciles et dixième. Les élèves peuvent être confrontés à l'approche erronée mathématiquement mais de plus en plus fréquente dans les publications y compris les publications officielles, selon laquelle il y aurait 10 déciles (qui correspondent à des dixièmes).

> « Il y a dix dixièmes mais seulement 9 déciles. Du moins en théorie, car en pratique, vous rencontrerez souvent des tableaux qui donnent le nom de décile à ce que nous appelons dixième. C'est assez facile à détecter : lorsqu'il y a 10 déciles, ce sont en fait des dixièmes. On peut s'en rendre compte par ce que l'on parle alors de revenu moyen par décile, ce qui n'aurait pas de sens s'il s'agissait d'un vrai décile (puisqu'un décile est un seuil et non une moyenne). On peut voir que l'utilisation des faux déciles progresse, y compris dans les publications officielles (Insee) et chez les meilleurs auteurs. Face à ce glissement de sens du terme décile, notre langue n'a pas réussi à trouver une solution qui rétablisse la clarté [….].[1] ».

Les apprentissages des savoir-faire quantitatifs peuvent entraîner chez les élèves des difficultés très variées, dans la mesure où ceux-ci requièrent une certaine technicité dans leur construction, leur interprétation, leur mise en lien avec d'autres phénomènes, ou leur réinvestissement dans un devoir, une recherche, un exposé.

Il est donc nécessaire pour l'enseignant d'avoir réfléchi aux différentes phases de l'acquisition d'un apprentissage. Lorsqu'un problème se pose avec un élève, il faut chercher la cause exacte du blocage.

[1] *Travail de recherche d'un groupe interdisciplinaire SES/mathématiques dans l'académie Nancy-Metz, « Maths/SES travailler ensemble dans l'intérêt des élèves », novembre 2006.*

Section 2 MISES EN ACTIVITÉ SUR LES SAVOIRS-FAIRE QUANTITATIFS

1 Les types de graphiques

De nombreux documents à analyser par les élèves en classe, lors des épreuves de baccalauréat mais plus généralement dans les documents d'actualité (quotidiens, les informations télévisuelles, etc.) sont des graphiques. Pour les lire, il faut comprendre comment ils ont été construits.

Suite à une évaluation diagnostique, les élèves ont bloqué sur un des 7 points suivants lors de la lecture d'un graphique :
– D1 Les données ne sont pas comprises.
– D2 Le sujet traité n'est pas identifié.
– D3 Les différents types de graphique et leur destination ne sont pas maîtrisés.
– D4 Les codes de présentation à respecter pour tracer une courbe ne sont pas maîtrisés.
– D5 La gestion de l'espace pose problème.
– D6 Le tracé du graphique n'est pas rigoureux.
– D7 La vérification du travail effectué n'est pas faite.

Dans cette partie sur les graphiques, nous ne traiterons que de deux difficultés avec les élèves concernés, D3 et D4.

- **Conseils à destination des élèves pour déterminer le type de graphique utilisé (D3)**

Parfois, il est possible d'utiliser une courbe aussi bien qu'un histogramme (par exemple, lors de la représentation d'une évolution) mais l'on conseille dans un premier moment d'apprentissage les choix suivants (D3) :
– pour représenter une évolution, il est recommandé d'utiliser la courbe ;
– pour représenter une répartition, il faut choisir le diagramme circulaire ;
– pour comparer des données, il est préférable de choisir l'histogramme.

Activité 1

On veut étudier sur sept ans, l'évolution des dépenses de consommation des ménages. *Prenons par exemple la consommation des produits alimentaires, du logement. Quel type de graphique peut-on utiliser ?*

Tableau B.1 – Consommation finale effective des ménages par fonction à prix courants (en milliards d'euros)

	Intitulés	2007	2008	2009	2010	2011	2012	2013
01	Produits alimentaires et boissons non alcoolisées	129,6	135,7	136,1	140,5	144,4	149,7	152,7
04	Logement, eau, gaz, électricité et autres combustibles	254,0	265,1	268,4	278,3	282,8	295,4	304,0
09	Loisirs et culture	97,4	97,1	95,2	96,1	96,6	94,6	93,1
Total : 01..12	Dépense de consommation finale des ménages	1 044,7	1 077,3	1 059,8	1 088,6	1 114	1128,8	1 136,7

Source : Insee.

En fonction de l'utilisation faite des données, on pourra soit faire une courbe, pour insister sur l'évolution de la structure de consommation dans le temps, et montrer aux élèves comment évolue le pouvoir d'achat des ménages au regard de cette structure de consommation. Mais, on peut aussi leur faire construire des histogrammes, si l'objectif est d'insister sur la différenciation des biens inférieurs et normaux.

- **Conseils à destination des élèves pour la construction d'une courbe (D4)**

Pour qu'un graphique soit valable, cinq points sont à respecter :
- intitulé des axes (en ordonnées, le sujet traité, en abscisse les variables) ;
- titre ;
- source ;
- unités sur les axes ;
- échelle (chaque variation doit être représentée de façon identique : ex un an = un carreau).

2 La mesure d'un sous-ensemble

En SES, les données de répartition sont très utilisées, que ce soit en économie pour étudier la structure de l'épargne, de la consommation ou encore du budget de l'État, ou encore en sociologie pour mesurer la mobilité sociale, la reproduction ou encore la place des filles à l'école.

Activité 2

Ici nous partons de l'étude de la structure de consommation pour montrer que les blocages, sur la loi d'Engel en Seconde peuvent provenir de blocage dans la maîtrise des savoir-faire.

Tableau B.2 – Consommation finale effective des ménages par fonction à prix courants (en milliards d'euros) et la part de chaque consommation en %

Intitulés	2013 (en milliards d'euros)	2013 (en %)
Produits alimentaires et boissons non alcoolisées	152,7	13,5
Boissons alcoolisées, tabac et stupéfiants	39,8	3,5
Articles d'habillement et chaussures	47,9	4,21
Logement, eau, gaz, électricité et autres combustibles	304,0	26,75
Meubles, articles de ménage et entretien courant du foyer	59,9	5,27
Santé	48,4	4,25
Transports	148,2	13,03
Communications	29,1	2,56
Loisirs et culture	93,1	8,2
Enseignement	10,0	0,88
Restaurants et hôtels	73,4	6,45
Biens et services divers	130,3	11,46
Dépense de consommation finale des ménages	1 136,7	100

Présentez les caractéristiques principales de la consommation des ménages en France en 2013.

Cette activité a entraîné les difficultés suivantes :

– D1. Comprendre que l'ensemble forme 100 % de l'objet traité (ici, la dépense finale des ménages).

– D2. Exploiter les données en pourcentages.

– D3. Exprimer correctement la répartition de la structure de consommation.

- **Conseil à destination des élèves pour résoudre les difficultés D1 et D2**

Pour analyser des sous-ensembles et les mesurer, il faut toujours :
– identifier le tout ;
– identifier les parties ;
– se représenter en diagramme circulaire la répartition de l'ensemble.

Activité 3

À partir du document 2 sans la deuxième colonne :

1. *Calculez la part des dépenses de logement sur la dépense de consommation finale (totale) en 2013.*
2. *Quelle est la dépense de consommation finale (totale) en 2013 ? 1 136 700 000 euros*
3. *Quelle est la dépense de logement en 2013 ? 304 000 000 euros*

4. *Quelle est la part des dépenses de logement dans l'ensemble des dépenses d'un ménage en 2013 ? Que constatez-vous ?*

Pour 2013, la dépense de logement est de 304 milliards d'euros sur un total de dépense de 1 136,7 milliards d'euros.

Pour consolider l'apprentissage :

5. *À partir de cet exemple, complétez la colonne 2 du document 2.*

3 La loi d'Engel

Selon la loi d'Engel, plus le revenu est élevé plus la part des dépenses totales consacrée à l'alimentation et à l'habillement (qui satisfont des besoins primaires) diminue, alors que la part des dépenses totales consacrées à satisfaire les besoins secondaires (les loisirs, la culture, etc.) augmente.

Ici, la difficulté principale réside dans la capacité à comprendre que même si une entité augmente en quantité, elle peut diminuer en proportion.

Une classe A compte 15 filles et 15 garçons. Une classe B compte 15 filles seulement.

1. *Calculer la part des filles dans les deux classes.*

Dans le premier cas, la part des filles est de 50 %. Dans le deuxième cas, elle est de 100 %.

2. *Pourquoi a-t-on autant de filles et un taux moins important pour la classe A ?*

L'ensemble des élèves de la classe A est plus important, alors que le nombre de filles est le même

Calcul classe A – Part des filles dans la classe : (15/30) ×100 = 50 %

Calcul classe B – Part des filles dans la classe : (15/15) ×100 = 100 %

Activité 4

Tableau B.3 – Consommation finale des ménages en % et en milliards d'euros, en 1960 et en 2013

<table>
<tr><th>Intitulés</th><th colspan="2">1960
En % du total</th><th>2013
En % du total</th><th>2013
En milliards d'euros</th><th>Écart en points de %</th></tr>
<tr><td>Produits alimentaires et boissons non alcoolisées</td><td colspan="2">33,3</td><td>16,9</td><td>192,5</td><td>-16,4</td></tr>
<tr><td>Dépense de consommation finale des ménages</td><td>100</td><td>100</td><td>1 136,7</td><td colspan="2"></td></tr>
</table>

Source : Insee (Institut national de la statistique et des études économiques).

1. *Faites une phrase précise donnant sens à la donnée en caractère gras.*

En 1960, selon l'Insee, 33,3 % des dépenses de consommation des ménages sont consacrées à des achats de produits alimentaires et boissons non alcoolisées

2. *Procédez aux calculs nécessaires afin de pouvoir comparer la consommation entre 1960 et 2006.*

Exemple : entre 1960 et 2013, la part des produits alimentaires et boissons non alcoolisées sur l'ensemble des dépenses des ménages a baissé de 16,4 points de pourcentage.

3. *Les propositions suivantes sont-elles vraies ou fausses ? Justifiez ?*

Les ménages français ont réduit leurs dépenses d'alimentation entre 1960 et 2006.

La part de l'alimentation a environ été divisée par 2 de 1960 à 2006.

La part des dépenses de vêtements dans le budget total des ménages a diminué de 1960 à 2006.

Les ménages français de 2006 dépensent moins d'argent chaque mois pour s'habiller.

4. *Sachant que le revenu des ménages a fortement augmenté entre 1960 et 2013, peut-on confirmer la loi d'Engel qui expliquait que plus les revenus augmentent, plus la part des produits alimentaires baisse ?*

Bibliographie

- Christine Dollo, « Les mathématiques en SES : outils ou obstacle ? », *DEES*, juin 2001.
- Travail de recherche d'un groupe interdisciplinaire SES/mathématiques dans l'académie Nancy-Metz, « Maths/SES travailler ensemble dans l'intérêt des élèves », novembre 2006.

Chapitre

C La progressivité des notions

OBJECTIFS

- Analyser et comprendre la structure et la lecture du programme de SES
- Rendre progressifs les apprentissages au sein du cycle terminal
- Comprendre la notion de progressivité
- Faire les liens entre les différents concepts

SOMMAIRE

SECTION 1 **Distinguer les termes de la connaissance**

SECTION 2 **La progressivité des apprentissages en SES**

SECTION 3 **Construire des fiches de progression**

Ce chapitre examine le caractère progressif des notions prescrites en SES, de la classe de Seconde à la classe Terminale, de l'exploration au baccalauréat. L'analyse des programmes de Seconde à la Terminale permet d'identifier une progressivité pour la majorité des notions contenues dans les textes officiels.

Cette progressivité dans les programmes correspond à un double enjeu :

D'une part, l'étude de la progressivité contribue à la réflexion sur la cohérence longitudinale de l'enseignement de SES au lycée. Par exemple, la question de la productivité se retrouve dans l'ensemble des trois programmes.

D'autre part, il s'agit de proposer des éléments de réponse à la question des notions en jeu dans les SES et leur présence dans le programme. C'est une interrogation récurrente dans le domaine, posée à la fois par les enseignants de SES en quête d'une reconnaissance légitime de leur discipline, par les responsables institutionnels chargés de l'élaboration des contenus d'enseignement et par les chercheurs.

Section 1 DISTINGUER LES TERMES DE LA CONNAISSANCE

1 Première approche

Il faut tout d'abord préciser le terme de « notion » et le mettre en perspective avec ceux de concept, connaissance et savoir.

Une notion est « une idée ou un schéma de pensée qui permet d'ouvrir un questionnement, d'orienter l'observation ou la compréhension, de diriger l'analyse, d'organiser l'espace et le temps, ou d'orienter les choix d'action[1] ».

En didactique, notion et concept sont souvent employés de manière interchangeable. Cette interchangeabilité est renforcée par le fait que la différence n'est pas toujours claire, la notion étant en général plus floue que le concept. Pour certains chercheurs en sciences de l'éducation, il existe une hiérarchisation. Une notion est alors considérée comme un concept en voie de formation ou préconcept, une étape dans un processus d'abstraction, un stade défini, quand l'enfant commence à tirer une idée générale d'un fait bien précis. Les notions qui revêtent un pouvoir explicatif plus englobant sont appelées par Michel Develay[2] « concepts intégrateurs ».

Au-delà de cette échelle, concept et notion sont tous deux de nature abstraite ; ce qui les distingue, c'est le point de vue adopté, relevant soit d'un registre cognitif pour le concept, soit d'un registre didactique pour une notion. Le terme de notion est la plupart du temps utilisé pour les contenus d'enseignement en SES, qui privilégient naturellement l'approche didactique[3].

Connaissances et savoirs sont également à considérer selon ces deux registres. Les connaissances sont le résultat d'un processus d'intériorisation et témoignent de ce que l'élève s'est approprié et qu'il mobilise dans l'action. En revanche, les savoirs appartiennent à une communauté disciplinaire et constituent un ensemble d'éléments, formés de manière régulière par une pratique du raisonnement, susceptibles de former une science.

---

[1] Dictionnaire *Larousse*.

[2] Michel Develay, *De l'apprentissage à l'enseignement*, ESF, 1992.

[3] Étude des interactions qui peuvent s'établir dans une situation d'enseignement ou d'apprentissage entre un savoir identifié, l'enseignant qui dispense ce savoir et un élève apprenant. Cette notion pose la question de la réflexion épistémologique du maître sur la nature des savoirs enseignés et celle des représentations de l'apprenant par rapport à ce savoir..

2 Les notions dans les programmes

En Seconde, le programme vise à faire acquérir aux élèves quelques notions et raisonnements essentiels en économie et en sociologie dans la perspective d'une poursuite d'études au lycée et au-delà dans l'enseignement supérieur. Les objectifs d'apprentissage retenus pour cet enseignement d'exploration sont volontairement limités et ne doivent pas conduire à une étude exhaustive de ces notions et outils. Après cette approche exploratoire, l'enseignement des sciences économiques et sociales dans le cycle terminal se fixe comme objectif de permettre aux élèves de s'approprier progressivement les concepts, méthodes et problématiques essentiels de trois sciences sociales (la science économique, la sociologie et la science politique). Il s'agit donc ici de contribuer à la formation intellectuelle des élèves en développant l'apprentissage rigoureux de savoirs disciplinaires qui sont, pour l'essentiel, nouveaux pour eux.

Le programme se présente en trois colonnes : la première colonne décline chaque thème sous forme de questions ; les indications complémentaires explicitent et délimitent le contenu de chacune d'entre elles ; les notions figurant en colonne centrale, de même que les « acquis de Première » rappelés en colonne 3 en Terminale, sont les notions indispensables pour traiter chaque question.

L'objectif est donc de permettre aux élèves de s'approprier les notions, de comprendre et maîtriser les outils conceptuels et analytiques propres à chaque discipline et de construire ainsi leur savoir.

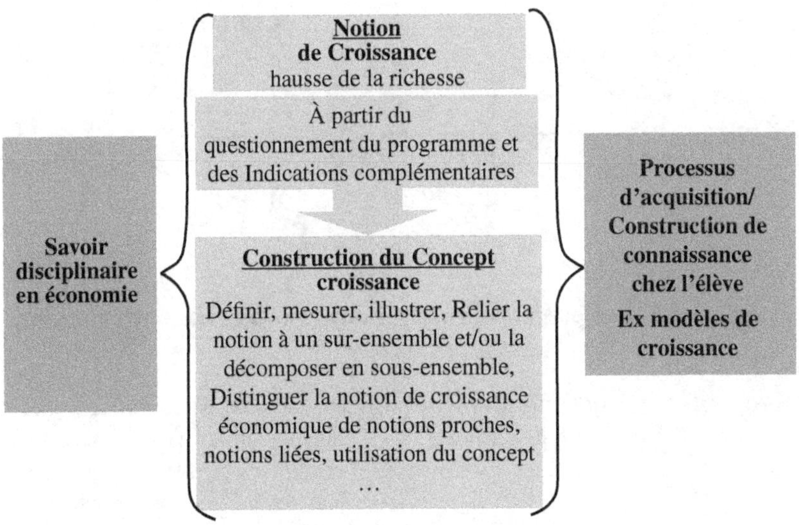

Figure C.1 – De la notion au concept

La relation didactique met en présence le savoir disciplinaire de la matière enseignée et le processus d'apprentissage qui commence par les représentations des élèves (une notion de la croissance) et s'achève avec l'acquisition et la maîtrise du concept (je sais définir la croissance, l'expliquer, l'illustrer, etc.). Le savoir disciplinaire par cette transposition didactique a été transformé en connaissances directement utilisables par l'élève. Le savoir « appris » doit permettre à l'élève de passer ultérieurement au savoir « savant » universitaire.

Focus

La triade « notion–concept–savoir scolaire[1] »

La triade « notion–concept–savoir scolaire » articule ainsi un certain nombre de tensions gérées à l'intérieur de trois processus complémentaires :

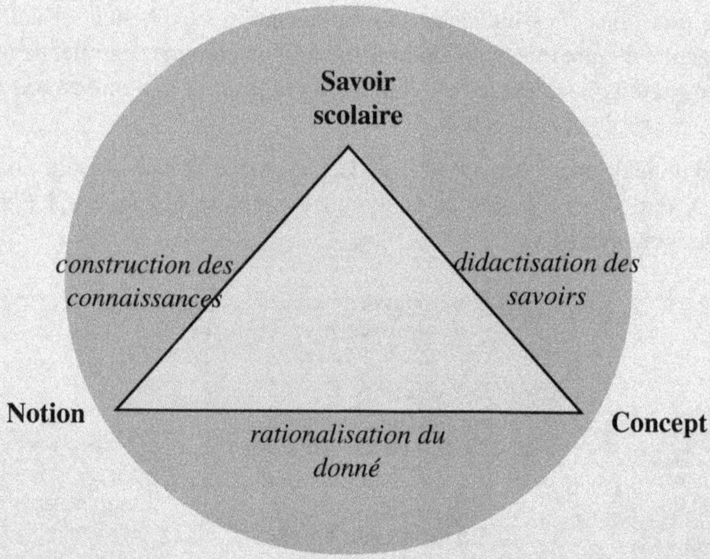

Figure C.2 – Les processus engagés dans les rapports entre notions, concepts et savoirs

- le processus de didactisation des savoirs, de dimension épistémique : tension entre le concept et le savoir scolaire ;
- le processus de construction des connaissances (transformation des représentations), de dimension psychologique : tension entre la notion et le savoir scolaire ;

☞

[1] Pascal Duplessis, « La cartographie conceptuelle au service de la didactique de l'information : un outil heuristique pour élucider, enseigner et apprendre les savoirs scolaires de l'information-documentation », *in* Pascal Duplessis, Ivana Ballarini-Santonocito (dir.), *Cartographie conceptuelle et didactique de l'information* : dix cartes de concepts info-documentaires et étude préliminaire, site de l'Académie de Nantes, 2007.

☞

- le processus de rationalisation du donné (le perçu, l'hérité), de dimension pédagogique : de la notion vers le concept.

  Pour tenir compte de l'usage tel qu'il apparaît dans certains textes officiels, dans les manuels scolaires et en salle des professeurs, il est alors nécessaire de distinguer entre deux sens de notion.
- D'une part, celui qui renvoie au sens épistémologique, opposé à concept, et que l'on peut nommer « **notion 1** ». Celui-ci est peu utilisé dans la littérature pédagogique[1] ; il appartient au champ de référence de la philosophie.
- D'autre part, celui qui se réfère plutôt à l'idée d' « objet de savoir scolaire ». Cette « **notion 2** » se superpose alors au pôle « savoir scolaire » du triangle de la *figure C.2* ; il appartient au champ de référence de la didactique.

Cette polysémie entretient de fait une confusion entre le processus de rationalisation (de la notion 1 vers le concept) et le processus de didactisation (de la notion 1 à la notion 2 en tant que savoir scolaire).

En conséquence, le terme de concept sera par la suite utilisé pour désigner un objet de savoir du point de vue épistémologique, renvoyant une définition la plus précise possible. Le terme de notion sera quant à lui précisé ou bien en notion 1 ou bien en notion 2. Dans cette dernière acception, il lui sera généralement préféré le syntagme de « savoir scolaire », au sens d'objet de savoir destiné aux activités d'enseignement-apprentissage.

Le processus d'élaboration des connaissances s'appuie sur le savoir scolaire, contenu socialement reconnu et codifié par les programmes, et sur les représentations des élèves (« avoir des notions de »). Ce processus ne va pas de soi. Des obstacles aux apprentissages créent des tensions entre la notion et le savoir scolaire. Le processus didactique permet alors de transformer le savoir scolaire en savoir enseigné puis appris par les élèves. Il existe ainsi une mise en forme progressive du savoir scolaire qui délimite des concepts à enseigner et qui aident les élèves de se défaire des « notions » afin d'acquérir ces concepts.

Cette construction didactique, à la charge de chaque enseignant dans sa classe, ne doit pas oublier la « saveur des savoirs[1] ». L'objectif n'est pas de découper le savoir en tranche d'« activités » sans signification globale. Il est important de donner du sens aux savoirs enseignés inscrits dans une problématique plus large afin de mener les élèves vers une formation intellectuelle à la fois exigeante et démocratique.

1 Jean-Pierre Astolfi, *La saveur des savoirs* : disciplines et plaisir d'apprendre, ESF, 2008.

Section 2 LA PROGRESSIVITÉ DES APPRENTISSAGES EN SES

1 Qu'est-ce que maîtriser une notion[1] ?

Maîtriser un savoir scolaire revient à acquérir et maîtriser des connaissances. En explicitant ces objectifs, professeurs et élèves donnent du sens à leurs apprentissages.

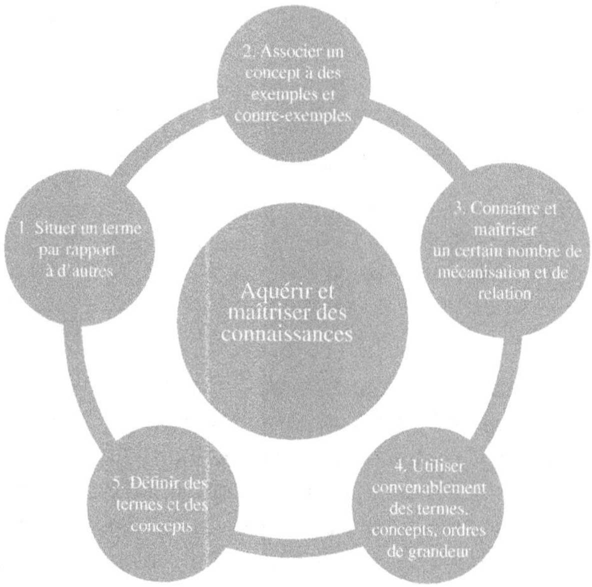

Source : « Utiliser des objectifs de référence en Seconde », MEN, 1993.

Figure C.3 – Maîtriser des connaissances

2 Du progrès à la progressivité en SES

La progressivité doit être distinguée de la progression. Par leur étymologie commune, les deux noms renvoient à l'idée de progrès. Mais « progression » est davantage utilisé pour évoquer la construction d'une structure, par exemple un programme d'enseignement, alors que la progressivité évoque les progrès de l'élève.

C'est pour signifier une attention portée à l'élève que « progressivité » est retenue comme notion ici. Mais elle est aussi à comprendre dans le sens où tout élément (un apprentissage, une compétence ou tout autre élément du curriculum) présente un caractère progressif.

Pour une notion, la progressivité est à considérer en lien avec trois caractéristiques.

[1] Au sens d'objet de savoir scolaire.

La première est l'identification d'une notion par un terme pour lequel des ouvrages spécialisés tels que les dictionnaires et les publications de recherche proposent différents énoncés. L'analyse de ces propositions permet souvent de mettre en évidence plusieurs approches possibles pour une notion. Par exemple, pour la notion de capital, il existe plusieurs définitions de base d'après le dictionnaire *Larousse* :
- somme d'argent constituant l'élément principal d'une dette et rapportant des intérêts ;
- patrimoine possédé par un individu, une famille ou une entreprise et pouvant rapporter un revenu ;
- somme d'argent assez conséquente et disponible : être à la tête d'un beau petit capital ;
- ensemble de ressources accumulées par quelqu'un, un pays : amasser un capital de connaissances.

Cependant, une notion ne peut se réduire à une série d'énoncés qui peuvent aussi servir à expliciter une action. En effet, une notion est aussi un outil mental pour penser, pour agir et est donc susceptible d'être utilisée pour une action donnée, dans un contexte donné. Ce caractère fonctionnel constitue une deuxième caractéristique. En termes de concept, le capital peut être abordé comme un détour de production (économie) ou un rapport social de production (économie/sociologie).

La troisième est celle d'associativité. Pour une notion donnée, chaque énoncé met en relation cette notion avec une autre. Il est alors envisageable d'associer les deux notions. La notion de capital peut être mobilisée pour expliquer la croissance par exemple et pour comprendre la notion d'investissement.

Section 3 CONSTRUIRE DES FICHES DE PROGRESSION

C'est par étapes et de façon progressive qu'un élève s'approprie des notions et des concepts qui vont constituer ses connaissances. Le premier niveau de maîtrise, c'est la rencontre avec la notion sans qu'elle soit étudiée pour elle-même (par exemple, la notion de redistribution ou celle de PIB en Seconde). Ensuite, elle va être étudiée de façon à pouvoir la distinguer, la définir, l'associer à des exemples ou contre-exemples en Première et Terminale afin de pouvoir l'utiliser de façon pertinente et autonome. Cette maîtrise sera visible et certifiée lors des évaluations.

Au cours de l'étude d'une notion, d'autres notions liées ou secondaires sont rencontrées. Dans le premier thème de Seconde, « Ménages et consommation », et le chapitre « Comment les revenus et les prix influencent-ils les choix des consommateurs ? », les notions de consommations marchande et non marchande sont secondaires par rapport à la notion principale. Elles ne sont pas essentielles à la compréhension de la notion de consommation. Par contre, la notion de revenu disponible qui apparaît dans la deuxième colonne du programme est liée à celle de consommation et est quant à elle essentielle à l'acquisition des connaissances.

1 Exemples de fiches de progression à partir de la notion de productivité

Les trois documents font apparaître comment la notion de productivité peut être construite progressivement en trois ans en lien avec l'apprentissage d'autres concepts[1].

Fiche 1. Un exemple (non exhaustif) sous forme de schéma

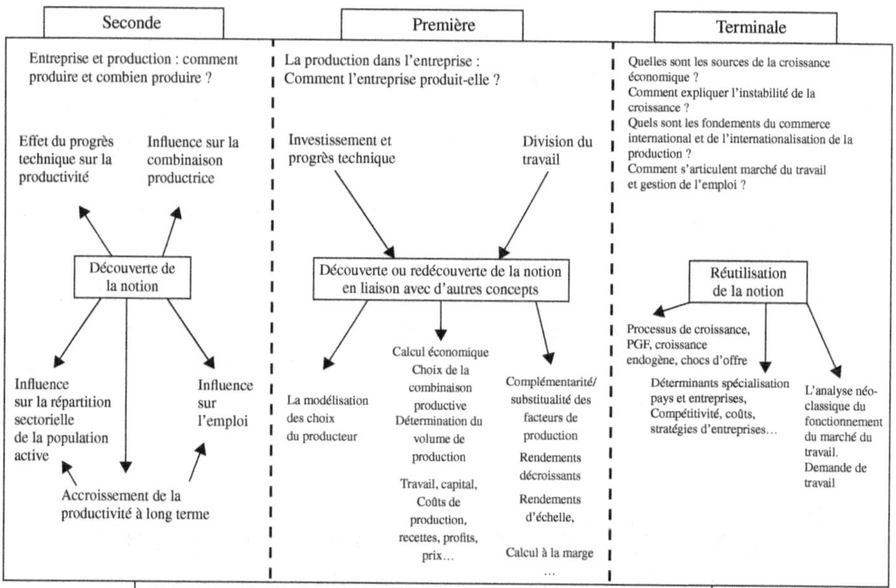

Un exemple de construction progressive d'une notion : la productivité dans les programmes

La notion de productivité apparaît dans chaque cycle, toutefois ce schéma montre comment elle peut être abordée progressivement pour initier un apprentissage progressif. Il relève de l'enseignant de construire cette progressivité dans ses séances de cours.

[1] D'après les objectifs de référence en Seconde du ministère de l'Éducation nationale (MEN), 1993.

Fiche 2. Un exemple sous forme de tableau qui décrit les différents niveaux de maîtrise de la notion de productivité

Programmes	Situations où intervient la notion de productivité	Facteurs qui influent sur la productivité	Effets de la productivité	Niveau de maîtrise
Seconde	Découverte de la notion dans le thème « entreprises et production » : – évolution de la production agricole et de la population active agricole ; – nombre de travailleurs nécessaires pour produire un nombre de voitures donné…	Explications : – mécanisation ; – automatisation des tâches, etc. – effet du progrès technique à long terme.	– Modification dans la répartition sectorielle de la population active. – Influence sur l'emploi – Influence sur les coûts et prix, etc. – Effet vertueux d'une hausse de la productivité à long terme.	– Passage d'une formulation simpliste (plus de production, moins de travailleurs) à la définition de la productivité du travail. – Connaissance de la définition. – Expliquer le lien progrès technique et productivité. – Décrire les effets, etc.
Première	Découverte/ redécouverte de la notion en lien avec d'autres concepts : – la modélisation des choix du producteur dans l'entreprise ; – la question du calcul économique ; – les arbitrages concernant le choix de la combinaison productive ; – la détermination du volume de production à réaliser.	Étude plus systématique des facteurs qui influent sur la productivité : – recette/coûts ; – profit ; – investissement ; – progrès technique ; loi des rendements décroissants, etc.	Étude plus systématique des effets de la productivité : – choix de la combinaison productive ; – réduction des coûts de production ; – économie d'échelle ; effets sur les prix et les profits, etc.	Rapport entre la production et les moyens pour l'obtenir ; Valeur économique de ce que produit une personne ; Distinction productivité en valeur/physique ; Productivité moyenne/ marginale ; Distinction rendement d'échelle/factoriel ; Effet de la productivité sur le choix de la combinaison ; productive, etc.
Terminale	Réutilisation de la notion en lien avec d'autres concepts – Par exemple, avec les notions de croissance et de productivité globale des facteurs dans le thème « Croissance, fluctuations et crises » et le questionnement « Quelles sont les sources de la croissance économique ? » – Etc.	Étude de la croissance et de ses sources, le rôle des progrès technique et des innovations, etc.	Dynamique de la croissance, etc.	Définir la croissance intensive, identifier le rôle de la PGF dans la croissance, exposer le lien entre la productivité globale des facteurs et le progrès technique, expliquer le fonctionnement de la croissance endogène, etc.

Fiche 3. Un exemple de fiche de progression sur les revenus sur l'année de Seconde

Catégories de concept / Niveaux de maîtrise	Concept de 1er rang Concept fondamental ou inducteur. Son étude entraîne ou exige la présentation d'autres concepts et notions dits de 2nd rang	Concept de 2nd rang Concept important mais induit Peut en particulier apparaître au cours d'une des phases de l'apprentissage (traitement, analyse, etc.)	Concept de 3e rang Peut être important « en soi » mais est accessoire par rapport à la partie traitée Utilisation non obligatoire pour comprendre les concepts de 1er rang
Concept qui doit être acquis en fin de travail sur cette partie Présenté dans toutes ses dimensions par rapport au chapitre Doit faire l'objet d'une évaluation	Ménage, revenus, revenu primaire, revenu de transfert, revenu disponible	Revenu du travail, du capital, de la propriété Revenu mixte	Honoraires, traitement des fonctionnaires, revenu en nature
Concept en cours d'acquisition N'a pas fait l'objet d'une présentation complète dans cette partie	Salaire, salaire brut/net, redistribution, hiérarchie, inégalité, dispersion	Smic, prélèvements obligatoires : cotisations, impôts, prestations sociales (les 4 principales)	IRPP, allocations (diverses), retraites, RSA
Concept rencontré N'est perçu que dans sa dimension utile par rapport à la partie du programme traitée Ne doit pas être évalué	CSP/PCS	Protection sociale, système d'assurance (volontaire ou non), mécanismes et modalités de redistribution (capitalisation/répartition)	Famille, actions/dividendes, obligation/intérêt, TVA

Source : D'après « Utiliser des objectifs de référence en Seconde », MEN, 1993.

2 Exemples de mise en activité sur les notions

2.1 Exemple 1

À partir de la liste des différentes notions économiques qui apparaissent dans le programme de Seconde, construisez une fiche de progressivité de maîtrise de la notion choisie en Seconde, Première et Terminale : facteurs de production, entreprise, production, progrès technique, revenu disponible, consommation, demande et offre, prix, effet externe, emploi, qualification, chômage, capital humain, marché, etc.

Pour réaliser cette tâche, munissez-vous des programmes de SES et des fiches exemples.

2.2 Exemple 2

Construire une fiche concept qui délimite une notion au programme : exemple de corrigé sur la notion de production.

Fiche 4. Proposition de corrigé sur la notion de production

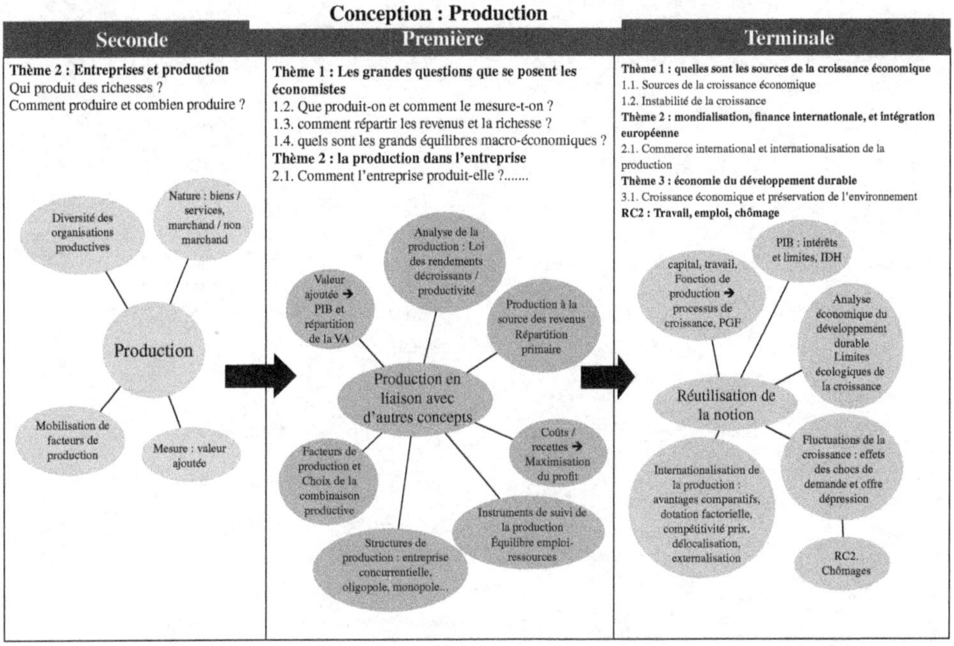

Bibliographie

- Ministère de l'éducation nationale, direction des collèges et lycées, « Utiliser des objectifs de référence en classe de Seconde », 1993.
- Michel Develay, *Savoirs scolaires et didactiques des disciplines*, ESF, 1997.
- Jean-Pierre Astolfi, *La saveur des savoirs : disciplines et plaisir d'apprendre*, ESF, 2008.

Partie 3

La monnaie et le financement de l'activité économique | Chapitre 5

Les relations monétaires internationales | Chapitre 6

La globalisation financière et ses crises | Chapitre 7

La sensibilisation : donner du sens aux apprentissages | Chapitre D

La sensibilisation : créer une situation-problème | Chapitre E

Monnaie, financement et système financier

Chapitre 5

La monnaie et le financement de l'activité économique

OBJECTIFS

- Mettre en évidence la nature de la monnaie et son rôle dans l'économie
- Décrire le processus de création monétaire par les banques commerciales et montrer l'importance du rôle de la banque centrale
- Expliquer comment les activités économiques sont financées, et comment évoluent les modalités de financement

NOTIONS

- Fonctions de la monnaie, formes de la monnaie, monnaie
- Masse monétaire, marché monétaire, banque centrale, prêteur en dernier ressort
- Autofinancement, financement direct et indirect, taux d'intérêt
- Actifs financiers, devises, intermédiation financière

SOMMAIRE

SECTION 1 **La monnaie**

SECTION 2 **L'évolution du système bancaire**

SECTION 3 **Le financement de l'activité économique**

On croit connaître la monnaie car on l'utilise tous les jours, mais, dans les faits, elle cristallise de nombreuses interrogations chez les économistes, dans la mesure où elle n'est pas seulement l'intermédiaire des échanges, elle est aussi ce par quoi passe le financement de l'activité économique.

Section 1 LA MONNAIE

1 La nature de la monnaie

La monnaie, qui existe sans doute déjà à la préhistoire, a pris des formes très différentes au cours du temps : bétail, blé, coquillages, sel, métal, papier, etc. Au-delà des formes, ce sont les fonctions de la monnaie qui permettent de la définir.

1.1 Qu'est-ce que la monnaie ?

La monnaie est souvent définie à partir des trois fonctions économiques qu'elle remplit mais elle est aussi un rapport social et politique.

DÉFINITION

Fonctions de la monnaie : ensemble des caractéristiques fondamentales qui permettent de définir un bien comme monnaie.

Focus

Les trois fonctions de la monnaie

Les deux premières fonctions sont celles de la monnaie « neutre », la troisième fonction de la monnaie n'est pas reconnue par tous les économistes.

- Elle est intermédiaire des échanges : chaque fois que nous achetons une marchandise quelconque, nous utilisons une quantité de monnaie.
- La quantité de monnaie échangée dépend du prix des marchandises : ainsi la monnaie mesure les valeurs. L'échange monétaire est plus simple que le troc qui nécessite d'avoir $n(n-1)/2$ rapports d'échange s'il y a n marchandises.
- La monnaie peut être conservée pour faire face aux imprévus, aux opportunités d'achat ou de placement si les taux d'intérêt sont attractifs. Elle est « réserve de valeur ». Pour Keynes, il s'agit de la détention de monnaie pour les motifs de précaution et de spéculation.

Financement

La monnaie est aussi un rapport social, elle canalise la violence inhérente à chaque société et engendre la cohésion sociale. Pour Michel Aglietta et André Orléan[1], elle est le premier lien social dans une société marchande. Le processus de socialisation fait émerger une institution (la monnaie) qui discipline les rapports des échangistes. Elle permet d'acquérir ce que l'on désire, d'acquérir une part de la puissance royale lorsque les sujets possèdent des pièces frappées à l'effigie des princes. Mais, la monnaie est ambivalente : elle normalise les comportements tout en étant au centre des conflits pour l'appropriation des richesses. Ainsi, les crises monétaires témoignent de la remise en cause de l'ordre social.

DÉFINITION

Monnaie : actif liquide immédiatement disponible, sans risque de perte et qui représente une richesse.

1.2 L'évolution des formes de la monnaie

Pour remplir parfaitement ces trois fonctions, les objets utilisés comme monnaie doivent avoir des qualités particulières : être faciles à transporter, divisibles pour exprimer de petites valeurs, disponibles en quantités suffisantes pour les besoins des échanges, être standardisés pour être reconnus, être acceptés par le plus grand nombre et enfin se conserver dans le temps pour préserver la valeur.

Ces qualités apportent un éclairage sur l'évolution des formes de la monnaie. Historiquement on a vu se succéder les monnaies marchandises : fourrures, dents d'animaux, céréales, sel, cacao, etc. mais aussi des objets sans utilité matérielle comme les haches, lances ou couteaux mais si petits et fragiles qu'ils ne pouvaient être utilisés comme outils. Dans des situations particulières comme les camps de prisonniers, ou en Allemagne entre 1945 et 1948, on a vu resurgir ces monnaies « marchandises » dont les cigarettes.

Les monnaies marchandises avaient une valeur intrinsèque liée à leurs coûts de production, mais le plus souvent elles avaient une valeur symbolique comme celle des paléo-monnaies ou des coquillages. Les métaux précieux apparaissent tardivement dans l'histoire vers –2000 avec les monnaies pesées (morceaux de métaux bruts), puis les monnaies frappées (la valeur de la monnaie est inscrite sur le métal et garantie par une autorité politique ou religieuse). Elles apparaissent vers –600. Le métal (surtout l'or), est inaltérable facilement transportable, fusible, il a gardé sa fonction monétaire jusqu'au XXe siècle.

Progressivement, la monnaie se dématérialise avec l'apparition des billets en Chine au Ve siècle, puis en Suède[2] en 1661. Ils se répandront avec la Révolution industrielle. L'utilisation du billet repose sur la confiance du changeur puis du banquier, car sa valeur

[1] Michel Aglietta, André Orlean, *La violence de la monnaie,* PUF, 1982.

[2] Johan Palmstruch, banquier suédois, est le premier à émettre des billets contre remise de monnaie métallique.

faciale ne correspond pas à sa valeur intrinsèque. Cela va occasionner une célèbre controverse en Angleterre entre la *currency school* défendue par David Ricardo, selon laquelle la banque doit détenir une encaisse métallique correspondant strictement au montant des billets émis, alors que pour Thomas Tooke[1] et la *banking school,* l'émission de billets devait correspondre aux besoins de l'économie. L'acte de Peel en 1844 a donné raison à la *currency school.*

DÉFINITION

Formes de la monnaie : ensemble des moyens qui matérialisent la monnaie.

La dématérialisation va se poursuivre avec la monnaie scripturale, c'est-à-dire la monnaie écrite sur les livres des comptes des banques, aujourd'hui sur des fichiers informatiques. La monnaie scripturale circule grâce aux chèques, aux cartes bancaires, aux virements, aux titres interbancaires de paiement. Elle trouve son origine dans les dépôts auprès des prêtres de Sumer en Mésopotamie au IVe millénaire avant J.-C., puis elle prend au Moyen Âge la forme de la lettre de change, avant l'écriture sur les comptes bancaires.

La monnaie électronique (cartes prépayées comme les cartes cadeaux, les paiements sans contact, porte-monnaie électronique, portefeuilles électroniques) se développe avec les nouvelles technologies de l'information. Elle pose, de manière plus cruciale, la question de la confiance puisqu'elle circule sans support. Elle est la forme la plus dématérialisée. Toutefois, la monnaie doit être garantie par des institutions afin qu'elle puisse exercer pleinement ses trois fonctions.

En France, la forme de la monnaie la plus répandue est la monnaie scripturale (90 % de la masse monétaire) les pièces et les billets en représentent environ 10 %. La monnaie électronique reste confidentielle (moins de 0,1 %).

Cet historique des formes de la monnaie ne doit pas mener à une analyse évolutionniste de dématérialisation progressive. D'une part, la résurgence des monnaies marchandises en cas de crise démontre que l'adoption d'une monnaie suit un processus de polarisation mimétique[2], d'autre part, les monnaies électroniques de deuxième génération semblent modifier le statut de la monnaie, puisque ces nouvelles formes monétaires sont en grande partie privées.

2 Mesures et contreparties de la masse monétaire

2.1 Les mesures de la masse monétaire

La masse monétaire est mesurée par des agrégats qui représentent l'ensemble des moyens de paiements disponibles immédiatement ou après conversion des placements, sans risque important de pertes en capital.

[1] Thomas Tooke, économiste britannique (1774-1858).

[2] André Orléan, *L'empire de la valeur,* Seuil, 2011.

DÉFINITION

Masse monétaire : quantité de monnaie en circulation dans une économie à un moment donné.

On distingue trois agrégats qui s'emboîtent : *M*1 est inclus dans *M*2 qui est inclus dans *M*3. Les instruments monétaires sont classés selon leur degré de liquidité.

Focus

La liquidité des actifs

On dit qu'un actif est liquide s'il est immédiatement disponible pour régler une transaction (pouvoir libératoire de la monnaie) et si sa valeur nominale est stable et garantie par des institutions. Il n'y a donc pas de risque de perte en capital.

Les billets et les dépôts à vue sont les actifs les plus liquides, ils sont immédiatement disponibles et leur valeur nominale est garantie par le système bancaire.

À côté de la monnaie au sens strict, il existe des actifs financiers plus ou moins liquides qui sont rémunérés :

- les actifs liquides non négociables (les dépôts sur les livrets A, les livrets jeunes, les livrets de développement durable, etc.). Pour les utiliser dans une transaction, l'agent doit faire un retrait en billets, ou un virement sur son compte courant, mais leur valeur nominale est garantie ;
- les actifs financiers négociables (titres d'OPCVM, titres de créances négociables) sont moins liquides. Pour les utiliser dans une transaction, il faut d'abord les vendre sur les marchés financiers, où leur valeur n'est pas garantie, les risques de pertes en capital (ou de gains) ne sont pas négligeables.

Les innovations financières, créées depuis les années 1980, ont atténué les différences entre ces catégories d'actifs. Le développement des marchés financiers a augmenté la liquidité des placements, rendant plus floue les frontières entre les agrégats monétaires.

DÉFINITION

Actifs financiers : au sens étroit, titres de propriétés qui permettent, aux agents qui en ont besoin, d'obtenir des moyens de financement, tout en procurant un revenu à leurs détenteurs, ou la possibilité d'un gain en capital en échange d'une prise de risque. Ce sont les actions, obligations, titres de créances à court terme, assurance-vie, produits dérivés, etc. Au sens large, on inclut la monnaie (billets, pièces, soldes des comptes courants).

- L'agrégat *M1* comprend les pièces, billets et dépôts à vue des agents non financiers résidents, c'est la monnaie la plus liquide.
- *M2* inclut *M1*, et des placements de moyen terme non négociables
- *M3* inclut *M2* et des instruments négociables d'un terme de deux ans maximum. Ce qui détermine la limite de liquidité des actifs.

Tableau 5.1 – Les agrégats monétaires en France et dans la zone euro en 2014

	Zone euro	France
	Encours 2014	Encours 2014
Billets et pièces en circulation	967	
+ Dépôts à vue	4949	656
= *M1*	**5916**	**656**
Autres dépôts monétaires	3732	775
Dont : dépôts à préavis ≤ 3 mois	2130	616
: dépôts à terme ≤ 2 ans	1602	159
= *M2*	**9648**	**1431**
+ Instruments négociables	683	344
Dont : titres d'OPCVM monétaires	430	245
: pensions	122	29
: titres de créance ≤ 2 ans	130	69
= *M3*	**10330**	**1774**
Contribution française à *M3*		1914

Note : on observe que M1 représente plus de 50 % de M3, ce qui rend compte de la préférence forte pour la liquidité des agents économiques en 2014, après la crise économique et financière

Source : Bulletin de la Banque de France, n° 199, 1er trimestre 2015.

2.2 Les contreparties de la masse monétaire

La masse monétaire *M*3 correspond à l'ensemble des moyens de paiements détenus par les agents économiques auprès des institutions financières monétaires[1] résidentes. Ces engagements ont leurs contreparties qui constituent les sources de la création monétaire. Il en existe trois.

- Les concours au secteur privé constituent la principale source de création monétaire (90 %). Il s'agit des créances détenues par les IFM sur les ménages et les entreprises en échange des crédits qu'elles leur ont accordés pour financer les investissements ou l'acquisition de logement, ou des titres émis par les entreprises et achetés par les IFM. En effet, lorsqu'une banque achète des actions ou des obligations émises par une entreprise, elle crée de la monnaie scripturale en créditant le compte de l'entreprise.
- Les concours aux administrations publiques sont la seconde contrepartie de la masse monétaire. Il s'agit du financement des investissements publics (hôpitaux, crèches, infrastructures de transport, etc.) et des déficits des administrations centrales, des collectivités locales et des organismes de protection sociale. Dans la zone euro, la banque centrale ne peut financer directement[2] les déficits des administrations publiques (APU)

[1] Les IFM sont : la banque centrale, les banques de second rang, les organismes de placement collectif en valeurs mobilières (OPCVM), etc.

[2] La banque centrale finance directement les déficits publics lorsqu'elle peut acheter les titres auprès des APU. Elle les finance indirectement lorsqu'elle rachète les titres aux banques commerciales qui ont financé les États sur les marchés.

que depuis janvier 2015. Les IFM peuvent acheter les titres émis par les APU, ce qui augmente la masse monétaire.

- Les créances nettes sur l'extérieur sont la troisième contrepartie. Lorsque les IFM échangent des devises contre des euros ou lorsqu'elles achètent des titres émis à l'étranger, elles créent de la monnaie.

DÉFINITION

Devises : monnaies étrangères. Ce sont des actifs monétaires pour les agents qui les détiennent.

3 La création monétaire

3.1 Le rôle de la banque centrale et des banques commerciales

DÉFINITION

Banque centrale : banque de premier rang, institution financière centrale dans un système bancaire hiérarchisé.

La banque centrale émet deux types de monnaie centrale :
- d'une part, les pièces et les billets qui représentent une part infime de la masse monétaire ;
- d'autre part, la monnaie scripturale qui circule essentiellement entre les IFM.

Tous les intermédiaires financiers ont l'obligation de détenir un compte à la banque centrale afin de régler leurs dettes entre eux, d'acheter des pièces et des billets et de constituer leurs réserves obligatoires.

Lorsque la banque centrale accorde un crédit ou achète un titre à une banque de second rang, elle crée de la monnaie banque centrale. Les billets et la monnaie scripturale de la banque centrale (c'est-à-dire les réserves des banques commerciales) constituent la base monétaire.

Les banques commerciales sont les acteurs principaux de la création monétaire. Lorsqu'une banque accorde un crédit, elle crée la monnaie correspondante[1], et l'inscrit sur le compte à vue du client (il apparaît au passif du bilan de la banque). En contrepartie, la banque a une créance sur le client (elle apparaît à l'actif du bilan). Sur le compte du client figurent l'avoir à la banque (à l'actif) et la dette envers la banque (au passif). De la même façon, lorsque la banque achète un titre ou un immeuble, elle crée de la monnaie.

Actif — **Banque**	Passif
Crédit +100	Dépot à vue +100

Actif — **Entreprise**	Passif
Avoir à la banque +100	Dette +100

[1] Tous les crédits ne donnent pas lieu à création monétaire. C'est le cas des crédits financés sur épargne préexistante (les livrets A, les livrets jeunes servent principalement à financer le logement social, etc.) ou des crédits interentreprises.

Lorsque le client rembourse le crédit, il y a destruction monétaire. La masse monétaire diminue lorsque les crédits distribués sont inférieurs aux remboursements, elle augmente dans le cas inverse.

Lorsque les banques accordent un crédit elles créent une monnaie Crédit Lyonnais, Crédit Agricole, etc. Tant que la monnaie ne sort pas du circuit de la banque, il n'y a pas de limite à la création monétaire mais lorsque le client va utiliser cette monnaie pour régler des achats à des clients d'autres banques, la banque devra la convertir en monnaie banque centrale. Ainsi, le pouvoir de création monétaire des banques est limité par les paiements interbancaires et les retraits en billets, mais aussi par les banques centrales qui ont pour mission de contrôler le pouvoir de création monétaire des banques commerciales.

3.2 Multiplicateur ou diviseur monétaire

L'analyse monétariste du multiplicateur monétaire

Supposons que les banques conservent environ 1 % de leurs dépôts en monnaie centrale pour satisfaire au taux de réserves obligatoires (r) imposé par la banque centrale. Lorsqu'elles ont un dépôt de 100 €, elles conservent 1 € dans leur compte auprès de la banque centrale, 99 € pourront être utilisés pour accorder de nouveaux crédits[1]. Ces 99 € seront utilisés pour acheter des produits à un client d'une autre banque. Celle-ci reçoit 99 € en dépôts, garde 0,99 € au titre des réserves obligatoires et pourra accorder 98,01 € de crédits et ainsi de suite. On a donc une suite géométrique de premier terme 100 et de raison 0,99. À partir du dépôt initial, 9 900 € de crédits supplémentaires ont été accordés, 10 000 € en incluant le premier dépôt. La masse monétaire a augmenté de $1/r$, c'est le multiplicateur monétaire.

Focus

Le multiplicateur monétaire

Dans la réalité, les banques commerciales conservent plus de monnaie banque centrale que les seules réserves obligatoires car elles doivent faire face aux retraits en billets (B) de leurs clients. B est une proportion (b) des dépôts (D). Elles doivent aussi avoir des réserves excédentaires (E) pour satisfaire les paiements interbancaires, qui sont également proportionnels aux dépôts (e).

La base monétaire (H) est constituée des billets, des réserves obligatoires (R) et des réserves excédentaires. $H = B + R + E$. Donc :

$$H = bD + rD + eD = (b + r + e)\,D$$

La masse monétaire (M) est égale à la somme des billets et des dépôts. $M = B + D$

$$M = bD + D = (b + 1)\,D$$

M est un multiple (k) de H avec

$$k = \frac{M}{H} = \frac{(1 + b)}{(b + r + e)}$$

$$k > 1 \text{ car } r + e < 1$$

[1] Le taux de réserve obligatoire est de 1 % dans la zone euro, depuis 2012.

Financement

La masse monétaire ($M1$) est un multiple de la base monétaire, ce multiple est d'autant plus grand que les banques sont peu contraintes pour conserver des liquidités en monnaie centrale. Il en ressort que la banque centrale peut contrôler la masse monétaire en agissant sur la base monétaire et les réserves obligatoires. La monnaie est considérée comme exogène, la quantité en circulation dépend de la politique monétaire décidée par la banque centrale.

L'analyse keynésienne du diviseur monétaire

Cependant, si on prend en compte la possibilité qu'ont les banques de second rang d'emprunter la monnaie centrale dont elles ont besoin, sans avoir besoin de dépôts préalables, alors elles créent la monnaie en répondant aux demandes de crédits de leurs clients, et se refinancent ensuite auprès de la banque centrale. La base monétaire s'ajuste *a posteriori*, et elle est une division de la quantité de monnaie créée par les banques. Le diviseur de crédit « k » est égal à : variation de la base monétaire/variation de la masse monétaire.

Dans cette conception, la monnaie est endogène, car elle résulte de la demande des agents économiques. Le pouvoir de la banque centrale pour contrôler la masse monétaire est donc plus faible.

On peut alors écrire :

$$\text{Base monétaire} = \frac{\text{Masse monétaire}}{\dfrac{1+b}{r+b+s}}$$

4 L'influence de la monnaie sur l'économie réelle

Si les banques centrales cherchent à contrôler la masse monétaire c'est parce qu'elle peut avoir des effets sur l'économie réelle, mais là encore des débats existent entre les économistes partisans d'une monnaie neutre et les partisans d'une monnaie active.

4.1 La neutralité de la monnaie

Pour les auteurs classiques et néoclassiques, la monnaie est neutre, ce qui signifie qu'une augmentation de la quantité de monnaie agit sur le niveau général des prix, et non sur le niveau des prix relatifs. Cela sous-entend que la monnaie n'est qu'un « voile posé sur les échanges[1] », la monnaie n'est pas thésaurisée, elle est toujours dépensée. L'épargne est investie. Il en résulte plusieurs conséquences.

- Les produits s'échangent contre des produits, la loi des débouchés de Say s'applique, il ne peut y avoir de crise de surproduction durable et généralisée.

[1] Jean-Baptiste Say, *Traité d'économie politique,* 1803.

- La théorie quantitative de la monnaie[1] s'applique. MV = PT. MV représente la valeur des échanges que l'on peut réaliser avec une quantité de monnaie en circulation (masse monétaire M multipliée par V la vitesse de circulation de la monnaie), PT la valeur des échanges réalisés (niveau général des prix (P) multiplié par le volume des transactions T). Cette égalité comptable est a posteriori toujours vérifiée. En supposant le plein-emploi (T constant) et les comportements des agents inchangés (V constant), si la masse monétaire M augmente, alors le niveau général des prix P augmente. Donc toute augmentation de la masse monétaire dans une situation de plein-emploi (dire que T est constant signifie qu'on ne peut pas augmenter la production) ne peut qu'avoir des effets inflationnistes.
- Si la monnaie est neutre, la politique monétaire est inutile. Pour les monétaristes[2] et les nouveaux classiques, il ne peut y avoir d'arbitrage entre inflation et chômage (voir chapitre 14).

Focus

La vitesse de circulation de la monnaie

Elle mesure la valeur des échanges réalisés avec une masse monétaire donnée. Elle dépend du nombre de paiements effectués par la monnaie dans un temps donné. Elle augmente dans les périodes d'inflation, et d'hyperinflation. Quand elle diminue, les agents ont une préférence pour la liquidité. Elle mesure donc les changements de comportement des agents.

On peut la mesurer par le rapport PIB/*M1*, *M2* ou *M3* selon l'agrégat monétaire retenu.

4.2 La monnaie active

À l'inverse, dans une perspective keynésienne, la monnaie est active, elle a donc un effet sur le niveau général de l'activité économique, car elle peut être détenue pour elle-même, c'est la thésaurisation. Les agents économiques demandent[3] (ou détiennent) de la monnaie pour trois motifs. Le motif de transaction dépend du revenu, le motif de précaution de l'incertitude et du revenu, le motif de spéculation du taux d'intérêt. Pour Keynes, les agents ont une préférence pour la liquidité, ils ne placeront leur argent que s'il est suffisamment rémunéré. Lorsque la monnaie est thésaurisée, elle sort du circuit économique, cela remet en cause les postulats classiques et néoclassiques.

---

[1] Cette théorie trouve son origine dans les travaux de Bodin au XVIe siècle. On retient ici l'équation d'Irving Fisher, *Le pouvoir d'achat de la monnaie*, 1911.

[2] Milton Friedman, *La théorie quantitative, une nouvelle présentation*, *in* Richard S. Thorn, *Théorie monétaire*, Dunod, 1971.

[3] Sur les théories de la demande de monnaie, voir Emmanuel Combe, *Précis d'économie*, PUF, 2014

- La loi des débouchés n'est pas vérifiée, les crises de surproduction sont possibles et durables. On peut avoir un équilibre de sous-emploi qui nécessitera des politiques économiques de relance.
- Une relance par la politique monétaire n'aura pas nécessairement d'effet inflationniste. En effet, dans une situation de sous-emploi des capacités productives, l'augmentation de la demande qui résulte de l'augmentation de la masse monétaire entraînera une augmentation de la production, avant d'avoir un effet sur les prix. La théorie quantitative de la monnaie n'est pas vérifiée.
- Sur les marchés financiers, les comportements sont mimétiques, si bien que des bulles se forment, suivies de krach. Les crises financières agissent sur l'économie réelle en réduisant le financement des investissements.
- Enfin, les néokeynésiens insistent sur la viscosité des prix (effet catalogue), qui fait que les prix ne permettent pas d'ajuster immédiatement l'offre et la demande, l'ajustement se fait d'abord par les quantités (par exemple par le chômage et non la baisse des salaires).

Pour Hayek, la monnaie est active, mais nocive. La politique monétaire conduit à des décisions inefficaces qui déforment la structure productive et conduisent à un surinvestissement qui se résout dans la crise.

Section 2 L'ÉVOLUTION DU SYSTÈME BANCAIRE

La monnaie est gérée par le système bancaire, composé de la banque centrale et des banques commerciales.

1 Les banques commerciales

1.1 Les fonctions des banques commerciales

Les banques commerciales gèrent les dépôts et les moyens de paiements qu'elles font circuler grâce aux chèques, virements, cartes bancaires, etc. Elles permettent le financement de l'activité économique en mettant en relation prêteurs et emprunteurs. Pour cela, elles transforment les dépôts à court terme des clients en prêts à long terme. Dans cette opération de transformation, et dans l'opération de création monétaire décrite ci-dessus elles veillent à conserver une partie des dépôts disponibles pour les retraits des clients, et tiennent compte aussi des exigences de réserves de la banque centrale.

Les banques produisent également de l'information. Les banques se sont spécialisées dans la production d'information pour éclairer les choix des investisseurs, et leurs propres choix de financement, elles contrôlent également que les emprunteurs utilisent les fonds prêtés en conformité avec le contrat. Cependant, depuis les années 1980, en titrisant les crédits (c'est-à-dire en transformant une créance en un actif négociable sur les marchés financiers), et en créant des produits dérivés (voir chapitre 7), elles ont transféré les risques sur d'autres institutions financières et contribué au développement du *shadow banking*[1], c'est-à-dire un système bancaire parallèle qui échappe à toute réglementation.

Enfin, avec le développement du rôle des marchés financiers dans le financement de l'activité économique, dans les années 1980, les banques ont développé d'autres activités, en particulier l'assurance.

1.2 Banques universelles et banques spécialisées

Les banques sont très anciennes, elles trouvent leur origine dans les dépôts et emprunts auprès des prêtres en Mésopotamie 4000 ans avant Jésus-Christ, mais c'est avec la Révolution industrielle qu'elles vont se développer, accompagnant le développement des échanges.

Au XIXe siècle, en Angleterre, les banques sont spécialisées. On distingue les banques d'affaires qui financent les investissements à long terme des entreprises et ne reçoivent pas de dépôts, des banques commerciales qui gèrent les dépôts et accordent des crédits à court terme. En France, la spécialisation bancaire apparaît plus tardivement : Henri Germain[2] l'érige en doctrine à la suite de la faillite de l'Union Générale en 1882. En Allemagne en revanche, les banques sont universelles : elles combinent gestion des dépôts et financement des investissements à court terme et à long terme. Elles font des opérations de transformations des dépôts en crédit à long terme, elles financent toutes les opérations de leurs clients, mais parallèlement, elles contrôlent la direction des entreprises.

Au début du XXe siècle, les banques françaises imitent le modèle allemand. Cependant, les faillites bancaires au début des années 1930 favoriseront un retour à la spécialisation bancaire avec la loi bancaire de 1945 qui distingue juridiquement les banques de dépôts et les banques d'affaires. Par la suite, les lois Debré-Haberer de 1966 et 1967, vont amorcer un processus de déspécialisation bancaire qui s'amplifiera avec la loi bancaire de 1984. Celle-ci instaure la banque universelle sous le terme d'établissement de crédit.

Aux États-Unis, la multiplication des faillites bancaires avec la crise de 1929 va introduire la spécialisation bancaire avec le Glass-Steagall Act de 1933 et le contrôle de l'implantation dans les États avec le Mac Fadden Act. Cette réglementation s'est atténuée progressivement jusqu'à sa suppression en 1999.

À la suite de la crise de 2007-2008, dans plusieurs pays, les autorités monétaires vont de nouveau limiter les banques universelles, sans réintroduire une véritable séparation bancaire (voir chapitre 7).

---

[1] Maryse Fahri, Marcos A. M. Cintra « The financial crisis and the global shadow banking system », *Revue de la régulation*, 2009

[2] Henri Germain (1824-1905) fondateur du Crédit Lyonnais à l'origine de la doctrine Germain, *i.e.* la séparation entre banque de dépôts et banques d'affaires.

Financement

1.3 Concentration et taille des banques

Depuis les années 1990, on assiste à une concentration des activités bancaires, qui s'est amplifiée à la suite de la crise des subprimes. JP Morgan a racheté Bear Stearns et Washington Mutual, Merill Lynch a été rachetée par Bank of America. En France, BNP a racheté Fortis ; les Caisses d'Épargne ont fusionné avec les Banques Populaires ; en Allemagne on observe la fusion de Commerzbank et Dresdner Bank. À la faveur de ces concentrations, les banques s'internationalisent. Le groupe espagnol Santander s'étend en France, HSBC a fusionné avec le crédit commercial de France, BNP avec BNL et City Commercial Bank.

Ces opérations de concentration visent à réaliser des économies d'échelle, des économies de variété (elles réduisent les coûts en proposant une plus grande variété de produits), mais correspondent aussi à des choix stratégiques pour accroître les parts de marché et le pouvoir des managers, tout en assainissant les bilans.

La concentration pose des problèmes de contrôle des activités et fait peser un risque systémique (risque de faillites en chaîne du système bancaire) qui oblige les pouvoirs publics ou la banque centrale à sauver les banques en difficulté selon le principe « *too big to fail* ». Cependant, en intervenant systématiquement, la banque centrale peut créer un « aléa moral » : les banques seront incitées à prendre plus de risques, si elles savent qu'elles seront sauvées.

2 Les institutions de contrôle

La banque centrale assure la stabilité du système. Pour cela, elle a le monopole de l'émission de monnaie fiduciaire (pièces et billets), contrôle la création de monnaie scripturale par les banques de second rang, contrôle le taux de change par ses interventions sur les marchés des changes. Elle assure la fonction de prêteur en dernier ressort, en cas de crise en injectant des liquidités pour éviter les faillites bancaires ou les crises systémiques. Elle conduit la politique monétaire.

Définition

Prêteur en dernier ressort : capacité de la banque centrale (ou d'une autre institution) à créer de la monnaie centrale pour venir en aide à une banque ou un État en difficultés et éviter des faillites aux conséquences graves : défiance des clients, panique bancaire, risque de faillites en chaîne, etc.

C'est une institution récente, à l'échelle de l'histoire bancaire. Elle est apparue tout d'abord sous la forme de banque privée, la Banque d'Angleterre est créée en 1694 et nationalisée en 1946, la Banque de France est créée en 1800 à partir de capitaux privés, elle est nationalisée en 1945. Ce n'est qu'en 1913 que les États-Unis vont se doter d'une institution de régulation des activités bancaires, après plusieurs essais infructueux et de multiples crises bancaires, dont celle de 1907.

En France, l'Autorité de contrôle prudentiel (fusion en 2010 de la commission bancaire créée en 1984 et de l'autorité de contrôle des assurances et des mutuelles) contrôle le respect de la réglementation par les établissements de crédit. Elle est présidée par le gouverneur de la Banque de France.

Au niveau international, la Banque des règlements internationaux (BRI, institution qui avait été créée en 1930 pour régler les réparations allemandes) édicte des règles prudentielles (les accords de Bâle I, Bâle II et Bâle III) pour inciter les banques à prendre moins de risques (voir chapitre 7).

Les banques participent ainsi au financement de l'activité économique, mais elles n'en sont pas le seul acteur.

Section 3 LE FINANCEMENT DE L'ACTIVITÉ ÉCONOMIQUE

1 Les modalités de financement

Les agents économiques ont besoin de financer des investissements. Pour les ménages, il s'agira de l'acquisition de logement, pour les entreprises, l'achat de biens d'équipement, pour les administrations publiques la construction d'hôpitaux, écoles, crèches, etc. Ces agents n'ont pas toujours à leur disposition l'épargne nécessaire.

DÉFINITION

Intermédiation financière : activité des institutions financières qui offrent différents types de placements aux agents à capacité de financement et procurent des capitaux aux agents à besoin de financement.

Le système financier va mettre en relation les agents à capacité de financement (les ménages pris dans leur ensemble) et les agents à besoin de financement (le plus souvent les entreprises non financières et les administrations publiques).

DÉFINITION

Système financier : ensemble des institutions (marché de titres et intermédiaires financiers), des règles et des pratiques qui, au sein d'un espace donné (un pays, une région ou le monde entier), rendent possibles les échanges d'argent. Ces échanges se font entre ceux qui ont accumulé de l'argent en épargnant chaque année une fraction de leur revenu et ceux qui n'en ont pas suffisamment pour financer une dépense d'investissement[1].

[1] Jézabel Couppey-Soubeyran, *Monnaie, banque, finance*, PUF, 2012.

En organisant, selon différentes modalités, la rencontre entre les besoins de financement et les capacités de financement, le système financier favorise la bonne allocation des ressources au sein de l'économie, facilite l'investissement et la croissance. Le bon fonctionnement du système financier est donc indispensable à celui de l'économie réelle (production, investissement, etc.) ». Différentes modalités de financement s'offrent aux agents. Ils peuvent d'abord utiliser leur épargne, on parlera d'autofinancement (ou de financement interne) ; s'il ne suffit pas, les agents auront recours au financement externe.

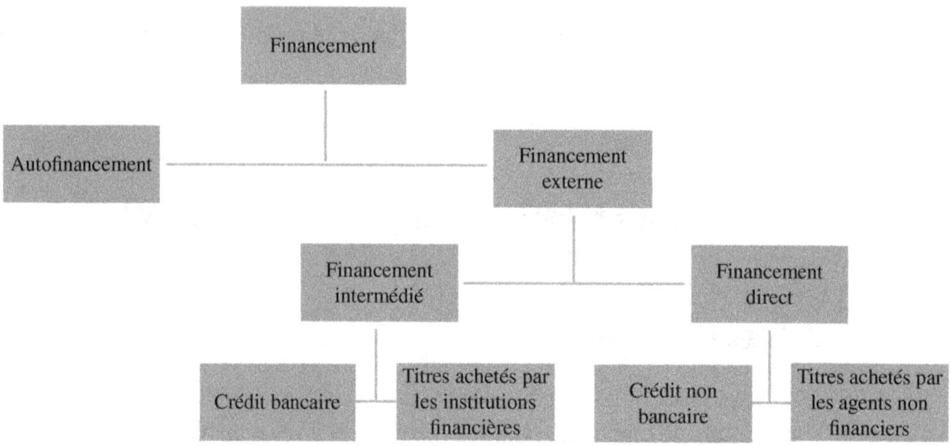

Figure 5.1 – Les modalités du financement

DÉFINITION

> **Autofinancement** : part des investissements qu'un agent finance avec ses propres ressources. Le taux d'autofinancement est le rapport entre l'épargne brute et l'investissement.

Deux formes de financement externe existent.

Les ménages, les entreprises et les administrations publiques peuvent avoir accès au financement intermédié. L'intermédiaire est la banque. Celle-ci peut accorder des crédits bancaires ou acheter des titres (titres à court terme du marché monétaire, ou des valeurs mobilières, soit les actions et obligations).

DÉFINITION

> **Financement indirect ou intermédié** : part des investissements qu'un agent finance en s'adressant à un intermédiaire financier qui lui accordera un crédit ou collectera les fonds nécessaires auprès des épargnants.

Seules, les administrations publiques et les sociétés anonymes peuvent aussi avoir recours au financement direct (ou finance de marché). Elles émettent des titres qui seront achetés le plus souvent par les organismes de placement collectif en valeurs mobilières

(OPCVM), et les compagnies d'assurance qui agissent pour le compte des clients (ménages, entreprises) qui leur ont confié leur épargne.

DÉFINITION

Financement direct : part des investissements qu'un agent finance en rencontrant directement l'agent à capacité de financement sur un marché, par exemple la bourse des valeurs.

2 L'évolution des structures de financement

2.1 Entre économie d'endettement et de marchés financiers

À partir de 1830, les besoins de financement des entreprises, pour la construction du chemin de fer, la distribution de gaz, d'eau, d'électricité, les transports sont considérables et vont entraîner le développement de marchés financiers centralisés : les bourses. On y négocie des titres publics et privés.

À la suite de la crise de 1929, dans tous les pays industrialisés, le financement par les marchés boursiers recule au profit de l'autofinancement et du financement bancaire. Les réseaux bancaires sont contrôlés, comme en France où les banques de dépôts sont nationalisées en 1945 et l'activité financière encadrée par le Conseil national du crédit. Cependant on peut distinguer, en reprenant la typologie de John Hicks[1], des pays à économie d'endettement où le financement intermédié est dominant (la France, l'Allemagne par exemple) et les pays à financement de marchés financiers, typique des pays anglo-saxons. En 1984, en France, l'État contrôle 76 % des crédits distribués, les taux d'intérêt sont en grande partie administrés. Ce système a favorisé la croissance, alors que l'autofinancement est faible, et les ménages peu attirés par les valeurs mobilières.

Le choix entre économie d'endettement et économie de marchés financiers résulterait des systèmes juridiques (là où le droit protège mieux les actionnaires et les créanciers, les marchés financiers sont plus développés) ou du rapport à l'incertitude (là où l'aversion au risque est plus forte, les agents préféreraient confier leur épargne aux banques qui mutualisent les risques et les lissent dans le temps, contrairement aux pays où l'aversion au risque est moins forte).

À partir des années 1980, dans tous les pays, les marchés de capitaux se développent de nouveau et les pays passent à une économie de marchés financiers libéralisée[2], les contrôles publics s'estompent. Le financement bancaire est jugé inflationniste alors que le financement par les marchés serait plus efficace, il favoriserait une meilleure allocation de l'épargne et donc la croissance. Il serait également moins coûteux, le taux d'intérêt étant un élément important dans la décision d'emprunter ou de placer.

[1] John Hicks, économiste britannique (1904-1989).

[2] Dominique Plihon, *La monnaie et ses mécanismes*, La Découverte, 2013

Financement

Définition

Taux d'intérêt : Rapport entre l'intérêt versé ou perçu et la somme prêtée ou empruntée.

En développant les marchés financiers, les États ont aussi recherché d'autres sources de financement pour faire face à la croissance de leur endettement.

En France, différentes mesures ont été prises pour augmenter le financement par les marchés. La part des crédits à taux administrés diminue à partir de 1985, les principales institutions financières sont privatisées. La levée du contrôle des changes, à partir de 1986, permet d'intégrer le marché financier français dans la mondialisation. L'encadrement du crédit est supprimé, facilitant la concurrence bancaire. C'est un aspect de la déréglementation[1].

Focus

Le taux d'intérêt

C'est le prix payé par les agents économiques qui reçoivent un crédit et le prix reçu par les agents qui accordent des crédits et détiennent ainsi une créance. L'intérêt versé (ou reçu) est égal au taux d'intérêt multiplié par la somme empruntée (ou placée). Le taux d'intérêt réel est égal au taux d'intérêt nominal moins le taux d'inflation.

Il existe une multitude de taux d'intérêt en fonction de la durée de l'emprunt (ou du placement) : les taux d'intérêt à court terme sont généralement plus faibles que les taux à long terme. Les taux dépendent aussi des opérations concernées (emprunt immobilier, investissement, crédit à la consommation, etc.). Ils dépendent également de la solvabilité des emprunteurs : les agents les moins solvables se voient affectés une prime de risque et supportent des taux d'intérêt plus élevés que les agents les plus solvables.

Pour les économistes néoclassiques, le taux d'intérêt est le prix du temps. L'agent qui épargne renonce à consommer aujourd'hui. L'intérêt compense cette renonciation. Le taux d'intérêt se détermine sur le marché des fonds prêtables et égalise l'épargne et l'investissement.

Pour les keynésiens, le taux d'intérêt est le prix de la renonciation à la liquidité. L'agent qui épargne renonce à la monnaie liquide contre des créances moins liquides. Le taux d'intérêt se détermine par la confrontation entre l'offre et la demande de monnaie sur le marché.

Parallèlement un marché unifié des capitaux se construit progressivement. Les marchés qui étaient auparavant compartimentés (marché monétaire réservé aux institutions financières *vs.* marché financier ouvert à tous) communiquent entre eux, facilitant les arbitrages dans la composition des portefeuilles entre titres longs et titres courts. Les marchés de

---

[1] Henri Bourguinat, *Finance internationale*, PUF, 1992.

capitaux se développent, les différents compartiments communiquent entre eux (le décloisonnement) et sont quasiment accessibles à tous les agents (voir chapitre 7).

2.2 Les marchés financiers

Le marché monétaire est composé de deux compartiments.
- Le marché interbancaire est réservé aux banques, à la banque centrale, au Trésor public[1], à la Caisse des dépôts et consignations. C'est un marché de très court terme, les taux d'intérêt fluctuent dans le corridor des taux directeurs.
- Le second compartiment est le marché monétaire élargi, créé au milieu des années 1980. Il est ouvert à tous les agents qui peuvent collecter ou placer des fonds à très court terme (au jour le jour) et jusqu'à sept ans. On y négocie des titres de créances négociables : certificats de dépôts émis par les banques, billets de trésorerie émis par les entreprises, les bons à moyen terme négociables émis par les entreprises et les banques, les bons du trésor négociables et les obligations assimilables du Trésor (pour des financements à plus long terme).

DÉFINITION

Marché monétaire : marché des capitaux à court terme (de 24 heures à un an, dans une définition stricte, jusqu'à sept ans dans une définition large).

Le marché hypothécaire existe depuis 1966. Il a été créé pour faciliter le financement des investissements immobiliers en permettant aux banques de négocier leurs créances hypothécaires. Il a aujourd'hui deux compartiments, l'un pour le court et moyen terme où sont échangés des billets de mobilisation, l'autre pour le long terme où les billets ont une durée de douze à vingt ans. C'est sur ce marché qu'est apparue la titrisation des créances, innovation financière apparue aux États-Unis dans les années 1970, légalisée en France en 1988, qui consiste à transformer des blocs de crédits en titres négociables sur les marchés financiers.

Les marchés des produits dérivés ont été créés pour protéger les agents contre les risques de perte en capital à cause des variations de taux de changes, des cours des matières premières ou des valeurs mobilières. On y échange des contrats à terme ferme dont l'exécution est différée, ou des options sur contrats : le contrat peut ne pas être réalisé moyennant le versement d'une prime, si les évolutions des cours sont contraires aux prévisions.

Sur le marché financier au sens strict, on achète des actions (titres de propriété sur le capital d'une entreprise rémunéré par des dividendes), des obligations (prêts à plus de sept ans rémunérés par un taux d'intérêt), ou des produits intermédiaires entre ces deux catégories. Les nouveaux titres émis par des entreprises qui entrent en bourse ou qui

[1] En France, le Trésor public recouvre les impôts et taxes, paye les dépenses de l'État et assure la gestion de la dette publique (émission et remboursement de titres, versement des intérêts).

cherchent des fonds pour investir, sont vendus sur le marché primaire par les banques qui préparent les émissions de titres, et les placent auprès du public. Le prix est fixé.

Ces titres peuvent être revendus sur le marché secondaire, le marché de l'occasion en quelque sorte. C'est ce marché que l'on appelle la bourse des valeurs, les titres sont cotés en fonction de l'offre et de la demande. Ce marché permet aux acquéreurs de titres de les revendre, pour consommer, investir, acquérir d'autres titres. Il garantit la liquidité des placements.

Ce marché est organisé en plusieurs compartiments. Le premier marché (ou marché officiel) est réservé aux grosses entreprises (c'est sur ce marché que s'établit la cotation en continu du CAC40), le deuxième marché est réservé aux petites et moyennes entreprises, qui peuvent profiter de conditions moins contraignantes pour être introduite en bourse. Le marché hors-cote est réservé aux valeurs non-admises sur les deux autres marchés. Il peut s'agir d'entreprises prometteuses qui entreront sur l'un des deux autres marchés, ou de valeurs en déclin, qui en sortent. En 1996, le nouveau marché a été créé en France, à l'image du Nasdaq de New York, pour les entreprises des nouvelles technologies. Ces différents marchés ont été fusionnés en 2005, dans le cadre d'Euronext, pour créer un seul marché, Eurolist, où les entreprises sont classées en trois compartiments (A, B, C) en fonction de leur capitalisation boursière.

Dans les années 1980, ce sont aussi les bourses qui vont être modifiées. Les statuts juridiques des bourses ont changé. D'organisations mutualistes, elles vont devenir des sociétés par actions au cours des années 1990, cotées sur les marchés qu'elles gèrent. La Bourse de Paris est démutualisée en 1988.

D'institutions qui organisaient la concurrence entre intermédiaires et la publicité de leurs échanges, les bourses entrent en concurrence avec les systèmes d'échanges privés et les banques internationales pour capter les profits de l'intermédiation financière[1].

Parallèlement les bourses se concentrent. En 2000, Euronext est créé par le rapprochement des bourses de Paris, Amsterdam et Bruxelles. En 2006, NYSE Euronext résulte de la fusion d'Euronext et New York Stock Exchange. En 2005, Alternext est créé pour accueillir les PME, en 2013 Enternext est créé pour promouvoir l'accès à la bourse pour les PME et les entreprises de taille intermédiaire en ciblant en particulier les entreprises innovantes.

---

[1] Pierre-Cyrille Hautcoeur, Paul Lagneau-Ymonet, Angelo Riva, « Les marchés financiers français : une perspective historique », *Les cahiers français*, n°361, 2011.

3 L'intermédiation financière aujourd'hui

3.1 La mesure de l'intermédiation financière

Les ménages placent davantage leur épargne sur les marchés financiers par l'intermédiaire des investisseurs institutionnels (les zinzins). Il s'agit notamment des OPCVM, des sociétés d'assurance, des fonds de pensions, des *hedge funds*.

L'augmentation du revenu par tête, le vieillissement de la population, les transformations des systèmes de protection sociale, la croissance des inégalités ont favorisé l'augmentation de l'épargne. Parallèlement, l'endettement s'est accru, qu'il s'agisse de l'endettement des ménages, des entreprises ou de l'État. En France, entre septembre 2004 et septembre 2014, selon la Banque de France, l'endettement des ménages est passé de 58,5 % à 84,7 % du PIB ; celui des sociétés non financières de 50,6 % à 65,7 %, et celui des administrations publiques (au sens de Maastricht) est passée de 65,5 % à 95,2 % en 2014.

La part du crédit bancaire dans le financement externe a diminué. Le taux d'intermédiation financière permet de la mesurer. Il existe deux taux d'intermédiation.

DÉFINITION

Taux d'intermédiation au sens strict : part des crédits bancaires dans le financement externe des agents.

DÉFINITION

Taux d'intermédiation au sens large : part des crédits bancaires et des titres achetés par les intermédiaires financiers (banques, assurances, OPCVM, etc.) dans le financement externe[1].

En France, le taux d'intermédiation au sens strict a baissé. La part des crédits représentait 54,2 % du financement externe en 1994, il n'en représente plus que 40,5 % en 2010. Au sens large, le taux d'intermédiation passe de 75,3 % en 1994 à 52,9 % en 2010. La baisse de l'intermédiation vient principalement des modifications du financement des administrations publiques. Le tableau 5.2 montre qu'en France, en 2013, le crédit représentait encore 66,1 % du financement des entreprises, même si elles sont plus nombreuses à pouvoir émettre des titres longs ou courts sur les marchés de capitaux. En revanche, le crédit ne représentait que 14,4 % du financement des APU.

[1] Ces taux sont calculés en déflatant les encours de titres par un indice des prix des actifs financiers, afin d'éliminer l'impact des variations des cours boursiers.

Tableau 5.2 – L'endettement des agents non financiers en France en 2014 en fin d'année en milliards d'euros

	Encours	2014/2013
Endettements des agents non financiers	**4 638,8**	**4,2 %**
Ménages et ISBLM (institutions sans but lucratif au service des ménages)	1 179,7	1,8 %
Sociétés non financières	1 421,3	6 %
Administrations publiques (dette publique au sens de Maastricht)	2 037,8	4,3 %
Crédits auprès des institutions financières monétaires et autres intermédiaires financiers (organismes de titrisation, etc.	**2 379**	**2,3 %**
Ménages et ISBLM	1 197,7	1,8 %
Sociétés non financières	905	2,6 %
Administrations publiques	294,1	4 %
Dépôts au passif du Trésor (pour toutes les contreparties autres que les administrations publiques)	**40**	**–2,7%**
Financements de marché	**2 219,9**	**6,3 %**
Sociétés non financières	516,3	12,5 %
Titres de créance à court terme	29,3	21,4 %
Titres de créance à long terme	487	12,1 %
Administrations publiques	1 703,6	4,6 %
Titres de créance à court terme	193,2	–3,2%
Titres de créance à long terme	1 510,4	5,6 %

Source : Insee, Tableaux de l'économie française, 2016

La mobiliérisation croissante du financement (terme qui désigne la part croissante du financement par émission de titres), vient donc principalement des modifications du financement des APU. Les intermédiaires financiers ont donc acquis un rôle important dans le financement, sans pour autant remettre en cause le rôle des banques dans celui-ci.

3.2 Le rôle des banques dans l'économie de marché

Bien que les institutions financières non bancaires concurrencent les banques dans les opérations de financement, cette concurrence est cependant toute relative, car 80 % des OPCVM sont des filiales des grandes banques.

La baisse du taux d'intermédiation (ou désintermédiation[1]) ne signifie donc pas que le rôle des banques a diminué dans l'économie. Face à la montée de la finance de marché, elles ont diversifié leurs gammes de produits. Elles financent l'activité économique, non seulement en accordant des crédits bancaires, mais aussi en achetant des titres : actions, obligations, titres à court terme du marché monétaire, obligations du Trésor, etc. La part

[1] Henri Bourguinat, *Finance internationale*, PUF, 1992.

des titres à l'actif des banques est passée de 5 % en 1980 à 37 % en 2010. Parallèlement, une part croissante des ressources bancaires est collectée sur les marchés par des émissions de titres (certificat de dépôts, actions, obligations), leur poids est passé de 6 à 42 % sur la même période[1]. On passe ainsi d'une intermédiation de bilan à une intermédiation de marché.

DÉFINITION

Intermédiation de bilan : activité de crédit d'une institution financière qui accorde des prêts. Elle est donc créancière de l'agent qui emprunte et débitrice de l'agent qui place.

Intermédiation de marché : activité de marché d'une institution financière qui met en relation les agents à besoin de financement et les agents à capacité de financement, par exemple en plaçant auprès du public les actions, obligations, titres de créances négociables, etc.

De plus, à côté des nombreuses offres de placements financiers, toutes les grandes banques (BNP-Paribas, Crédit Lyonnais, Crédit Agricole, Crédit Mutuel, etc.) ont développé les activités d'assurances (bancassurance). Ainsi, la place des banques dans l'économie n'a pas diminué, leur rôle s'est modifié. Les modalités de création monétaire se sont diversifiées. À côté des crédits, elles créent aujourd'hui de la monnaie lorsqu'elles achètent des titres pour financer des activités économiques.

L'évolution du financement de l'activité économique est l'un des changements radicaux des formes du capitalisme depuis les années 1980. Le développement de la finance va affecter les marchés de capitaux et l'évolution du système monétaire international (voir chapitre 6, section 2), et va accroître l'instabilité du système avec la multiplication des crises financières (voir chapitre 7, section 2).

[1] Dominique Plihon, *La monnaie et ses mécanismes*, La Découverte, 2013.

Savoir-faire

Introduire une dissertation

Quelles sont les qualités d'une bonne introduction ? Tentons de les mettre en évidence à partir de deux introductions :

Sujet : « Pourquoi la monnaie ne peut-elle se passer d'institutions ? »

Exemple 1

Texte	Commentaires
Les premières formes de monnaies apparaissent à la préhistoire, d'abord réserve de valeur, elles deviendront progressivement mesure des valeurs puis intermédiaire des échanges.	← Accroche trop abrupte, définition incomplète de la monnaie
Les institutions qui ont pour fonction de créer et faire circuler la monnaie sont apparues plus tardivement, les dernières étant les banques centrales. Première institution financière dans un système bancaire hiérarchisé, elle émet la monnaie fiduciaire, définit la politique monétaire et la politique de change, et contrôle les banques de second rang. Elle est le prêteur en dernier ressort.	← Le terme institution n'est pas clairement défini, seules les fonctions sont nommées, les règles n'apparaissent pas
Pourquoi la monnaie ne peut-elle se passer d'institutions ?	← Le sujet est repris tel quel, sans reformulation, sans montrer les questions qu'il pose. Il n'y a pas de vraie problématique
Nous verrons que ces institutions sont d'abord des organisations dont nous définirons les fonctions (I) puis les règles (II).	← Le plan n'est pas pertinent, distinguer règles et organisations conduira à des répétitions

Exemple 2

Texte	Commentaires
Les institutions qui encadrent la monnaie sont apparues tardivement dans l'histoire.	← Accroche du sujet
Si la monnaie, c'est-à-dire ce qui fait consensus pour représenter la richesse, existait déjà à la préhistoire, les organisations et règles qui la soutiennent ne sont apparues qu'à l'époque moderne : d'abord les banques, puis les banques centrales et les règles qui leur sont assignées.	← 1re définition de la monnaie
Ce sont les banques centrales qui apparaissent le plus tardivement entre le XVIIe siècle (la banque d'Angleterre) et le XXe siècle (la Fed). Les institutions se	← Situation du sujet dans le temps

☞

développent également au niveau international avec le rôle nouveau endossé par la Banque des règlements internationaux et les réflexions contemporaines sur la création d'un prêteur en dernier ressort au niveau mondial.	Actualité du sujet
Pourquoi ces institutions apparues si tardivement deviennent-elles plus nombreuses aujourd'hui ? L'évolution des formes de la monnaie vers une dématérialisation plus grande donne-t-elle plus d'acuité à la question des institutions ? Quel lien doit exister entre masse monétaire et richesse produite dans un pays ? Comment éviter crises monétaires et crises financières ?	Les questions que pose le sujet, son intérêt
En effet les institutions, qui sont non seulement des organisations, mais aussi des règles,	Définition complète du terme institution
n'ont-elles pas pour but de garantir que la confiance dans la monnaie se pérennise ? Car, n'est-elle pas le seul moyen de garantir qu'elle jouera pleinement son rôle :	Problématique
Représenter la richesse d'un pays et remplir les trois fonctions qui lui sont assignées (intermédiaire des échanges, mesure des valeurs, réserve de valeurs) ?	Définition complète de la monnaie
Ainsi nous verrons que si les institutions monétaires se développent (I) c'est parce qu'il n'existe pas de monnaie sans confiance (II) comme l'ont analysé Aglietta et Orléan.	Annonce du plan

Les qualités d'une bonne introduction :

Elle doit amener le sujet, le situer dans l'espace et dans le temps et préciser ses enjeux, définir les termes, indiquer la problématique. Celle-ci ne se limite pas à une simple reprise du sujet, elle montre son intérêt, son actualité, les questions qu'il pose, et détermine ce que l'on veut démontrer. L'introduction se termine par l'annonce du plan.

Financement

Questions de réflexion

1 ■ Qu'est-ce que la monnaie ?

2 ■ Une banque centrale est-elle nécessaire ?

3 ■ Pourquoi et comment est-on passé d'une économie d'endettement à une économie de marchés financiers libéralisés ?

4 ■ Les innovations financières.

5 ■ Le rôle des banques.

Bibliographie

- Jézabel Couppey-Soubeyran, *Monnaie, banques, finance*, PUF, 2012.
- Dominique Plihon, *La monnaie et ses mécanismes*, La Découverte, 2013.
- « Monnaie et argent », *Idées*, Canopé, n°182, 2015.

Chapitre

6 Les relations monétaires internationales

OBJECTIFS

- Présenter le marché des changes et les effets de la modification du taux de change sur l'économie
- Analyser l'évolution et le rôle du système monétaire international
- Définir et questionner la monnaie internationale

NOTIONS

- Système monétaire international, monnaie internationale
- Taux de change, marché des changes

SOMMAIRE

SECTION 1 **Marché des changes et taux de change**

SECTION 2 **L'évolution du système monétaire international**

SECTION 3 **La construction de l'Europe monétaire**

Les nations échangent des biens, des services et des capitaux. Elles ont besoin pour cela d'échanger leur monnaie nationale contre les monnaies d'autres pays sur les marchés des changes, il en résulte des taux de change.

DÉFINITION

Marché des changes : marché sur lequel s'échangent les devises et se forment les taux de change.

La conversion des monnaies entre elles se fait dans un cadre plus ou moins organisé : le système monétaire international (SMI). Il influence les États en matière de régime de changes, de politique monétaire, et de flux de capitaux.

DÉFINITION

Système monétaire international : ensemble de règles, d'institutions, de pratiques qui mettent en relation des espaces monétaires différents et permettent de régler les échanges de marchandises et de capitaux.

Celui-ci a évolué au cours de l'histoire depuis l'étalon-or qui a prévalu jusqu'à la Première Guerre mondiale jusqu'au système contemporain. L'évolution du SMI dans la décennie 1970 a accéléré la construction monétaire de l'Europe.

Section 1 MARCHÉ DES CHANGES ET TAUX DE CHANGE

1 Le marché des changes

Sur ce marché, ce sont 5 300 milliards de dollars qui s'échangent chaque jour en 2013. C'est un marché planétaire qui fonctionne en continu, 24 heures sur 24. À toute heure, les informations sont répandues dans le monde, déclenchant des avalanches de réactions. Les plus grosses places financières sont Londres, New York, Tokyo, Francfort et Singapour. Après la fermeture des banques de Londres, leurs filiales à New York sont encore actives.

1.1 Les acteurs

Les acheteurs et les vendeurs de devises sont les particuliers, les entreprises, et les autorités monétaires dans le cadre de leur politique de change. Ces agents (sauf les grandes firmes multinationales à travers leurs filiales bancaires) n'accèdent pas directement au marché mais s'adressent à des banques qui disposent de salles de marché, où les cambistes négocient des contrats de gros. Il s'agit donc d'un marché interbancaire tenu par une dizaine de banques à l'échelle mondiale qui font le marché et échangent les mêmes produits, grâce aux mêmes technologies.

1.2 Un marché de risque

Le marché des changes est un marché de risques car les cours des monnaies fluctuent, surtout depuis la décennie 1970 et l'entrée dans les changes flexibles. Le risque de change concerne tous les agents économiques, les importateurs et exportateurs risquant de voir leurs factures varier en fonction de l'évolution des cours des monnaies. Les firmes transnationales sont également exposées à des risques de traduction lorsqu'elles traduisent des comptes libellés en monnaie étrangère dans la monnaie nationale, leurs résultats sont donc affectés par les aléas des fluctuations du change. Les agents sont exposés à un risque de perte en capital.

Les agents économiques cherchent à se couvrir contre ces risques à travers différentes opérations, ou à s'exposer aux risques afin d'en tirer profit. Se rencontrent donc sur ces marchés des agents risquophobes et des agents risquophiles, qui peuvent ainsi s'échanger des risques.

1.3 Les opérations

En 2014, un tiers des opérations est réalisé au comptant (le règlement se fait dans les deux jours ouvrables), deux tiers sont réalisés à terme (30, 60, 90 jours ou davantage). Le cours auquel s'échangeront les devises (cours à terme) est déterminé le jour de la conclusion du contrat. Il reflète les anticipations des agents sur les cours futurs. Les opérations à terme progressent rapidement depuis la décennie 1970 car elles servent à se couvrir, ou à s'exposer (dans le cas de la spéculation) à des risques de change ou de taux d'intérêt.

Si les entreprises peuvent faire des opérations de change en interne comme le termaillage (modifier la monnaie de facturation ou les délais de paiements), les opérations les plus fréquentes sont externes. Il en existe différents types. Pour se couvrir contre les risques de change un importateur peut acheter des devises à terme auprès de sa banque, un exportateur peut vendre à terme car le commerce international est rarement payé au comptant. Cette opération de couverture de l'entreprise amène la banque à prendre un risque de change. Elle se couvrira elle-même en empruntant des euros, qu'elle utilisera pour acheter des dollars au comptant. Dollars qui seront placés jusqu'à la livraison au client. La banque peut également acheter (ou vendre) des *swaps cambistes* qui permettent de combiner les deux opérations (prêt dans une monnaie et emprunt dans une autre).

La fin du système de Bretton Woods au début de la décennie 1970 a accru l'instabilité des taux de change et des taux d'intérêt entraînant de nouveaux instruments pour se couvrir contre ces risques : ce sont les produits dérivés. Parmi ces produits, citons les marchés des futurs en devises, les options sur devises ou encore les contrats d'échanges de devises (*swaps*) qui se sont considérablement développés sur des marchés de gré à gré (*i. e.* non organisés) (voir chapitre 7).

Financement

1.4 Les motivations

Ces différentes opérations servent à se couvrir contre les risques de change, de taux d'intérêt, ou à réaliser des opérations d'arbitrage ou de spéculation.

- Les opérations de couverture servent à se protéger d'une évolution défavorable : baisse du cours d'une devise pour un exportateur, hausse pour un importateur.
- L'arbitrage consiste à réaliser plusieurs opérations afin de profiter d'écarts de rendements constatés. Par exemple, pour changer des dollars en yen, il peut être intéressant de convertir les dollars en livres, puis les livres en yen, en réalisant une plus-value. Ces opérations vont avoir lieu, sur un temps très réduit, jusqu'à ce que les écarts entre les cours croisés et le cours dollars/yen soient égaux. L'arbitrage peut aussi provenir d'écarts de taux d'intérêt sur deux monnaies.
- La spéculation est une prise de risque délibérée en espérant un gain futur. Si un agent anticipe une baisse du cours de l'euro par rapport au dollar, il peut acheter des dollars au comptant, les placer et les revendre lorsque l'euro aura baissé. Il peut utiliser aussi les nouveaux instruments financiers : futurs, options. Si la dépréciation anticipée est réalisée, l'opérateur gagnera une plus-value (une perte si l'euro n'a pas baissé). Elle peut être stabilisatrice (comme l'a montré Nicholas Kaldor en 1939) dans les périodes calmes, alors qu'elle a tendance à amplifier la volatilité des cours dans les périodes de crises car les spéculateurs anticipent une poursuite de la hausse (ou de la baisse) d'une devise.

2 Le taux de change

Le niveau des taux de change se détermine à partir de la confrontation entre l'offre et la demande de devises. Ils peuvent être exprimés au certain (nombre d'unités de monnaie étrangères contre une unité de monnaie nationale) ou à l'incertain (nombre d'unités de monnaies nationales contre une unité de monnaie étrangère). Le dollar, l'euro et la livre sterling sont cotés au certain, les autres monnaies sont cotées à l'incertain. Les cours acheteurs diffèrent des cours vendeurs. L'écart entre les deux, le *spread*, sert à rémunérer l'intermédiaire financier. Compte tenu des opérations réalisées sur les marchés des changes, on exprime des taux de change au comptant (*spot*) et à terme.

DÉFINITION

Taux de change (ou cours du change) : prix d'une monnaie exprimé en monnaie étrangère.

L'offre et la demande résultent des échanges de marchandises et de capitaux, mais aussi des comportements de couverture, de spéculation ou d'arbitrage. Il peut en résulter une forte volatilité des taux, comme dans les décennies 1970-1980. Les effets nocifs de la volatilité ont conduit les banques centrales à intervenir sur les marchés des changes pour stabiliser les taux grâce à leur politique de change.

2.1 Les déterminants des taux de change

Le rôle des échanges de marchandises

Les taux de change dépendent d'abord des échanges de biens et services. Les pays qui ont une balance des transactions courantes déficitaire ont une monnaie qui se déprécie. Mais la dépréciation de la monnaie contribue à l'amélioration du solde courant puisqu'elle favorise l'augmentation des prix des produits importés et la baisse des prix des produits exportés. Les effets prix sont immédiats et peuvent être suivis d'effets volume si les quantités importées diminuent et les quantités exportées augmentent. La courbe en J décrit l'évolution du solde des transactions courantes lorsque la monnaie s'apprécie ou se déprécie.

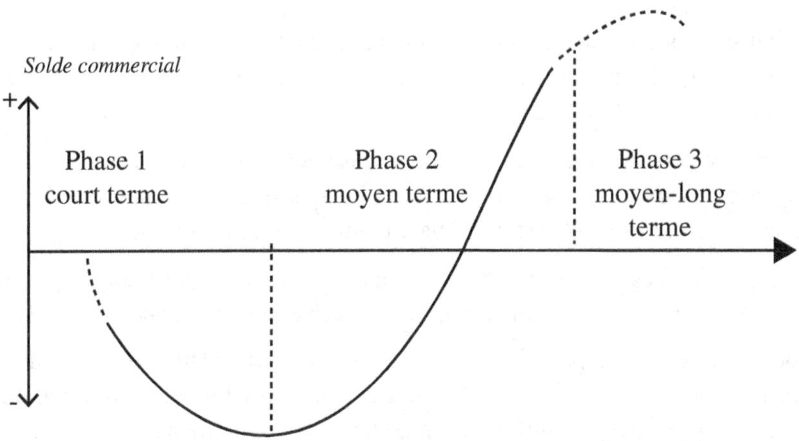

Source : Dominique Plihon, *Les taux de change*, La Découverte, 2012.

Figure 6.1 – Dynamique de la dévaluation : la courbe en J

Cependant, ce schéma théorique ne fonctionne pas toujours. Le franc a été dévalué à plusieurs reprises dans la décennie 1980 sans que le solde courant ne s'améliore et l'excédent courant de l'Allemagne a perduré malgré un Deutsche Mark fort. L'évolution des goûts des consommateurs, une campagne « achetez national » (par exemple « Buy America »), ou encore des délocalisations ou relocalisations d'entreprises ont aussi un impact sur les taux de change.

Le rôle des flux financiers

Aujourd'hui on estime que « les opérations de change induites par des opérations financières sont, en moyenne, cinquante fois supérieures au montant des échanges internationaux de marchandises[1] » ; elles ne peuvent donc être ignorées dans l'analyse des taux de change. Les détenteurs de fonds cherchent à maximiser en permanence le rendement de leur porte-

[1] Dominique Plihon, *Les taux de change*, La Découverte, 2012.

feuille, ils déplacent leurs capitaux vers les pays où les rendements sont les plus élevés, et convertissent la monnaie domestique en monnaie étrangère. Une partie de ces mouvements de capitaux circule à très court terme et influence fortement la formation des taux de change.

Plusieurs facteurs agissent sur les mouvements de capitaux :

- Les taux d'intérêt : ceux des titres domestiques ou titres étrangers des différents pays déterminent les choix de détention d'actifs entre monnaie domestique ou monnaie étrangère. Cependant, les agents anticipent la rentabilité des placements en prenant en compte l'évolution anticipée des taux de change. Si le taux d'intérêt sur les placements en dollar est de 6 % et de 4 % sur l'euro, les capitaux vont affluer aux États-Unis, sauf si les agents anticipent une dévaluation du dollar de 2 %. Dans ce cas, les rendements anticipés des placements sur les deux monnaies sont identiques.
- La confiance dans les gouvernements : la stabilité politique, la capacité d'un pays à honorer ses dettes, les informations, les déclarations des autorités politiques ou monétaires affectent les taux de change.
- La conjoncture économique : à la suite de la crise des subprimes, les agents ont modifié leur portefeuille en réduisant la détention d'actifs américains au profit de titres sur les matières premières ou l'énergie. Cela a contribué à affaiblir le dollar.
- La spéculation : si les agents anticipent une augmentation de la valeur du yen, ils vont l'acquérir, le cours du yen augmentera. Les anticipations sont donc autoréalisatrices.

Les modèles de choix de portefeuille expliquent que la formation des taux de change résulte de la répartition des portefeuilles entre monnaie nationale, titres nationaux et étrangers. Le taux de change équilibre les marchés d'actifs nationaux et étrangers, Ainsi, si les taux d'intérêt domestiques augmentent, la demande de monnaie nationale augmente, elle s'apprécie sur les marchés des changes.

2.2 Les théorisations de la formation des taux de change

La formation des taux de change à partir des échanges de marchandises est la base de la théorie de la parité des pouvoirs d'achat (PPA). Elle trouve son origine dans les travaux de Ricardo et a été formalisée par Gustav Cassel[1]. Il en existe deux versions. Pour la PPA absolue, le pouvoir d'achat d'une monnaie est identique dans l'économie domestique et à l'étranger. Avec 100 €, un consommateur peut acquérir le même panier de biens en Europe et aux États-Unis. $E = P/P^*$ (E : taux de change ; P : niveau général des prix domestiques ; P^* : niveau général des prix à l'étranger). Il existe une version moins restrictive : la PPA relative, dans laquelle on s'intéresse à la variation du taux de change (e). Celle-ci dépend des évolutions des prix dans chaque économie, donc de l'inflation $e = p - p^*$ (p : inflation dans l'économie nationale ; p^* : inflation dans l'autre pays).

[1] Gustav Cassel, *La monnaie et le change après 1914*, 1923

Cette théorie, très répandue, est pourtant insatisfaisante pour deux raisons. D'une part, elle repose sur la loi du prix unique des marchandises qui suppose que les conditions de la concurrence pure et parfaite sont réunies et que les agents économiques ont partout les mêmes préférences. D'autre part, les facteurs financiers, qui ne sont pas pris en compte dans la PPA, prennent de plus en plus d'importance dans la détermination des taux de change.

Keynes a élaboré la théorie de la parité des taux d'intérêt afin de prendre en compte l'importance des flux financiers. Lorsque la rentabilité anticipée des dépôts en dollars est supérieure à la rentabilité anticipée des dépôts en yens, le dollar s'appréciera. Dans le cas inverse, il se dépréciera. Le marché des changes est à l'équilibre lorsque les rendements anticipés des dépôts dans toutes les monnaies sont identiques.

Pour Rudiger Dornbusch, à long terme l'évolution des cours dépend des différentiels d'inflation. Ils convergent vers la parité des pouvoirs d'achat, ce qui peut justifier l'utilisation du dollar PPA dans les statistiques internationales. Toutefois, à court terme, compte tenu de l'importance des mouvements de capitaux, ils sont davantage déterminés par les taux d'intérêt, et convergent vers la parité des taux d'intérêt.

2.3 L'instabilité des taux de change

Les économistes ont tenté de trouver les conditions de l'équilibre des marchés des changes, mais c'est leur instabilité depuis la décennie 1970 qu'il faut expliquer.

Selon la théorie de la sur-réaction de Dornbusch[1], l'instabilité provient des vitesses d'ajustement différentes sur les marchés financiers et sur les marchés de marchandises. Les marchés financiers s'ajustent instantanément aux variations des offres et demandes, alors que les prix sont rigides sur les marchés des biens et services. Si la banque centrale augmente l'offre de monnaie, le taux d'intérêt baisse, les spéculateurs vont anticiper une dépréciation de la monnaie et exporter leurs capitaux, si bien que la monnaie va effectivement se déprécier, dépassant la tendance à long terme définie par la PPA. Puis la dépréciation va favoriser les exportations et diminuer les importations. Le taux de change remonte et rejoint la PPA. Les anticipations sont stabilisantes.

Cependant, les faits montrent que les cours peuvent s'éloigner durablement de ceux qui devraient résulter des fondamentaux (taux d'intérêt, inflation, balance des paiements) formant des bulles spéculatives qui peuvent éclater et être à l'origine des crises financières[2].

Dans une perspective keynésienne, André Orléan[3] explique les bulles à partir d'une *contagion mimétique* des anticipations car les agents s'appuient sur les opinions des autres investisseurs. Faute de disposer d'information sur les fondamentaux, chacun copie

[1] Rudiger Dornbusch, "Expectations and exchange rate dynamics", *Journal of Political Economy*, 1976.

[2] Olivier Blanchard, Mark Watson, "Bulles, anticipations rationnelles et marchés financiers", *Annales de l'Insee*, 1984.

[3] André Orléan, "Mimétisme et anticipations rationnelles : une perspective keynésienne", *Recherches économiques de Louvain*, 1986.

l'autre en pensant qu'il est mieux informé. Le prix qui se forme sur le marché ne contient donc aucune information, il n'est que le reflet de la psychologie du marché. C'est la rationalité « autoréférentielle » qui explique les comportements et la formation des bulles.

Ces travaux remettent en cause l'idée que la PPA pourrait être vérifiée à long terme. Si la PPA était confirmée, les taux de change réels devraient rester constants dans le temps car les évolutions de prix devraient être compensées par l'évolution des taux de change nominaux. Or les taux de change réels varient beaucoup.

L'évolution erratique des taux de change a des conséquences négatives sur l'économie mondiale (mauvaise allocation des ressources, déséquilibres extérieurs, etc.), si bien que des auteurs cherchent une norme de taux de change. John Williamson[1] définit en 1983 un taux de change d'équilibre fondamental (TCEF), un taux de change apte à maintenir l'activité économique au plus haut niveau possible, compte tenu des contraintes d'équilibre interne et externe. Le TCEF doit réaliser l'équilibre de la balance de base (le solde de la balance des transactions courantes doit être égal au flux de capitaux structurels) et du niveau désiré d'activité et d'équilibre interne (en particulier l'arbitrage inflation/chômage). Il doit également tenir compte des changements structurels de l'économie (progrès technologiques, chocs pétroliers, etc.). Autour du TCEF, Williamson définit des marges de fluctuations ou zone-cible, qui correspondent aux marges d'erreur d'évaluation du TECF. Les banques centrales doivent maintenir leur taux de change à l'intérieur de cette zone. Le procédé est complexe, mais il a guidé les politiques de change au milieu des années 1980. Il est toujours utilisé pour estimer la surévaluation ou la sous-évaluation des monnaies sur les marchés des changes.

3 Les régimes de change

Les régimes de change sont multiples et hybrides mais on peut présenter trois idéaux-types.

Changes fixes	Flottement impur	Flottement pur
Valeur officielle d'une monnaie par rapport à un étalon (la parité). Les cours varient dans des limites fixées (dépréciation, appréciation), les banques centrales interviennent pour maintenir les cours dans les limites. Les parités peuvent être modifiées (dévaluation ou réévaluation). *Exemples* : étalon-or, système de Bretton Woods, système monétaire européen, *currency board*.	Pas de définition officielle. Pas de limite à l'appréciation ou à la dépréciation des monnaies. Les banques centrales interviennent car elles ne sont pas indifférentes aux fluctuations des cours des monnaies. *Exemple* : le SMI depuis 1985.	Pas de définition officielle. Pas de limite à l'appréciation ou à la dépréciation des monnaies. Pas d'intervention des banques centrales. *Exemple* : le SMI entre 1971 et 1985.

[1] John Williamson, *Target Zones and the Management of the Dollar,* Brookings Papers on Economic Activity, 1986.

Section 2 L'ÉVOLUTION DU SYSTÈME MONÉTAIRE INTERNATIONAL

Un système monétaire international met en relation des espaces monétaires différents. Depuis le XIXe siècle, les évolutions économiques et politiques ont contribué aux mutations du SMI.

Focus

Le système monétaire international

Les économistes retiennent quatre critères pour définir un SMI :

- la convertibilité des monnaies, c'est-à-dire l'utilisation plus ou moins contrainte des monnaies dans les transactions internationales ;
- les régimes de change qui peuvent être fixes, flexibles ou flottants ;
- les règles et les mécanismes assurant la fourniture des liquidités internationales (les moyens dont disposent les banques centrales pour régler les déficits de balance des paiements et pour intervenir sur les marchés des changes) ;
- la surveillance et la coopération monétaire.

1 L'étalon-or

L'or est une monnaie depuis l'Antiquité, mais ce n'est qu'au début du XIXe siècle que l'étalon-or s'impose lorsque l'Angleterre définit la livre sterling par rapport à un poids d'or. Les autres pays vont progressivement abandonner le bimétallisme (définition des monnaies en or et en argent), l'étalon-or va alors connaître son âge d'or entre 1870 et 1914. Dans ce système, la masse monétaire dépend du stock d'or détenu et les taux de change sont très stables. En principe, l'or est utilisé pour régler les échanges internationaux mais, dans la pratique, l'étalon-or a fonctionné comme un étalon-sterling. L'Angleterre est l'économie dominante, les prix des matières premières, des produits manufacturés sont libellés en livre-sterling, les investissements étrangers transitaient par Londres. Les banques centrales avaient donc tendance à conserver des livres, et à les utiliser pour leurs règlements, l'or était peu utilisé.

Le système a favorisé la croissance du commerce mondial (il a été multiplié par 10 entre 1850 et 1914) cependant, les déficits extérieurs étaient corrigés par la déflation et le chômage. L'étalon-or ne permettait pas une évolution de la masse monétaire en fonction de la croissance économique, puisqu'elle dépendait des découvertes d'or. Il reposait sur la confiance dans la monnaie de l'économie dominante, mais la position de l'Angleterre sera remise en cause par le développement des États-Unis qui deviendront le premier producteur mondial en 1870, le premier exportateur en 1913. La puissance britannique sera emportée par la Première Guerre mondiale.

2 L'entre-deux-guerres

Pendant la guerre, le cours forcé des billets a été imposé, car le stock d'or était insuffisant pour assurer la convertibilité des billets. En effet, la guerre a été financée par la création monétaire et les emprunts intérieurs et extérieurs. À la fin de la guerre, le taux de couverture des billets en or (21 % en France, 9 % en Allemagne, 0,35 % en Autriche) empêche le retour de l'étalon-or. L'inflation s'est accrue dans les pays belligérants, les monnaies sont fortement dépréciées. Les États-Unis qui les ont approvisionnés en matériel de guerre détiennent 44 % du stock d'or mondial en 1921, contre 22 % en 1914. L'étalon-or ne peut donc plus fonctionner dans ces conditions.

À la conférence de Gênes en 1922, constatant l'impossibilité de revenir à l'étalon-or compte tenu de l'inflation et de l'inégale répartition du stock mondial d'or, les pays mettent en place un *gold exchange standard*. Le retour à la convertibilité est partiel, car on ne peut échanger que des lingots contre des billets.

Même si les monnaies européennes retrouvent progressivement leur convertibilité en or, ce retour à la convertibilité sera de courte durée. Au déclenchement de la crise en 1929, les capitaux américains placés en Allemagne et en Angleterre refluent aux États-Unis. En 1931, la faillite de la Kreditanstalt, principale banque autrichienne, accroît la méfiance. L'Allemagne demande un moratoire sur ses dettes de guerre. Le chancelier Brüning interdit les sorties d'or et de devises. Les capitaux anglais placés en Allemagne sont alors gelés. En conséquence, Américains et Français retirent leurs avoirs à Londres. Les réserves de la banque d'Angleterre baissent, la convertibilité de la livre est suspendue, elle flotte à la baisse, d'autres monnaies suivront. Le dollar est dévalué en 1933 et atteint la parité de 35 $ l'once qu'il conservera jusqu'en 1971. Le franc sera dévalué en 1936.

Le monde va progressivement se replier en blocs et zones monétaires. À la fin de la guerre, les alliés réunis à Bretton Woods reconstruiront un nouvel ordre monétaire.

3 Le Gold Exchange Standard de Bretton Woods

3.1 La construction d'un nouveau SMI

Le système mis en place à Bretton Woods est un système de changes fixes mais ajustables. Les monnaies sont définies par rapport à l'or ou une devise convertible en or. Les cours peuvent varier de plus ou moins 1 % autour de la parité. Les dévaluations ou réévaluations des monnaies sont possibles pour corriger des déséquilibres structurels de balance des paiements. Seuls les pays détenant un stock d'or suffisant peuvent définir leur monnaie en or, la plupart des pays choisiront de définir leur monnaie en dollar. C'est donc une convertibilité à deux paliers qui s'instaure : chaque monnaie est convertible en dollar, lui-même convertible en or.

Une institution, le Fonds monétaire international (FMI), créé en 1945 garantit le respect des règles. Il dispose de ressources : les quotes-parts versées par chaque pays adhérent, au prorata de son poids dans l'économie mondiale et dans les échanges internationaux. Le quota est versé en or et en monnaie nationale. Le FMI peut venir en aide aux pays qui connaissent des déséquilibres de balance des paiements (les droits de tirage). Cependant, plus le pays sollicite l'aide du FMI, plus il doit engager des réformes afin de remédier durablement à ses difficultés. L'aide du FMI est donc toujours conditionnelle. Les quotas sont révisés tous les cinq ans pour augmenter les ressources du FMI et intégrer les nouveaux pays adhérents. À cette institution s'ajoute la Banque internationale pour la reconstruction et le développement (BIRD ou Banque mondiale). Elle a été créée pour faciliter la reconstruction des pays dévastés par la guerre, aujourd'hui elle se consacre au développement.

Le SMI de Bretton Woods a fonctionné de manière asymétrique plaçant les États-Unis au centre du système. Le dollar est devenu la monnaie internationale car il est l'étalon de référence des autres monnaies, il est donc un instrument de réserve pour défendre la parité des monnaies. Il est aussi la monnaie dans laquelle les prix sont fixés et la monnaie de règlement des échanges.

Financement

Définition

> **Monnaie internationale** : monnaie qui remplit les trois fonctions d'une monnaie au niveau international (libellés du commerce, paiement des transactions, réserves de changes, émissions d'obligations internationales)

Cela confère trois privilèges aux États-Unis :

- Les marges de variations entre le dollar et une devise sont de plus ou moins 1 % (2 % au maximum) alors qu'entre deux autres monnaies quelconques elles sont d'environ 4 %, lorsque l'une est à son cours plafond par rapport au dollar et que l'autre est à son plancher. Cela crée une incertitude sur le montant des factures et avantage le commerce américain.
- Selon une clause du SMI, toute banque centrale qui achetait ou vendait de l'or à sa parité déclarée était dispensée d'intervenir sur le marché des changes. Les États-Unis l'ont fait valoir dès 1947, ce qui les dispensait de défendre la parité du dollar.
- Il en résulte que les États-Unis n'ont pas eu à puiser dans leurs réserves de change pour soutenir leur monnaie, ce sont les autres pays qui doivent intervenir pour maintenir la parité de leur monnaie par rapport au dollar.

Le dollar apparaît « *as good as gold* », et il dispose d'un « privilège exorbitant » selon Valéry Giscard d'Estaing.

3.2 Le fonctionnement difficile du système

Les accords de Bretton Woods prévoyaient un retour rapide à la convertibilité des monnaies dès 1951, or les pays européens n'ont pu la retrouver qu'en 1958, le Japon en 1964. En effet, il fallait d'abord reconstruire les appareils productifs détruits par la guerre pour exporter et accumuler des réserves de change suffisantes pour assurer la convertibilité des monnaies. Or, dans la décennie 1950, les pays sont confrontés à une pénurie de dollars qui gênent les importations, en provenance des États-Unis, de produits nécessaires à la reconstruction. Cette pénurie durera tant que la balance des paiements américaine sera excédentaire.

Ce sont les exportations de capitaux américains qui mettront fin au dollar gap : plan d'aide aux réfugiés, annulation en partie des dettes contractées par leurs alliés pendant la guerre ; puis en 1947, le plan Marshall pour l'Europe, le plan Dodge pour le Japon ; à partir de 1951, ce sont les aides militaires dans le cadre de l'OTAN (Organisation du traité de l'Atlantique nord) et de l'OTASE (Organisation du traité de l'Asie du Sud-Est). Plus de 40 milliards de dollars seront versés sous forme de dons ou de prêts aux pays d'Europe de l'Ouest. Les investissements des firmes multinationales relaieront ces différentes mesures. Ainsi le dollar joue pleinement son rôle de monnaie internationale.

Avec les exportations de capitaux, la balance des paiements américaine est déficitaire, mais ce déficit est la manifestation de la puissance américaine. Pour Jacques Rueff, c'est un « déficit sans pleurs » car les États-Unis ne sont pas contraints de défendre la parité de leur monnaie. L'exportation de dollars conduit à une situation paradoxale analysée par Robert Triffin[1] dès 1960. Le déficit de la balance des paiements des États-Unis est indispensable pour alimenter le monde en monnaie internationale, mais il contribue à l'affaiblissement de la confiance dans le dollar. En effet, la spéculation contre le dollar va se développer, car les engagements monétaires extérieurs des États-Unis dépassent leurs réserves d'or. Le dilemme de Triffin témoigne d'une incohérence du système. Lorsqu'une monnaie nationale joue le rôle de monnaie internationale, les besoins importants en une monnaie internationale fiable aboutissent paradoxalement à la perte de confiance dans cette monnaie. La spéculation est renforcée par le développement des euro-dollars.

La spéculation conduira à deux réaménagements du système, le *pool* de l'or en 1961, puis le double marché de l'or en 1968. Celui-ci a réduit la convertibilité or du dollar. L'équivalence entre l'or et le dollar est devenue mythique. Face à ces difficultés, le FMI instaure les droits de tirages spéciaux (DTS). Ils sont créés *ex nihilo* et alloués à chaque pays en fonction de sa quote-part au FMI, lorsque les besoins apparaissent. Il ne s'agit pas d'une monnaie, mais d'un moyen d'obtenir la monnaie d'un pays. À sa création, un DTS est égal à un dollar.

Ces mesures n'auront qu'un effet de courte durée. L'économie américaine entre en récession en 1970. La balance commerciale des États-Unis est devenue déficitaire. La spéculation contre le dollar reprend. Le 15 août 1971, Richard Nixon décide unilatéralement de suspendre la convertibilité or du dollar et impose une surtaxe de 10 % sur les

[1] Robert Triffin, *Gold and the dollar*, Yale University Press, 1960.

importations. La spéculation s'intensifie. Lors des accords de Washington en décembre 1971, le dollar est dévalué (38 $ l'once d'or), les marges de fluctuations entre deux monnaies sont étendues à plus ou moins 2,25 %. Le dollar est de nouveau dévalué en 1973, les changes flottants finissent par s'imposer.

4 Le SMI après Kingston

4.1 Du flottement pur au flottement impur

Les réflexions pour modifier le SMI s'engagent dès 1972. À la conférence de la Jamaïque en 1976, l'or est démonétisé mais il reste un instrument de réserve pour les banques centrales. Le DTS est modifié, il correspond à un panier de monnaie, il devient l'unité de compte du FMI et de la Banque mondiale, mais son rôle comme instrument de réserve reste marginal. Les accords laissent aux pays, un large choix de régime de change. Les taux de changes flottants se sont imposés dans un premier temps sous l'impulsion de Milton Friedman et du FMI qui y voyaient un moyen automatique de corriger les déséquilibres des balances des paiements. Pour Friedman[1], la spéculation doit également contribuer à stabiliser les taux de change car, les anticipations des spéculateurs ne vont pas toutes dans le même sens. Dans les faits, les spéculateurs agissent plutôt par mimétisme comme l'a analysé Orléan. Les cours ont varié de manière très erratique perturbant les échanges, les investissements, les placements, les politiques économiques. Les marchés s'avèrent incapables de déterminer les taux de change d'équilibre, les banques centrales vont intervenir pour éviter que les taux ne s'écartent durablement des fondamentaux.

Au début des années 1980, le dollar s'apprécie sur les marchés des changes avec des conséquences redoutables pour les pays en développement endettés et pour les pays développés confrontés à la fuite des capitaux. Les pays du G5 signeront les accords du Plaza en 1985, puis les accords du Louvre en 1987, afin de stabiliser le cours du dollar en s'inspirant des travaux de Williamson sur le taux de change d'équilibre fondamental. Mais la coopération monétaire sera de courte durée.

4.2 Comment comprendre l'évolution du SMI ?

De 1944 au début de la décennie 1970, on est passé d'un système de changes fixes aux changes flexibles ; progressivement, les règles qui freinaient les mouvements de capitaux ont été levées, afin qu'ils circulent plus librement. Les États ont alors perdu l'autonomie de leur politique monétaire. Robert Mundell[2] a montré, avec le triangle des incompatibilités, qu'il est impossible d'avoir en même temps des changes fixes, la libre circulation des capitaux et des politiques monétaires autonomes. Ces travaux nous permettent de comprendre l'évolution du SMI après la Seconde Guerre mondiale.

1 Milton Friedman, *The Case for Flexible Exchange Rates*, 1953.

2 Robert Mundell, « The monetary dynamics of international adjustment under fixed and flexible exchange rates », *Quaterly Journal of Economics*, 1960.

Financement

Dans un système de changes fixes, les pays peuvent mener une politique monétaire autonome à condition de limiter les mouvements de capitaux. Si un pays baisse ses taux d'intérêt pour relancer l'activité économique, les capitaux fuiront vers des marchés plus rémunérateurs. Les sorties de capitaux feront baisser le taux de change, forçant la banque centrale à intervenir pour maintenir le cours près de la parité, au risque d'épuiser les réserves de change. Pour maintenir le taux de change dans les limites autorisées, tout en conservant la politique monétaire autonome, les pays doivent limiter les mouvements de capitaux. C'est le premier côté du triangle, il correspond au SMI de 1944 à 1958, période où le contrôle des changes était sévère. À partir de 1958, les mesures de contrôle des changes seront progressivement levées, la spéculation augmente et rend plus difficile le maintien des changes fixes. Le second côté du triangle correspond au SMI de 1971/73 à 1985, les pays conservent l'indépendance de leur politique monétaire, mais les cours des monnaies sont très volatiles. Cependant les États ne sont pas indifférents au taux de change qui pèse sur la compétitivité des produits. Pour tenter de stabiliser les cours des monnaies dans un contexte de libre circulation des capitaux, les États perdent, en partie, l'autonomie de leur politique monétaire. C'est le troisième côté du triangle qui décrit les relations monétaires internationales depuis 1987.

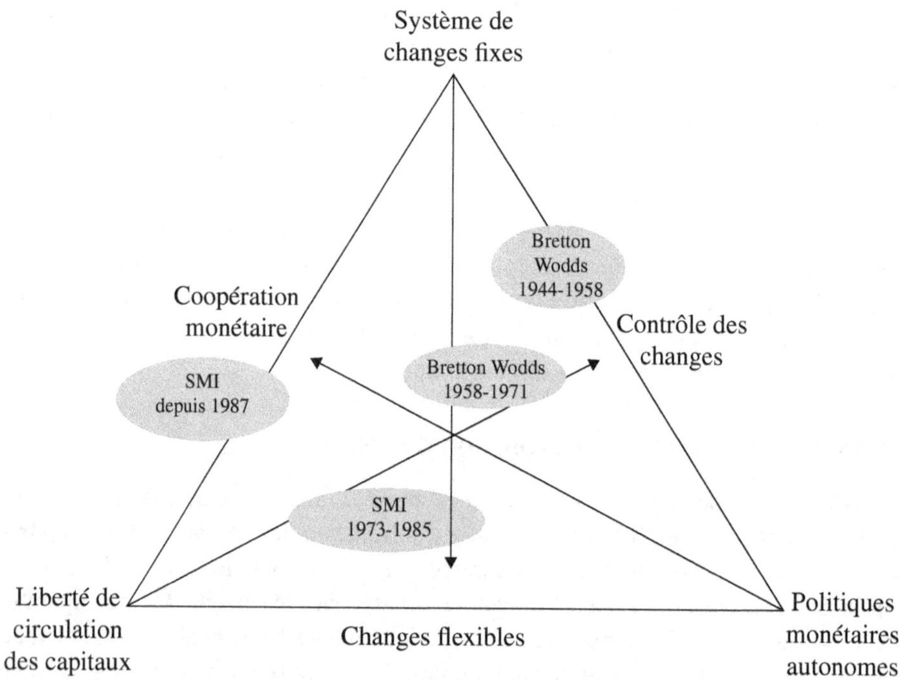

Source : Jean Bourget, Arcangelo Figliuzzi, Yves Zenou, *Monnaies et systèmes monétaires*, Bréal, 2002.

Figure 6.2 – Le triangle des incompatibilités

4.3 Les relations monétaires au début du XXIe siècle

Aujourd'hui, le FMI distingue huit régimes de change (union monétaire, dollarisation, caisse d'émission, bandes de fluctuations, changes glissants, bandes glissantes, flottement géré, flottement pur). Les banques centrales interviennent pour stabiliser les cours de leur monnaie et équilibrer les transactions courantes. Elles tentent ainsi, de récupérer un peu d'autonomie des politiques économiques.

La caisse d'émissions (*currency board*) existait au XIXe siècle dans les systèmes coloniaux, elle réapparaît dans des pays en développement. Ce système s'apparente à l'étalon-or. Les pays qui entrent en *currency board* cherchent à juguler l'inflation, en s'appuyant sur la crédibilité d'une banque centrale extérieure. Ils choisissent un change fixe entre leur monnaie et une monnaie étrangère (le plus souvent le dollar). Ce change fixe est garanti par une caisse d'émission (ou la banque centrale du pays) qui convertit librement une monnaie dans l'autre. Les billets domestiques sont convertibles sans limite en billets étrangers. Le pays de rattachement doit donc garantir l'approvisionnement en billets. Le budget de l'État doit être équilibré, il ne peut être financé par création monétaire. La banque centrale ne peut plus jouer le rôle de prêteur en dernier ressort, les banques doivent donc être solides. Les *currency boards* sont en jeu dans certaines crises financières (voir chapitre 7).

Le flottement des monnaies a fragilisé le dollar, mais il est resté la principale monnaie de réserve, faute de monnaies concurrentes. L'euro le concurrence un peu, mais la crise de 2010 l'a affaibli.

Tableau 6.1 – Principales devises dans les transactions internationales et dans les réserves de change des banques centrales

Devises	Principales devises utilisées dans les transactions internationales (%)[1]		Réserves de change allouées des banques centrales (en %)
	2010	2013	4e trimestre 2015
Dollar américain	84,9	87,0	64,06
Euro	39,1	33,4	19,91
Yen	19,0	23,0	4,08
Livre sterling	12,9	11,8	4,88
Dollar australien	7,6	8,6	1,90
Franc suisse	6,3	5,2	0,31
Dollar canadien	5,3	4,6	1,88

(1) Comme deux devises sont impliquées dans chaque transaction, le total est égal à 200 %.

Source : BRI, rapport triennal, 2013 ; FMI, mars 2016.

Parallèlement, le rôle du FMI a évolué. À sa création, il devait veiller au respect des règles de Bretton Woods et accordait des prêts à court terme pour aider les pays à remédier à leurs déséquilibres de balance courante, à condition qu'ils engagent des réformes pour

Financement

les corriger. Aujourd'hui, il multiplie les prêts : prêts à long terme aux pays en développement pour financer leurs politiques de développement ou pour faire face à l'augmentation du prix du pétrole ou des matières premières ; prêts aux pays de l'Est pour financer les mutations vers l'économie de marché ; prêts pour faire face aux urgences (catastrophes naturelles, troubles politiques ou sociaux) ou pour faire face aux crises financières. Ces prêts sont toujours conditionnels : les pays qui les reçoivent doivent réduire les dépenses publiques, l'endettement de l'État, supprimer les subventions aux entreprises, enrayer la progression des politiques sociales, favoriser la flexibilité de l'emploi, des prix, des taux d'intérêt, selon les principes du consensus de Washington énoncés par John Williamson[1].

À la suite de la crise de 2007-2008, le FMI étend son rôle de surveillance au système financier international. Il est membre du Conseil de stabilité financière (CSF) créé en 2009 pour construire une réglementation de la finance mondialisée.

Le SMI contemporain qualifié de non-système ou de Bretton Woods II, doit être réformé car il ne favorise pas la stabilité économique. Cela pose plusieurs questions :

- Faut-il laisser les banques centrales mener la guerre des monnaies ? Quelle monnaie internationale choisir ? Faut-il construire un système multipolaire ou créer une monnaie supranationale comme Keynes l'avait préconisé en 1944 ?
- Quel rôle pour le FMI ? Doit-il étendre ses fonctions de surveillance aux mouvements de capitaux qui sont très déstabilisants ? Doit-il devenir le prêteur en dernier ressort au niveau mondial ?
- Quelle régulation ? Faut-il ou non réguler les mouvements de capitaux ? Imposer la correction des déséquilibres des balances des paiements (les excédents comme les déficits) ?

Section 3 LA CONSTRUCTION DE L'EUROPE MONÉTAIRE

Face aux dérèglements du système monétaire international, les pays européens vont construire progressivement l'Europe monétaire. C'est l'exemple le plus abouti de système monétaire régional à côté du système monétaire franco-africain ou des *currency boards*.

1 Les étapes de la construction monétaire de l'Europe

L'Europe monétaire était en germe dans le traité de Rome, mais elle ne verra pas le jour avant la décennie 1970. Des formes de coopération l'ont précédée, comme l'Union

1 John Williamson, *Latin American Adjustment: How Much Has Happened?*, Institute for International Economics, 1990 – pourtant critiqué par lui-même, John Williamson, « Un train de réformes devenu un label galvaudé », Finances et développement, 2003.

européenne des paiements, pour faire face au dollar gap entre 1950 et 1958 ou encore les montants compensatoires monétaires, système de taxation/subvention pour compenser les effets des dévaluations et réévaluations sur le commerce intra-européen de produits agricoles. Ils ont été en vigueur de 1969 à 1987.

Le premier projet de création d'une union économique et monétaire date du rapport Werner en 1970. Il prévoyait trois étapes pour le passage à la monnaie unique en dix ans. D'abord, le rétrécissement des marges de fluctuations des monnaies, puis la libéralisation des mouvements de capitaux, et enfin des orientations budgétaires et fiscales communes. Le projet était ambitieux, il a échoué par manque de volontarisme politique et s'est heurté à la suspension de la convertibilité or du dollar en 1971. L'extension des marges de variation des monnaies à la suite des accords de Washington en décembre 1971 perturbe le commerce intra-européen et la politique agricole commune en augmentant les variations des prix. Les pays européens vont alors créer le Serpent monétaire européen par les accords de Bâle en 1972. Les monnaies européennes doivent fluctuer de concert, dans des marges réduites de plus ou moins 1,125 %. Cependant, le serpent ne résistera pas à la spéculation et à la crise pétrolière.

Les Européens vont chercher à construire un système plus stable par les accords de Brême en 1978 qui donneront naissance au système monétaire européen en 1979. Les monnaies ne peuvent varier que de plus ou moins 2,25 % par rapport à des cours pivots bilatéraux définis par rapport à l'unité de compte européenne (Ecu). L'Ecu est un panier de monnaie révisé tous les cinq ans afin de modifier le poids des monnaies et de faire entrer de nouveaux pays dans le système. Il est une unité de compte, c'est également une monnaie de règlement entre les banques centrales, gérée par le Fonds européen de coopération monétaire (FECOM) créé en 1973.

Le SME a permis de stabiliser les monnaies européennes, mais il a fonctionné difficilement, au prix de dix-sept réaménagements monétaires entre 1979 et 1992. À partir de 1990, la libéralisation des mouvements de capitaux empêche les réajustements monétaires. En effet, les banques centrales ne peuvent plus faire face aux mouvements spéculatifs suscités par des anticipations de modification de parité. À la suite de la spéculation contre la livre sterling en 1992, puis la lire, l'escudo portugais, la peseta espagnole, les marges de fluctuation seront élargies à plus ou moins 15 % en 1993. Les changes fixes ne pouvaient être maintenus dans ce cadre.

2 L'Union économique et monétaire

Après le plan Werner de 1970, le plan Delors, adopté en 1989 élabore le passage à la monnaie unique. La réunification allemande en 1990 va renforcer le processus. L'Allemagne redevient une grande puissance européenne que la France veut arrimer solidement à l'Europe et l'Allemagne accepte le passage à la monnaie unique en contrepartie de sa réunification.

Financement

2.1 La construction de l'euro en trois phases

Le plan Delors définit trois phases pour le passage à la monnaie unique. La première phase vise au renforcement de la coopération monétaire, les banques centrales doivent devenir indépendantes, et la libéralisation des mouvements de capitaux doit être complète à partir du 1er juillet 1990. Elle aboutit au Traité de Maastricht de 1992 et à la définition des cinq critères de convergence[1] que les pays doivent respecter pour pouvoir adopter la monnaie unique. La seconde phase débute le 1er janvier 1994, elle est marquée par la création de l'Institut monétaire européen, institution temporaire qui renforce la coordination entre les banques centrales et prépare la création du Système européen de banques centrales (SEBC). Celui-ci est constitué des banques centrales nationales devenues indépendantes et de la Banque centrale européenne (BCE). La troisième phase débute le 1er janvier 1999 par la fixation irrévocable des taux de change pour onze pays sur les quinze qui appartiennent alors à l'union économique (Belgique, Allemagne, Espagne, France, Irlande, Italie, Luxembourg, Pays-Bas, Autriche, Portugal, Finlande). Tous les pays de l'Union ont vocation à rentrer dans la zone euro (dix-neuf pays l'ont fait en 2015), mais deux pays (la Grande-Bretagne et le Danemark) ont obtenu une clause d'*opt-out*, c'est-à-dire une dérogation permanente à l'obligation de rejoindre l'euro. La Suède n'a pas souhaité adopter la monnaie unique. Pièces et billets circulent depuis 2002.

2.2 Le fonctionnement de l'Europe monétaire

Dans la zone euro, la BCE et le SEBC gèrent la politique monétaire. Les banques centrales des 28 pays membres de l'UE appartiennent au SEBC, cependant, les décisions concernant la zone euro ne sont prises que par l'Euro-système qui est un sous-ensemble du SEBC. Les autres banques centrales peuvent mener des politiques monétaires autonomes. Leur monnaie peut être rattachée à l'euro par un mécanisme de change européen (MCE II), mais l'adhésion est facultative.

La crise de 2008 a entraîné des évolutions au sein de la zone euro. D'un côté, les contraintes sur les dépenses publiques sont renforcées avec le Semestre européen en 2011 qui introduit la coordination et la surveillance budgétaire et économique. Parallèlement, le Mécanisme européen de stabilité (MES) permet de gérer les crises financières de la zone euro, en accordant des aides conditionnelles aux pays en difficultés (voir chapitre 12).

2.3 L'euro : une monnaie internationale ?

Si la création de l'euro obéissait à des objectifs internes à l'Europe, elle avait aussi pour but de concurrencer le rôle international du dollar. Or, le poids de l'euro reste assez proche du poids du deutsche mark, du franc et du florin dans les échanges internationaux

[1] Stabilité des prix ; déficit public annuel inférieur à 3% du PIB ; dette publique inférieure à 60% du PIB ; taux de change respectant les règles du SME ; taux d'intérêt à long terme faibles.

au cours des années 1990. Le dollar reste la monnaie internationale. Sa part dans les échanges a même progressé entre 2010 et 2013, profitant sans doute de la crise de l'euro. Ainsi l'euro ne parvient pas à contrer le poids du dollar, qui reste la monnaie internationale faute de concurrents crédibles.

Ainsi, les relations monétaires internationales ont évolué depuis le XIXe siècle, sous l'effet de choix économiques (les régimes de change, le degré de liberté de circulation des capitaux) mais aussi de l'évolution des positions hégémoniques des pays. Le système contemporain marque la contestation de la position dominante des États-Unis, mais le dollar résiste par la force de l'habitude.

Savoir-faire

Savoir repérer des dates, des événements clés

1. *Quelles sont les périodes de stabilité des taux de change ?*

– le XIXe siècle avec l'étalon-or

– Bretton Woods jusqu'en 1960

2. *Quels sont les événements qui introduisent l'instabilité des changes ?*

– les guerres

– les changements dans les positions hégémoniques des États (les États-Unis supplantent la Grande Bretagne au tournant du XXe siècle)

– les crises économiques (1929, 1973, etc.)

– la spéculation due à l'abondance de liquidités internationales (depuis les années 1960)

– un système mal conçu (dilemme de Triffin)

3. *Comment fait-on face à l'instabilité des changes au niveau international ?*

– les conférences internationales définissent de nouvelles règles pour le SMI : Gênes (1922), Bretton Woods (1944), Washington (1971), Kingston (1976), Plaza (1985), Louvre (1987)

4. *Comment faisait-on face à l'instabilité des changes au niveau européen ?*

– montant compensatoire monétaire (1969-1987)

– restriction des variations des cours des monnaies : serpent monétaire (1972-73), puis système monétaire européen (1979-1999)

– passage à la monnaie unique depuis 1999

– SME II depuis 1999 pour les pays qui ne sont pas dans la zone euro

5. *Comment passe-t-on d'un système monétaire international à un système financier international ?*

– par la libéralisation complète des mouvements de capitaux (décennie 1980)

Financement

Questions de réflexion

1 ■ Existe-t-il un taux de change optimal ?
2 ■ Les déterminants du taux de change.
3 ■ SMI et monnaie internationale.
4 ■ Le rôle du FMI.
5 ■ Pourquoi a-t-on créé l'euro ?

Bibliographie

- Dominique Plihon, *Les taux de change*, La Découverte, 2012.
- Barry Eichengreen, *Un privilège exorbitant : le déclin du dollar et l'avenir du système monétaire international*, Odile Jacob, 2011.
- Michel Lelart, *Le système monétaire international*, La Découverte, 2011.
- Agnès Bénassy-Quéré, Emmanuel Farhi, Pierre-Olivier Gourinchas, Jacques Mistral, Jean Pisani-Ferry, Hélène Rey, *Réformer le système monétaire international*, Rapport du Conseil d'analyse économique, 2011.

Chapitre

7 La globalisation financière et ses crises

OBJECTIFS

- Présenter le fonctionnement des marchés de capitaux et le rôle économique de chacun d'eux
- Analyser le processus de globalisation financière et ses acteurs.
- Analyser les conséquences de la globalisation et les risques de crise systémique
- Présenter les instruments de régulation des marchés financiers

NOTIONS

- Risque de crédit, aléa moral, comportement mimétique
- Risque systémique, régulation

SOMMAIRE

SECTION 1 **Les globalisations financières**

SECTION 2 **Les crises financières**

SECTION 3 **La régularisation financière**

Ce qui marque le plus l'évolution du capitalisme à la fin du XXe siècle est la globalisation financière, processus d'interconnexion des marchés de capitaux au niveau national et international conduisant à l'émergence d'un marché unifié de l'argent à l'échelle planétaire. De manière concomitante, on observe des crises financières de plus en plus fréquentes. Si bien que des réflexions sont menées pour réguler la finance.

Section 1 LES GLOBALISATIONS FINANCIÈRES

1 Historique

La globalisation a frappé les contemporains qui ont cru en sa nouveauté or, il s'agit de la seconde globalisation. En effet le phénomène s'était déjà produit à la fin du XIXe siècle.

1.1 La première mondialisation et la démondialisation

Elle va connaître son apogée entre 1870 et la Première Guerre mondiale[1]. Les exportations de capitaux représentent environ 9 % du PIB de l'Angleterre ou de la France. L'Angleterre investit dans son empire colonial et le continent américain ; la France en Russie, au Moyen-Orient, ou en Amérique latine. D'après Paul Bairoch, le stock d'investissements à l'étranger serait passé de 2 milliards de dollars en 1840 à 44 milliards en 1913[2]. À la veille de la Première Guerre mondiale, l'Europe détient 90 % des investissements à l'étranger, principalement sous forme d'investissement de portefeuille. Les investissements directs apparaissent à la fin du XIXe siècle, et servent à financer les infrastructures de transport et les activités minières. Ces exportations de capitaux ont été favorisées par l'étalon-or (voir chapitre 6) qui limitait les risques de change, et par la stabilité des taux d'intérêt à long terme, largement déterminés par le taux d'escompte de la Banque d'Angleterre.

Cette première globalisation s'achève avec le repli protectionniste qui suit la crise de 1929. Après la Seconde Guerre mondiale, les économies vont s'ouvrir progressivement, mais le contrôle des changes persiste dans le système de Bretton Woods. Les marchés financiers prennent de l'ampleur avec le développement du marché des euro-dollars au cours des années 1960[3], mais leur rôle reste limité dans le financement des économies. Progressivement les règles vont être relâchées pour construire la seconde globalisation.

1.2 La seconde globalisation

Elle va être construite à partir de décisions politiques qu'Henri Bourguinat a appelé les « 3 D[4] ». Le mouvement débute aux États-Unis par le démantèlement des réglementations qui encadraient les mouvements de capitaux. Le Japon, puis l'Europe suivront. La spécialisation bancaire est supprimée dans différents pays (Gramm-Leach-Bliley Act

1 Suzanne Berger, *Notre première mondialisation,* Seuil, 2003.

2 Paul Bairoch, *Commerce extérieur et développement économique de l'Europe au XIXe siècle,* Mouton, 1976.

3 La City a été autorisée à recueillir des dépôts en dollars. Ces marchés vont largement échapper aux règlementations nationales. Ils vont exploser avec le recyclage des « pétrodollars » dans les années 1970-1980.

4 Henri Bourguinat, « Dérèglementation, décloisonnement, désintermédiation », *Finance internationale,* PUF, 1992.

aux États-Unis en 1999, loi bancaire en France en 1984), les réglementations de change sont supprimées pour faciliter la libre circulation des capitaux, l'innovation financière est facilitée. Les marchés financiers sont décloisonnés. Les frontières entre les compartiments nationaux éclatent : marché monétaire, marché financier, marché des changes, marché à terme. Les frontières sont également supprimées entre marchés nationaux et marchés étrangers avec la suppression du contrôle des changes en Angleterre en 1979, au Japon en 1980, en Europe en 1990. Toutes ces mesures facilitent la gestion des portefeuilles.

Enfin, le développement des marchés de capitaux permet de limiter le financement par le crédit bancaire et de favoriser la finance directe par l'émission de titres sur les marchés de capitaux, c'est la désintermédiation (voir chapitre 5).

Ces différentes mesures accélèrent la circulation des capitaux. En 2013, le volume quotidien moyen des transactions s'élevait à 5 300 milliards de dollars, c'est 87 fois le volume des échanges mondiaux de biens et services enregistrés par l'OMC sur toute l'année 2012. Les places financières du Royaume-Uni, des États-Unis, de Singapour et du Japon ont réalisé 71 % des transactions en 2013[1]. Les bourses se développent dans les pays émergents Sao Paulo, Bombay, etc.

2 Les marchés, les produits, les acteurs

2.1 Les marchés et les produits

Dans une acception large les marchés de capitaux rassemblent le marché monétaire (marché des capitaux à court terme), les marchés des capitaux à long terme (marché des actions et marché obligataire), marché des changes et marché des matières premières. Le marché financier, désigne le marché des capitaux à long terme.

Ces marchés peuvent être organisés ou de gré à gré (OTC, *over-the-counter*). Sur les marchés organisés, les agents n'interviennent pas directement, mais passent leurs ordres d'achat ou de vente à des organismes qui sont chargés d'en assurer le fonctionnement. Les opérations bénéficient d'une certaine transparence, les acteurs doivent fournir les liquidités nécessaires aux transactions. Sur les marchés de gré à gré, les relations sont faites directement entre les contreparties, la réglementation y est beaucoup plus souple, les opérations sont nettement moins transparentes. C'est sur ce type de marché que sont négociés les produits dérivés (*futures*, options, *swaps*).

Les agents qui interviennent sur ces différents marchés interconnectés recherchent des profits grâce aux opérations d'arbitrage, de couverture, ou de spéculation. Ils font des ventes à découvert (vendre à terme un titre qu'on ne possède pas, mais qu'on achètera au moment voulu en espérant que le prix au comptant aura baissé), du *carry-trade* (emprunter dans une devise à faible taux d'intérêt pour investir dans des produits libellés en d'autres

[1] Enquête triennale de la BRI, 2013.

monnaies avec des taux d'intérêt plus élevés), des paris sur l'évolution des cours des monnaies… Les opérations peuvent être de très courte durée, comme le *trading* haute fréquence.

2.2 Les acteurs

Les banques ont développé leurs activités sur les marchés financiers à la suite de la désintermédiation. Elles réalisent des opérations de courtage pour le compte de leurs clients : compagnies d'assurances, *hedge funds*, fonds de pension, fonds souverains. Elles sont donc des intermédiaires de marché (voir chapitre 5). Elles gèrent également les portefeuilles de leurs clients : grosses fortunes, assurance-vie ou épargne retraite.

Les compagnies d'assurance traditionnellement placent sur les marchés financiers les primes collectées auprès de leurs clients qui servent à les indemniser en cas de sinistre, mais elles ont également développé l'assurance-vie et l'épargne retraite.

Les organismes de placement collectif en valeurs mobilières (OPCVM) gèrent les portefeuilles de titres pour le compte de leurs clients qui sont leurs actionnaires. Les sociétés d'investissement à capital variable (SICAV) et les fonds communs de placement (FCP) sont les deux types d'OPCVM en France.

Les *hedge funds* (fonds à levier) sont une conséquence des lois américaines des années 1930[1], qui interdisaient aux sociétés de placement les ventes à découvert et les emprunts pour acheter des titres. En n'apparaissant plus comme des sociétés de placement, les *hedge funds* ont pu contourner la législation et poursuivre les mêmes pratiques. Ces fonds gèrent l'argent d'individus ayant la qualité d'« investisseurs accrédités », c'est-à-dire qui ont au minimum 1 million de dollars à placer. Outre les grandes fortunes, ils gèrent les fonds de fondation, de fonds de pension, etc. Ils sont environ 10 000 dans le monde, ce sont de petites structures (moins de 20 personnes) qui ont leur domiciliation légale dans les paradis fiscaux, mais leurs activités le plus souvent à Londres ou à New York. Ils sont liés aux grandes banques qui détiennent les fonds qu'ils gèrent, et effectuent les transferts qu'exigent leurs opérations. Elles leur accordent également des prêts pour leurs opérations de spéculation. Leur activité a une incidence énorme sur les cours des titres et des monnaies, compte tenu de la masse des fonds qu'ils gèrent (le FMI estime leur portefeuille à 30 000 milliards de dollars en 2012), des risques qu'ils prennent et de leurs comportements mimétiques[2].

Les fonds de pension, organismes apparus au XIXe siècle pour gérer les retraites par capitalisation, sont importants dans les pays où n'existe pas de retraite par répartition. Mais dans ces derniers, ils se développent avec les réformes. Ces fonds collectent l'épargne des actifs, la place sur les marchés financiers pour pouvoir verser ultérieurement les pensions. En principe, ils ne doivent pas prendre de risque, mais l'assouplissement de la législation les a incités à être moins prudents et ils sont devenus clients des *hedge funds*.

---

[1] Securites Act (1933), Securities Exchange Act (1934), Investment Company (1940).

[2] Pour plus d'information voir *Problèmes économiques*, n° 2987, 20 janvier 2010.

Les fonds souverains sont des fonds détenus par des États qui ont des ressources issues des matières premières (pétrole, gaz, pour la Norvège, les pays du Moyen-Orient ou la Russie), ou de leurs excédents extérieurs (Chine, Singapour). Ces fonds doivent être gérés avec prudence puisque leur objectif est de protéger les pays des variations de cours de leurs exportations et de conserver des ressources pour les générations futures, lorsque les fonds sont alimentés par des ressources non renouvelables. Ils achètent des titres des dettes publiques des pays occidentaux (*exemple* : la Chine achète des titres publics des États-Unis) ou placent leurs fonds dans des entreprises (le Qatar et le Paris-Saint-Germain). Ils sont parmi les premiers clients des *hedge funds.*

Ces différentes institutions contribuent au développement du *shadow banking,* système d'intermédiation financière qui regroupe des entités extérieures au système bancaire traditionnel mais qui remplit en partie des fonctions semblables : collecte d'épargne souvent liquide, transformation en prêts à long terme, titrisation. Les *hedge funds* en sont une composante essentielle, avec les sociétés d'assurance, les fonds de pension, et autres fonds de *private equity* ou véhicules spéciaux d'investissement (entités juridiques qui acquièrent des actifs financés principalement par recours à l'endettement).

Ce tour d'horizon des acteurs serait incomplet sans les agences de notation, nées au XIXe siècle. Elles ne participent pas directement au financement mais répondent aux besoins d'information des acteurs (savoir si tel titre est risqué, s'il faut exiger une prime de risque) en évaluant les titres car les investisseurs manquent d'information contrairement aux banques qui ont une relation directe avec leurs clients. Les trois premières sont américaines : Moody's, Standard and Poor's et Fitch Ratings. Avant la crise, les agences de notation participaient à la construction des produits titrisés. Elles étaient juges et parties.

Financement

3 Le bilan de la globalisation

3.1 Les attentes de la globalisation

Les mesures de déréglementation, décloisonnement et désintermédiation sont prises, sur recommandations d'économistes libéraux, qui mettent en avant les effets positifs attendus de la réduction de l'intervention de l'État et du changement des politiques économiques. La priorité doit être donnée à la lutte contre l'inflation afin que les placements ne soient pas dépréciés. Ainsi, les taux d'intérêt seront plus bas et plus favorables à la croissance.

Le coût du financement doit diminuer grâce à la mise en concurrence des institutions financières et des marchés financiers. Les rentes de situation des banques devraient diminuer. Le financement devrait être plus efficace car les marchés sont supposés moins timorés pour financer des projets innovants. Les entreprises doivent adopter des nouvelles normes de gouvernance pour améliorer leur productivité et offrir une rémunération attractive aux actionnaires. D'autre part, les agents qui disposent d'une épargne plus abondante, du fait de la croissance du revenu, trouveront des opportunités de placements plus diversifiées tout en étant liquides.

Les marchés décloisonnés doivent aussi favoriser la croissance en transférant l'épargne vers les pays du Sud qui manquent de moyens pour financer leurs stratégies de développement. Les marchés doivent inciter les pays à améliorer la qualité de leurs institutions pour attirer les capitaux (protection des droits de propriété, sécurité des contrats).

Ces différents éléments sont rassemblés dans la théorie des marchés efficients d'Eugene Fama[1]. Trois dimensions concourent à l'efficience des marchés (les prix reflètent l'information). Tout d'abord l'efficience opérationnelle : les produits financiers répondent aux besoins des agents, ce qui permet de réduire les coûts de transaction. Les prix des actifs concentrent toute l'information disponible sur les marchés, c'est l'efficience informationnelle. Ces deux formes d'efficience concourent à l'efficience allocative : la comparaison entre le prix des actifs et leur rendement attendu permet d'orienter les capitaux vers les placements les plus rémunérateurs. Les erreurs des investisseurs sont sanctionnées par des pertes. Une chute brutale des cours boursiers témoigne de l'efficience des marchés, car elle se produit lorsque les agents intègrent immédiatement les nouvelles informations disponibles. Fama voyait dans le krach de Wall Street en 1987 la vérification de sa théorie. Quant aux crises financières, elles ne peuvent avoir que des causes exogènes.

3.2 Les résultats sont mitigés

Le développement des marchés financiers n'a pas favorisé la croissance. Contrairement aux attentes, les taux d'intérêt sont restés relativement élevés, sans doute parce que les organismes de gestion collective de l'épargne ont acquis un pouvoir de marché. Les entreprises ont modifié leur gouvernance afin de créer plus de valeur actionnariale au détriment de l'emploi, des salaires, de l'investissement, au besoin en rachetant les actions sur les marchés pour augmenter les plus-values boursières[2].

L'allocation des ressources n'est pas optimale, les capitaux ne se dirigent pas massivement vers les pays qui en ont le plus besoin. Les pays les moins avancés n'ont reçu que 1 % des flux d'IDE, ceux-ci se concentrent sur les pays émergents et les pays développés qui ont les places financières les plus attractives. La première globalisation avait eu les mêmes effets : financement des pays qui s'industrialisaient et non de ceux qui avaient le plus besoin d'épargne.

Les pays qui ont connu la croissance la plus rapide sont ceux qui ont le plus utilisé leur épargne nationale, et contrôlé les flux d'IDE par des législations appropriées. La Chine, le Chili, le Brésil ont pris des mesures pour contrôler les capitaux en limitant les entrées des plus spéculatifs. Enfin, la globalisation financière est concomitante de la multiplication des crises financières.

---

1 Eugene Fama, « Efficient capital markets : a review of theorical and empirical work », *Journal of Finance*, 1970.

2 Michel Aglietta, Antoine Reberioux, *Les dérives du capitalisme financier*, Albin Michel, 2004.

Section 2 LES CRISES FINANCIÈRES

Les crises financières étaient fréquentes au XIXe siècle. Pour Clément Juglar[1], elles se produisent tous les 8 à 10 ans. Elles deviennent rares après la Seconde Guerre mondiale mais leur fréquence s'accroît depuis l'effondrement du système de Bretton Woods. Le FMI en a recensé 118 dans 99 pays entre 1980 et 2008[2].

Ces crises peuvent prendre plusieurs formes. Les crises bancaires débutent par la faillite d'une banque. Elles peuvent se propager à l'ensemble des banques au niveau national (voire international) par les différents marchés de capitaux (dont le marché interbancaire). Les krachs boursiers se manifestent par une chute des cours des actions ou des obligations d'au moins 20 %. Les crises de change concernent l'effondrement, d'au moins 25 % sur une année, du cours d'une ou plusieurs devises. Ces crises peuvent être limitées à un seul domaine de la finance, ou affecter plusieurs domaines, on parle alors de « crise jumelle[3] ».

On peut y ajouter les crises des matières premières, les crises immobilières, (car l'immobilier comme les matières premières font l'objet de spéculation). Ces crises peuvent être suivies d'une crise des dettes publiques, comme en 1982 ou en 2010, lorsqu'un État ne parvient plus à honorer (totalement ou partiellement) sa dette.

1 La fréquence des crises financières

1.1 De la Révolution industrielle à 1929

Au XIXe siècle, les crises sont fréquentes et apparaissent souvent en Angleterre avant de se propager aux autres pays industriels ou à ceux qui débutent leur industrialisation, comme les États-Unis ou l'Allemagne : 1825, panique financière à Londres ; 1836, crise de l'industrie cotonnière ; 1847, 1866, crises liées à la spéculation sur le chemin de fer. Celle de 1857 débute aux États-Unis, celle de 1873 en Allemagne et en Autriche, celle de 1882 en France (krach de l'Union générale). En 1890, c'est la faillite de la banque Baring à Londres ; en 1907 une crise bancaire aux États-Unis qui n'ont pas encore de banque centrale, en 1913, crise de la sidérurgie allemande. Ces crises sont des crises bancaires ou des crises boursières, parfois des crises jumelles. Il n'y a pas de crise de change, car l'étalon-or garantit la stabilité des taux de change.

[1] Clément Juglar, *Des crises commerciales et de leur retour périodique en France, en Angleterre et aux Etats-Unis*, Guillaumin, 1862.

[2] Emanuele Baldacci, Sanjeev Gupta, "Les relances budgétaires efficaces", *Finances et Développement*, décembre 2009.

[3] Graciela L. Kaminsky, Carmen M.. Reinhart, « The twin crises: the causes of banking and balance-of-payments problems », *The American Economic Review*, 1999.

La crise de 1929[1] sera la crise la plus importante de cette période. La forte croissance économique des années 1920 favorise la spéculation boursière qui est amplifiée par les *call loans* (innovation financière qui permet d'emprunter pour spéculer). Dès le début de 1928, les cours boursiers sont déconnectés des profits des entreprises. Une bulle boursière se forme sans que la Fed n'intervienne pour la stopper, alors que des signes de difficultés dans l'économie réelle (chute de la production dans la construction et dans l'automobile) sont patents dès le printemps 1929. Le krach boursier se produira le jeudi 24 octobre 1929 entraînant faillites bancaires et faillites d'entreprises. Par les mouvements de capitaux et par les échanges extérieurs, la crise se propagera aux autres pays industrialisés et à certains pays en développement comme le Brésil. On a ici la conjonction d'une crise boursière, d'une crise bancaire et d'une crise de change : le *fragile gold exchange standard* né en 1922 (voir chapitre 6) sera emporté par les dévaluations successives des monnaies.

Cette crise va provoquer une révolution dans la pensée économique avec l'analyse keynésienne qui montre que les marchés ne sont pas de parfaits régulateurs et que les crises sont possibles. Elle va entraîner aussi un interventionnisme des États afin d'imposer des règles aux banques et à la finance, comme la séparation des banques de dépôts et des banques d'affaires.

La période des Trente Glorieuses, dans laquelle l'économie est très administrée et où les marchés financiers jouent un rôle plus faible, sera une période de croissance forte, sans crise bancaire et boursière. Cependant la spéculation génère des crises de change qui vont s'amplifier jusqu'à la fin du système de Bretton Woods.

1.2 Depuis la fin du XXe siècle

La période de libéralisation financière qui se met en place au cours des années 1980, renoue avec les crises financières[2]. Parmi les plus importantes on peut citer le krach de Wall Street en 1987, la crise de la dette du tiers-monde en 1982. En 1994, la *crise tequila* débute au Mexique par une crise de change et se propage aux autres pays latino-américains et d'autres pays du monde. En effet, lorsqu'une crise éclate, les visions du monde[3] des traders changent. Des pays voisins aux structures économiques plus saines peuvent être atteints parce que les traders ne leur font plus confiance. Une bulle financière éclate au Japon en 1991. En 1992, Georges Soros à la tête du *hedge fund* Quantum Fund emprunte pour spéculer contre la livre sterling. Il gagnera près d'un milliard de dollar et forcera l'Europe à élargir les marges de fluctuations des monnaies du SME. La crise asiatique débute en Thaïlande en 1997 et se propage à l'Indonésie, la Malaise, la Corée du Sud, le Japon puis la Russie. On y trouve à l'œuvre, spéculation immobilière, malversations,

---

[1] Pierre-Cyrille Hautcœur, *La crise de 1929,* La Découverte, 2009.

[2] Pour comprendre ces différentes crises voir : Pierre-Noël Giraud, *Le commerce des promesses,* Points, 2009 ou Paul Krugman, *Pourquoi les crises reviennent toujours,* Points, 2009.

[3] Pierre-Noël Giraud désigne par ce terme les idées consensuelles chez les traders sur la solidité d'un pays, sa capacité à honorer ses dettes publiques ou privées, la solidité de son système bancaire, etc. Le consensus peut se retourner à la faveur d'un évènement quelconque.

currency board, et propagation à d'autres pays par le jeu des échanges de marchandises et de capitaux. En 2000-2001, c'est la crise bancaire en Argentine. Le cours du dollar s'envole car les capitaux se placent sur le marché américain à la suite des crises asiatiques puis russe, le peso le suit car il est lié au dollar par un *currency board*. La hausse du peso ruine la compétitivité de l'Argentine, le déficit extérieur augmente, le PIB baisse, les capitaux fuient. C'est la plus grave crise que l'Argentine ait connue. La même année se produit le krach sur les nouvelles technologies, les profits escomptés ne sont pas réalisés.

Focus

LTCM et l'intervention de la Fed

LTCM, un *hedge fund* qui avait une gestion assez prudente, mais avait mal anticipé la manière dont la Russie gérerait sa dette, fut sauvé de la faillite en 1998 par l'intervention de la Fed. Elle a baissé ses taux directeurs pour aider un groupe de grandes banques à prêter à LTCM pour éviter qu'il ne fasse défaut. C'est un tournant dans l'histoire des crises financières : pour la première fois, une banque centrale venait à la rescousse d'une banque de l'ombre, donc une banque échappant à toute réglementation.

1.3 La crise des *subprimes*

La crise des *subprimes* vient d'un segment étroit du marché immobilier américain : les crédits *subprimes*. Il s'agit de crédits accordés à des ménages pauvres qui ne pouvaient accéder aux crédits *primes*. Ces crédits sont des crédits à taux variables, avec des taux très faibles voire proches de zéro au départ. Ce sont aussi des crédits hypothécaires (les banques pouvaient saisir les maisons pour se rembourser en cas de réalisation d'un risque crédit). Enfin, ce sont des crédits *revolving* : dès qu'une partie du crédit est remboursée, le ménage peut s'endetter à nouveau pour acquérir du mobilier ou autre, le montant de l'endettement dépend de la valeur de la maison. Ainsi, lorsque le prix de l'immobilier augmente, les possibilités d'endettement augmentent également. Ces crédits se développent alors que les salaires des ménages les plus modestes n'ont quasiment pas augmenté depuis le début des années 1980, contrairement aux revenus les plus élevés. Les inégalités se sont creusées, mais on encourage tous les ménages à accéder à la propriété, sans être très regardant sur leur solvabilité réelle[1]. Depuis le début de la décennie 2000, les taux d'intérêt sont bas, une bulle immobilière se forme. En 2004, la Fed augmente les taux directeurs pour lutter contre les tendances inflationnistes, en particulier sur le marché immobilier. Cette hausse se répercute sur les crédits *subprimes*. Des ménages, déjà proches de l'insolvabilité voient leurs mensualités augmenter de 50 % voire davantage, car il n'y a pas de limite à la

[1] Voir le film documentaire *Cleveland contre Wall Street* de Jean-Stéphane Bron sorti en 2010.

progression des taux d'intérêt dans les contrats. Comme les crédits sont hypothécaires, les banques saisissent les maisons, expulsent leurs habitants. Le nombre de maisons mises en vente progresse, dépasse la demande, les prix chutent. Les clients potentiels attendent que les prix baissent encore. Si la vente de la maison se produit, elle ne suffit plus à éteindre la dette des ménages, ceux-ci sont expropriés, mais toujours endettés.

Définition

Risque de crédit : risque auquel s'expose un créancier, si le débiteur s'avère incapable de rembourser sa dette. On utilise aussi les expressions risque de contrepartie, ou risque d'insolvabilité.

Ces difficultés qui apparaissent sur un petit segment du marché immobilier vont se propager à l'ensemble des institutions financières par le jeu de la titrisation. En théorie, la titrisation permet de diluer les risques. La réalisation d'un risque crédit doit être sans conséquence sur l'ensemble des institutions financières. Les banques ont créé des sociétés *ad hoc* (les *special purpose vehicle* ou fonds commun de créances), sans capitaux propres pour vendre les produits de la titrisation (ABS, MBS[1]) et des titres constitués à partir de titres, les CDO[2]. Ces titres sont achetés pas les différents acteurs des marchés financiers. Les *hedges funds* achètent les plus risqués, alors que les fonds de pension ou les fonds souverains devraient acquérir les moins risqués. Mais l'opacité règne : les agences de notation ont donné les notes les plus hautes aux produits qu'elles ont aidé à construire jusqu'au krach du 15 septembre 2008. Pour se couvrir contre les risques, d'autres titres ont été créés, les CDS[3], que l'on peut acheter sans détenir le titre sous-jacent, autrement dit les détenteurs de CDS s'enrichiront si un risque se réalise (comme si votre voisin touchait l'indemnité versée par votre assurance si votre maison brûle). Tous ces produits créent un levier d'endettement considérable.

L'écroulement de la bulle immobilière a fait perdre leur valeur aux produits titrisés. Les institutions financières qui les détiennent, banques, compagnies d'assurances, *hedge funds*, etc. sont au bord de la faillite, la crise menace des institutions financières dans tous les pays, à des degrés divers, car toutes détiennent des produits titrisés. L'État américain refusera de sauver l'une d'elles : Lehman Brothers arguant du fait que les banques doivent assumer les risques qu'elles prennent, sinon l'aléa moral se développe, la faillite de cette banque déclenchera le krach boursier sur les plus grandes places financières.

Définition

Aléa moral : risque qu'un agent se comporte de manière amorale, en ne respectant pas les termes d'un contrat, ou en en profitant de manière abusive car il bénéficie d'une asymétrie d'information. On utilise aussi les expressions : risque moral, ou hasard moral.

---

1 *Asset-backed securities* et *mortgage-backed securities*.

2 *Collateralized debt obligations*, il s'agit de titres au carré, au cube, voire plus.

3 *Credit default swap*.

La crise d'insolvabilité va déboucher rapidement sur une crise de liquidité : le marché interbancaire ne fonctionne plus car les banques ne se font plus confiance.

Comme la valeur des entreprises et des banques est évaluée au prix des actifs boursiers (*mark-to-market*), les faillites d'établissements fragiles se multiplient. En 2009, les économies entrent en déflation, le chômage s'accroît. Les États doivent intervenir en sauvant les banques et en utilisant la politique budgétaire. Les dettes publiques augmentent rapidement. Les banques centrales baissent les taux directeurs, mais comme cela s'avère insuffisant, elles utiliseront des mesures non-conventionnelles de politique monétaire (voir chapitre 14).

En 2010, la crise va muter en crise de l'euro. L'Europe est fragilisée car les dettes et déficits publics dépassent les critères de Maastricht. L'événement déclencheur viendra de la Grèce. À la faveur des élections, il apparaîtra au grand jour qu'elle avait falsifié ses comptes publics, avec l'aide de la banque JP Morgan, pour entrer dans l'euro. Les règles européennes (interdiction faite à la BCE de financer les dettes des États[1] ; absence de solidarité entre États, puisque chacun doit financer sa dette[2]) vont créer des opportunités de spéculation pour les marchés financiers, alors que les dettes publiques en Europe sont moins élevées qu'au Japon ou en Angleterre.

Ainsi, un petit compartiment du marché immobilier américain, un petit pays européen peuvent déclencher des crises majeures. Les produits structurés menacent toujours les économies. En France par exemple, nombre de collectivités locales voient leur équilibre financier menacé car elles se sont endettées dans des conditions assez proches des crédits *subprimes*.

2 L'analyse théorique des crises financières

Le retour des crises financières stimule la recherche. Pour les libéraux, les crises ont des causes exogènes, alors que pour les hétérodoxes, elles sont endogènes.

2.1 L'excès de régulation, cause des crises

Pour Pascal Salin[3], la crise ne provient pas de l'incapacité des marchés à être de parfaits régulateurs, mais au contraire de l'excès de réglementation imposé par l'État et d'une politique monétaire inappropriée. Les taux directeurs de la Fed qui sont passés de 6 % en 2000 à 1 % en 2003 ont favorisé les investissements financés à crédit, et incité les agents à surinvestir, la structure productive s'est donc allongée[4]. Mais lorsque la politique monétaire devient moins accommodante à partir de 2004, la faible rentabilité des investissements apparaît avec son corollaire de faillites bancaires et faillites d'entreprises. À cela s'ajoutent les injonctions des autorités monétaires et publiques pour faciliter l'accès à la propriété sans discriminer les

1 Article 123 du Traité sur le fonctionnement de l'Union européenne.

2 Article 125 du Traité sur le fonctionnement de l'Union européenne.

3 Pascal Salin, « Crise de la dérèglementation financière ou crise de l'intervention publique », *Cahiers français*, n°375, juillet-août 2013.

4 Pascal Salin reprend la théorie de Friedrich Hayek, *Prix et production*, 1931.

emprunteurs sur leur solvabilité. Pour Salin, la titrisation est « la conséquence logique de contraintes réglementaires mal conçues », les banques ayant cherché à se défaire de crédits trop risqués. Enfin le prêteur en dernier ressort, qui empêche la faillite c'est-à-dire la sanction ultime en cas de mauvaise gestion, incite les banques à prendre des risques illimités. C'est donc la politique monétaire et l'excès de réglementation qui produisent les crises. Selon Salin, l'économie souffre d'un excès de règles, de politiques monétaires mal conçues et non d'un excès de capitalisme. Les keynésiens et les hétérodoxes opposent d'autres analyses.

2.2 L'hypothèse d'instabilité financière

La multiplication des crises financières introduit le doute sur l'hypothèse d'efficience des marchés, et c'est l'hypothèse d'instabilité financière (processus donnant lieu à des variations rapides, tendant même à l'accélération du prix des actifs – aussi bien financiers que patrimoniaux – par rapport aux prix de la production courante[1]) développée par Hyman Minsky[2] dans les années 1960 qui retient le plus l'attention.

Pour Minsky, les crises sont endogènes au système et inéluctables car elles sont liées à l'évolution de la structure de l'endettement et aux comportements des agents qui sont naturellement déstabilisants.

Au départ, un changement génère de nouvelles sources de profit. Il peut s'agir d'une innovation (canaux, chemin de fer, automobiles), d'innovations financières (*call loan* dans les années 1920, titrisation de crédits, produits dérivés, etc.) de la fin d'une guerre, d'un événement politique, d'un succès financier, etc. D'anciennes sources de profit disparaissent, de nouvelles apparaissent, donc les entreprises cherchent à investir dans ces nouveaux secteurs, les ménages y placent leur épargne, délaissant les anciens secteurs. Le financement est d'abord prudent, les banques accordent des crédits, les recettes permettent de couvrir les annuités des emprunts. Puis, si la demande adressée à ces nouveaux secteurs augmente plus que les capacités de production, les prix augmentent générant de nouvelles perspectives de profit qui suscitent plus de spéculation. Les réactions positives se cumulent, et le système entre dans ce que Minsky appelle « l'euphorie ». La spéculation à la hausse entraîne de nouveaux investissements. Le financement est spéculatif. Pour Charles Kindelberger, « dans sa phase finale, la spéculation a tendance à se dégager de toute référence à des objets de valeur, pour épouser les formes les plus illusoires. Un nombre croissant d'individus cherchant à devenir riches sans vraiment comprendre ce qu'il faut faire pour y parvenir. C'est alors, sans surprise que les fraudes et les escroqueries fleurissent[3]. » L'augmentation de la demande de crédit entraîne une augmentation des taux d'intérêt qui est amplifiée par les autorités monétaires qui tentent de freiner l'augmentation des liquidités. Les profits attendus sont surestimés, les entreprises sont fragilisées. À court terme, les recettes permettent de rembourser les intérêts mais pas le capital emprunté. Le financement passe alors dans

---

[1] Hyman Minsky, *L'hypothèse d'instabilité financière,* Diaphanes, 2013.

[2] Hyman Minsky est un économiste américain keynésien (1919-1996).

[3] Charles Kindelberger, *Histoire mondiale de la spéculation financière,* Valor Editions, 2004.

une structure Ponzi[1]. Pour Minsky, le financement est dans une structure Ponzi dès que la gestation des investissements est longue, ou bien dès que la rentabilité des placements ne peut se réaliser que si les actifs prennent de la valeur, comme les marchés des actions des années 1920 ou les crédits *subprimes* au début des années 2000.

Dans la phase spéculative, les prix continuent d'augmenter tout comme les taux d'intérêt, certains investisseurs décident de vendre, des entreprises risquent de ne plus pouvoir faire face à leurs engagements. Une faillite d'entreprises, la révélation d'une escroquerie, la baisse du prix de l'objet initial de la spéculation va déclencher la course à la liquidité : les investisseurs vendent leurs titres pour récupérer leur mise, les prix des titres chutent, les faillites se multiplient et peuvent déboucher sur des paniques lorsque les clients se ruent aux guichets des banques pour récupérer leurs avoirs.

On entre alors dans la déflation par la dette[2], analysée par Irving Fisher : face à la baisse des prix des titres, les agents doivent les vendre pour rembourser leurs dettes mais la vente accentue la baisse des prix, les agents restent surendettés. Les faillites se multiplient. Pour Minsky « le chômage durable s'explique comme la conséquence d'une crise financière qu'on laisse dégénérer en épisode de déflation par la dette[3]. »

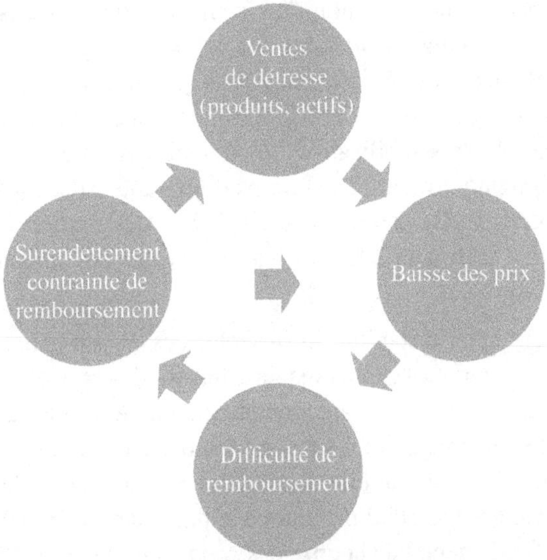

Figure 7.1 – La spirale déflationniste liée au surendettement

Source : Robert Boyer, Japon : de la décennie perdue à un improbable *new deal*, CEPREMAP, document de travail, n° 4, 2004.

[1] Charles Ponzi (1882-1949), escroc de Boston qui a inventé une structure pyramidale de placement : les intérêts versés aux souscripteurs sont prélevés sur les placements des nouveaux déposants. Le système s'écroule lorsque les souscriptions diminuent.

[2] Irving Fisher, *The Debt-Deflation Theory of Great Depressions,* Econometrica, 1933.

[3] Hyman Minsky, *L'hypothèse d'instabilité financière,* Diaphanes, 2013.

Kindelberger montre que la crise peut se propager à l'échelle mondiale par de nombreux canaux : les hausses des prix des marchandises se répercutent d'un pays à l'autre, entraînant des variations de revenus entre les pays. Les flux de capitaux, de monnaies, de devises propagent la crise, sans compter sur les mécanismes psychologiques : l'euphorie comme le pessimisme se propagent d'un pays à l'autre.

DÉFINITION

Risque systémique : possibilité que les difficultés rencontrées par un agent économique se propagent à d'autres agents, voire d'autres pays, entraînant l'effondrement du système financier.

2.3 Crise et comportements mimétiques

Pour les partisans de l'« analyse comportementaliste », en particulier George Akerlof et Robert Shiller[1], les crises proviennent d'un renversement de l'économie qui passe d'un excès de confiance à un manque de confiance. Ce changement provient des esprits animaux[2], c'est-à-dire tout ce qui guide les comportements des agents en dehors de la stricte rationalité : part d'incohérence, d'ambiguïté, d'incertitude. Les crises et les récessions récentes sont dues à des changements dans nos schémas de pensées, en particulier dans l'altération de la confiance. Les déréglementations qui ont suivi l'avènement des gouvernements libéraux de Ronald Reagan et Margaret Thatcher ont créé les conditions permissives pour que la déresponsabilisation, les transferts de risques, les comportements frauduleux, se multiplient permettant à certains d'engranger des profits fabuleux tout en créant des faillites d'entreprises ou de banques (crises des *savings and loans* aux États-Unis en 1991, faillite d'Enron en 2001, titrisation et crise des *subprimes* en 2007-2008, etc.).

Orléan[3] met l'accent sur l'instabilité intrinsèque des marchés financiers. Ils ne fonctionnent pas comme les marchés ordinaires, une hausse des prix n'appelle pas une baisse de la demande, mais au contraire une augmentation de la demande car elle offre une perspective de plus-value supplémentaire. La hausse nourrit la hausse. Les marchés ne peuvent donner la vraie valeur d'un titre car elle dépend des revenus futurs de l'actif qui sont, par essence, inconnus[4]. Cette incapacité des marchés financiers à donner la vraie valeur des titres est un élément fondamental de la crise des *subprimes*. Dans la phase d'euphorie, une bulle immobilière et une bulle du crédit se forment et s'entretiennent mutuellement (l'augmentation des prix de l'immobilier entraînent une augmentation de la demande de crédit pour acquérir des maisons, ce qui favorise encore la hausse des prix). Puisque les prix montent, les risques d'insolvabilité sont sous-estimés, l'euphorie spéculative se poursuit.

---

1 George Akerlof, Robert Shiller, *Les esprits animaux,* Pearson, 2009.

2 L'expression est empruntée à Keynes.

3 André Orléan, *De l'euphorie à la panique* : penser la crise financière, CEPREMAP, 2009.

4 Keynes l'avait montré à travers l'image du concours de beauté.

Les agents ne perçoivent pas la montée des risques puisqu'il est impossible d'évaluer la vraie valeur d'un actif. C'est « l'aveuglement au désastre[1] ». La titrisation a renforcé cet aveuglement en diluant les risques. Lorsque le marché s'est retourné, les conventions d'évaluation se sont retournées à la baisse avec la même incapacité à donner une valeur « vraie » aux titres.

DÉFINITION

Comportement mimétique : tendance à imiter le comportement des autres. Sur les marchés de capitaux et sur les marchés des changes, ces comportements s'expliquent par le manque d'information et conduisent à la formation des bulles et à leur éclatement.

3 De la crise financière à la crise de l'économie réelle

Il arrive que des crises se cantonnent à la sphère financière sans propagation grave à l'économie réelle (le krach boursier de 1987, le e-krach de 2000-2001), mais elles peuvent avoir des effets redoutables sur les échanges, la production, l'emploi. La propagation se fait par deux voies traduisant la perte de confiance.

3.1 Le *credit crunch* et l'effet de richesse

Face à la montée de l'incertitude, les banques peuvent augmenter les taux d'intérêt pour les clients présentant le plus de risque d'insolvabilité ou bien diminuer la quantité de crédits qu'elles accordent en resserrant les conditions d'octroi. Le *credit crunch* peut aussi résulter des difficultés que rencontrent les banques pour lever les fonds nécessaires à satisfaire la demande de crédits ou d'un manque de liquidité sur les marchés financiers, comme en 2008.

La perte de valeur des patrimoines (financiers, immobiliers) des ménages et des entreprises va pénaliser la croissance. Les agents peuvent être incités à augmenter leur épargne pour restaurer leur patrimoine (on l'observe surtout dans les pays où le financement se fait principalement par les marchés d'actions). Les apporteurs de capitaux vont exiger des dividendes plus élevés, au détriment de l'investissement, car ils n'espèrent plus de gains en capital sur leur portefeuille d'actions. Enfin, la valeur des patrimoines est souvent prise en compte par les banques qui exigent des garanties en contrepartie des crédits. Si cette valeur baisse, les banques réduiront leurs crédits surtout si les projets paraissent plus risqués.

3.2 La perte de confiance

En cas de crise, la confiance des agents se dégrade. Les ménages qui anticipent une augmentation du chômage, vont augmenter leur épargne de précaution et diminuer leur

1 Expression de Minsky.

consommation. La demande diminue, la production baisse ainsi que l'investissement, les licenciements augmentent. Les anticipations se réalisent. Après le krach de 2008, les indices de confiance des ménages et de climat des affaires[1] se sont fortement dégradés.

La crise de 2007-2008, c'est 55 000 milliards de dollars de richesse détruite, 202 millions de chômeurs dans le monde en 2013, 25 millions en Europe. Les États-Unis n'ont retrouvé le PIB par habitant de 2008 qu'en 2013, le Japon en 2014, l'Allemagne en 2010, les autres pays de l'euro-zone ne l'ont pas encore retrouvé[2].

Section 3 LA RÉGULATION FINANCIÈRE

Même si les économistes libéraux soulignent qu'il faut rendre l'économie plus capitaliste pour accroître la responsabilité des décideurs dans les banques et les entreprises afin de limiter les risques, les États sont intervenus après le déclenchement de la crise, d'abord par le sauvetage des banques et les politiques conjoncturelles puis des réformes structurelles afin d'éviter que de tels événements se reproduisent, mais ces réformes sont-elles suffisantes ?

DÉFINITION

Régulation : processus par lequel un système économique se reproduit dans le temps. Pour les libéraux, la régulation est assurée par les marchés, pour les keynésiens, par l'État. Pour l'école de la régulation ce sont les conventions et les institutions qui permettent la reproduction d'ensemble d'un système économique.

1 Les réformes structurelles

1.1 Les règles micro-prudentielles

Le comité de Bâle, créé en 1974 au sein de la BRI, cherche à définir des règles prudentielles que les banques commerciales doivent adopter, dès lors qu'elles sont transposées dans le droit de chaque État signataire. En 1988, les accords de Bâle I recommandent aux banques de respecter un ratio d'au moins 8 % entre les fonds propres et les actifs exposés au risque de crédit (ratio Cooke). En 2004, Bâle II renforce les règles prudentielles en élargissant la couverture aux risques de marché et opérationnels (ratio Mac Donough). Ces accords n'étaient pas encore entrés en application au moment du déclenchement de la crise des *subprimes*. En 2010, les accords de Bâle III renforcent les

[1] Deux indicateurs du moral des ménages et des entreprises calculés par l'Insee.

[2] Xavier Timbeau *et al.*, « Perspectives 2015-2017 », *Revue de l'OFCE*, n°144, décembre 2015.

exigences de fonds propres en définissant des fonds propres « durs » (de grande qualité) et mettent en place des ratios de liquidité. Pour inciter les banques à plus de prudence, elles devront garder dans leur bilan 5 % de leurs produits titrisés. Mais, sous la pression des lobbies bancaires, la mise en application est repoussée à 2019.

1.2 Le contrôle des banques

La séparation des activités bancaires entre les activités de dépôts et d'affaires avait été la mesure radicale prise par Franklin Roosevelt en 1933 avec le Glass-Steagall Act (voir chapitre 5). L'une des premières mesures prises par l'administration Obama après la crise a été de restaurer la séparation avec le Dodd-Frank Wall Street Reform and Consumer Protection Act. En matière de séparation des activités bancaires, cette loi est moins contraignante que celle de 1933, mais elle protège le contribuable américain en ne recourant plus au sauvetage sur fonds publics et en protégeant les consommateurs de pratiques financières abusives. Elle limite par ailleurs la concentration bancaire.

En Angleterre, les mesures préconisées par la commission Vickers devraient entrer en application en 2019. En France, la loi de séparation et de régulation des activités bancaires, promulguée en 2013, vise à isoler les opérations spéculatives des banques, à renforcer les pouvoirs des autorités de contrôle, à encadrer les rémunérations des dirigeants et des traders et à lutter contre l'évasion fiscale et le blanchiment des capitaux[1], mais cette séparation bancaire est très limitée.

En Europe, à la suite du rapport Liikanen de 2012, l'union bancaire est mise en place progressivement à partir de 2014. La BCE supervisera directement des groupes bancaires représentant 85 % des actifs bancaires européens (*stress test*, etc.), un fonds de résolution unique, abondé par les banques, est créé, pour leur venir en aide sans recourir à des fonds publics, les dépôts sont garantis jusqu'à 100 000 euros.

1.3 Les interventions au niveau mondial

Des mesures prises au niveau d'un État ou d'une région sont insuffisantes dans un monde globalisé, une régulation mondiale est nécessaire. Pour que le FMI puisse venir en aide aux pays en difficulté, ses moyens ont été renforcés, avec une augmentation de la dotation en DTS. Le Conseil de stabilité financière, qui rassemble les principales autorités financières nationales, le FMI, la Banque mondiale, a été créé en 2009. Il a pour fonction de détecter les zones de vulnérabilité du système financier mondial, d'élaborer des régulations et de coordonner les travaux des différentes institutions qui participent à la régulation financière au niveau national ou international. Il a initialisé en 2015 le projet TLAC[2] qui devrait imposer, à partir de 2019, aux très grandes banques connectées avec d'autres acteurs financiers, un ratio de solvabilité plus élevé que celui de Bâle III.

1 « Régulation, ce qu'il faut retenir de la loi bancaire » : www.lafinancepourtous.com

2 *Total loss absorbing capacity.*

Financement

2 Des fragilités persistantes

2.1 Les risques des politiques monétaires

Les politiques monétaires font peser de nouveaux risques. D'une part, le risque d'aléa moral : si les banques sont sauvées systématiquement, elles ne seront pas incitées à être plus prudentes. D'autre part, les liquidités qui ont été injectées massivement par les banques centrales alimentent la spéculation faute de perspective d'investissements productifs. Cela crée les conditions d'émergence d'une nouvelle crise financière.

2.2 Les insuffisances des politiques structurelles

Les mesures de régulation sont fort utiles mais ne vont sans doute pas assez loin. Aucune mesure ne sépare de manière radicale les activités bancaires traditionnelles des activités spéculatives du *shadow banking*[1]. Or celui-ci ne cesse de s'étendre. Le CSF estimait ces activités à 26 000 milliards de dollars en 2002 et à 75 000 milliards en 2014. Ces activités de financement qui échappent à toute réglementation bancaire représentent 12 % du PIB mondial[2].

D'autres questions cruciales sont restées sans réponse ou connaissent des avancées modestes. Ainsi, quasiment rien n'a été fait contre les paradis fiscaux[3] par lesquels transitent près de 50 % des flux internationaux de capitaux et qui sont l'un des rouages de la finance de l'ombre. Tout au plus l'OCDE a-t-elle classé les paradis fiscaux sur une liste noire ou grise. Il y a eu peu d'avancées sur la transparence, et sur la fiscalité[4]. Les marchés de gré à gré, totalement opaques, devraient être encadrés, comme la titrisation.

Il y a peu d'avancée sur l'encadrement des rémunérations des traders et des dirigeants d'entreprises, or les bonus et autres parachutes dorés sont déconnectés de toute réalité économique et conduisent à une hausse des cours boursiers qui n'ont rien à voir avec la valeur réelle des entreprises. Les propositions de faire entrer des personnes extérieures à l'entreprise ou des représentants des salariés, dans les conseils d'administration ont eu peu de succès. Les avancées sur la taxe sur les transactions financières réclamée par James Tobin en 1972 dès la fin du système de Bretton Woods sont très lentes, même si elle a été relayée par Attac[5] dès 1998. La proposition a encore été rejetée par les États-Unis, la Grande-Bretagne et les principales places financières internationales en 2010.

---

[1] Jézabel Couppey-Soubeyran, *Blabla banque : le discours de l'inactio*n, Michalon, 2015.

[2] Source : Conseil de stabilité financière

[3] L'OCDE retient quatre critères pour définir un paradis fiscal : une fiscalité faible ou nulle, le secret bancaire et une absence de transparence, l'absence d'échanges d'information avec les pays tiers, l'absence d'activité économique réelle. L'OCDE a recensé une centaine de paradis fiscaux dans le monde, dont une dizaine en Europe.

[4] En octobre 2015, un accord a été signé entre 62 pays sous l'égide de l'OCDE, pour négocier un traité visant à mettre fin à l'optimisation fiscale des FMN.

[5] Association pour la taxation des transactions financières et l'aide aux citoyens.

Elle tarde à se mettre en place en Europe[1]. Peu de réflexions sont menées sur les nouvelles technologies de l'information et de la communication, alors qu'une nouvelle crise pourrait émerger du *big data*[2].

La réglementation se met en place très lentement, avec des zones d'ombre qui sont des failles d'où peuvent émerger de nouvelles crises financières. Pour certains économistes hétérodoxes, la simple régulation financière ne saurait suffire à éviter les crises, car les marchés sont foncièrement instables. Ils préconisent une « définanciarisation » de l'économie c'est-à-dire « un mouvement qui cesse de poser les marchés financiers au cœur de la formation de la valeur économique »[3].

Savoir-faire

Construire une problématique

Une dissertation est un exercice codifié qui vise à construire une démonstration littéraire. Cette démonstration doit être cohérente et convaincante. Face à un sujet, il convient donc de savoir ce que l'on veut démontrer c'est l'enjeu de la problématique. Revol et Etienne précisent : problématiser, « c'est l'art de poser les questions pertinentes, celles susceptibles de faire émerger des débats féconds [...] tout libellé de dissertation doit donc pouvoir être reformulé sous forme d'une ou plusieurs questions articulées. C'est le premier temps de la problématique. Le second temps consistera à organiser une stratégie argumentative permettant de répondre de manière cohérente à l'ensemble de ces questions ». Autrement dit, la problématique guide le plan en montrant l'intérêt du sujet et, le cas échéant, son actualité.

La problématique est un temps essentiel, incontournable de la dissertation qui, en posant les bonnes questions, permet de clarifier ce que l'on veut démontrer, et la manière de le faire à travers le plan choisi. La conclusion doit répondre à la problématique.

Les sujets peuvent être formulés sans problématique apparente : « Les crises financières », sans problématique explicite « Finance et régulation » ou avec une problématique explicite : « Peut-on réguler la finance ? ». Il convient de bien lire le sujet car une petite variation dans le libellé peut entraîner des manières différentes de le traiter.

Exemple de sujet à problématique implicite : « Finance et régulation »

Après avoir défini les termes du sujet (la finance, la régulation) des questions émergent. Quels sont les liens entre ces deux notions ? Les marchés financiers

☞

[1] La mise en place de la taxe Tobin est discutée en Europe depuis 2011. Votée en France en octobre 2015, elle devrait entrer en application au 31 décembre 2016, si elle est adoptée par onze pays de la zone euro. Elle s'appliquera sur chaque opération financière 50% des recettes seront affectées à l'aide au développement.

[2] Dominique Christian, « Rapport moral sur l'argent dans le monde », Association d'économie financière, 2014.

[3] André Orléan, « Entretien », *Revue de la régulation*, n° 14, 2013.

sont-ils capables de s'autoréguler ? La régulation améliore-t-elle l'efficacité des modes de financement ? Les crises financières naissent-elles de l'insuffisance de régulation ou de l'excès de régulation ? Les formes de la régulation font-elles naître certains types de crises ? Les marchés financiers innovent-ils pour contourner la régulation ?

Le plan suivant peut découler de ces différentes questions : « Nous verrons, dans un premier temps, si la finance a besoin de régulation, puis nous analyserons comment la régulation modifie la finance. »

Lorsque dans un sujet figure la conjonction de coordination « et », il ne faut jamais traiter les deux termes séparément, mais, suivant le sujet, les comparer, faire apparaître les différences et les ressemblances, faire apparaître des interactions, des complémentarités, des corrélations, des oppositions, des incompatibilités (ou au contraire) des compatibilités.

Exemple de sujet à problématique explicite : « Peut-on réguler la finance ? »

C'est un sujet proche du précédent, mais plus restreint. L'accent doit être mis sur le verbe « pouvoir » c'est-à-dire sur la capacité et la possibilité d'agir. Ces possibilités et capacités concernent aussi bien l'action des autorités financières sur les marchés et les institutions financières que les capacités des institutions à faire face aux réglementations. On peut alors reformuler la problématique, en l'explicitant. Par exemple, ici : des États ont-ils des moyens d'encadrer la finance ?

Questions de réflexion

1 ■ Instabilité financière et régulation.
2 ■ Qu'est-ce que la globalisation financière ?
3 ■ Comment expliquer les crises financières ?
4 ■ Comment une crise financière se propage-t-elle à l'économie réelle ?
5 ■ Les marchés financiers sont-ils efficients ?

Bibliographie

- Christian de Boissieu, Jézabel Couppey-Soubeyran, *Les systèmes financiers*, Economica, 2013.
- Charles Kindelberger, *Histoire mondiale de la spéculation financière*, Valor, 2004.
- Paul Krugman, *Pourquoi les crises reviennent toujours*, Points, 2014.
- Michel Aglietta, Sandra Rigot, *Crise et rénovation de la finance*, Odile Jacob, 2009.
- Robert Boyer, *Les financiers détruiront-ils le capitalisme ?*, Economica, 2011.

Chapitre

D La sensibilisation : donner du sens aux apprentissages

OBJECTIFS

- Présenter les objectifs de la sensibilisation et montrer son intérêt pédagogique
- Comprendre comment construire une sensibilisation

SOMMAIRE

Section 1 Pourquoi passer par une phase de sensibilisation ?

Section 2 Faire émerger les représentations pour enseigner la monnaie

Le mot « sensibilisation » est présent à de nombreuses reprises dans les programmes de sciences économiques et sociales. On le trouve aussi bien dans l'enseignement d'exploration de Seconde (*Bulletin officiel spécial,* n° 4, 29 avril 2010) que dans celui de Première et de Terminale (*Bulletin officiel*, n° 21, 23 mai 2013 pour les aménagements).

Les concepteurs des programmes recommandent de décomposer le cours en deux parties :
- une phase de sensibilisation « permettant de susciter la curiosité des élèves » ; phase située au début du cours et qui permet d'agir sur leur motivation à apprendre ;
- une phase d'analyse « permettant de montrer comment la mobilisation de notions, outils et modes de raisonnement spécifiques à la discipline concernée permet d'accéder à une meilleure compréhension des phénomènes étudiés et d'apporter une réponse rigoureuse à la question ».

La phase de sensibilisation a donc « pour objectif d'ancrer chaque question sur des données concrètes en partant de supports variés (jeux, études de cas, comptes rendus d'enquêtes, tableaux statistiques, graphiques, documents iconographiques et audiovisuels) ».

La lecture des manuels va aussi dans le sens de cette recommandation officielle. Il suffit d'ouvrir n'importe quel manuel de SES pour y trouver, au début de chaque chapitre, des pages de sensibilisation proposant des images, des statistiques ou encore des textes destinés à provoquer la curiosité des élèves et à faire émerger les représentations.

Dans leurs pratiques de cours, depuis longtemps, les enseignants de sciences économiques et sociales proposent cette sensibilisation durant un temps plus ou moins long en introduction d'un chapitre nouveau. En plus des supports déjà cités, ils peuvent aussi utiliser des documents audiovisuels afin de donner à voir aux élèves une réalité qu'ils ne connaissent pas forcément, provoquer des questionnements ou encore faire le lien avec l'actualité.

Section 1 POURQUOI PASSER PAR UNE PHASE DE SENSIBILISATION ?

Si le découpage explicite en deux parties (sensibilisation/analyse) est relativement nouveau dans les programmes, la pratique, on vient de l'évoquer, est ancienne. Tous les enseignants savent bien que pour pouvoir faire apprendre, il faut rassembler un certain nombre de préalables.

J'APPRENDS SI...

- je suis motivé
- j'y trouve un plus
- j'y trouve du plaisir
- je suis en confiance
- je suis libre…
- je suis concerné, interpellé…
- je prends appui sur mes conceptions
- …

Si l'on veut « enrôler » les élèves dans les apprentissages, il faut évidemment qu'ils y trouvent de l'intérêt. Celui-ci peut résulter d'une énigme didactique qui donne envie d'approfondir et de la résoudre, c'est ce qu'on appelle aussi une « situation-problème ». Selon Philippe Meirieu, dans une situation-problème, « Un sujet, en effectuant une tâche, s'affronte à un obstacle. » Cet obstacle est le plus souvent une « énigme » didactique. Les élèves perçoivent la situation qui leur est proposée comme une véritable énigme à résoudre, dans laquelle ils sont en mesure de s'investir (voir chapitre E).

L'intérêt peut aussi résulter également d'une mise en perspective avec l'actualité ou le vécu des élèves. Le rôle de l'enseignant est donc de créer une situation mobilisatrice, porteuse de sens, qui provoque une activité dans laquelle l'apprenant s'implique personnellement et durablement.

Mais la sensibilisation passe aussi par la confiance. Pour pouvoir apprendre, il faut que ce qui est proposé par l'enseignant soit jugé atteignable et ne désoriente pas complètement les élèves. Dans le vocabulaire des sciences de l'éducation, on dira qu'on sollicitera l'apprenant dans sa zone de proche développement[1]. Quelquefois des activités, des documents proposés jugés trop déstabilisants peuvent être rejetés par les élèves qui y voient une menace pour leur identité, leur sécurité, ou la cohésion et la solidarité du groupe-classe.

La sensibilisation repose aussi sur l'échange. Les interactions aident l'apprentissage. On apprend plus facilement si on a l'occasion d'échanger avec les autres dès cette première phase de sensibilisation. Confronter des points de vue, prendre conscience de ses propres représentations sont des étapes importantes dans une démarche active.

1 Partir des prénotions

La sensibilisation peut servir à faire émerger les représentations des élèves sur le sujet en question. Ils arrivent en cours munis de prénotions sur ce qu'est une entreprise, une famille, sur la consommation, sur la manière dont se crée la monnaie et bien d'autres choses encore.

Les prénotions, représentations spontanées préconçues que l'on se fait de la réalité avant de réfléchir scientifiquement ne sont pas nécessairement des « erreurs » mais un état de la connaissance des individus à un stade donné de leur développement cognitif. Durkheim insistait sur la nécessité d'écarter les prénotions afin d'étudier sociologiquement un objet. Au contraire, une opinion désigne, ce qui, sur un sujet déterminé, reçoit l'adhésion d'un sujet et s'appuie sur un jugement de valeur.

Peut-on ignorer ces représentations des élèves ? Si on les ignore, on risque de les voir ressurgir autrement. Les élèves sauront quelle est la bonne réponse qu'ils devront fournir pour satisfaire le professeur (et avoir une bonne note) mais leurs représentations ne seront pas modifiées pour autant. Il faut donc faire émerger les représentations pour plusieurs raisons. D'abord parce que c'est un moyen de comprendre l'origine d'une partie de leurs erreurs. Mais surtout parce que les identifier peut permettre de les dépasser. Selon la belle formule du didacticien des sciences André Giordan, il faut « faire avec pour aller contre ».

Concrètement, on peut partir des prénotions de différentes manières :

- Un des moyens les plus utilisés en SES, notamment dans les manuels, est de faire réagir les élèves à partir d'images. Par exemple, on présentera des images d'activités humaines diverses et on demandera aux élèves de dire si, pour eux, il s'agit d'un travail ou d'un emploi ou une autre activité. On peut aussi travailler à partir de représentations d'entreprises ou d'autres formes d'organisations productives. Les exemples sont nombreux.
- Les questionnaires de formes diverses peuvent être aussi un bon moyen de faire émerger les représentations. On peut avoir un vrai/faux ou un questionnaire à choix multiples (QCM) qui permettent de comparer les réponses et de susciter ensuite l'envie d'approfondir.
- Une autre forme de questionnaire est le Q-Sort. Il s'agit d'un questionnaire construit avec des affirmations diverses sur un thème. Ces affirmations représentent plusieurs

[1] Lev S. Vygotsky, *Mind in Society: The development of higher psychological processes*, 1978.

opinions ou attitudes possibles et on demande, lors de la passation, de se positionner en adhésion (Je suis d'accord, plutôt d'accord) ou en opposition (Je ne suis pas d'accord, plutôt pas d'accord). C'est un moyen simple de faire émerger alors la diversité des positionnements sur un sujet au sein d'un groupe.

2 Donner du sens

Cette expression est utilisée bien souvent à tort et à travers dans les débats sur les mécanismes d'apprentissage des élèves. Pourtant, elle peut avoir une dimension très concrète. Elle est en tout cas indispensable pour agir sur la motivation à apprendre.

Pour apprendre durablement, il importe de susciter de l'intérêt et de sortir d'une vision strictement utilitaire de l'acte d'apprendre (j'apprends pour réussir à l'école). « Apprendre, c'est investir du désir dans un objet de savoir » dit Sigmund Freud. Pour Philippe Perrenoud[1], donner du sens aux apprentissages mobilise plusieurs compétences pour l'enseignant : « susciter le désir d'apprendre, expliciter le rapport au savoir, le sens du travail scolaire et développer la capacité d'auto-évaluation chez l'enfant ».

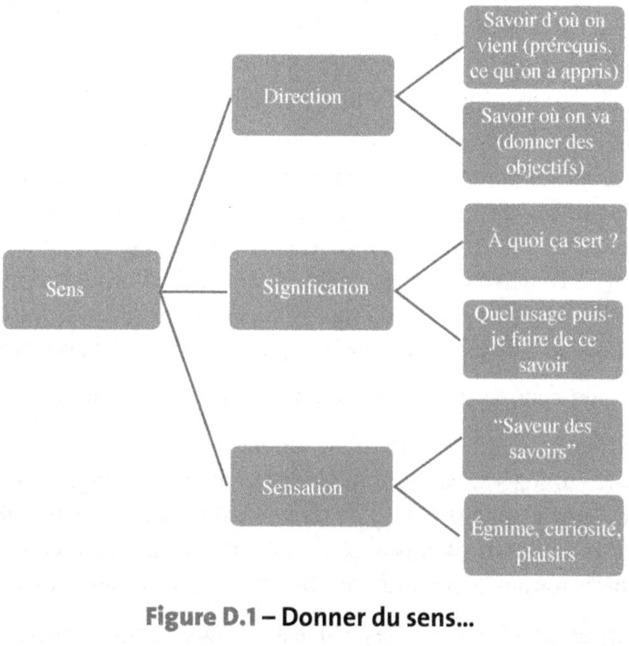

Figure D.1 – Donner du sens…

Au lieu d'exposer le savoir comme un contenu qu'il suffirait de présenter pour que les élèves y trouvent de l'intérêt, l'enseignant doit le contextualiser, le problématiser et même y introduire une dimension ludique ou (osons le mot) de plaisir. C'est souvent la condition pour engager les élèves dans une démarche d'apprentissage.

[1] Philippe Perrenoud, *Dix nouvelles compétences pour enseigner*, ESF, 2006.

Dans une discipline telle que les sciences économiques et sociales, « contextualiser » signifie le plus souvent qu'on va faire le lien avec l'actualité et les débats associés au thème que l'on va étudier afin d'en montrer l'intérêt aux élèves. Mais ce peut-être aussi évoquer quels usages on peut faire de ce que l'on va étudier. Problématiser suppose évidemment un questionnement. La sensibilisation passe alors par une question à laquelle le reste du cours va permettre de répondre.

On parle d'énigme didactique ou d'objectif-obstacle pour désigner ainsi une question qui est destinée non seulement à susciter la curiosité mais aussi à favoriser ensuite les apprentissages afin de dépasser les représentations initiales et le sens commun. Ainsi, on peut se demander si les chômeurs sont des inactifs ou bien encore si les entreprises sont les seules à produire.

Ce type de questionnement est de nature à enclencher un réel « conflit socio-cognitif ». En d'autres termes : à amener les élèves à questionner leur jugement premier et à aller chercher des éléments de connaissance pour préciser l'analyse.

Sur un plan pédagogique, « donner du sens » a donc… du sens. Il ne s'agit pas forcément de proposer des savoirs directement transposables dans la vie quotidienne. Ce n'est pas l'enjeu de l'enseignement des sciences économiques et sociales. Ce souci de sensibilisation et de se préoccuper du sens de ce qu'on enseigne peut aussi être pris dans une acception plus large. Cela peut être, tout simplement, mettre en avant le plaisir d'apprendre et la capacité à comprendre le monde. Et cela veut dire que la sensibilisation passe aussi par l'enthousiasme de l'enseignant et sa capacité à le faire partager.

Section 2 FAIRE ÉMERGER LES REPRÉSENTATIONS POUR ENSEIGNER LA MONNAIE

S'il est un domaine où il faut se méfier du « sens commun », c'est bien celui des phénomènes monétaires. Il ne faut pas prendre tout ce que nous dit la sagesse populaire pour argent comptant… La sensibilisation passe donc par un travail sur les représentations et par la mise en avant de questions nouvelles.

Les élèves et l'opinion publique ont souvent une conception substantialiste de la monnaie : la monnaie est raccrochée à une contrepartie matérielle sous forme de métaux précieux. Difficile de considérer qu'elle est en fait la contrepartie de richesses futures et que sa principale forme est aujourd'hui la monnaie scripturale.

Le mécanisme de création de la monnaie est également source de difficultés pour les élèves. Faire comprendre que « les crédits font les dépôts » (et non l'inverse) est une des principales difficultés de notre enseignement.

La troisième difficulté est liée à la confusion entre monnaie et moyens de paiement. La carte de crédit, le chèque, ne sont pas de la monnaie mais simplement les « moyens de transport » de la monnaie scripturale d'un compte à un autre.

Activité 1. Les formes de monnaie

On peut donc commencer une séquence de cours par une phase de sensibilisation avec un support qui permette aux élèves de s'exprimer sur leurs représentations. Plusieurs moyens sont possibles et utilisés dans les manuels de sciences économiques et sociales. On peut partir d'images ou de photographies présentant une diversité de situations. Ce dispositif est particulièrement adapté à la question de la consommation (programme de Seconde) mais on peut aussi l'adapter à la question de la monnaie. On peut aussi demander aux élèves de voir les points communs et les différences entre ces différentes formes.

Images = une carte de crédit, des coquillages, une pièce d'un euro, la représentation d'un lingot d'or, une vieille pièce de monnaie, une action, un billet de Monopoly, une carte de chèque déjeuner

Questions : Remplissez le tableau suivant

Exemples proposés	Monnaie ou non	Types de monnaie
Un chéquier		
Une carte bleue		
Un coquillage		
Un billet de banque		
Une pièce d'un euro		
Une pièce ancienne		
De l'or		
Une action		
Un billet de Monopoly		
Une carte chèque-déjeuner		

Corrigé

Exemples proposés	Monnaie ou non	Explications
Un chéquier	Non	Il s'agit d'un moyen de paiement qui véhicule la monnaie scripturale
Une carte bleue	Non	Il s'agit d'un moyen de paiement qui véhicule la monnaie scripturale
Un coquillage	Oui… et non	Dans certaines civilisations, le coquillage a fait office de monnaie
Un billet de banque	Oui	Il s'agit d'une monnaie fiduciaire. C'est une monnaie car tout le monde a confiance dans le fait qu'elle soit acceptée par tous
Une pièce d'un euro	Oui	Il s'agit d'une monnaie fiduciaire. Il faut noter que la valeur faciale ne correspond pas à la valeur du métal
Une pièce ancienne	Oui… et non	Ce n'est plus une monnaie aujourd'hui. Monnaie métallique
De l'or	Non	L'or a été pendant longtemps une contrepartie de la monnaie qui déterminait sa valeur
Une action	Non	Une action est un titre de propriété d'une entreprise. Elle peut être vendue ou échangée mais elle n'est pas reconnue comme un moyen de paiement

☞

Exemples proposés	Monnaie ou non	Explications
Un billet de Monopoly	Non	Dans une partie de Monopoly, tous les joueurs sont d'accord pour considérer que cela règle leurs échanges. Mais cela s'arrête à la fin de la partie !
Une carte chèque-déjeuner	Oui… et non	Quand vous utilisez votre carte bancaire classique, c'est en réalité l'argent placé sur votre compte que vous dépensez, de telle sorte que si vous détruisez votre carte bancaire, il n'y a aucune destruction d'argent. À l'inverse, avec ce type de carte la monnaie est contenue dans le support, tout comme pour les billets de banque ; il s'agit donc de monnaie « électronique ». Mais ce mode de paiement n'est pas universel. Il est limité aux commerces qui l'acceptent

Activité 2

On peut aussi s'appuyer sur un autre dispositif construit autour de plusieurs types de questionnaires. Il s'agit dans le premier de choisir des mots et de construire une « galaxie » de mots autour de la monnaie. Dans le deuxième questionnaire, il s'agit de questions à choix multiples (QCM). Le troisième questionnaire est un « Q-Sort »[1].

Ces formes de questionnaires peuvent être évidemment utilisées dans d'autres chapitres de cours. Un exercice de préparation au concours pourrait d'ailleurs consister à adapter ce système à un autre chapitre. Par exemple : l'entreprise ou la consommation. À vous de jouer !

Questionnaire 1

Que savez-vous de la monnaie ?

Voici une série de 40 mots avec lesquels on peut associer le mot « monnaie »

Choisissez parmi cette liste les mots qui vous semblent, selon vous, aller le mieux avec votre propre vision de la monnaie. Vous pouvez également essayer de les classer par « familles » de mots…

Achats	Confiance	Financement	Placements
Argent	Consommation	Fluctuation	Pouvoir
Banque	Cours	Inflation	Pouvoir d'achat
Banque de France	Devise	Liberté	Réserves
BCE	Dépense	Liquidité	Richesses
Billets	Dévaluation	Marché	Taux d'intérêt
Bourse	Dollar	Moyen d'échange	Taux de change
Chèque	Économie	Moyen de paiement	Travail
Coffre	Épargne	Or	Troc
Commerce	Euro	Pièces	Valeur
Vente			

[1] Exercices inspirés d'Alain Legardez, Maurice Parodi, Yannick Kerignard "Nouvelles technologies et didactique des sciences économiques et sociales" (rapport de recherche) CERPE - INRP 1992. Repris dans Alain Beitone, Alain Leardez, « La monnaie et ses représentations ; éléments pour une stratégie didactique en économie », *Travaux en didactique des sciences économiques et des sciences sociales*, Publications de l'Université de Provence, 1997, p. 289-310.

Questionnaire 2

À votre avis sur quoi repose la valeur de la monnaie ? *(Autrement dit : qu'est-ce qui fait qu'elle est acceptée en échange de produits, de travail, etc.)*

Parmi les propositions énumérées, cochez celles qui vous paraissent vraies (plusieurs réponses possibles).

Les richesses naturelles	
Un accord entre individus	
La production d'un pays	
La confiance	
Le travail	
Les échanges internationaux	
L'or et les métaux précieux	
Les échanges de biens et de services	
Une décision de l'État	
Un accord entre chefs d'États	

Questionnaire 3

Comment crée-t-on de la monnaie en France aujourd'hui ?

…et qui crée de la monnaie ?

Cochez les cases qui correspondent à une réponse juste (selon vous) et classez-les par ordre d'importance.

	Vrai	*Ordre d'importance*
1. La Banque de France en imprimant des billets		
2. Les ménages et les entreprises en jouant en bourse		
3. Les ménages en tirant des chèques sur un compte approvisionné		
4. Les banques en accordant des crédits à l'économie		
5. Les ménages en épargnant		
6. Les entreprises et l'État en produisant de l'or		
7. Les entreprises en exportant et en augmentant les réserves de devises		
8. Le trésor public en fabriquant des pièces de monnaie		
9. Le gouvernement par le budget de l'État		
10. Les banques en fournissant des carnets de chèques		
11. Les ménages en travaillant		
12. Les ménages en empruntant		
13. Le Loto en distribuant les gains aux joueurs		
14. La Banque centrale européenne en décidant du taux d'intérêt		

Corrigé

Dans le cas du premier questionnaire, on pourra repérer si les élèves mettent en avant des mots associés à une dimension matérielle (argent, coffre, or, etc.) ou alors à ce qui selon eux fonde la monnaie (confiance, réserves, richesses, etc.) ou encore aux finalités (achat, consommation, épargne, financement, etc.). À partir de cette liste et des mots qui seront revenus le plus souvent on peut ainsi dresser un portrait des prénotions de la classe. On peut aussi demander aux élèves de construire une définition ou un texte avec les mots qu'ils auront choisis.

Le deuxième questionnaire s'intéresse plus précisément aux contreparties de la monnaie, autrement dit, ce qui fonde la valeur de la monnaie. On y confronte une vision substantialiste et une vision conventionnaliste. Il faut toutefois se méfier de nos représentations (d'enseignants) sur les... représentations (des élèves) ! Alain Legardez montre dans une étude[1] qu'avant un cours sur la monnaie, environ un tiers des élèves répond que l'or ou les richesses naturelles sont les garants de la valeur de la monnaie ; par contre, ils sont moins d'un quart pour « l'or » et seulement 13 % pour les « richesses naturelles », après le cours. Par ailleurs, plus de la moitié des élèves ont des réponses conventionnalistes avant le cours (« décision de l'État »), et même deux tiers pour « conventions entre individus » ; ces chiffres montent jusqu'à 60 % et 3/4 dans les réponses après le cours. Or, la première enquête menée auprès des professeurs des classes enquêtées, montrait que les enseignants pensaient que 75 % de leurs élèves auraient répondu « métaux précieux » et autant « richesses naturelles », alors qu'ils pensaient que seuls 25 % auraient choisi « conventions » avant le cours sur la monnaie.

Le troisième questionnaire peut permettre de faire réfléchir les élèves sur la création monétaire. Le mot est pris au pied de la lettre quand on évoque la fabrication des pièces ou des billets. Mais il est assez facile de montrer aux élèves que ce n'est qu'une faible partie de la monnaie qui est concernée. Il est possible aussi d'éliminer un certain nombre de phrases farfelues et d'orienter la réflexion vers l'octroi de crédits. Un des usages de ce questionnaire peut être de comparer les réponses données aux questions avant et après le cours.

Bibliographie

- Jean-Pierre Astolfi, *La saveur des savoirs*, ESF, 2008.
- Yves Chevallard, *La transposition didactique,* La pensée sauvage, 1985.
- Christine Dollo, « Épistémologie et didactique en sciences économiques et sociales », *Recherche et formation*, n° 60, 2009.

[1] Alain Legardez, Nicole Lebatteux, « La représentation des savoirs préalables des élèves par les enseignants et leurs anticipations des effets de leur enseignement; exemple de méthodologie : les questionnaires croisés », *in* Michel Perraudeau, Isabelle Vinatier (dir.), *Former des enseignants professionnels : savoirs et compétences*, IUFM Pays-de-la-Loire, 2005.

Chapitre

E La sensibilisation : créer une situation-problème

OBJECTIFS

- Présenter un type particulier de sensibilisation : la situation-problème
- Présenter des exemples de mise en situation

SOMMAIRE

SECTION 1 **La situation-problème comme outil de sensibilisation**

SECTION 2 **Créer des situations-problèmes pour enseigner la monnaie**

La phase de sensibilisation peut être assimilée à une simple introduction destinée à « ouvrir l'appétit » des élèves et à formuler une question à laquelle on répondra dans la seconde partie du cours. Mais la sensibilisation peut être bien plus que cela. On peut construire une situation qui permette d'engager les élèves dans les apprentissages d'une manière plus globale et plus motivante.

Dans la tradition didactique des sciences économiques et sociales qui se situe dans une perspective socio-constructiviste, il s'agit de créer des « situations-problèmes » pour créer les conditions de la mise en activité intellectuelle des élèves.

Section 1 LA SITUATION-PROBLÈME COMME OUTIL DE SENSIBILISATION

1 Partir des représentations...

Dans un cours quel qu'il soit, les professeurs cherchent à faire acquérir aux élèves les connaissances prescrites par les programmes et selon la progression et les objectifs qu'ils ont définis. Mais en SES – comme d'ailleurs dans les autres disciplines –, les élèves arrivent avec une première connaissance de ce monde social qu'il s'agit d'étudier. C'est ce qu'on appelle les représentations ou les prénotions qui ont été évoquées dans le chapitre précédent. La sensibilisation peut avoir plusieurs objectifs. Un de ceux-ci peut être de construire une situation-problème en partant des représentations. Il faut que les activités présentent certaines caractéristiques pour que cette sensibilisation soit réussie.

2 ... pour construire des « situations-problèmes »

Tout un courant de recherche psycho-pédagogique, le socio-constructivisme, a montré que le processus d'apprentissage est d'abord un processus de socialisation. Selon cette approche, il n'y a pas d'apprentissage sans « désapprentissage » (analogue à un processus de « destruction créatrice ») : il faut remplacer l'ancien par le nouveau, les savoirs immédiats par les savoirs valides (au plan scientifique) dans une sorte de processus d'acculturation.

Une fois les représentations exprimées, les tenants d'une approche constructiviste insistent donc sur le rôle des « situations-problèmes ». Construites par l'enseignant, ces situations pédagogiques visent à confronter les élèves aux limites de leurs connaissances antérieures. Il se crée alors un conflit cognitif, dans lequel l'élève s'aperçoit par lui-même de l'insuffisance de ce qu'il « sait déjà » et de la nécessité de nouvelles connaissances.

Pour construire ce type de situation, on peut poursuivre de différentes manières.

Le premier moyen consiste à partir du conflit des expériences en les faisant s'exprimer en classe : les désaccords déstabilisent les représentations immédiates et le débat rend l'apprentissage plus motivant parce qu'il se passe quelque chose en classe.

Un dossier de documents peut jouer aussi ce rôle déstabilisateur s'il est organisé de façon à présenter des contradictions. Ces documents doivent être en opposition au moins partielle avec la représentation que l'on veut ébranler.

Plus globalement, ces différents supports de réflexion vont permettre de proposer des énigmes, c'est-à-dire faire en sorte que les connaissances à acquérir deviennent des objets de découverte, des mystères à éclaircir comme dans une énigme policière. On cherche ainsi à susciter la curiosité et d'une certaine manière de la motivation et du plaisir à apprendre.

Une situation-problème est alors plus stimulante qu'une situation d'apprentissage traditionnelle. L'élève est acteur dans la situation d'apprentissage, mais, plus encore, il en fait une affaire « personnelle ». C'est dans *Apprendre... oui mais comment* en 1987 que Philippe Meirieu a formalisé le concept de situation-problème auquel il consacre, à la fin de l'ouvrage, un guide méthodologique détaillé[1].

3 Les caractéristiques de la situation-problème

D'autres auteurs ont également contribué à en affiner les caractéristiques :

- la situation-problème doit permettre à l'élève de formuler des hypothèses ;
- elle doit le contraindre à expliciter ses représentations ;
- elle doit revêtir un caractère énigmatique et susciter le besoin de résoudre le problème qui devient « leur affaire » (ce qu'on appelle la dévolution) ;
- l'élève ne doit pas avoir au départ les instruments de la résolution mais celle-ci doit être à sa portée ;
- les formulations successives de l'élève guidées par l'enseignant doivent lui révéler l'écart entre ses représentations et les faits ;
- la résolution doit déboucher sur un savoir d'ordre général (notion, concept, savoir-faire, compétence, etc.) ;
- à la fin du dispositif, on peut passer par une phase de métacognition (faire prendre conscience aux élèves de ce qu'on a appris et de la manière dont on a appris).

Focus

La situation-problème selon Meirieu

La situation-problème : créer un obstacle à franchir

« Un sujet, en effectuant une tâche, s'affronte à un obstacle. »

1. Le sujet est orienté par la tâche, le formateur par l'obstacle.
2. Le franchissement de l'obstacle doit représenter un palier dans le développement cognitif du sujet.
3. L'obstacle est franchi si les matériaux fournis et les consignes données suscitent l'opération mentale requise.
4. Pour effectuer une même opération mentale, chacun doit pouvoir utiliser une stratégie différente.
5. La conception et la mise en œuvre de la situation-problème doivent être régulées par un ensemble de dispositifs d'évaluation.

Ce n'est pas une « pédagogie de la réponse » mais une « pédagogie du problème ».

☞

[1] Philippe Meirieu, Apprendre... *Oui, mais comment ?*, ESF, 1990. Cet ouvrage présente en annexe un « guide méthodologique pour l'élaboration d'une situation problème ».

☞

Questions à se poser avant l'élaboration d'une situation-problème

- Quel est mon objectif ? Qu'est-ce que je veux faire acquérir à l'apprenant qui représente pour lui un palier de progression important ?
- Quelle tâche puis-je proposer qui requière, pour être menée à bien, l'accès à cet objectif (communication, reconstitution, énigme, réparation, résolution, etc.) ?
- Quel dispositif dois-je mettre en place pour que l'activité mentale permette, en réalisant la tâche, l'accès à l'objectif ?
  – Quel matériau, documents, outils dois-je réunir ?
  – Quelle consigne, but dois-je donner pour que les apprenants traitent les matériaux pour accomplir la tâche ?
  – Quelles contraintes faut-il introduire pour empêcher les sujets de contourner l'apprentissage ?
- Quelles activités puis-je proposer qui permettent de négocier le dispositif selon diverses stratégies ? Comment varier les outils, démarches, degrés de guidage, modalités de regroupement ?

Chercher à mettre en énigme le savoir est une tâche très difficile et construire une situation-problème motivante n'est pas toujours couronné de succès. Si les élèves ne sont pas déjà sensibilisés à la question traitée, si celle-ci ne fait pas sens, la démarche de questionnement peut tourner court. Par ailleurs, le poids des représentations initiales peut être tel qu'il peut empêcher les élèves de les remettre en question car ce serait trop déstabilisant.

Le recours au débat et à la confrontation des représentations peut conduire aussi à laisser penser que « tout se vaut » et à placer le savoir de l'enseignant au même niveau que les prénotions des élèves. Il faut prendre garde à ne pas tomber dans un excès de relativisme. Et on tombe alors dans un autre danger qui conduirait à imposer la parole de l'enseignant avec un argument d'autorité. Ce qui peut ruiner une démarche de construction des savoirs dans l'interaction.

Cette démarche suppose donc que l'enseignant soit assuré de ses propres savoirs et garant de la démarche choisie. Pour pouvoir laisser advenir la réflexion des élèves et les guider dans la réflexion, il faut donc avoir une bonne maîtrise des contenus enseignés et surtout de l'épistémologie des disciplines de référence. Il faut aussi anticiper les difficultés des élèves ce qui suppose une bonne dose d'empathie pour se mettre (un peu…) dans la tête des élèves.

Section 2 CRÉER DES SITUATIONS-PROBLÈMES POUR ENSEIGNER LA MONNAIE

1 Exemple : « Les origines de la monnaie »

L'idée communément admise est que la monnaie est née comme un substitut du troc pour faciliter les échanges qui se développaient avec la division du travail. Mais il peut être intéressant de confronter cette vision utilitariste de l'origine de la monnaie avec une autre approche anthropologique, celle-ci, qui voit la monnaie comme un substitut à la violence[1]. Deux textes peuvent permettre de confronter ces deux approches, tous deux issus du livre de Jean-Marie Albertini[2].

Document 1 : Conte édifiant et hautement éducatif

Il y a bien longtemps, chacun « produisait » avec sa famille ce dont il avait besoin pour vivre. Certains chassaient mieux que d'autres, d'autres étaient plus doués pour la pêche et fabriquaient mieux (pourquoi pas ?) des haches de pierre. Les bons chasseurs avaient besoin de bonnes haches et aimaient varier leurs repas. Parallèlement, les pêcheurs expérimentés et qui, par surcroît, fabriquaient les haches les plus solides désiraient quelques cuissots de sanglier...

Nos aïeux comprirent très vite qu'en échangeant entre eux certains biens ils amélioreraient leur ordinaire. [...]

Malheureusement, le troc (l'échange d'un produit contre un autre produit) devint rapidement (enfin après quelques dizaines de milliers d'années) difficile. En effet nos ancêtres, à force d'ingéniosité (ils étaient sacrément intelligents), avaient inventé des techniques nouvelles. Les haches de pierre furent remplacées par des haches de bronze, puis de fer. L'agriculture remplaça la cueillette, l'élevage compléta la chasse et la pêche. Nos grands ancêtres purent ainsi vivre mieux et maîtriser les aléas de la vie en satisfaisant de manière plus régulière leurs besoins. Ils comprirent aussi, peu à peu, qu'au fur et à mesure que leurs techniques se complexifiaient ils avaient avantage à se diviser le travail, à se spécialiser. Si chacun ne s'occupait que de ce qu'il produit avec la plus grande efficacité, au total, la production serait plus grande.

Certains devinrent alors forgerons, d'autres cultivateurs ou éleveurs, tandis que quelques-uns continuèrent à être chasseurs ou pêcheurs. La dépendance de chacun vis-à-vis vis de tous les autres grandit. L'échange n'était plus une manière d'améliorer l'ordinaire, il devenait une nécessité. [...] Afin d'éviter les discussions sans fin et de sortir des limites imposées par le troc, nos ancêtres, toujours aussi ingénieux inventèrent la monnaie.

La monnaie, un bien choisi d'un accord mutuel et désiré aussi par tous, permet de diviser le troc en deux opérations distinctes. Dans un premier temps, on échange contre de la monnaie les biens que l'on a produits. Dans un second temps, on échange de la monnaie, ainsi gagnée, contre les produits dont on a besoin. La monnaie se présente comme un bien intermédiaire, dont la valeur, reconnue par nous, permet non seulement de décomposer les échanges mais de comparer la valeur des biens entre eux (par exemple : x unités de monnaie = un sanglier = une hache de bronze). Comment diable nos ancêtres sont-ils parvenus à trouver un bien qui soit à la fois un moyen d'échange (de paiement) et un étalon général de mesure ? Il suffisait d'y penser. Ils prirent des biens que tout le monde désirait, qui se conservaient bien et pouvaient aisément être divisés en petits morceaux (ou ce qui revient au même, en petites quantités). De l'or aux coquillages, désirés par les femmes déjà coquettes, en passant par le sel et les animaux d'élevage, diverses solutions sont possibles. Avec le papier des billets de banque et les signes magnétiques des disques d'ordinateur, nous en avons inventé quelques autres. [...]

Tel est le conte que nous racontent, avec plus ou moins de termes compliqués, un grand nombre d'économistes de toute tendance.

Jean-Marie Albertini, *Des sous et des hommes*, Seuil, 1985.

---

[1] C'est la thèse de René Girard, *La violence et le sacré*, 1972.

[2] *Des sous et des hommes*, Seuil, 1985.

Document 2 : Conte immoral mais très instructif…

Une horde d'êtres commence à marcher sur leurs membres postérieurs, pour voir au dessus une savane qui, à la suite d'un changement climatique, a remplacé la forêt. Ce sont nos ancêtres. Ils sont petits, leur front est bas, le menton fuyant, le corps largement couvert de poils.[…]

La violence sévit. L'imitation de l'autre, qui permet de transmettre les comportements nécessaires, dégénère. […]

Peu à peu, nos ancêtres ont appris à retourner la violence contre les choses. Celui qui risquait de subir une imitation dangereuse de la part de l'autre présentait à ce dernier un objet lui appartenant. L'autre, subodorant qu'il risquait de subir une imitation «appropriative» agissait de même. Il ne s'agissait pas d'échanger des objets dont on avait besoin, mais d'assouvir (sans risque) les désirs d'appropriation. Nous sommes dans l'ordre du culturel, du rituel, et non de la nécessité physiologique ou économique.

Le jour où les hommes comprirent que le plus simple était de s'entendre sur un bien qui ne servirait qu'à l'échange rituel (autrement dit qui ne servirait à rien d'utile…), ils avaient inventé la monnaie. Ce n'est pas pour rien que les premières monnaies sont des biens qui ne servent pas à satisfaire des besoins physiologiques (l'or, les coquilles, les animaux des sacrifices…).

Bientôt, les monarques facilitèrent la création de la monnaie. Ils s'arrogèrent le droit de la créer, en y apposant leur effigie. Ils donnaient ainsi à ceux qui possédaient de la monnaie l'impression qu'ils s'appropriaient un peu de leur personne, de leurs pouvoirs, de leurs droits à ne pas respecter les tabous, la monnaie devenant un moyen de rêver que l'on était le chef. On allait produire pour se procurer de la monnaie, inventer le travail, de nouvelles techniques, produire pour produire, soumettre des hommes, créer des contraintes économiques. L'aventure économique commençait.

Jean-Marie Albertini, *Des sous et des hommes*, Seuil, 1985.

Questions

1. *Dans une économie de troc, quelles conditions doit-on réunir pour que l'échange puisse se faire ?*
2. *Quelles sont les fonctions que remplit la monnaie d'après le document 1 ?*
3. *Comment peut-on définir la fonction de la monnaie d'après le document 2. Pourquoi a-t-on créé la monnaie ?*
4. *En quoi les deux versions des origines de la monnaie sont-elles opposées ? Ont-elles un point commun ?*

Corrigé

1. Deux conditions doivent être réunies : existence de deux échanges simultanés et complémentaires, les deux biens échangés doivent être estimés de part et d'autre comme étant de même valeur.
2. La monnaie « rompt le troc » (Aristote) en d'autres termes, elle rend l'échange plus facile en évitant la nécessité de deux opérations simultanées. Dans une économie monétaire, les biens achètent la monnaie et celle-ci achète les biens mais les biens n'achètent pas les biens.

Financement

3. La monnaie apparaît comme un moyen de détourner la violence (thèse de René Girard et de Michel Aglietta). Girard parle de « violence fondatrice » et de « désir mimétique » à propos de la monnaie.
4. Les deux versions ont un point commun : l'invention d'une monnaie qui sert à l'échange. La monnaie est, en effet, un étalon accepté par tous, qui permet de mesurer des valeurs et, donc des prix. On peut rajouter que dans les deux cas la monnaie apparaît comme un lien social.

2 Exemple : « Est-ce de la monnaie ? »

Document 1 : Les SEL (services d'échanges locaux) ou la persistance du troc

Marc taille la haie de Céline, qui garde le chat de Sophie, qui va chercher à l'école des enfants de Stéphanie et Lionel ...

Le SEL est un regroupement de personnes qui mettent des services, des savoirs et des biens à la disposition les unes des autres, au moyen d'unité d'échange.

Chaque association adopte sa monnaie de référence, en toute indépendance. Le principe des SEL est simple : chaque adhérent dispose d'un compte. Selon les groupes, les modalités diffèrent. Certains partent avec un compte à zéro, d'autres se voient offrir des unités de monnaie lors de leur adhésion.

Puis chacun propose ce qu'il peut apporter et demande ce qu'il souhaiterait. Jardinage, bricolage, garde d'enfants ou cours de guitare, mais aussi compagnie pour les courses ou soins aux plantes...

Les possibilités sont infinies. Mais quelle que soit la prestation, on compte environ 60 unités de l'heure. La valeur marchande du service s'efface ; c'est le temps passé qui compte. Une fois l'accord conclu, les participants remettent une feuille de route à l'association, pour mettre à jour leur compte.

Source : Alfalfa, n° 3, janvier-février 2010.

Questions

1. *Que sont les SEL ?*
2. *D'après vous, est-ce une monnaie ?*

Corrigé

Les systèmes d'échange locaux existent dans de nombreuses régions et permettent l'échange de services entre adhérents. Pour faciliter ces échanges, on utilise une unité de compte qui permet de compter ce que l'on a produit et ce à quoi l'on a droit.

Même si ces « monnaies locales » permettent de « rompre le troc » et servir d'équivalent général au sein du groupe ainsi que d'intermédiaire des échanges, elles n'existent que pour un groupe limité et ne peuvent véritablement conserver leur valeur. Elles ne remplissent qu'imparfaitement les fonctions de la monnaie.

Cette activité permet de montrer aux élèves que la monnaie ne se définit que pour ses fonctions. Celles-ci seront étudiées dans le cours.

Bibliographie

- Jean-Pierre Astolfi, « Situation-problème », *in Dictionnaire encyclopédique de l'éducation et de la formation*, Nathan, 1994.
- André Giordan, Gérard De Vecchi, *Les origines du savoir*, Delachaux et Niestlé, 1987.
- Alain Dalongeville, Michel Huber, *(Se) Former par les situations-problèmes*, Chronique sociale, 2000.
- Gérard De Vecchi, Nicole Carmona-Magnaldi, *Faire vivre de véritables situations-problèmes*, Hachette, 2002.
- Michel Fabre, *Situations-problèmes et savoir scolaire*, PUF, 1999.
- Philippe Meirieu, « Objectif, obstacle et situation-problème », *in* Jean Houssaye (dir.), *La pédagogie : une encyclopédie*, ESF, 1993.

Partie 4

Les sources de la croissance	Chapitre 8
Comment expliquer l'instabilité de la croissance ?	Chapitre 9
Croissance et développement durable	Chapitre 10
Numérique et SES	Chapitre F
Préparer les épreuves du Bac	Chapitre G

Croissance, fluctuations et crises

Chapitre

8 Les sources de la croissance

OBJECTIFS

- S'interroger sur l'intérêt et les limites des indicateurs de croissance
- Analyser le processus de croissance
- Déterminer quelles sont les sources de la croissance

NOTIONS

- PIB, IDH, équilibre emplois/ressources
- Facteur travail, population active, mouvement naturel, mouvement migratoire
- Facteur capital, progrès technique, productivité, productivité globale des facteurs, accumulation du capital, cycle de vie
- Croissance endogène

SOMMAIRE

SECTION 1 **Qu'est-ce que la croissance ?**

SECTION 2 **Le spectre de l'arrêt de la croissance**

SECTION 3 **Dépasser le mur de la rareté ?**

La croissance est un processus quantitatif se traduisant par l'augmentation d'un indicateur représentatif de la production de richesses d'un pays, au cours d'une longue période. Au sens où on l'entend traditionnellement, la croissance débute réellement avec la révolution industrielle, au milieu du XVIIIe siècle, en Grande-Bretagne.

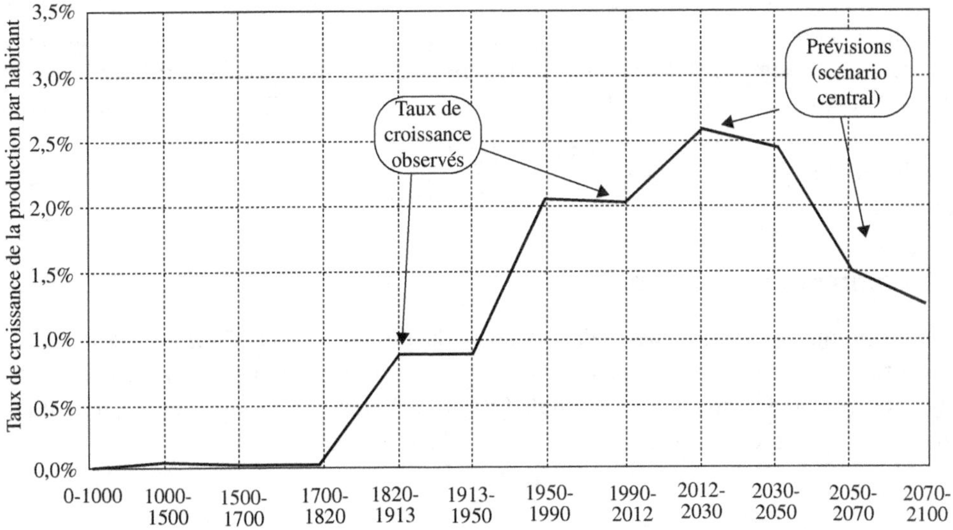

Lecture : le taux de croissance de la production par habitant a dépassé 2 % de 1950 à 2012. Si le processus de convergence se poursuit, il dépassera 2,5 % entre 2012 et 2050 puis passera au-dessous de 1,5 %.

Source : piketty.pse.ens.fr/capital21c

Figure 8.1 – L'évolution du taux de croissance de la production mondiale par habitant depuis l'Antiquité jusqu'en 2100

À partir d'Adam Smith, les économistes chercheront à élucider les causes de ce phénomène, pour faire en sorte que les économies atteignent des niveaux de croissance maximaux. En effet, l'idée selon laquelle la plupart des problèmes économiques pourraient être réglés grâce à la croissance s'est rapidement imposée. Cette dernière permettrait de réduire les inégalités (courbe de Kuznets, 1955), de réduire la pollution (courbe de Kuznets environnementale, 1995), ou encore de participer à la lutte contre le chômage (loi d'Okun, 1962). Pourtant, les enquêtes montrent que, passé un certain seuil – franchi depuis longtemps dans les pays développés –, la croissance n'est plus corrélée au bonheur. Il s'agira dans un premier temps de revenir sur le concept de croissance, avant de montrer que les économistes ont pendant longtemps craint sa disparition. Enfin, on montrera comment la croissance peut parfois s'apparenter au contraire à un cercle vertueux qui s'auto-entretient.

Section 1 QU'EST-CE QUE LA CROISSANCE ?

1 La croissance est une production de richesses

1.1 Qu'est-ce que produire ?

La production est un acte de création de biens et de services aptes à satisfaire les besoins des agents économiques. Les biens sont des produits matériels, qui s'obtiennent en transformant la matière, tandis que les services sont directement utiles à l'usager, ils sont produits et consommés simultanément. L'objectif de la production est donc de satisfaire un manque ou sentiment de manque. Si les besoins sont par hypothèse illimités dans la théorie standard, alors la production doit forcément être illimitée également. Pour beaucoup d'économistes, la croissance optimale est donc simplement la croissance maximale. La question de ce que serait une « bonne » croissance n'a pas de sens dans ce cadre.

1.2 Comment produit-on ?

Pour produire, il faut utiliser des facteurs de production, combinés entre eux. Les économistes distinguent généralement deux (voire trois) facteurs de production : la terre éventuellement, le travail et le capital. La terre, facteur de production à part entière jusqu'aux classiques, sera ensuite « fondue » dans le facteur capital.

DÉFINITIONS

Facteur travail : temps humain dépensé dans la production. Il est généralement mesuré par le nombre de travailleurs ou d'heures travaillées.

Facteur capital : biens produits dans le passé et qui interviennent dans la production présente et future des autres biens. Le facteur capital se décompose en capital fixe : matériel durable pouvant servir à plusieurs cycles de production et capital circulant (ou consommations intermédiaires) : éléments qui seront détruits ou transformés au cours du processus de production.

La combinaison productive est l'opération qui consiste à utiliser dans l'unité de production une certaine quantité de capital et une certaine quantité de travail. Les facteurs de production sont dits substituables si on peut remplacer une quantité donnée d'un facteur par une quantité supplémentaire de l'autre facteur, tout en maintenant identique le volume de la production. Ils sont au contraire complémentaires quand on ne peut les combiner que dans des proportions fixes. L'entreprise va choisir la combinaison productive la moins coûteuse compte tenu de ce qu'elle souhaite produire afin de maximiser son produit total (voir chapitre 2).

1.3 Comment favoriser la croissance à long terme ?

Pour produire davantage, on peut jouer sur la « quantité » ou la « qualité » des facteurs de production utilisés. Pour jouer sur la quantité de facteur travail, il faut faire travailler plus de travailleurs ou les faire travailler plus longtemps. Il faudra par exemple que la population active augmente.

DÉFINITION

Population active : ensemble des personnes qui occupent un emploi (population active occupée) ou qui souhaiteraient travailler (population active inoccupée : les chômeurs).

La démographie, ainsi que les mouvements migratoires, peuvent donc influer sur le stock de facteur travail.

DÉFINITION

Mouvement naturel : différence entre les naissances et les décès. Si cet écart est positif, on parle d'accroissement naturel, dans le cas contraire, il s'agit d'une diminution naturelle.

Les mouvements migratoires peuvent venir compenser ou accentuer le mouvement naturel d'une population.

DÉFINITION

Mouvement migratoire : mouvements de population en provenance ou à destination de l'étranger.

Pour modifier la qualité du facteur travail, il faut que sa productivité augmente, par exemple grâce à la formation. Pour que le stock de capital soit plus important et/ou plus efficace, il faut investir, afin de renouveler ou d'accumuler du capital. La croissance peut également provenir de l'accroissement de l'efficacité des facteurs de production, à quantité inchangée. C'est le progrès technique qui joue dans ce cas.

DÉFINITION

Progrès technique : amélioration des conditions de production. Il fournit une indication sur l'efficacité avec laquelle une économie marie travail et capital.

Focus

Les effets des gains de productivité

Les gains de productivité permettent de produire plus, avec la même quantité de facteurs de production, ou de produire autant, avec moins de facteurs de production. Ils peuvent donc à court terme et au niveau microéconomique détruire des emplois. Au niveau macroéconomique par contre, les gains de productivité permettent la croissance et favorisent des créations d'emplois dans d'autres secteurs (on parle alors de déversement). Les gains de productivité peuvent être utilisés pour baisser les prix pour les consommateurs, pour augmenter les salaires des travailleurs, ou encore pour augmenter les profits et donc faciliter le financement de l'investissement. Ils sont donc dans tous les cas favorables à la croissance de la production, comme on le voit bien sur ce schéma :

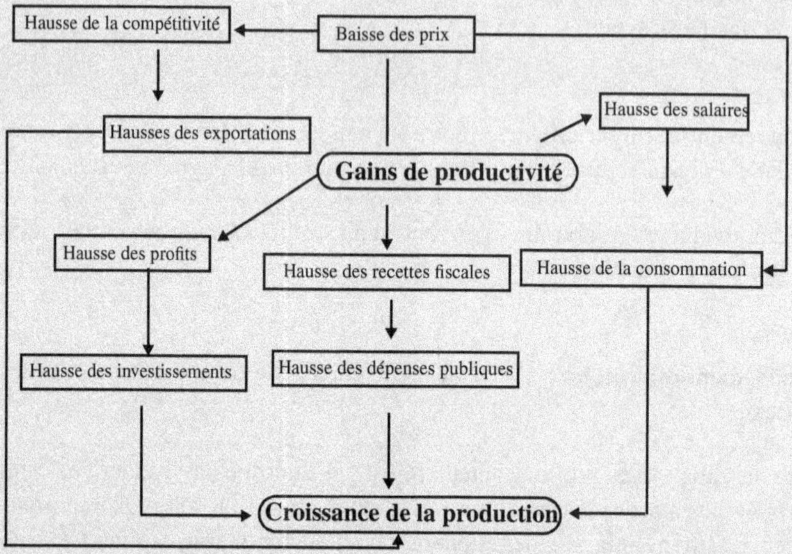

Figure 8.2 – Les effets des gains de productivité sur la production

Source : Joëlle Bails, « Productivité », *Cahiers Français*, n° 279, janvier-février 1997.

On distingue deux types de croissance. La croissance extensive résulte de l'accroissement de la quantité de facteurs de production utilisés. La croissance intensive résulte de l'accroissement de l'efficience des facteurs de production : leur productivité augmente.

2 Comment mesurer la croissance ?

2.1 Le taux de variation du produit intérieur brut (PIB)

Le calcul du PIB peut se faire de trois manières différentes :

- L'approche par la production, la plus courante, consiste à ajouter les valeurs ajoutées, les impôts sur les produits, et à retrancher les subventions sur les produits.
- On peut aussi calculer le PIB en partant de la demande, en ajoutant les dépenses de consommation finale, la formation brute de capital fixe, les exportations, et en retranchant les importations.
- Enfin, l'approche par les revenus part de la répartition de la valeur ajoutée. Ici, on ajoute les impôts sur la production, la rémunération du facteur travail (salaire des salariés), la rémunération du facteur capital (excédent brut d'exploitation), et on ôte les subventions.

Définition

PIB : valeur de l'ensemble des biens et services créés sur le territoire d'un pays. Il s'obtient en faisant la somme des valeurs ajoutées, à laquelle on ajoute les impôts et on retranche les subventions.

Le taux de croissance d'une économie est le taux de croissance du PIB.

2.2 Les limites du calcul du taux de croissance

Le PIB est un indicateur très imparfait de la création de richesses d'un pays. Il prend en compte certains éléments qui en réalité réduisent le bien-être (*exemple* : les accidents de la route, la pollution, qui font augmenter le PIB), alors qu'il n'intègre pas certaines créations de richesse (telles que celles issues du travail domestique ou au noir[1]). Le PIB est utilisé comme si notre bonheur augmentait avec les quantités produites. Le PIB est donc un (relativement) bon indicateur de la valeur du volume de la production, mais un mauvais indicateur du bien-être. Il faut néanmoins rappeler que le PIB n'a jamais été construit pour mesurer le bien-être ou le bonheur : il a la prétention de mesurer « simplement » un produit, il ne faut donc pas le juger pour autre chose que ce pour quoi il a été initialement conçu.

Pour pallier aux limites du PIB, d'autres indicateurs ont été construits, comme par exemple l'indice de développement humain (IDH). L'IDH a été mis en place en 1990 au sein du PNUD (le Programme des Nations unies pour le développement) par l'économiste indien Amartya Sen et l'économiste pakistanais Mahbub ul Haq.

DÉFINITION

> **IDH** : indicateur qui fait la synthèse entre trois éléments qui prennent en compte chacun un aspect différent du développement : 1) durée de vie : mesurée par l'espérance de vie à la naissance ; 2) niveau d'instruction : années de scolarisation des adultes âgés de plus de 25 ans et années de scolarisation escomptées pour les enfants d'âge scolaire ; 3) niveau de vie (revenu national brut, RNB, en parité de pouvoir d'achat).

À partir de chacune des statistiques, on construit un indicateur qui va de 0 à 1. Plus l'IDH est proche de 1, plus le pays peut être considéré comme développé. On considère généralement que les pays développés sont ceux qui présentent un IDH supérieur à 0,8.

Croissance et fluctuations

2.3 L'équilibre emplois/ressources

Le PIB (Y) se calcule également (approche par la demande) comme étant la somme de la consommation (C), de l'investissement (I) et des exportations (X), dont on retranche les importations (M). Cette façon de concevoir le PIB permet de mettre en évidence l'équilibre emplois/ressources :

DÉFINITION

> **Équilibre emplois/ressources** : égalité entre les biens et services dont dispose une économie et les différentes utilisations qui en sont faites : $Y + M = C + I + X$

($Y + M$) constitue nos ressources, produites chez nous ou importées, ($C + I + X$) représente nos emplois, c'est-à-dire l'usage que nous faisons de nos ressources.

[1] Florence Jany-Catrice, Jean Gadrey, *Les nouveaux indicateurs de richesse*, La Découverte, 2012.

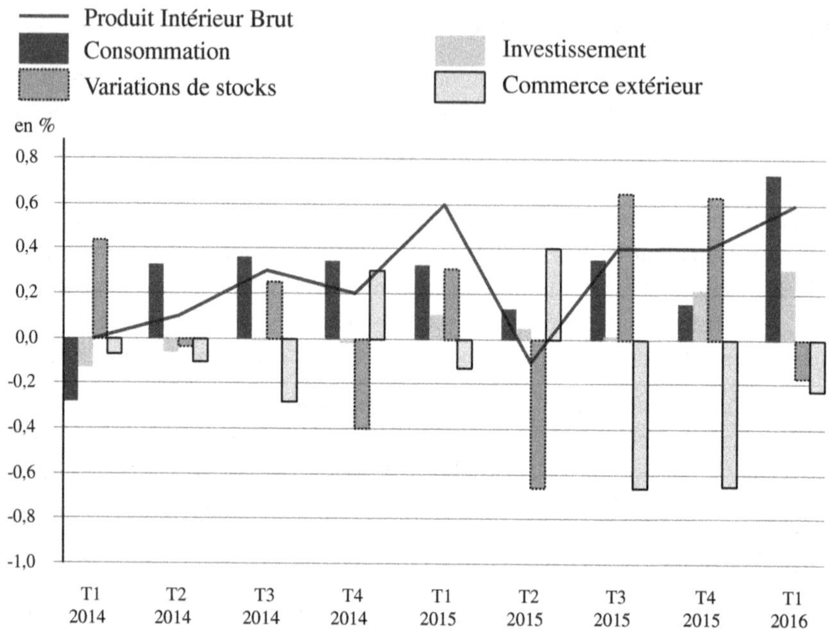

Source : www.insee.fr/fr/themes/theme.asp?theme=17&sous_theme=2

Figure 8.3 – L'équilibre emplois/ressources de la France

Section 2 LE SPECTRE DE L'ARRÊT DE LA CROISSANCE

1 Les classiques et la hantise de l'état stationnaire

1.1 Division du travail et croissance

Chez Smith, la croissance trouve sa source dans deux phénomènes, le commerce international et la division du travail. On observe chez Smith une interaction forte entre les deux facteurs de production explicatifs de la croissance : le travail et le capital. La division du travail va amener à parcelliser la production en tâches simples et facilement reproductibles. L'augmentation de la productivité qui en résulte sera permise, d'une part, par une spécialisation poussée des ouvriers, qui seront plus efficaces, d'autre part, par une accumulation du capital sous la forme de machines nouvelles. La division du travail permet une économie de temps, d'habileté, et d'innovation.

DÉFINITION

Productivité : efficacité d'un facteur de production. Elle se mesure en rapportant les quantités produites au facteur de production considéré. *Exemple* : la productivité du travail se calcule en divisant les quantités produites par le nombre de travailleurs, ou le nombre d'heures travaillées.

Même si c'est moins vrai pour Smith, les classiques dans leur globalité sont plutôt pessimistes concernant l'avenir de la croissance,

1.2 L'état stationnaire

Les classiques vont reprendre de Turgot l'idée de rendements décroissants de la terre. Les rendements d'échelle sont décroissants lorsqu'en augmentant la quantité de facteurs de production dans une production quelconque, cette dernière augmente mais moins vite. Les classiques retiennent ce phénomène notamment pour la terre : en doublant la quantité de facteurs sur une exploitation agricole, la production agricole fait moins que doubler. En période de croissance économique, la population augmente (comme le pensait Thomas Robert Malthus). Dès lors, il faut cultiver davantage de terre. Les rendements décroissants de la terre aboutissent à une augmentation du prix du blé, qui entraîne elle-même une augmentation du salaire de subsistance et de la rente. Si salaire et rente augmentent, les profits déclinent inexorablement, et avec eux l'incitation à investir. Finalement, on assiste, à cause des rendements décroissants, à un état stationnaire, c'est-à-dire à un état où la croissance est nulle à long terme : l'état progressif de la société n'est donc pas durable.

2 Une croissance bornée par des rendements décroissants factoriels

2.1 Le modèle de Solow

Il faudra attendre le milieu du XXe siècle pour que les économistes néoclassiques s'intéressent à la croissance, avec dans un premier temps des craintes qui ne seront pas sans rappeler celles des classiques. L'objectif de Robert Solow[1] est de montrer, contre Harrod et Domar (voir chapitre 9), que la croissance peut être durablement stable. Cette stabilité de la croissance s'accompagne du plein-emploi, permis par l'hypothèse de parfaite substituabilité des facteurs de production. Solow se base sur une fonction de production Cobb-Douglas[2] (de la forme $Y = AK^{\alpha}L^{1-\alpha}$), dans laquelle la production est fonction du travail, L du capital, K et d'un résidu, A. Par hypothèse, les rendements d'échelle sont constants, et les productivités marginales des facteurs sont décroissantes. L'accroissement du produit par tête provient du capital technique investi (machines, équipements, etc.) mais la productivité marginale du capital est décroissante : quand on augmente le capital par tête, la production augmente mais moins vite. De ce fait, vient un moment où la production par tête finit par ne plus augmenter :

> Le modèle de croissance néoclassique sans progrès technique ne peut représenter qu'une croissance de moyen terme, lorsqu'une économie dont le stock de capital par tête est inférieur

1 Robert Solow, « A contribution to the theory of economic growth », *Quarterly Journal of Economics*, n° 70, 1956.

2 Cette fonction est apparue en 1928 dans un article de l'*American Economic Review* signé du mathématicien Charles Cobb et de l'économiste Paul Douglas. Elle donne à voir une production fonction du travail, du capital et d'un résidu. Les rendements d'échelle sont constants et les productivités marginales décroissantes.

à sa valeur d'équilibre stationnaire, converge vers cette valeur d'équilibre. Une fois parvenue à l'équilibre stationnaire, l'économie cesse de croître[1].

La hausse du taux d'épargne ne change pas le rythme de croissance de l'économie : elle ne fait qu'accélérer transitoirement la croissance de la production.

2.2 Le rôle du progrès technique

Pour échapper à l'arrêt de la croissance, il faut produire avec une fonction de production plus productive, pour laquelle un même accroissement du capital par tête fera augmenter davantage la croissance par tête. Pour le dire autrement, c'est uniquement le progrès technique, mais un progrès technique constant, qui permet d'éviter l'état stationnaire. Ainsi, la croissance provient de la croissance démographique (mais qui n'augmentera pas la croissance par habitant), et du progrès technique : ces deux facteurs sont exogènes, extra-économiques. Le taux de croissance de l'économie ne dépend pas de facteurs réellement économiques. La croissance reste ici finalement exogène, car non déterminée par le comportement économique des agents. Dans son article de 1957[2], Solow montrera que le progrès technique explique les sept huitièmes de la croissance constatée aux États-Unis entre 1909 et 1949. On parle de « résidu de Solow » pour désigner le rôle de tout ce qui augmente la production sans augmenter le volume des facteurs de production disponibles. Il s'agit donc de la « mesure de notre ignorance » encore appelée productivité globale des facteurs.

DÉFINITION

Productivité globale des facteurs : accroissement de la production qui ne résulte pas d'une augmentation de la quantité de facteurs de production.

3 La croissance démographique, frein ou richesse ?

3.1 Faut-il craindre la surpopulation ?

La question des liens entre variables économiques et variables démographiques est très ancienne, et a occupé les économistes dès leurs premières réflexions. Les questions démographiques étaient en effet au cœur des travaux des mercantilistes puis des économistes classiques, ces derniers étant beaucoup plus circonspects sur les effets positifs d'une population importante que leurs prédécesseurs. Pour les mercantilistes tels que Bodin, une population abondante permet de prélever beaucoup d'impôts (ce qui rend le souverain plus riche et donc plus puissant), de lever une armée importante, et enfin de maintenir des salaires bas (ce qui favorise ensuite l'essor des manufactures). Selon Malthus par contre, la croissance démographique finit par buter sur la rareté des moyens

[1] Bruno Amable, « Un survol des théories de la croissance endogène », 2002.

[2] Robert Solow « Technical change and the aggregate production function », *Review of Economics and Statistics*, 39, 1957.

de subsistance, autrement dit sur l'« avarice de la nature ». Malthus considère que la population augmente de manière géométrique (1, 2, 4, 8, 16) tandis que les ressources ne croissent que de manière arithmétique (1, 2, 3, 4, 5). Il en conclut le caractère inévitable de catastrophes démographiques, à moins de limiter drastiquement la croissance démographique (par exemple en retardant l'âge du mariage). Il prône également l'arrêt de toute aide aux pauvres. Selon Ester Boserup[1] par contre, la croissance démographique est un phénomène positif, qui favorise le progrès technique et les gains de productivité : la pression démographique stimule l'innovation.

3.2 La théorie du cycle de vie

La théorie du cycle de vie[2] vise à expliquer les différences de comportement d'épargne, en les reliant aux variables démographiques. Les consommateurs sont supposés répartir leur consommation dans le temps de manière optimale, en tenant compte du fait que leurs revenus varient au cours de leur vie :

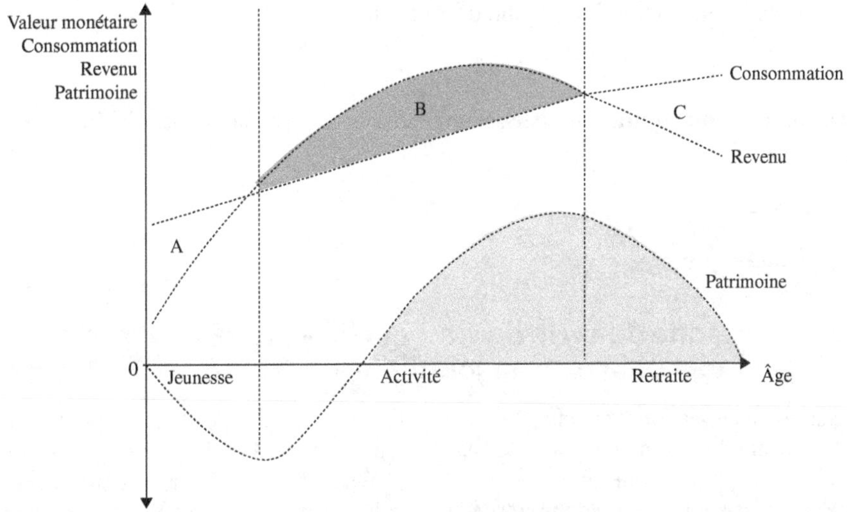

Source : Patrick Villieu, *Macroéconomie* : consommation et épargne, La Découverte, 1997.

Figure 8.4 – Diagramme du cycle de vie

Ils peuvent emprunter lorsqu'ils sont jeunes et n'ont pas de revenu, rembourser puis épargner lors de leur phase d'activité et utiliser cette épargne pour financer leur retraite (« désépargne »). Ils lissent ainsi leur consommation tout au long de leur vie et l'accumulation de patrimoine réalisée à une époque n'a pas d'autre objet que de leur permettre de consommer

[1] Ester Boserup, *The Conditions of Agricultural Growth:* the economics of agrarian change under population pressure, Aldine Transaction, 2005.

[2] Franco Modigliani, Richard Brumberg, « Utility analysis and the consumption function: an interpretation of cross-section data », *in* Kenneth K. Kurihara, *Post-Keynesian Economics*, 1954.

Croissance et fluctuations

davantage dans une autre période. On parle donc ici d'un modèle à « générations imbriquées », dans la mesure où tous les agents économiques n'ont évidemment pas le même âge au même moment. Jeunes, actifs et retraités cohabitent donc à chaque période.

Définition

> **Cycle de vie** (théorie) : théorie qui explique les fluctuations de l'épargne des individus en fonctions de leur âge.

Ce modèle permet d'essayer d'anticiper les conséquences du vieillissement de la population, qui peut faire craindre des comportements de désépargne et donc un manque global d'épargne.

Rappelons que pour les économistes classiques et néoclassiques, l'épargne joue un rôle majeur dans la croissance économique car elle est un préalable à l'investissement : il faut avoir épargné pour pouvoir financer les investissements ou il faut pouvoir emprunter l'épargne des autres agents. C'est donc l'accumulation de l'épargne qui rend l'investissement possible, lui-même à l'origine de l'accumulation du capital.

Définition

> **Accumulation du capital** : investissement net, qui correspond à l'acquisition de biens de production.

Focus

La théorie du cycle de vie : quelle validité empirique aujourd'hui ?

Les chiffres de l'Insee montrent effectivement que le montant du patrimoine croît avec l'âge de l'agent économique, puis diminue à partir d'un certain âge. Pourtant, de nombreux faits ne confirment pas cette théorie, notamment le fait que le patrimoine est loin d'être nul à la mort des agents. Comme le note Patrick Villieu[1], « le patrimoine est loin d'être intégralement consommé à la date du décès ». De plus, la faiblesse du patrimoine des plus âgés pouvait s'expliquer par le fait que la génération suivante a connu les Trente Glorieuses, et ait profité d'une conjoncture plus favorable. Il faudrait ainsi distinguer « effet de génération » et « effet d'âge », le seul pertinent ici. Selon Villieu, la théorie du cycle de vie n'intègre qu'une accumulation « pour soi », et néglige l'idée d'une accumulation « pour autrui » (sans compter que l'épargne « pour soi » a d'autres motivations que le lissage de la consommation, comme un motif de précaution, ou la volonté d'accumulation en elle-même). Thomas Piketty, dans *Le capital au XXI*[e] *siècle* (2013), montre qu'on épargne en moyenne dans les mêmes proportions à tous les âges : « En particulier, on n'observe pas le comportement massif de désépargne aux âges élevés prédit par la théorie du cycle de vie ». Ceci explique le maintien de l'héritage à des niveaux élevés. Par ailleurs, l'existence de systèmes d'éducation gratuits ou de protection sociale par répartition modifie les comportements d'épargne et de désépargne des agents économiques.

Section 3 DÉPASSER LE MUR DE LA RARETÉ ?

1 Les théories de la croissance endogène : quand la croissance « nourrit la croissance »

1.1 Les limites du modèle de Solow

Selon Robert Barro et Xavier Sala-i-Martin[1], le modèle solowien « explique tout sauf la croissance ». En effet, l'essentiel de la croissance provient d'un résidu… qui lui-même n'est pas expliqué. Patrick Artus[2] rappelle que dans les modèles traditionnels de croissance, le taux de croissance de l'économie dépend finalement de la croissance de la population active et des gains exogènes de productivité. Or, cette explication n'est pas satisfaisante et les économistes ne peuvent s'en contenter :

- le taux de croissance est exogène et ne dépend donc ni des comportements des agents (investissement, recherche, etc.) ni de la fiscalité, ce qui n'est pas convaincant ;
- une telle spécification de la croissance ne permet pas de rendre compte des écarts entre pays ou entre régions ;
- elle n'explique pas non plus que le capital ne se déplace pas des pays riches vers les pays pauvres où la productivité marginale du capital, plus réduite, devrait augmenter plus rapidement.

Le principal intérêt de la théorie de Solow, c'est finalement d'ouvrir la voie à de nouvelles explications de la croissance.

1.2 Les théories de la croissance endogène

Fondamentalement, c'est l'hypothèse de décroissance de la productivité du capital qui inhibe le processus de croissance dans le modèle de Solow. Il existe pourtant des raisons plausibles de lever cette hypothèse, comme va le montrer Paul Romer[4] en 1986 en publiant le premier modèle de croissance endogène.

DÉFINITION

> **Théories de la croissance endogène** : ensemble des théories qui, en réponse au modèle de Solow, théorisent à partir des années 1980 une croissance ininterrompue grâce à des facteurs de production dont la productivité marginale n'est plus systématiquement décroissante.

1 Robert J. Barro, Xavier Sala-i-Martin, *Croissance économique*, Economica, 1995.

2 Patrick Artus « Croissance endogène : revue des modèles et tentatives de synthèse », *Revue économique*, vol. 44, n° 2, 1993.

3 Patrick Villieu, *Macroéoconomie,* La Découverte, 1997

4 Paul Romer, « Increasing returns and Long Run Growth », *Journal of Political Economy*, 94 (5), 1986.

DÉFINITION

Croissance endogène : croissance ininterrompue et qui s'auto-entretient grâce à l'utilisation de facteurs dont les rendements ne sont pas systématiquement décroissants.

Romer va abandonner l'hypothèse habituelle de rendements factoriels décroissants dans un secteur particulier de production d'un capital particulier : les connaissances. La connaissance est un facteur de production qui a une productivité marginale croissante, dans la mesure où, comme l'explique Romer, « la création de nouvelles connaissances par une entreprise est supposée avoir des externalités positives sur les possibilités de production des autres entreprises parce que la connaissance ne peut pas être parfaitement brevetée ou gardée secrète. ». Dès lors, la production de biens de consommation en fonction du stock de connaissances et d'autres *inputs* se fait avec des rendements croissants.

La question qui se pose ensuite est de savoir si l'investissement dans la connaissance dans une économie sera optimal ou non. La réponse est en général négative : les externalités ne sont pas rémunérées d'une façon endogène par le marché. Comme dans n'importe quel modèle avec externalités (voir chapitre 13), le gouvernement pourra obtenir des améliorations pareto-optimales (non atteignables par des agents privés) parce que ses pouvoirs de coercition peuvent être utilisés pour surmonter ces défaillances de marché.

D'autres théories de la croissance endogène seront ensuite élaborées comme celles de Robert Lucas[1] mettant l'accent sur le capital humain (voir chapitre 10) ou encore celle de Robert Barro[2] basée sur le rôle des infrastructures. Toutes ces théories ont en commun de redonner une certaine place aux politiques économiques à condition qu'elles soient structurelles.

2 Intérêt et limites des théories de la croissance endogène

2.1 Des avancées par rapport au modèle de Solow

Par rapport au modèle de Solow, on observe bien une endogénéisation de la croissance, qui dépend maintenant des comportements d'épargne et d'investissement des agents économiques. Puisque la croissance s'apparente ici à un cercle vertueux, on comprend mieux pourquoi le rattrapage anticipé par Solow est encore peu visible : la croissance peut être plus lente durablement dans les pays moins développés et peut même ne pas avoir lieu du tout. Plus rien ne garantit la convergence entre les pays. La connaissance, le capital humain, les infrastructures, ayant des caractéristiques communes avec les biens collectifs, obligent à réévaluer le rôle de l'État dans l'économie. Les équilibres non pareto-optimaux nécessitent l'intervention publique pour rapprocher le taux de croissance de l'économie de l'optimum social.

---

1 Paul Romer « On the mechanics of economic development », *Journal of Monetary Economics*, n° 22, 1988.

2 Robert Lucas « Government spending in a simple model of endogenous growth », *Journal of Political Economy*, vol. 98, n°5, 1990.

2.2 Une balkanisation des théories de la croissance ?

Néanmoins, chaque modèle ne rend finalement compte que d'un seul facteur de croissance. Pour chacun des facteurs de croissance (capital humain, infrastructures, etc.), on a un modèle canonique qui aboutit à une conclusion. Or, comprendre réellement la croissance, c'est comprendre l'accumulation simultanée de tous ces facteurs qui interagissent. Jean Arrous[1] rappelle que toute théorie de la croissance devrait passer par trois étapes :
- la collecte des faits par l'intermédiaire de l'histoire économique ;
- la mise en évidence, à partir des matériaux fournis par l'histoire, de problèmes de théorie économique : les faits stylisés ;
- la modélisation.

La dernière étape est devenue hypertrophiée depuis les travaux de Solow. Or certains éléments fondamentaux pour la croissance ne peuvent rentrer dans les équations, comme par exemple la confiance. Pour le dire autrement, la plupart des théories échouent à réellement expliquer la croissance en tant que phénomène global. La croissance est en effet un phénomène résultant d'une interaction complexe entre de très nombreux éléments. En cela, elle demeure, aujourd'hui encore, largement mystérieuse pour les économistes…

Questions de réflexion

1 ■ L'épargne est-elle un préalable à la croissance économique ?
2 ■ Capital humain, croissance et développement.
3 ■ L'investissement est-il toujours source de croissance ?
4 ■ Le PIB est-il un indicateur pertinent ?
5 ■ Démographie et croissance

Bibliographie

- Bruno Amable, « Un survol des théories de la croissance endogène », 2006 : www.parisschoolofeconomics.eu/docs/darcillon-thibault/un-survol-des-theories-de-la-croissance-endogene-%28amable,-2006 %29.pdf
- Dominique Guellec, Pierre Ralle, *Les nouvelles théories de la croissance*, La Découverte, 2003.
- Agnès Benassy-Quéré, Lionel Fontagné, Jean Fouré, « L'économie mondiale et 2050 », *La Lettre du CEPII*, n° 303, 2010.

[1] Jean Arrous, *Les théories de la croissance*, Points Seuil. 1999.

Croissance et fluctuations

Chapitre

9

Comment expliquer l'instabilité de la croissance ?

OBJECTIFS

- Mettre l'accent sur le fait que la croissance n'est pas régulière et qu'il existe des périodes de crise et de déséquilibres macroéconomiques.
- Comprendre les déterminants des fluctuations économiques
- Analyser les mécanismes cumulatifs de déflation et dépression et leurs conséquences

NOTIONS

- Fluctuations économiques, dépression, crise économique
- Inflation, désinflation, déflation
- Offre et demande globale

SOMMAIRE

SECTION 1 **Qu'est-ce qu'un cycle ?**

SECTION 2 **Comment expliquer les fluctuations et les crises ?**

À la fin des années 1960, les économistes donnaient des conférences ayant pour titre par exemple : « Le cycle économique est-il obsolète ? ». La croyance en la fin des récessions se répand. En 2003, Lucas déclarait : « Le principal problème de la prévention de la dépression a été résolu en pratique. ». Pour lui, le cycle avait été apprivoisé, on avait appris à lisser les irrégularités de la croissance. Pourtant, la croissance n'a jamais été régulière : des périodes de forte croissance succèdent à des périodes de croissance plus faible, voire de dépression. La croissance est marquée par des fluctuations. Cette question des fluctuations économiques est une question à laquelle s'intéressent de nombreux économistes : il s'agit de les comprendre, de les expliquer, afin d'éviter une croissance trop irrégulière. En outre, les crises déstructurent (au moins à court terme) les économies et les sociétés. La lutte contre ces crises nécessite donc de savoir comment elles fonctionnent et d'où elles proviennent. Il s'agira donc ici d'expliquer ce qu'est un cycle (et comment il est repéré), afin ensuite d'en rechercher les principales causes. Les économistes débattent en particulier de la question de savoir si les cycles sont endogènes et donc inhérents à la dynamique même de nos économies capitalistes, ou s'il s'agit de chocs accidentels.

Section 1 QU'EST-CE QU'UN CYCLE ?

1 La croissance est marquée par des cycles... ponctués de crises

1.1 Des cycles...

On parle de cycle pour désigner une certaine forme de régularité dans les fluctuations de l'économie.

DÉFINITION

Fluctuations économiques : évolutions irrégulières de l'activité économique

Les mouvements économiques n'ont généralement pas de régularité parfaite, mais on utilise néanmoins le terme de cycle pour évoquer l'idée d'une certaine forme de récurrence. Ces deniers peuvent schématiquement se représenter ainsi (figure 9.1).

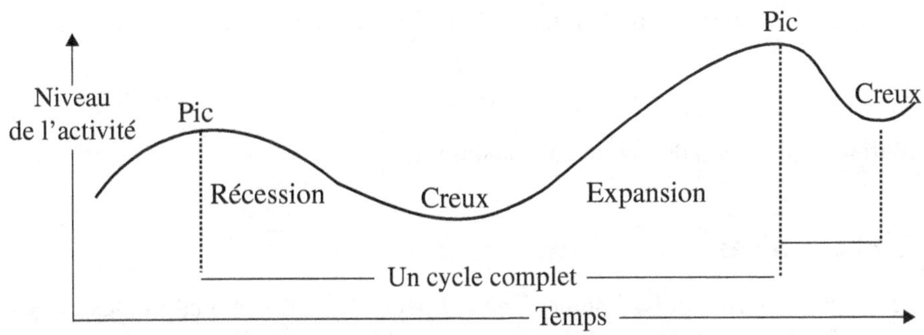

Note : Évolution d'un cycle d'affaires hypothétique, l'ordonnée mesure une variable représentative de l'économie et l'abscisse mesure le temps. Le pic est le point le plus élevé dans la phase d'expansion, il est suivi par une période de récession qui se poursuit jusqu'à ce que l'économie atteigne le point le plus bas : le creux.

Source : Fathi Elachhab, « Les cycles économiques en Tunisie : identification, caractérisation et comparaison internationale », *Économie internationale*, vol. 2, n° 110, 2007, p. 31-61, p. 35.

Figure 9.1 – Les phases du cycle économique

D'ailleurs, les économistes américains Burns et Mitchell[1] identifient statistiquement et empiriquement des cycles d'affaire sous la forme de suite de variations récurrentes mais non périodiques. La durée des cycles d'affaire varie d'un à douze ans. Un cycle est composé d'expansions qui se produisent à peu près en même temps dans de nombreuses branches, suivies de dépressions, de contractions et de reprises tout aussi généralisées qui se rejoignent dans la phase d'expansion du cycle suivant. Durant la première phase du cycle, l'accroissement de la production est soutenu et relativement régulier, ce qui entraîne généralement des tensions inflationnistes.

Définition

Inflation : hausse du niveau général des prix. Elle est mesurée par l'Insee qui utilise l'indice des prix à la consommation, on mesure aussi un indice d'inflation sous-jacente. Selon l'Insee, l'indice d'inflation sous-jacente est un indice désaisonnalisé qui permet de dégager une tendance de fond de l'évolution des prix. Il traduit l'évolution profonde des coûts de production et la confrontation de l'offre et de la demande. Il exclut les prix soumis à l'intervention de l'État (électricité, gaz, tabac, etc.) et les produits à prix volatils (produits pétroliers, produits frais, produits laitiers, viandes, fleurs et plantes, etc.) qui subissent des mouvements très variables dus à des facteurs climatiques ou à des tensions sur les marchés mondiaux.

Inversement, la phase de dépression peut s'accompagner de tendances désinflationnistes voire déflationnistes.

Définition

Dépression : baisse de la production sur une longue période.

Définition

Désinflation : ralentissement du rythme d'augmentation du niveau général des prix.

Définition

Déflation : diminution du niveau général des prix.

1.2 ... et des crises

La crise est un terme polysémique. Dans la perspective d'une analyse des cycles, le terme de crise désigne la phase de retournement d'une phase d'essor vers une phase de dépression. Selon l'économiste français Clément Juglar, la crise correspond simplement à un point d'inflexion, à un moment de retournement brutal.

[1] Arthur F. Burns, Wesley C. Mitchell, *Measuring Business Cycles,* 1946.

DÉFINITION

| **Crise économique** : phase du cycle où la croissance se transforme en récession.

Dans une vision plus générale, la crise est souvent associée à l'idée de récession ou de dépression, non pas comme moment de retournement mais comme période défavorable pour l'activité économique, pour une durée plus ou moins longue : la crise est alors une période de dépression ou de stagnation durable de la conjoncture économique. Elle s'accompagne généralement d'un accroissement – plus ou moins important – du taux de chômage.

2 Comment repérer les fluctuations ?

2.1 Dégager les variations de la croissance autour du trend

Pour faire apparaître les fluctuations de la croissance, il convient de repérer la tendance séculaire, de long terme. Autour de cette tendance apparaissent des fluctuations de (plus ou moins) court terme. Tout écart par rapport à cette tendance donne lieu à des fluctuations, voire des cycles. La fluctuation est reconstruite par décomposition à l'aide de méthodes statistiques des données empiriques. On déduit ainsi de celles-ci le *trend* de long terme de l'économie, que l'on compare ensuite aux fluctuations.

2.2 Croissance effective versus croissance potentielle

Au-delà de la méthode statistique, on peut calculer la croissance potentielle, c'est-à-dire la croissance maximale qui pourrait être obtenue sans tension inflationniste, à partir de l'ensemble des capacités de production disponibles. Cela suppose de passer par une fonction de production, et ensuite d'estimer cette croissance par des méthodes économétriques. Dans cette optique, la croissance potentielle dépend des facteurs d'offre, et le cycle observé des facteurs de demande. La production potentielle dépend des facteurs de production et du progrès technique. Le PIB potentiel tend à croître régulièrement parce que le stock de facteur de production et surtout le niveau de technologie s'améliorent lentement et régulièrement dans le temps. Au contraire, le PIB effectif est sujet à d'amples fluctuations. L'écart de production (*output-gap*) est la différence entre la production effective et le niveau de la production potentielle. Le niveau de production potentielle étant conçu comme un indicateur d'offre, l'écart de production représente l'excès (ou l'insuffisance) de la demande. Il permet donc de juger de la situation de l'économie dans le cycle économique, et dès lors renseigne sur le type de politique économique à mener (figure 9.2).

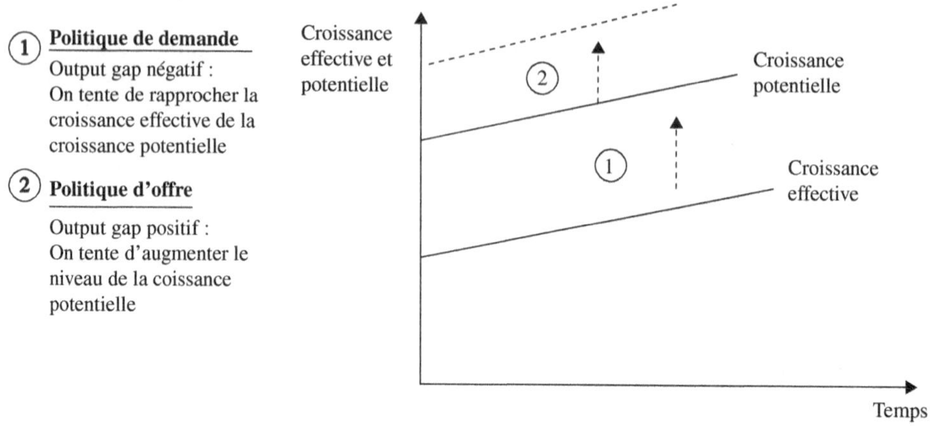

Figure 9.2 – Croissance potentielle et politique économique

DÉFINITION

Offre globale : production totale proposée sur l'ensemble des marchés.

DÉFINITION

Demande globale : demande totale de biens et de services pour l'ensemble des marchés.

3 Les différents types de cycles et de crises

3.1 La diversité des cycles

Une première distinction oppose les cycles sectoriels aux cycles globaux. Certains cycles sont propres à certains secteurs, et ne touchent pas (ou pas complètement) toute l'économie dans son ensemble. Le secteur agricole est particulièrement touché par ce type de cycle, ainsi que le secteur du bâtiment par exemple. Pour parler de cycles généraux, il faut que les mouvements que l'on constate soient coordonnés au niveau de plusieurs secteurs économiques.

Les cycles varient également en fonction de leur durée. Joseph Kitchin[1] a statistiquement mis en évidence des cycles d'une durée de 40 mois. Les cycles de 7 à 11 ans sont appelés par Schumpeter « cycle Juglar » Selon Juglar[2], la crise est présente en germe dans la phase d'essor caractérisée par une confiance excessive dans l'avenir, qui conduit à des excès et des imprudences dans la demande de crédits des agents et dans l'octroi de crédits par les banques.

[1] Joseph Kitchin, Cycles and Trends in Economic Factors, *Review of Economics and Statistics,* 1923.

[2] Clément Juglar, *Les crises commerciales et leur retour périodique en France, en Angleterre et aux Etats-Unis,* 1862.

Les commerçants vont anticiper la poursuite de la hausse des prix et de leurs profits. Ils vont donc s'endetter auprès des banques, en anticipant (parfois à tort) que leurs profits permettront de rembourser leurs dettes. Les banques deviennent progressivement conscientes des risques énormes qu'elles ont pris, et refusent donc d'accorder de nouveaux prêts. Les agents sont contraints d'écouler leur production à des prix plus faibles. Enfin, les cycles les plus longs sont les cycles Kondratiev, qui durent une cinquantaine d'années. Nikolaï Kondratiev va mettre au jour des « lois empiriques du développement des grands cycles » : les cycles sont composés de deux phases : la phase ascendante (A), et la phase descendante (B) (la phase de ralentissement de la croissance). La phase A correspond à une phase d'épargne permettant de financer les « biens capitaux essentiels » (les investissements majeurs, comme les chemins de fer, les travaux publics, etc.). Le crédit est abondant durant cette phase. Mais le financement des biens capitaux raréfie les capitaux disponibles pour les autres investissements, ce qui sape les fondements de la croissance et favorise la hausse des taux d'intérêt. Les investissements se réduisent drastiquement, le rythme d'accumulation ralentit. Cette situation provoque un retournement, qui aboutit à la phase B, qui renferme les conditions de la reprise lorsque l'épargne commence à s'accumuler de nouveau.

Schumpeter explique que les cycles sont présents simultanément et s'emboîtent les uns dans les autres. Selon lui, il y a (approximativement) six cycles Juglar dans un Kondratiev, et deux à trois Kitchin dans un Juglar. Dès lors, les crises les plus graves sont bien sûr celles où coïncident les retournements Juglar et les retournements Kondratiev, comme ce fut le cas en 1873 et en 1929.

3.2 Les fluctuations sont marquées par des crises exogènes et/ou endogènes

La première explication des crises est exogène : lorsqu'un choc extérieur touche l'économie, celui-ci crée une perturbation qui éloigne l'économie de sa tendance de long terme (phénomènes climatiques, guerres, démographie, innovations, etc.). Il faut des forces de rappel ou un choc de sens contraire pour ramener l'activité sur son *trend*. Les explications classiques et surtout néoclassiques du cycle, qui se basent sur la loi de Say, s'inscrivent largement dans cette perspective : les crises ne peuvent être dues au fonctionnement (autorégulateur) des marchés, et toute crise ne peut être donc qu'exogène. Les mécanismes de marché vont ensuite contribuer à un retour vers la tendance de long terme, et concourent donc naturellement à atténuer la fluctuation.

Par contre, certains facteurs internes aux économies sont susceptibles de déclencher des cycles. Dans ce cas, ces cycles sont dits endogènes. Par exemple, les économies sont caractérisées par une information imparfaite. Or celle-ci empêche l'économie de fonctionner de manière optimale, et peut limiter l'efficacité de la régulation marchande. Les théories keynésiennes ou marxiennes s'inscrivent dans cette perspective : le fonctionnement et la structure même du capitalisme ou du marché contiennent des éléments qui sont source de crise. Le capitalisme contenant en son sein les éléments facteurs de crise, ces dernières se révèlent donc largement inévitables.

3.3 Évolutions et transformations des cycles

La fin des Trente Glorieuses laisse à penser que les cycles ont tendance à connaître des mutations profondes. On constate une relative désynchronisation des cycles entre l'Europe et les États-Unis. Ce phénomène s'expliquerait par la régionalisation et par des politiques économiques divergentes. Enfin, l'intensité des cycles et des crises durant les Trente Glorieuses semble moins forte. Ainsi, par rapport à la fin du XIXe siècle, aux États-Unis, et depuis 1945, l'intensité des fluctuations aurait tendance à être plus modérée (2,5 fois moins volatiles), surtout pour les cycles Juglar. En effet, la tertiarisation des économies rendrait nos économies moins cycliques, et les apports de la théorie keynésienne auraient partiellement permis de « dompter » le cycle et d'éviter des crises trop profondes (grâce aux politiques économiques dites « contra-cycliques », qui lissent le *trend* de l'économie). Pourtant, depuis les années 1970 et 1980, les pays européens subissent un regain d'importance des cycles, même s'ils ne sont pas aussi volatils qu'avant. En effet, les pays européens sont davantage connectés aux flux mondiaux, et se sont davantage tournés vers la régulation marchande. Enfin, le retour des crises financières laisse planer un doute légitime quant à la fin annoncée des crises (voir chapitre 7).

Section 2 COMMENT EXPLIQUER LES FLUCTUATIONS ET LES CRISES ?

1 Le capitalisme perpétuellement en crise

1.1 Marx et les crises des modes de production

L'analyse des crises par Karl Marx apparaît dans son ouvrage *Le capital* (1867). Marx y théorise la crise du mode de production capitaliste. Selon lui, la crise est consubstantielle au mode de production, en ce que celui-ci porte en lui les germes de sa propre auto-destruction, dans une logique dialectique. Les crises et les révolutions participent à la naissance d'un nouveau mode de production. Les forces productives sont entravées par les rapports de production (capitalistes), par la contradiction entre une production toujours plus collective, qui permet de produire comme jamais auparavant, et des rapports de propriété qui sont restés privés, et sont des entraves au développement des forces productives. Poussés par la concurrence, les capitalistes sont sans cesse obligés de réduire leurs coûts de production pour que leurs entreprises survivent ou pour gagner des parts de marché. Pour cela, ils doivent en permanence investir dans des machines. Or, plus ce capital constant est accumulé, et plus le taux de profit diminue (puisque le capital constant en tant que tel ne crée pas le profit, qui vient de l'exploitation de la force de travail, c'est-à-dire du capital variable). Du côté de la demande, la sous-consommation est aggravée par des salaires trop faibles (la substitution du capital au travail crée une « armée de réserve » industrielle, c'est-à-dire la montée du chômage, qui pèse à la baisse sur les salaires), mais aussi par la tendance des capitalistes à épargner pour accumuler. C'est par ce biais de la crise que la croissance réapparaît chez Marx : la crise aboutit à une dévalorisation du capital. Cela favorise la concentration des entreprises (qui voient leur nombre diminuer et leur taille augmenter) et la reconstitution d'un taux de profit suffisant. Chaque mode de production finit par entrer en crise, et cela donne naissance à un nouveau mode de production, jusqu'à l'avènement du communisme.

1.2 Des modes de production aux modes de régulation

L'École de la régulation est purement française (à quelques exceptions près), et apparaît dans les années 1970 et 1980. Ses principaux représentants sont Michel Aglietta, Robert Boyer, ou encore Alain Lipietz. Ils relèvent d'un marxisme critique : la crise du capitalisme ne mène pas à la fin du capitalisme, mais plutôt à son adaptation. Ils insistent sur le contexte historique et institutionnel, ce qui justifie le fait que leur théorie soit qualifiée d'institutionnaliste. S'ils rejettent l'utopie d'une autorégulation marchande, ils n'en observent pas moins des régularités, des périodes de stabilité dans les formes et les rythmes de l'activité économique. Il s'agit alors de repérer les institutions qui assurent cette « hétéro-régulation ». Chaque période serait caractérisée par un certain mode de régulation, c'est-à-dire la façon dont fonctionnent les principales structures du système économique pour corriger les déséquilibres. Le capitalisme a vu se succéder différents modes de régulation, avec notamment le passage d'un mode de régulation concurrentiel à un mode de régulation fordiste ou monopoliste durant les Trente Glorieuses. Aujourd'hui, l'existence d'un mode de régulation fondé sur la prédominance de la finance (capitalisme actionnarial ou patrimonial) est en discussion. La théorie de la régulation a construit une typologie des crises qui rend compte de différents désajustements produits de manière endogène.

Focus

Typologie des formes institutionnelles et des crises

Les régulationnistes mettent en évidence cinq institutions qui forment un mode de régulation (configuration particulière de ces cinq formes institutionnelles) assurant les mécanismes de régulation :

– la monnaie : elle concerne le fonctionnement du système de crédit et la gestion de la contrainte monétaire. La monnaie peut être métallique, dématérialisée... Dans le mode de régulation fordiste, il s'agissait d'une économie d'endettement ;

– le rapport salarial : il caractérise la division du travail, dont dépend ensuite la fixation des salaires, le partage des richesses, et donc le mode de consommation. Il peut être par exemple concurrentiel, taylorien, fordien. Dans le mode de régulation fordiste, les salaires sont indexés sur les gains de productivité ;

- la forme de la concurrence : elle concerne les modalités d'affrontement des entreprises et leur capacité à dominer sur les marchés. Elle peut être plus ou moins concurrentielle ou monopolistique (structure de marché oligopolistique dans le mode de régulation fordiste) ;
- la forme de l'État : on s'intéresse ici à son plus ou moins grand interventionnisme (État keynésien et beveridgien dans le mode de régulation fordiste) ;
- l'insertion dans le système économique mondial (degré d'internationalisation) : le pays peut être en autarcie, plus ou moins ouvert, ou encore développer des « aires stratégiques ». Dans le mode de régulation fordiste, l'ouverture internationale était relativement faible.

Les régulationnistes établissent également une typologie des crises :

- En cas de perturbation externe, on parlera de chocs externes.
- Il faut les distinguer des crises endogènes ou cycliques, qui trouvent leur origine à l'intérieur des processus que détermine le mode de régulation mais qui ne nécessitent pas une modification importante des formes institutionnelles.
- Les crises structurelles ou « grandes crises » remettent en cause pour leur part la compatibilité de la dynamique économique et du maintien des formes institutionnelles, elles affectent la régulation et le régime d'accumulation qui sont l'une ou l'autre à l'origine de la crise. Elles créent des changements significatifs des formes institutionnelles.
- La crise du mode de production dominant : aucun nouveau régime d'accumulation ne peut émerger et la mauvaise dynamique économique devient persistante (*exemple* : chute du régime soviétique).

1.3 Les cycles économiques, conséquence des vagues d'innovations

Schumpeter est un économiste autrichien difficilement classable, souvent considéré comme hétérodoxe. Il était à la fois admirateur et critique des travaux de Walras. Selon Schumpeter, le capitalisme ne peut être que dynamique, alors que la théorie néoclassique est caractérisée par la routine. Schumpeter n'est donc pas satisfait par cette théorie, il apparaît en cela comme un hétérodoxe puisqu'il positionne la société capitaliste en rupture avec l'équilibre général, notion qui ne permet ni de comprendre le capitalisme ni d'en expliquer l'évolution. Chez Schumpeter, l'évolution est un changement profond, presque une révolution : il faut des phénomènes qualitativement nouveaux, qui vont modifier les caractéristiques profondes de l'économie. Les façons de produire se modifient. Ce sont les innovations, c'est-à-dire la mise en œuvre d'une nouvelle combinaison productive qui introduit une rupture dans le circuit, qui vont permettre cette évolution.

Focus

Les cinq types d'innovation chez Schumpeter

- Fabrication d'un bien nouveau, c'est-à-dire encore non familier au cercle des consommateurs, ou d'une qualité nouvelle d'un bien. *Exemple* : voiture, portable...
- Introduction d'une méthode de production nouvelle, c'est-à-dire pratiquement inconnue de la branche intéressée de l'industrie. *Exemple* : taylorisme
- Ouverture d'un débouché nouveau, c'est-à-dire d'un marché où jusqu'à présent la branche de l'industrie du pays intéressé n'a pas encore été introduite. *Exemple* : pays d'Afrique durant la colonisation.
- Conquête d'une nouvelle source de matières premières ou de produits semi-ouvrés. *Exemple* : le pétrole.
- Réalisation d'une nouvelle organisation, comme la création d'une situation de monopole (par exemple un trust) ou l'apparition brusque d'un monopole.

On distingue aussi des innovations majeures (produit radicalement nouveau, *exemple* : la voiture) et des innovations mineures ou incrémentales (*exemple* : ABS, airbag, etc.).

À la suite de ses travaux, on distingue plus simplement l'innovation de produit (mise au point/commercialisation d'un produit plus performant dans le but de fournir au consommateur des services objectivement nouveaux ou améliorés) et l'innovation de procédé (mise au point/adoption de méthodes de production ou de distribution nouvelles ou notablement améliorées).

C'est l'entrepreneur qui sera à la base des innovations. Ce dernier doit avoir des qualités très particulières : il doit aimer prendre des risques et ne pas craindre les erreurs, c'est un leader économique qui est motivé par le désir de créer, le plaisir d'innover, le goût du changement. Les comportements partiellement irrationnels des entrepreneurs entraînent finalement une amélioration de l'efficacité du système, c'est-à-dire une rationalisation de la société. Les innovations arrivent par « grappe » (car une innovation va donner lieu à de nombreuses autres innovations) et non de manière continue, ce qui explique le caractère cyclique de la croissance. C'est donc l'apparition et la diffusion des innovations qui entraîne la phase A du cycle Kondratiev et la hausse de la production. Ensuite, la quantité additionnelle de biens engendre la déflation, accentuée par le remboursement des crédits annonçant la dépression. La crise ne pourra être dépassée que par d'autres vagues d'innovations. Le cycle économique entraîne un processus de destruction créatrice, un processus de destruction des activités anciennes et de création d'activités nouvelles et d'emplois grâce aux innovations.

1.4 Une croissance intrinsèquement instable

Roy Harrod et Evsey Domar[1] intègrent les perspectives keynésiennes dans un modèle de long terme. Sur le long terme, l'investissement exerce une double influence sur

1 Roy Harrod, « An essay on dynamic theory », *Economic Journal*, vol. XLIX, 1939 et Evsey Domar, « Capital expansion, rate of growth and employment », *Econometrica*, n°14, 1946.

l'économie. Par son aspect « demande » (multiplicateur keynésien), il détermine le revenu et la demande globale, mais il accroît également par son aspect « offre » les capacités de production : c'est la « double nature de l'investissement ». Dès lors, à quelle condition l'augmentation de la demande est-elle compatible avec l'accroissement de la capacité de production résultant de l'investissement ? La confrontation des deux aspects fait apparaître une dissymétrie : du côté de l'offre, c'est le montant d'investissement (I) qui détermine la croissance, alors que du côté de la demande, c'est la croissance de l'investissement (ΔI). Ainsi, « si l'on investit assez aujourd'hui pour ajuster la demande à la capacité de production, il faudra investir encore plus demain du fait de l'accroissement de capacité engendré par l'investissement » (Domar). Si l'offre et la demande n'augmentent pas au même rythme apparaissent inflation ou déflation.

Dans le modèle de croissance de Harrod et Domar, les facteurs de production sont parfaitement complémentaires. Pour que la croissance soit équilibrée, il faut que le nombre de machines s'ajuste à l'augmentation du nombre de travailleurs c'est-à-dire à la population active. Or, cette augmentation est liée à la croissance démographique (donnée exogène), alors que l'accumulation du capital résulte de l'épargne d'une fraction du produit. Ainsi, le déséquilibre a toutes les chances d'être la règle : la croissance est instable, toujours « sur le fil du rasoir ».

Robert Solow en 1956 critiquera cette hypothèse de complémentarité des facteurs de production, au motif que la substituabilité est plus plausible quand on raisonne sur le long terme (pour lui, Harrod et Domar étudient des problèmes relevant du long terme à l'aide d'outils relevant du court terme).

2 Les explications exogènes de la crise

Chez les classiques et néoclassiques, les déséquilibres ne peuvent provenir que de facteurs externes venant entraver le libre jeu de marchés autorégulateurs. La crise ne peut donc qu'être un phénomène conjoncturel, sans relation avec la structure et le fonctionnement du capitalisme. Le système des prix, s'ils sont flexibles, permet un retour à l'équilibre sur chacun de ces marchés. Par ailleurs, si crise il y a, la cause, souvent, sera extra-économique (exogène), comme des désastres naturels ou des événements politiques.

2.1 La crise, conséquence d'une variation artificielle et non voulue du détour de production

Friedrich Hayek[1] propose une analyse qui synthétise les apports respectifs d'Eugen von Böhm-Bawerk et de Knut Wicksell.

L'économiste autrichien Böhm-Bawerk d'une part a proposé une théorie du détour de production. L'idée est que l'on dépense de l'argent et du temps (en machines, en éducation) pour produire ensuite plus et mieux. Il s'agit donc à court terme d'un sacrifice, pour

[1] Friedrich Hayek, *Prix et production*, 1931

être plus efficace à long terme. Autrement dit, le détour de production permet de mettre en œuvre des combinaisons plus capitalistiques (la part du capital dans les facteurs de production augmente) pour produire ensuite davantage de biens de consommation finale. La longueur du processus de production dépend du taux d'épargne et donc de l'impatience des consommateurs.

Wicksell[1] d'autre part distingue le taux d'intérêt naturel (qui ne modifie pas les prix) et le taux d'intérêt monétaire (déterminé sur le marché des capitaux). Lorsque les deux sont confondus, l'économie est à son niveau « normal », et la politique monétaire ne perturbe pas l'économie réelle (donc les prix restent stables). Wicksell voit *a contrario* dans leur divergence l'origine de processus cumulatifs d'expansion ou de récession. Si la politique monétaire induit une baisse du taux d'intérêt monétaire sous le taux naturel, cela incite les entreprises à adopter des méthodes de production plus détournées (plus de capital, moins de travail), et donc à accroître leurs investissements. Les prix des biens d'équipement et, par contagion, des biens de consommation, augmentent.

Selon Hayek, l'écart entre taux d'intérêt naturel et monétaire est à l'origine des fluctuations. On doit, selon lui, distinguer deux types d'allongement du détour de production : celui qui est provoqué par un accroissement volontaire de l'épargne, et celui qui résulte d'une création de monnaie et ne peut se réaliser que moyennant une « épargne forcée ». Si le premier est durable, le second ne peut être que provisoire et dégénère fatalement en « coup d'accordéon » ramenant la période de production moyenne à sa longueur initiale. L'allongement du détour de production nécessite que certains facteurs soient déplacés de la production des biens de consommation finale vers celle des biens d'équipement, ce qui suppose une hausse des prix relatifs de ces derniers. En l'absence d'accroissement de l'épargne volontaire, la demande de consommation ne faiblit pas, et la raréfaction temporaire des biens de consommation se traduit par une hausse des prix de ces biens (d'où l'épargne forcée, c'est-à-dire une baisse du pouvoir d'achat). Disparaît alors la déformation des prix relatifs qui avait permis l'allongement du détour de production, et s'enclenche un mouvement de retour à des méthodes de production moins détournées : après s'être ouvert, l'accordéon se referme. Une crise éclate alors, car beaucoup d'investissements en cours ou juste réalisés apparaissent non rentables et doivent être abandonnés.

2.2 L'hypothèse des cycles à l'équilibre

Les néoclassiques s'intéressent peu à la croissance : il faut attendre Solow pour que les néoclassiques théorisent la croissance. Il en va de même des cycles, car les théories néoclassiques sont surtout des théories statiques. Les néoclassiques innovent donc peu par rapport aux classiques : ils ont tendance à se fier à la loi de Say, et tendent donc à considérer généralement que lorsque crise il y a, la cause est exogène, et le rééquilibrage est possible. Mais au milieu des années 1970, la « nouvelle économie classique » (et

[1] Knut Wicksell, *Interest and Prices*, 1898.

notamment Lucas, 1973) va proposer une théorie dite des cycles à l'équilibre. On parle de cycles à l'équilibre dans la mesure où la propagation du cycle doit pouvoir être expliquée à partir des comportements d'optimisation des agents confrontés à un choc. Ici, les fluctuations de l'activité ne conduisent pas à des déséquilibres, mais sont la réaction d'un système économique qui reste en équilibre pour optimiser le bien-être des agents économiques.

Lucas ouvre alors la voie à d'autres développements réunis sous le nom de théorie des cycles réels dans les années 1980 (Kydland et Prescott, 1982). L'objectif est de montrer que l'impact des chocs réels sur une économie à l'équilibre suffit à produire des caractéristiques cycliques semblables à celles que présente l'économie américaine. La nature de ces chocs est diverse : choc dans le niveau de production, choc de productivité, choc dans les dépenses gouvernementales. Quelles que soient les décisions des individus, elles conduisent à un équilibre sur tous les marchés, et ces équilibres maximisent le bien-être. L'économie reste donc à l'équilibre. Au final, ces modèles ne conçoivent pas les fluctuations comme des écarts par rapport à un *trend*, mais comme le *trend* lui-même (l'équilibre se modifie tout seul en fonction des chocs). Le cycle n'est plus un écart par rapport à une tendance de long terme, mais le passage (souhaitable) d'un équilibre à un nouvel équilibre. La notion même de cycle perd finalement de sa signification et de substance. Dès lors, l'action de l'État pour lutter contre les fluctuations est inutile, et même néfaste, puisqu'elle conduirait à réduire le bien-être de la population. L'action de l'État irait à l'encontre de l'équilibre.

3 Les crises économiques, conséquence d'une crise de confiance

3.1 Les crises économiques, conséquence d'anticipations négatives

La théorie keynésienne[1] fournit des clés de compréhension de l'évolution de la conjoncture. Ainsi, le cycle serait la conséquence des fluctuations de l'efficacité marginale du capital (EMC). L'efficacité marginale du capital (ou taux de rendement interne) est le taux de rendement qui assure l'égalité entre les revenus futurs actualisés d'un investissement d'une part, et le coût de cet investissement d'autre part. Lorsque les conventions sont positives, alors les rendements escomptés sont importants, et l'EMC est élevée, ce qui incite les chefs d'entreprise à entreprendre de nombreux investissements. Lorsque celles-ci sont négatives, les rendements escomptés sont diminués, et les investissements sont plus faibles. Dès lors, l'activité économique dépend de la confiance que les chefs d'entreprise accordent au futur, et il faut donc tout faire pour assurer la confiance des chefs d'entreprise. Les chefs d'entreprise comparent l'EMC au taux d'intérêt. Si l'EMC est au moins égale au taux d'intérêt, alors l'investissement sera réalisé. Par contre les projets à taux de rentabilité inférieurs au taux d'intérêt seront abandonnés.

1 John Maynard Keynes, *Théorie générale de l'emploi, de l'intérêt et de la monnaie*, 1936.

La crise peut donc survenir suite à une augmentation du taux d'intérêt, ce qui réduit le nombre de projets d'investissement financés. Plus fondamentalement, si la confiance se dégrade, les chefs d'entreprise reverront leurs anticipations de revenus à la baisse, ce qui les conduira à réviser également à la baisse l'EMC. Ce faisant, certains projets qui pouvaient être rentables, compte tenu du taux d'intérêt avant la crise de confiance, vont devenir non rentables, et seront abandonnés.

3.2 Les fluctuations par confrontation du multiplicateur keynésien et de l'accélérateur

Paul Samuelson[1] va associer les deux outils du multiplicateur (voir chapitre 14) et de l'accélérateur en un outil unique, l'oscillateur, pour montrer comment la combinaison de ces deux outils peut aboutir à des fluctuations plus ou moins importantes. Les deux outils mettent en relation la demande (et *via* la demande, la production) et l'investissement. L'investissement agit à la fois sur l'offre (il augmente les capacités de production) et sur la demande (par l'achat de biens de production). L'oscillateur fait intervenir le mécanisme de l'accélérateur (côté offre) et le multiplicateur (côté demande). Les fluctuations de la demande sont à la fois alimentées par l'investissement (multiplicateur) et influencent celui-ci (accélérateur), mais avec un délai (l'investissement réagit avec retard sur la demande) : la demande détermine l'investissement, et l'investissement détermine la demande. On peut calculer les fluctuations cycliques qui en découlent. Elles dépendent du coefficient du capital (utilisé dans l'accélérateur) et de la propension marginale à consommer (utilisée dans le multiplicateur keynésien). Selon leur valeur, on obtient des oscillations amorties, entretenues ou amplifiées.

Savoir-faire

Structurer son développement

Le développement d'une dissertation doit être organisé en plusieurs parties bien identifiables, elles-mêmes divisées en sous-parties. La structure du développement doit apparaître visuellement, en allant à la ligne et en passant des lignes de manière judicieuse et logique (et surtout pas de manière anarchique). En ouvrant la copie et sans la lire, on doit repérer immédiatement parties et sous-parties. Le développement peut être structuré en deux comme en trois parties, l'essentiel est que le plan et l'argumentation soient cohérents. Les plans en trois parties sont souvent plus riches et plus subtils, mais constituent également une vraie prise de risque,

[1] Paul Samuelson, *Interaction between the multiplier analysis and the principle of acceleration*, 1939.

notamment si la dernière partie « flirte » avec le hors-sujet. Mieux vaut dans ce cas éviter les risques inutiles… De manière générale, le jury donne logiquement sa préférence au plan non apparent, qui témoigne d'une meilleure maîtrise des règles formelles de la dissertation. Parties et sous-parties doivent s'enchaîner logiquement, chacune devant en quelque sorte déboucher naturellement sur la suivante. Selon le type de sujet et de plan, vos parties et sous-parties peuvent se juxtaposer, se compléter, se nuancer ou s'opposer, l'important étant que le correcteur comprenne l'enchaînement et la progression de la réflexion. Dans tous les cas, des transitions doivent apparaître et viennent justifier le changement de partie ou de sous-partie. Les grandes parties sont généralement assez faciles à trouver, mais c'est souvent moins le cas pour les sous-parties. Tout découlera de votre analyse du sujet, et de la formulation de la problématique. Avant de rédiger sur la copie, il est essentiel de vérifier que l'ensemble des parties et sous-parties répondent bien au sujet. Ainsi, mieux vaut que les mots-clés du sujet soient systématiquement présents dans tous vos titres. C'est par un processus de tâtonnement, d'essais et d'erreurs, et grâce à l'expérience, que l'on progresse dans la construction du plan.

Sujet : « Les déterminants des fluctuations économiques »

Les erreurs à éviter :

- Faire un plan historique, type : I Les déterminants de la crise de 1929 ; II Les déterminants de la crise de 1973 ; III Les déterminants de la crise de 2008.
- Faire une partie ou un paragraphe qui mobiliserait les théories « de l'équilibre » pour démontrer l'absence de fluctuations économiques. Le sujet ne porte pas sur l'existence ou non des fluctuations mais bien sur leurs déterminants.
- Faire une partie complète sur les conséquences des fluctuations économiques sans montrer qu'elles peuvent être à l'origine de nouvelles fluctuations.
- S'attacher à argumenter dans le sens d'une seule cause, alors que le sujet tel que formulé invite à penser la diversité des déterminants.
- Faire un plan sans avoir choisi d'axe d'analyse. Le plan risque d'être plat, non progressif, il ne permettra pas d'argumenter mais seulement de présenter. Vous risquez le plan « type-cours ».

Propositions de progression argumentative :

- On peut tenter de trouver dans la diversité temporelle et géographique des crises une diversité de déterminants, pour montrer que toutes n'ont pas les mêmes causes et facteurs, et que les fluctuations ont des causes très diverses puis discuter de la possibilité de regrouper cette diversité dans des groupes de déterminants finalement aisés à identifier.
- On peut choisir au contraire d'axer l'argumentation pour exprimer le fait que les fluctuations économiques ne sont pas nécessairement des crises et que celles-ci sont « normales », on insistera alors sur les déterminants des cycles économiques, pour montrer que les crises sont en réalité dues à des déterminants bien identifiés des fluctuations.
- On peut encore chercher à discuter des déterminants pour identifier des voies de sortie de crise. Si on identifie par exemple des déterminants du côté de la demande, plutôt que de l'offre, alors la politique économique à mener ne sera pas la même.

Questions de réflexion

1 ■ Investissement et fluctuations économiques.
2 ■ Les crises sont-elles le moteur du capitalisme ?
3 ■ Peut-on prévoir les crises économiques ?
4 ■ Les crises économiques peuvent-elles être utiles ?
5 ■ Les cycles économiques.

Bibliographie

- Gilbert Abraham Frois, *Dynamique économique*, Dalloz, 2002.
- Vincent Barou, Benjamin Ting, *Fluctuations et crises économiques*, Armand Colin, 2015.
- Andrew Berg, Catherine Pattillo, « L'art difficile de prévoir les crises économiques », Fonds monétaire international, 2000. www.imf.org/external/pubs/ft/issues/issues22/fra/issue22f.pdf

Chapitre

10 Croissance et développement durable

OBJECTIFS

- Montrer les limites écologiques de la croissance économique
- S'interroger sur la substituabilité et l'évolution des stocks de capitaux
- S'interroger sur la notion et les limites du développement durable
- Analyser les instruments des politiques environnementales

NOTIONS

- Soutenabilité, biens communs
- Capital naturel, capital physique, capital humain, capital institutionnel
- Réglementation, taxation, marché de quotas d'émission

SOMMAIRE

SECTION 1 La solution par le développement durable

SECTION 2 Le développement durable, un oxymore

Selon la célèbre formule de Kenneth Boulding[1], mille fois citée, « seuls les fous et les économistes peuvent croire qu'une croissance infinie est possible dans un monde fini ». Une majorité d'économistes est effectivement convaincue que notre mode de dévelop-

[1] Boulding Kenneth, « The economics of the coming spaceship Earth », *in* Henry Jarrett (dir.), *Environmental Quality in a Growing Economy*, Johns Hopkins University Press, 1966.

pement est soutenable, au prix certes de quelques aménagements somme toute marginaux. Le progrès technique est censé nous permettre de dépasser les limites environnementales que semble nous imposer la nature. Le libre fonctionnement du marché permettra aux agents économiques de s'adapter aux nouvelles raretés. Bref, le développement durable est à la fois possible et souhaitable, il est *la* solution pour concilier harmonieusement croissance et protection de l'environnement. Nous nous demanderons ici si cet optimisme béat et cette confiance aveugle dans le progrès technique sont justifiés. Si les économistes ont longtemps cru que l'environnement pouvait s'intégrer et s'adapter aux logiques économiques et marchandes, n'est-ce pas plutôt à l'économie de s'adapter enfin aux contraintes naturelles ? Nous verrons donc dans ce chapitre que le concept de développement durable s'impose progressivement, mais pose néanmoins de nombreux problèmes qui ne sont pas loin d'être rédhibitoires.

Section 1 LA SOLUTION PAR LE DÉVELOPPEMENT DURABLE

1 Apparition et définition du concept

1.1 Le rapport Brundtland

C'est le rapport Brundtland (« Our Common Future », traduit par « Notre avenir à tous »), publié en 1987, qui officialise une première définition du concept de développement durable. Selon ce rapport, le développement durable ou soutenable est un développement qui répond aux besoins des générations actuelles sans compromettre la capacité des générations futures à satisfaire les leurs.

Définition

Soutenabilité : capacité à léguer aux générations futures un niveau suffisant de ressources pour assurer leur satisfaction. Selon le rapport Stiglitz-Sen-Fitoussi (2009), « Avec la soutenabilité, il s'agit de savoir si nous léguons aux générations suivantes suffisamment de ressources pour leur assurer un niveau de bien-être au moins équivalent au nôtre. »

Ce développement durable mêle trois composantes : économique, sociale et écologique, ce qui autorise l'expression de « trépied magique »[1]. Dès lors, on représente généralement ainsi les trois piliers du développement durable (figure 10.1).

Croissance et fluctuations

[1] Expression de Sylvie Brunel, géographe spécialiste des questions de développement durable.

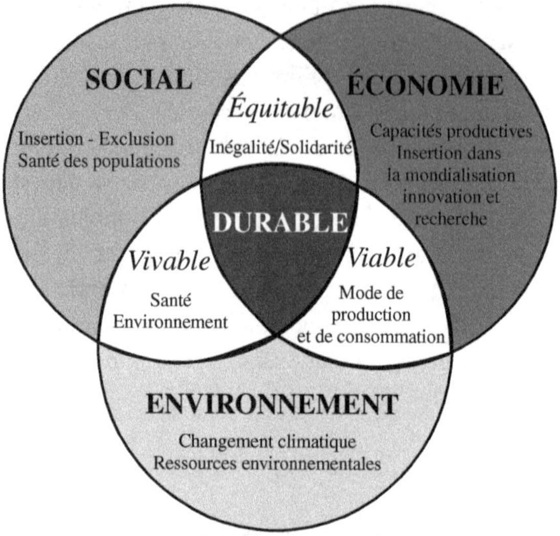

Source : Insee, www.insee.fr/fr/themes/document.asp?ref_id=19611

Figure 10.1 – Les trois piliers du développement durable

Si ce concept est extrêmement polysémique, on peut néanmoins mettre l'accent sur trois présupposés fondamentaux[1]. D'abord, la croissance économique est toujours considérée comme la condition du développement (ce qui justifie la nécessité de son maintien). Par ailleurs, la durabilité des ressources est garantie grâce aux avancées technologiques. Enfin, la pauvreté est perçue comme une menace pour l'environnement : la plupart des problèmes d'environnement seraient causés par le sous-développement, à rebours de l'idée d'un « écologisme des pauvres » défendue par Joan Martinez-Alier. Ce dernier considère d'une part que les populations les plus pauvres, plus dépendantes des ressources naturelles pour leur survie, sont parfois plus conscientes de leur fragilité que les plus riches, et d'autre part que la richesse peut constituer *in fine* un plus grand danger pour l'environnement que la pauvreté. La question de l'impact de l'enrichissement et des inégalités sur l'environnement est encore très débattue[2].

1.2 La non-renonciation à la croissance

S'il existe de nombreuses conceptions différentes (et pas toujours compatibles) du développement durable, le point commun aux différentes acceptions du terme est l'idée selon laquelle la croissance économique n'est pas remise en cause : la croissance ne suffit pas mais elle est néanmoins nécessaire. Comme l'explique le rapport Brundtland :

---

[1] Geneviève Azam, Christian Bonneuil, Maxime Combes, *La nature n'a pas de prix* : les méprises de l'économie verte, Les liens qui libèrent, 2012.

[2] Thomas Piketty, Lucas Chancel, *Carbone et inégalités* : de Kyoto à Paris, Paris School of Economics, 2015.

> Aujourd'hui, ce dont nous avons besoin, c'est une nouvelle ère de croissance économique, une croissance vigoureuse et, en même temps, socialement et environnementalement durable. [...] Nous envisageons plutôt la possibilité d'une nouvelle ère de croissance économique, s'appuyant sur des politiques qui protégeraient, voire mettraient en valeur la base même des ressources. Nous estimons que cette croissance est absolument indispensable pour soulager la misère qui ne fait que s'intensifier dans une bonne partie du monde en développement.

En cela, le rapport et le concept de développement durable s'inscrivent dans une économie de l'environnement qui refuse d'abandonner l'objectif de croissance économique, et surtout parvient à se persuader que cela n'est pas nécessaire. Comme le dit Beckerman[1] :

> Il y a une évidence claire que, bien que la croissance économique provoque normalement des dégradations environnementales aux premiers stades, à la fin le meilleur – et probablement le seul – sentier pour retrouver un environnement décent dans la plupart des pays est de devenir riche.

2 Concilier croissance et environnement grâce aux logiques économiques traditionnelles

2.1 La substituabilité du capital naturel et du capital artificiel

Selon les partisans de la soutenabilité dite faible, le capital naturel et le capital artificiel produit par l'homme sont totalement substituables. La soutenabilité faible préconise donc le maintien intact de l'ensemble du stock de capital, sans réellement faire de distinction entre les différents types de capitaux (naturel, physique, humain, institutionnel).

Définition

Capital naturel : ensemble des ressources naturelles (plantes, animaux, minéraux, air, etc.) envisagées comme autant de moyens de production, qui rendent des services (dits « écosystémiques ») aux hommes, selon Robert Constanza.

Si cette notion de capital naturel permet de mettre en exergue l'intérêt économique de sauvegarder ces ressources, on peut également lui reprocher sa conception très instrumentale de la nature, qui lui dénie toute valeur intrinsèque, sans même parler des difficultés liées à l'estimation de la valeur et du prix de ce capital naturel... Ici, le déclin du capital naturel n'est donc pas problématique en soi, puisque nous pouvons et pourrons toujours le remplacer par d'autres formes de capital d'origine humaine.

Définition

Capital physique : biens produits dans le passé par les hommes, et qui interviennent dans la production présente et future des autres biens.

[1] Wilfried Beckerman, « Economic growth and the environment: whose growth? whose environment? », *World Development*, vol. 20, 1992.

DÉFINITION

Capital humain : ensemble des caractéristiques d'un individu (diplômes, formation, expériences, état de santé) qui jouent sur sa productivité.

DÉFINITION

Capital institutionnel : ensemble des institutions qui participent à la croissance et au bien-être de la population.

Pour les néoclassiques tels que Solow[1], capital naturel et capital artificiel sont donc substituables. La soutenabilité est définie comme la non-diminution du bien-être des générations futures, mesuré par leur niveau d'utilité ou de consommation. Le développement est durable si nous transmettons à ces générations un stock de capital leur permettant d'atteindre le même niveau de production et donc d'utilité que le nôtre, et ce quelle que soit la composition de ce stock de ce capital, ce que nous pouvons schématiser simplement (figure 10.2).

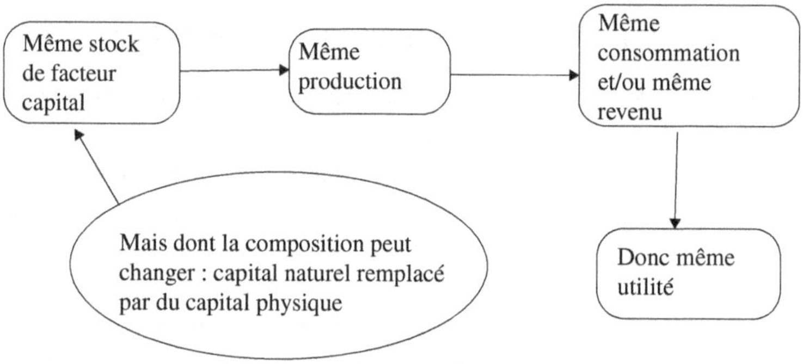

Figure 10.2 – La soutenabilité faible chez Solow

Selon Solow, un échange s'opère donc dans le temps : la génération présente consomme du capital naturel et, en contrepartie, lègue aux suivantes plus de capacités de production sous forme d'équipements, de connaissances et de compétences.

2.2 Croissance, progrès technique et environnement

Selon Tim Jackson[2], l'idée d'une économie sans croissance relève généralement de l'hérésie pour un économiste, mais l'idée d'une croissance infinie est une hérésie pour un écologiste :

[1] Robert Solow, « The economics of resources or the resources of economics", *The American Economic Review*, vol. 64, n°2, 1974, pp. 1-14. Cet article est la réponse au rapport "Halte à la croissance" publié par le club de Rome en 1972.

[2] Tim Jackson, *Prospérité sans croissance : la transition vers une économie durable*, De Boeck, 2010.

un sous-système d'un système fini ne peut croître indéfiniment. La solution des économistes à ce dilemme s'appelle progrès technique. Grâce à ce dernier, on peut imaginer un découplage entre croissance et consommation de ressources naturelles. La croissance pourrait augmenter sans que n'augmente (ou du moins à un rythme moins rapide) la consommation de ressources énergétiques. Le progrès technique permettrait donc l'écoefficience, c'est-à-dire la baisse d'impact et de pollution par unité de marchandise produite. Par ailleurs, c'est également le progrès technique et l'investissement qui rendent possible la substituabilité totale entre les différentes formes de capitaux. Il faut en effet que les investissements soient au rendez-vous afin que le déclin du capital naturel soit compensé par davantage de capital artificiel. C'est précisément ce que garantit la règle de Hartwick[1]. Cette règle préconise que les rentes, obtenues par l'exploitation et la raréfaction des ressources naturelles, soient réinvesties pour produire du capital, si besoin est par le truchement de l'intervention de l'État.

2.3 Le rôle du marché

Pour les néoclassiques, s'il y a concurrence pure et parfaite, il sera toujours possible de dépasser les limites de la nature. Prenons par exemple le cas du pétrole : plus le pétrole se raréfie, plus son prix s'élève, sous le coup de la loi de l'offre et de la demande.

Focus

La règle d'Hotelling : l'exemple du pétrole

Pour assurer une gestion optimale des ressources, il faut que les prix jouent leur rôle incitatif. Prenons l'exemple du pétrole. Quand la ressource s'épuise, la loi de l'offre et de la demande fait augmenter son prix.

- D'une part, le prix élevé du pétrole peut pousser les entreprises qui exploitent les nappes à exploiter des nappes dont l'exploitation était au préalable trop coûteuse.
- D'autre part, les entreprises seront incitées à rechercher de nouvelles nappes.
- Enfin, les entreprises innovantes vont être incitées à rechercher des substituts au pétrole, en finançant la recherche et développement.

Laissé libre, le marché fournit donc les bonnes incitations, à condition de laisser les prix délivrer les bonnes informations, comme le suggère la règle d'Hotelling[1]. Selon cette règle, le prix de la ressource épuisable doit donc augmenter à mesure qu'elle se raréfie, jusqu'à tendre vers l'infini quand le stock s'approche de zéro. Le taux de croissance du prix de la ressource épuisable doit croître au même rythme que le taux d'intérêt.

[1] John M. Hartwick, « Intergenerational equity and the investing of rents from exhaustible resources », *American Economic Review*, vol. 67, 1977.

[2] Harold Hotteling, « The economics of exhaustible resources », *Journal of Political Economy*, vol. 39, n° 2, 1931.

Le prix du pétrole envoie bien aux agents économiques le signal de la raréfaction du pétrole. Ce signal, véhiculé par le haut niveau des prix aboutit à des incitations qui pousseront les agents économiques à modifier leurs comportements, et *de facto* à s'adapter à la raréfaction des ressources.

On peut néanmoins douter de l'optimalité de la régulation marchande quand les biens concernés sont des biens communs (voir chapitre 13).

DÉFINITION

Biens communs : biens rivaux (dont la quantité consommée diminue la quantité disponible pour les autres), mais non excluables (dont l'accès ne peut être contrôlé par le prix). *Exemple* : les ressources halieutiques.

2.4 La courbe de Kuznets environnementale

La courbe appelée « courbe de Kuznets environnementale » a été mise en évidence en 1995 par Gene Grossman et Alan Krueger[1]. Elle exprime l'idée selon laquelle la croissance est d'abord très polluante, puis tendrait à devenir de plus en plus « propre » (figure 10.3).

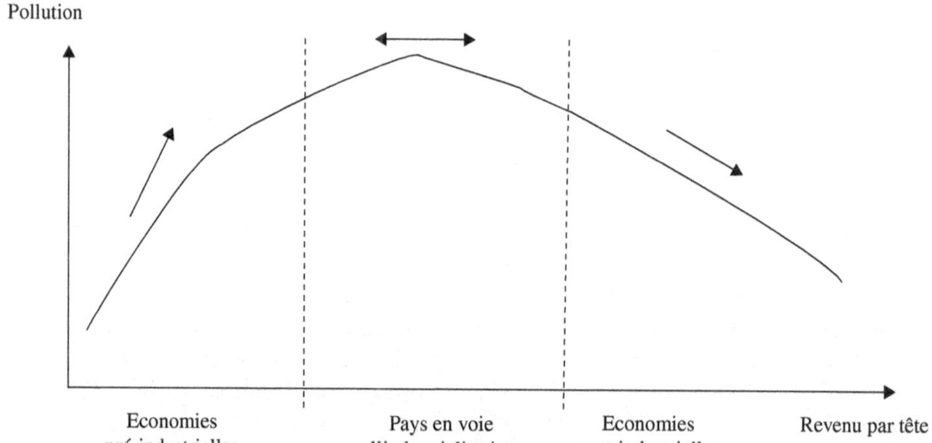

Source : www.econologie.com/forums/combien-de-co2-pour-gagner-1000-au-travail-vt7201.html

Figure 10.3 – La courbe de Kuznets environnementale

L'explication fournie par les auteurs est que, dans les prémices du développement, il y a peu d'émissions polluantes du fait de la faiblesse de la production. Puis, les débuts mal maîtrisés de l'industrialisation provoquent un surcroît de pollution. Enfin, l'enrichissement apporté par la croissance et la tertiarisation croissante des économies contribueraient à ménager l'environnement. L'idée selon laquelle la tertiarisation serait

[1] G. Grossman, A. Krueger, « Economic growth and the environment », *Quarterly Journal of Economics*, n°110, 1995.

forcément synonyme d'économie plus « propre » ou « verte » doit cependant être relativisée. Jean Gadrey[1] montre bien que les économies les plus tertiarisées sont également les plus pollueuses, et que la dématérialisation de nos économies relève encore du mythe. La « société de services » est pour lui « sans le savoir une société anti-écologique, hyperindustrielle et hypermatérielle ». Enfin, Grossman et Krueger ont conscience du fait que cette évolution suppose l'intervention de l'État, rendue nécessaire sous la pression de citoyens de plus en plus soucieux des questions environnementales.

Section 2 LE DÉVELOPPEMENT DURABLE, UN OXYMORE

1 Notre développement n'est pas durable

1.1 L'empreinte écologique

Pour savoir si notre mode de développement est actuellement soutenable, on peut utiliser comme indicateur l'empreinte écologique. Cette dernière

> [...] évalue la pression exercée par l'humanité sur la biosphère en comparant sa consommation aux capacités de régénération de la Terre, ce que l'on appelle la biocapacité. Cet indicateur repose sur le calcul de la somme de la surface requise pour produire les ressources consommées par les sociétés humaines, de la surface occupée par les infrastructures et de la surface forestière nécessaire à la séquestration du CO_2 non absorbé par les océans[2].

On l'évalue en nombre de planètes nécessaires pour que chacun puisse vivre. Si le mode de vie occidental se généralisait, c'est alors au moins cinq planètes qui seraient nécessaires.

L'empreinte écologique des pays occidentaux (environ 5 hectares/habitant en France) dépasse largement l'empreinte écologique soutenable (1,8 hectare/habitant), ce qui signifie que nous sommes en situation de dette vis-à-vis de la nature. Plus précisément, si certains pays sont au-delà de leur empreinte soutenable, c'est qu'ils « empruntent » aux pays qui ont une empreinte écologique inférieure à celle qu'ils pourraient se permettre, ainsi en quelque sorte qu'aux générations futures.

Croissance et fluctuations

1 Jean Gadrey, « La crise écologique exige une révolution de l'économie des services », *Développement durable et territoires*, 2008.

2 WWF, rapport « *Planète vivante* », 2012.

Tableau 10.1 – Les éléments de l'empreinte écologique

Empreinte carbone	Calculée à partir de la surface de forêt nécessaire pour absorber la quantité de CO_2 émise par la combustion des énergies fossiles, par le changement d'affectation des sols et par les processus chimiques et qui n'est pas absorbée par les océans. Ces émissions sont les seuls déchets compris dans l'empreinte écologique.
Empreinte des pâturages	Calculée à partir de la surface utilisée pour élever le bétail pour la viande, les produits laitiers et les produits laineux.
Empreinte des forêts	Calculée à partir des quantités de bois de charpente, de bois à pulpe, de bois d'œuvre et de bois de chauffage consommées par un pays chaque année.
Empreinte des surfaces de pêches	Calculée à partir de l'estimation de la production primaire nécessaire pour soutenir la pêche de poissons et de crustacés, sur base des données concernant 1 439 espèces marines différentes et plus de 268 espèces d'eau douce.
Empreinte des terres cultivées	Calculée à partir de la surface utilisée pour produire de la nourriture pour l'alimentation humaine et animale, des fibres, des oléagineux et du caoutchouc.
Empreinte des terrains bâtis	Calculée à partir de la surface de terre couverte par des infrastructures humaines, notamment pour le transport, le logement, les structures industrielles et les réservoirs pour l'hydroélectricité.

Source : WWF, Rapport *Planète vivante*, 2010 »

1.2 Une empreinte écologique fortement corrélée à la croissance

Il y a une forte corrélation entre le PIB (ou l'IDH) et l'empreinte écologique des pays. Ainsi, on peut voir que les pays qui ont un mode de développement durable car ne dépassant pas l'empreinte écologique disponible sont majoritairement des pays en sous-développement. Inversement, l'extrême majorité des pays développés ont un environnement dégradé, en ce que leur empreinte écologique dépasse largement l'empreinte écologique disponible. Très peu de pays parviennent à concilier une économie développée (IDH supérieur à 0,8) et un environnement préservé (empreinte écologique inférieure à 1,8 hectare par habitant).

Puisque notre mode de croissance n'est pas généralisable à l'ensemble de la planète pour des raisons écologiques, les questions d'environnement sont indissociables des questions d'inégalités : poursuivre notre mode de croissance signifie forcément en exclure les autres.

2 Des solutions qui n'en sont pas vraiment

2.1 L'écoefficience est une fausse solution

Que l'efficience écologique se soit accrue est incontestable, mais, parallèlement, la perpétuation de la croissance entraîne toujours plus d'épuisement de nos ressources naturelles. En effet, les baisses d'impact et de pollution par unité de marchandise produite se trouvent systématiquement annulées par la multiplication du nombre d'unités produites : c'est le phénomène auquel on a donné le nom d'« effet rebond » ou « paradoxe de Jevons ». William Stanley Jevons[1] avait en effet remarqué que les chaudières utilisaient de moins en moins de charbon, mais que cette tendance était plus que contrebalancée par l'augmentation du nombre de chaudières. Pour le dire autrement, il faudrait viser un découplage absolu (croissance qui augmente, prélèvements de ressources naturelles qui diminuent), alors que nous ne parvenons qu'à atteindre péniblement un découplage relatif (croissance qui augmente, prélèvements de ressources naturelles qui augmentent mais moins vite que la croissance). Évidemment, c'est le découplage absolu qu'il faudrait viser, alors que l'effet rebond fait que notre découplage n'est finalement que relatif.

2.2 Des instruments climatiques limitées

Pour lutter contre les externalités négatives que constitue la pollution, on peut imaginer trois types d'instruments. Face à la pollution, que l'on peut concevoir comme étant une externalité négative (voir chapitre 13), l'État peut utiliser la norme (ou réglementation), passer par une taxation telle que la préconisait Arthur Cecil Pigou, ou encore se fier au marché et créer des permis à polluer, comme le préconisait Ronald Coase.

DÉFINITION

Réglementation : ensemble des normes juridiques. En matière d'environnement, il s'agit principalement d'imposer des quotas de quantité maximale produite, ou d'émissions.

DÉFINITION

Taxation : ensemble de mesures visant à prélever des richesses pour financer des politiques publiques. En matière d'environnement, il s'agit principalement de fiscalité environnementale, donc de taxes environnementales ou énergétiques

Pigou est le précurseur du principe « pollueur-payeur ». Il suggère que l'État fasse payer au pollueur une taxe qui l'obligerait à intégrer les coûts de dépollution que l'entreprise polluante fait dépenser à la collectivité. Grâce à la taxe, l'entreprise fixe son niveau de production en se basant sur l'ensemble des coûts de production (le « coût social ») et non sur ses coûts privés, l'entreprise ne sous-estime plus les coûts de production et cesse donc de « sur-produire ». Ainsi, les quantités échangées (et la pollution) diminuent et les prix augmentent. Le principe « pollueur-payeur » est en réalité un principe « pollueur premier payeur », puisqu'une partie de la taxe est supportée par les consommateurs par l'intermédiaire de la hausse des prix (figure 10.4).

[1] William Stanley Jevons, *The Coal Question*, 1865.

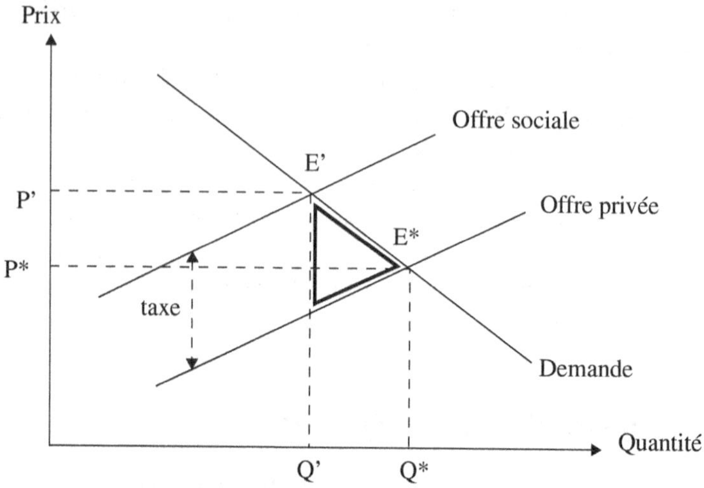

Figure 10.4 – Les effets d'une taxe pigouvienne sur le marché

Le surplus global diminue (du triangle représenté en gras), puisque les quantités échangées ont diminué (voir chapitre 4). Cela étant dit, l'objectif ici n'est pas de minimiser la perte de surplus (et de mettre en place une fiscalité la moins distorsive possible), mais bien au contraire de modifier les comportements des agents économiques. La réduction des quantités échangées n'est pas un effet pervers de la taxation mais bien l'objectif recherché.

Qui, en fin de compte, supporte vraiment la charge de l'impôt ? C'est l'objet de la théorie de l'incidence fiscale. En effet, celui qui supporte réellement l'impôt n'est généralement pas celui qui rédige le chèque à l'administration fiscale. Cette problématique de l'incidence était déjà soulevée par Smith dans le livre V de la *Richesse des nations* consacré aux impôts : « plusieurs de ces impôts ne sont pas supportés, en définitive, par le fonds ou la source du revenu sur laquelle on avait eu l'intention de les faire porter ». L'incidence fiscale étudie donc la nature et le processus de la répercussion de la charge d'un impôt sur les différents agents économiques. Dans le cas d'une taxe pigouvienne par exemple, l'entreprise polluante paie l'impôt mais récupère une partie de ce qu'elle a payé *via* les hausses de prix, donc les consommateurs paient indirectement une partie de l'impôt.

La taxation est souvent jugée plus efficace que la norme, dans la mesure où les entreprises peuvent, de manière décentralisée et en tenant compte de leurs coûts de dépollution, décider d'elles-mêmes de payer la taxe ou d'investir dans des technologies plus propres. Le principe pollueur-payeur est pourtant contestable, puisque payer autorise à polluer, comme si payer suffisait pour « remettre à neuf » l'environnement.

Ronald Coase[1] va défendre de son côté le principe d'une internalisation des externalités *via* une négociation bilatérale : il est inutile d'en passer par la norme ou la taxe. Le

[1] Ronald Coase, « The problem of social cost », *Journal of Law and Economics*, vol. 3, 1960.

« théorème de Coase »[1] explique ainsi que si 1) L'État a réparti et fait respecter les droits de propriétés et 2) les coûts de transaction sont nuls, alors : l'internalisation des externalités peut se faire par la rencontre directe des agents économiques qui vont librement négocier entre eux. Pollueurs et pollués sont remis sur un pied d'égalité : les pollueurs ont le droit de polluer tout autant que les pollués ont le droit de souhaiter ne pas l'être. Tout dépend de l'attribution des droits de propriété. *A contrario*, le principe pollueur-payeur repose pour Coase sur une répartition systématique, implicite et arbitraire des droits de propriété en faveur des pollués.

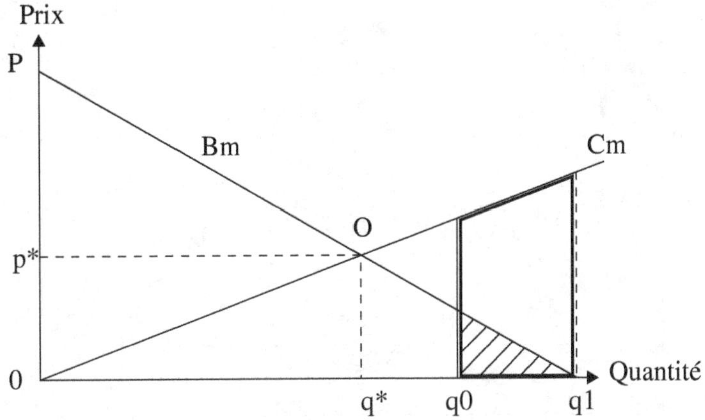

Figure 10.5 – L'équilibre de pollution

Par exemple, si la rivière appartient à une entreprise qui pollue (et produit tant que son bénéfice marginal *Bm* n'est pas nul), le pollué ira négocier avec l'entreprise afin de réduire son coût marginal de dépollution (*Cm*). L'entreprise acceptera de réduire sa production si le pollué la dédommage pour le manque à gagner. On voit ainsi sur le graphique que si l'entreprise diminue sa production de q_1 à q_0, elle perd le triangle hachuré, mais le pollué économise en coûts de dépollution (le trapèze en gras) et pourra offrir à l'entreprise une compensation. Cela revient dire que le pollué achète à l'entreprise (et neutralise) une partie de ses droits à polluer. La négociation se poursuivra jusqu'à ce que soit atteint l'optimum de pollution q^* qui égalise bénéfice marginal du pollueur et coût marginal de dépollution du pollué. Si la rivière appartient au pollué potentiel, la production polluante est initialement nulle, et l'entreprise aura l'initiative de la négociation : elle pourra proposer au pollué de lui dédommager les coûts de dépollution induits par sa production. Le pollué vend donc à l'entreprise un droit à polluer.

Les réflexions de Coase déboucheront sur le principe des droits à polluer et des permis d'émission.

[1] Selon l'expression de Stigler.

DÉFINITION

Marché de quotas d'émission : lieu sur lequel s'échangent des permis d'émissions et se définit leur prix. Ce permis sont des droits de propriété appelés droits à polluer, ou quotas d'émission, distribués par les pouvoirs publics aux entreprises.

Les permis d'émissions ont cependant montré leurs limites, avec des quantités de droits émis en excès et donc des prix trop bas pour être incitatifs.

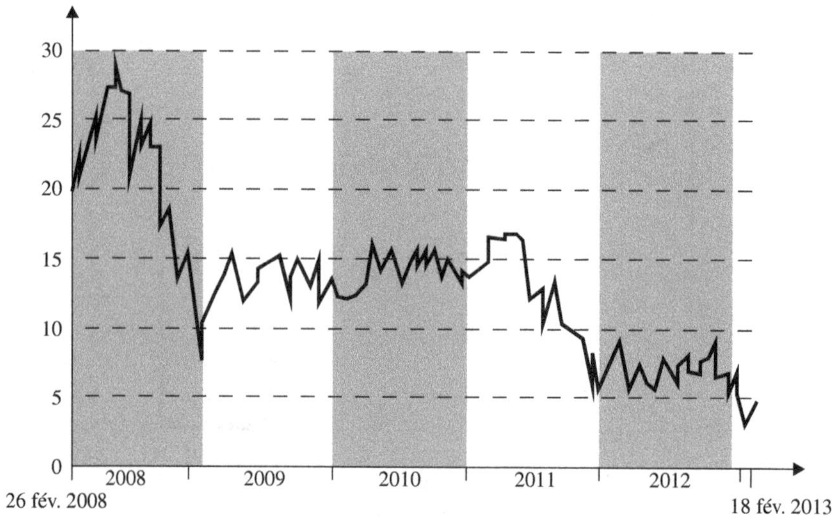

Source : *Alternatives économiques*, hors-série n° 97, 2013.

Figure 15.5 – Évolution du prix comptant des crédits carbone, en euros par tonne de CO_2

Dans tous les cas, ces instruments supposent que les dommages environnementaux sont réversibles, et surtout que l'on peut leur donner un prix. À l'inverse de ces conclusions, certains économistes se prononcent pour la décroissance.

3 La nécessité de décroître ?

3.1 La décroissance comme solution ?

La décroissance découle de l'idée que le rythme actuel de la consommation dans les pays occidentaux n'est plus soutenable. Le terme a été utilisé pour la première fois par Nicholas Georgescu-Roegen dans son ouvrage *La décroissance* (1971). En 1972 paraît le rapport Meadows, intitulé « Halte à la croissance », du Club de Rome, qui craint une pénurie de ressources naturelles. Ce rapport préconise une limitation de la croissance, voire même une décroissance pour résoudre ce problème. Selon les auteurs du rapport Meadows[1] la

[1] Réédité en 2012.

croissance finira par buter sur l'épuisement des ressources naturelles, la multiplication des pollutions et l'augmentation de la population mondiale. Si nous n'organisons pas collectivement et pacifiquement la décroissance, cette dernière risque de s'imposer à nous de manière bien plus dramatique. Les partisans de la décroissance nous incitent donc à davantage de modération, et invitent à remplacer les biens par davantage de liens. Si la décroissance n'est pas un terme précisément défini, il a sans doute le mérite de poser les bonnes questions et de nous inviter à une réflexion en passe de devenir incontournable.

3.2 Une décroissance inenvisageable et non souhaitable ?

Au-delà de son intérêt théorique, la notion de décroissance pose de redoutables problèmes pratiques. En effet, nous vivons dans une société de pénurie au sens de Marshall Sahlins. On ne vit que grâce à la recherche permanente de la satisfaction de nouveaux besoins, ce qui fonde la dynamique même du capitalisme. Comme le dit Serge Latouche[1], il y a une addiction de notre système productif à la croissance : « Notre société a lié son destin à une organisation fondée sur l'accumulation illimitée ». Notre croissance a été rendue de plus en plus nécessaire (pour l'emploi, pour payer les prélèvements obligatoires, rembourser la dette, etc.). Concrètement, comment va-t-on décider des biens dont il faut réduire la consommation et la production ? Qui va décider cela ? Nous touchons ici aux limites de la gouvernance démocratique, souvent accusée sur ces questions de court-termisme. Enfin, il n'est pas juste d'ordonner uniformément la décroissance à ceux qui regorgent de tout et à ceux qui manquent de l'essentiel : les populations pauvres n'ont-elles pas droit à un temps de croissance économique, souvent nécessaire pour sortir du sous-développement ?

3.3 Décroissance ou acroissance ?

Il faudra, qu'on le veuille ou non, modifier l'importance accordée à la croissance dans les stratégies de développement. La croissance a une place indispensable mais qui doit être limitée et repensée. L'amélioration du bien-être ne nécessite sans doute pas une accumulation illimitée de biens produits et consommés, comme le remarquait déjà Aristote en son temps (voir chapitre 1). Selon Jean Gadrey[2] il faut passer d'une société de croissance à une société solidaire et soutenable. Les choses peuvent aller bien, sans abondance matérielle. Dans de nombreux domaines (santé, scolarisation, pauvreté, etc.), on peut atteindre de meilleurs résultats sans croissance économique, une fois franchi un seuil que nous avons dépassé depuis longtemps. Cela suppose d'urgence une forte réduction des inégalités. On retrouve des thèses assez proches chez Dominique Méda[3], ou Tim Jackson[4], ce dernier faisant d'ailleurs de la « prospérité sans croissance » une voie médiane entre développement durable et décroissance. Dans cette perspective, une « relance verte » ne

---

[1] Serge Latouche, *Bon pour la casse : les déraisons de l'obsolescence programmée*, Les liens qui libèrent, 2012.

[2] Jean Gadrey, *Adieu à la croissance : bien vivre dans un monde solidaire*, Alternatives économiques, 2010.

[3] Dominique Méda, *La mystique de la croissance : comment s'en libérer*, Flammarion, 2013.

[4] Tim Jackson, *Prospérité sans croissance : la transition vers une économie durable*, De Boeck, 2010.

peut suffire et la crise actuelle doit absolument être l'occasion d'une réorientation des politiques.

Questions de réflexion

1 ■ La pertinence du concept de développement durable.
2 ■ Peut-on concilier croissance économique et protection de l'environnement ?
3 ■ Quels instruments économiques pour réguler la pollution ?
4 ■ La recherche du développement durable remet-elle en cause la croissance ?
5 ■ Marché ou norme : comment protéger l'environnement ?

Bibliographie

- Tim Jackson, *Prospérité sans croissance : la transition vers une économie durable*, De Boeck, 2010.
- Sylvie Brunel, *Le développement durable*, PUF, 2012.
- Laurent Eloi, Jacques Le Cacheux, *Économie de l'environnement et économie écologique*, Armand Colin, 2012.

Chapitre

F Numérique et SES

OBJECTIFS

- Présenter les enjeux de la compétence numérique
- Montrer la diversité de l'utilisation du numérique en classe et par l'enseignant

SOMMAIRE

SECTION 1 De l'informatique au numérique en passant par les TICE

SECTION 2 Quels outils et quels usages en sciences économiques et sociales ?

SECTION 3 Mises en activité utilisant les outils numériques

Section 1 DE L'INFORMATIQUE AU NUMÉRIQUE EN PASSANT PAR LES TICE

L'utilisation des outils numériques en sciences économiques et sociales est vieille de plus d'une trentaine d'années (comme pour toutes les autres disciplines) et coïncide avec les débuts de la micro-informatique. Le plan « Informatique pour tous » de 1985 contribue à équiper les établissements (avec du matériel peu adapté) et initie une première vague de formation. C'est aussi en 1985, que se tient à Écully près de Lyon, la première université d'été consacrée à l'« utilisation de l'informatique en SES ». On y explore les potentialités de cet outil nouveau et, à l'époque, peu répandu dans les établissements. Dès les années 1980, des groupes académiques vont se créer pour à la fois développer des usages, des nouveaux logiciels et proposer des formations. On voit alors se développer les premiers logiciels éducatifs dédiés aux SES à l'initiative d'organismes publics ou d'éditeurs privés. Avec l'arrivée de l'Internet au milieu des années 1990, on parlera plus volontiers de TICE (technologies de l'information et de la communication pour l'enseignement) voire de TUIC (technologies et usages de l'information et de la communication). Le terme en vigueur aujourd'hui est celui de « numérique ».

Définition

Au cours des trente dernières années, les termes ont évolué pour désigner l'utilisation des nouvelles technologies dans l'éducation.

Dans les années 1980, l'**informatique** désigne essentiellement le matériel. C'est le développement des micro-ordinateurs qui constitue la référence. La formation s'appuie sur la programmation et l'usage des premiers didacticiels.

À partir du milieu des années 1990, le terme qui semble s'imposer est celui de **TICE** (technologies de l'information et de la communication pour l'enseignement). On attend de l'enseignant qu'il sache maîtriser les principaux outils liés à l'informatique mais aussi l'Internet qui prend son essor avec les années 2000.

L'élève doit, lui, maîtriser les **TUIC** (techniques usuelles de l'information et de la communication). C'est le terme utilisé dans les programmes du primaire de 2008.

Aujourd'hui, le mot utilisé est celui de **numérique**. Ce terme renvoie plus largement à la fois aux outils et à la filière qui les produit qu'aux usages qui en découlent et plus globalement à la « culture » qui en résulte.

Le ministère de l'Éducation nationale a créé en 2014 une nouvelle direction du numérique pour l'éducation (DNE) chargée de coordonner l'action dans ce domaine. Le discours officiel en fait un élément clé de la refondation de l'école. On considère que la diffusion des usages du numérique dans l'enseignement peut constituer un puissant levier de modernisation, d'innovation pédagogique et de démocratisation du système scolaire. On y voit aussi un outil d'inclusion des enfants en situation de handicap. On retrouve au niveau de chaque académie la même structure avec l'existence d'un DANE (délégué académique au numérique éducatif). Dans chaque discipline au niveau académique, un coordinateur (IATICE) est désigné.

L'évolution du nom accompagne aussi un changement des supports et des outils eux-mêmes. En une trentaine d'années, on est passé des logiciels éducatifs sur disquettes ou CD-Rom à des logiciels dématérialisés et des sites internet dédiés. Les gros micro-ordinateurs rassemblés dans une « salle informatique » existent toujours mais ils sont aujourd'hui connectés et plus nombreux. Ils sont aussi concurrencés par des ordinateurs portables, des tablettes et des tableaux blancs interactifs ainsi que par les appareils possédés par les élèves eux-mêmes (ordinateurs et *smartphones*).

1 « Intégrer les éléments de la culture numérique nécessaires à l'exercice de son métier »

C'est l'item n° 9 du référentiel des compétences professionnelles des métiers du professorat et de l'éducation paru le 1er juillet 2013 qui précise :

– Tirer le meilleur parti des outils, des ressources et des usages numériques, en particulier pour permettre l'individualisation des apprentissages et développer les apprentissages collaboratifs.

– Aider les élèves à s'approprier les outils et les usages numériques de manière critique et créative.

– Participer à l'éducation des élèves à un usage responsable d'internet.

– Utiliser efficacement les technologies pour échanger et se former.

Cette mention fait suite à ce qui était mentionné dans les référentiels précédents de 2007 et 2010.

Dans ceux-ci la compétence 8 était intitulée « Maîtriser les technologies de l'information et de la communication » et indiquait que :

> Tout professeur est concerné par l'usage des outils propres à ces technologies et leur intégration dans les pratiques pédagogiques. Au sortir de sa formation professionnelle, il doit avoir les compétences d'usage et de maîtrise raisonnée des technologies de l'information et de la communication dans sa pratique professionnelle.

Le C2i2e est supprimé dans les obligations de certificat mais la validation de crédits européens dans les masters valident pour les étudiants dès le M1 ou lors de l'année de stage ces compétences, notamment *via* des Mooc.

La formation des enseignants au numérique est donc encadrée par ces compétences. Quant aux élèves, la maîtrise des outils numériques est sanctionnée par le B2i qui se décline en « B2i École », « B2i Collège » et « B2i Lycée ». Chacun de ces brevets évalue les mêmes compétences mais avec une difficulté croissante. Les items sont validés à la demande de l'élève lui-même auprès des enseignants à l'occasion des différents moments où les compétences sont sollicitées. Seul le B2i collège donne lieu à une réelle prise en compte intégrée au diplôme national du Brevet.

2 Quelles préconisations en sciences économiques et sociales ?

Dans les programmes en vigueur, il est fait mention de l'usage du numérique. Dans le programme de Seconde on indique que les enseignants « s'efforceront de mettre les élèves en situation d'activité intellectuelle et veilleront à diversifier leurs dispositifs pédagogiques en développant notamment la recherche documentaire, l'utilisation de l'outil informatique et de l'Internet. » Dans le programme du cycle terminal, on précise dans le préambule que :

> La formation méthodologique des élèves se révèle très importante : la collecte et le traitement de l'information, l'analyse de données diverses, la rédaction de synthèses, la formulation de

> problématiques, la construction d'argumentations rigoureuses, constituent autant de savoir-faire et capacités à acquérir et à mettre au service de la maîtrise des connaissances produites par les sciences sociales. Le recours aux techniques de l'information et de la communication se révèle, dans ce cadre, particulièrement précieux.

Plus loin dans ce même préambule à propos de la démarche du sociologue, on évoque sans le nommer l'outil numérique quand on indique qu'« on familiarisera les élèves avec différentes formes d'enquêtes sociologiques (observation ethnographique ou participante, entretiens, enquêtes par questionnaire) et on leur montrera l'intérêt de combiner méthodes quantitatives et méthodes qualitatives. » Les logiciels dédiés à la construction et au traitement d'enquêtes sont ici particulièrement utiles.

Les « savoir-faire applicables aux données quantitatives et aux représentations graphiques » figurant en annexe des programmes sont aussi l'occasion d'utiliser les outils numériques tels que les tableurs et grapheurs mais aussi des sites dédiés à la lecture des statistiques comme le site Statapprendre.

À côté des SES proprement dites, les professeurs de sciences économiques et sociales peuvent être amenés à intervenir en éducation morale et civique (EMC) et à animer les travaux personnels encadrés (TPE). Dans ces deux enseignements, le recours à la recherche documentaire avec l'aide des professeurs documentalistes sollicite évidemment l'outil numérique (voir *La Sociologie au CAPES de SES*).

3 Quelles pratiques réelles pour les enseignants ?

Au-delà des injonctions ministérielles quelles sont les pratiques actuelles des enseignants ? On notera tout d'abord que ceux-ci sont une des catégories sociales les plus équipées à titre personnel en matériel informatique. Et c'est donc logiquement que le premier usage des enseignants est d'abord celui de la préparation de leurs cours. L'outil informatique permet notamment la recherche de documents et de supports de cours mutualisés sur des forums, des sites, des listes de discussions officiels, associatifs ou personnels. L'outil informatique est aussi utilisé pour la présentation et l'adaptation de ces supports de cours auprès des élèves (production de documents, traitement de textes, ou encore tableurs, photocopies, diaporamas, etc.). Les enquêtes menées[1] montrent aussi que l'outil numérique est également utilisé aujourd'hui pour les usages administratifs (cahier de textes, saisie des notes et des bulletins) et pour le réseau intranet des établissements.

Mais l'utilisation de l'informatique par les élèves pour faire des recherches ou pour individualiser les apprentissages reste faible (20 % selon l'enquête Profetic). L'informatique est donc très présente dans la vie de l'enseignant mais paradoxalement elle est relativement peu utilisée encore dans un usage direct avec les élèves en situation d'acteurs.

---

[1] Enquête Profetic /JCA Développement menée après de 5000 enseignants du secondaire, rapport publié le 27 juin 2014.

On peut trouver plusieurs raisons à cette relative sous-utilisation. La question de l'équipement est une première explication. Les établissements scolaires dépendent des dotations des collectivités territoriales (les régions pour les lycées) et il y a encore de réelles inégalités entre eux. Les choix peuvent aussi être différents selon les sections et les disciplines d'enseignement. On privilégiera souvent les sections technologiques et les disciplines scientifiques au détriment d'autres disciplines. Même si le développement des tableaux numériques interactifs est notable, l'équipement est aussi marqué par une certaine obsolescence et les problèmes de maintenance en rendent quelquefois l'usage très aléatoire. Le fait que le matériel soit encore souvent concentré dans une ou plusieurs « salles informatiques » qu'il faut réserver contraint les enseignants à consacrer une heure entière à un usage qui pourrait être plus souple avec du matériel plus flexible et mobile. Enfin, la formation ou plutôt le manque de formation est souvent évoqué comme un frein à un usage pédagogique du numérique. Mais sur ce dernier point, l'accent mis lors de la formation initiale peut faire évoluer les pratiques.

Section 2 QUELS OUTILS ET QUELS USAGES EN SCIENCES ÉCONOMIQUES ET SOCIALES ?

Les usages peuvent être nombreux en SES à partir d'outils spécifiques ou généralistes.

Plusieurs utilisations s'inscrivent dans une histoire déjà ancienne marquée par cette spécificité de l'usage des statistiques. Dans les années 1980-1990, un logiciel (SECOS puis STATIS) dédié à la lecture et à la fabrication de statistiques à partir de base de données fut créé par un enseignant de sciences économiques et sociales et donna même lieu à des épreuves à l'oral du CAPES. Il s'appuie sur une tradition didactique qui continue aujourd'hui consistant à mettre les élèves en situation de « produire » les statistiques (voir chapitre B) pour mieux être capable ensuite de lire les documents qui leur seront proposés. On peut aujourd'hui faire la même chose ou presque à l'aide d'un tableur à partir des données de l'Insee ou d'autres organismes. Le parti pris du projet StatApprendre (appelé autrefois Apprendre avec l'Insee) est assez voisin. Ce site propose un accompagnement pédagogique autour de données de l'Insee organisées selon des thèmes des programmes de SES avec des exercices et des questions de compréhension. Il permet un usage en classe mais aussi en autonomie par les élèves.

Dans l'usage des statistiques, une autre piste est évoquée dans le programme de Première avec le traitement des enquêtes. Même s'il est possible aujourd'hui de créer des enquêtes avec des solutions gratuites en ligne (comme GoogleForms), deux logiciels sont souvent utilisés : Ethnos et Sphynx. Ce sont des solutions commerciales assez coûteuses mais qui permettent de gérer tous les stades d'une enquête, de la réalisation des questions au traitement des réponses.

Les jeux de simulation ou « jeux sérieux » se sont développés ces dernières années même si le catalogue n'est pas aussi riche que dans d'autres domaines comme l'histoire et la géographie. Il existe plusieurs jeux sur la politique économique comme Cyber-Budget (proposé par le ministère de l'Économie et des finances) ou Cit€co (proposé par la Cité de l'économie et de la monnaie). On trouve aussi des jeux sur le développement durable (Clim'city, Écoville) ou des jeux sur le fonctionnement du marché (jeu de la criée, jeu de la banane, etc.). Quelques simulations s'appuient sur les mécanismes sociologiques comme Sociobases ou Clueco. On peut signaler aussi que des professeurs de SES ont développé des mondes sur Minecraft par exemple.

On qualifie d'exerciseurs les programmes destinés à fabriquer différents types d'exercices pour apprendre telle ou telle notion. Les enseignants de SES s'en sont emparés et on trouve de nombreux exercices construits à partir de Hot Potatoes (un logiciel open source), QuizFaber, Execo ou NetQuiz.

Dans un genre voisin, on trouvera des didacticiels permettant de construire des schémas d'implication (Presto) ou d'autres destinés à travailler sur la dissertation (lecture d'énoncés, développé dans l'académie de Créteil).

Il faut faire aussi une place spécifique aujourd'hui aux TNI (tableaux numériques interactifs). Même si ceux-ci peuvent être utilisés pour n'importe quel type de programme, on trouvera des animations (au format flash) spécifiques et destinées à illustrer certains concepts comme le déplacement des courbes d'offre et de demande. L'intérêt d'un TNI est aussi de pouvoir interagir avec les élèves et de conserver les contributions.

On trouvera des listes de toutes ces ressources sur les sites académiques et sur le site national Educnet.

1 Quelle pédagogie ?

L'outil numérique n'est pas destiné à être utilisé pour lui-même (il ne s'agit pas de faire un cours d'informatique ni même un cours sur l'usage du tableur) mais au service de l'apprentissage des concepts et des savoir-faire spécifiques.

Dans l'idéal, il pourrait être intégré à une heure de cours « normale » pour un moment spécifique où on va mobiliser cet outil au même titre qu'un document polycopié ou un manuel. Dans bien des cas, encore, il s'agit d'une séance spécifique compte tenu des contraintes de salles et de matériel.

Comme pour toute séance de cours, il importe de se préoccuper de la trace écrite conservée par les élèves. Un document d'accompagnement est donc utile.

Seul ou à deux ? L'ordinateur est un formidable répétiteur et est propice à l'apprentissage individuel. Mais il peut être aussi un moyen de développer une pédagogie coopérative et interactive. Placer deux élèves devant un même écran est bien souvent l'occasion d'échanges et d'une confrontation d'arguments bénéfiques pour les apprentissages.

Parce que la technique peut prendre le pas sur le fond, plus encore que dans les séances classiques, il est utile de prendre le temps de la synthèse et de l'auto-évaluation formative pour faire prendre conscience de ce qui a été réellement appris au cours de ce moment.

Focus

Utiliser un tableur

Pourquoi utiliser Excel en classe ?

C'est un logiciel ou ses équivalents dans les logiciels libres qu'on trouve dans tous les établissements.

La structuration des données en tableau permet de mieux comprendre la « logique des chiffres ».

La saisie des formules permet, comme la programmation d'une calculatrice, de maîtriser le principe de calcul, indépendamment d'un cas précis.

L'aspect nouveau peut permettre de réconcilier certains élèves avec les mathématiques (il suffit de ne pas leur dire qu'ils sont en train de faire des maths !).

Une erreur dans une formule se traduit souvent par une erreur lorsque celle-ci est validée. Cela constitue une « évaluation formative » par l'ordinateur qui a l'avantage d'être neutre et quasiment instantanée.

Le tableur est un logiciel d'usage assez général qui se retrouve dans les différents enseignements ainsi que dans le monde du travail.

Quelques conseils d'utilisation d'un tableur en classe

- Il est utile de rédiger une liste de consignes adaptée (ni trop détaillée, ni trop succincte).
- Il est préférable de séparer les consignes des procédures pour que les élèves ne suivent pas une « recette » mot à mot mais choisissent les procédures dont ils ont besoin.
- Si l'on peut, il vaut mieux envisager une séquence à géométrie variable pour que les élèves les plus rapides ne se dissipent pas.
- Accompagner la séance d'une prise de notes manuelle ou sur un fichier traitement de texte si on a la possibilité de l'imprimer.

2 Limites et enjeux

Les outils numériques peuvent agir sur la motivation des élèves, leur concentration, leur participation en classe. Ce sont donc potentiellement des outils de lutte contre l'ennui à l'école et au final contre l'échec scolaire. Ils sont aussi le ferment d'une évolution des pratiques enseignantes. Les TICE peuvent permettre que les enseignants ne travaillent plus de manière isolée, mais mutualisent leurs ressources et collaborent pour la préparation de leur cours. Le numérique peut enfin favoriser l'apprentissage personnalisé, actif et coopératif…

Mais le numérique peut à l'inverse renforcer l'individualisme et l'aspect répétitif des apprentissages. Il peut être l'instrument d'une pédagogie encore plus magistrale et frontale. Et l'usage effréné du numérique peut même, à terme, être générateur d'ennui et de démotivation.

Il faut donc se garder d'une illusion d'optique : croire qu'à lui seul un outil, aussi performant soit-il, va révolutionner l'enseignement. Certes, le numérique est au cœur d'une révolution de la production et de la consommation dans tous les domaines et il modifie considérablement la manière dont circule l'information et notre rapport aux connaissances. Mais pour l'enseignement cette transformation passe d'abord par une réflexion sur les usages. Ce n'est pas la technologie qui, dans l'école, est intrinsèquement innovante, c'est la réflexion pédagogique qui l'accompagne.

L'illusion d'optique est renforcée par un deuxième phénomène. Ce sont en effet les enseignants les plus innovants au départ qui se sont emparés des outils numériques pour en explorer les possibilités, ce ne sont pas forcément les outils qui les ont transformés.

Section 3 MISES EN ACTIVITÉ UTILISANT LES OUTILS NUMÉRIQUES

1 Exemple : Utilisation du jeu sérieux Clim'city

Le jeu Clim'city est un jeu en ligne qui se trouve à cette adresse : http://climway.cap-sciences.net/climcity.php

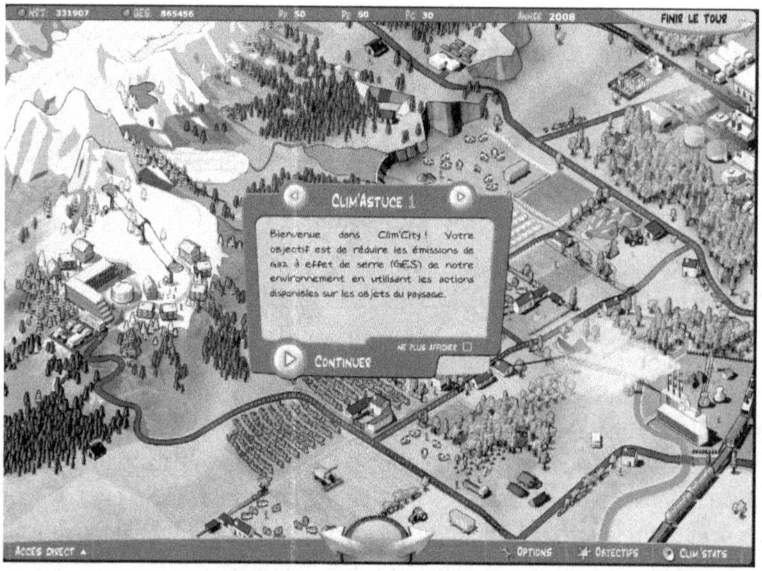

Figure F.1 – Un aperçu de Clim'city

Règles du jeu

Voici un extrait de la présentation du jeu :

> « Afin de stabiliser le réchauffement climatique à des niveaux acceptables pour la planète, la communauté internationale a imposé des directives : les émissions mondiales de gaz à effets de serre (GES) dues aux activités humaines doivent être divisées par deux d'ici à 2058.

Pour ne pas freiner l'économie des pays en développement, la communauté internationale demande aux régions industrialisées comme Clim'City de diviser par 4 leurs émissions de GES. Cela impose de réduire les consommations d'énergie et de développer les énergies renouvelables.

Chaque année des points pouvoirs publics (PP), entreprise (PE) et citoyens (PC) vous sont distribués afin d'effectuer des actions sur les différents objets de l'environnement. Ces actions permettent de réduire les émissions de GES, de diminuer la consommation d'énergie ou même de préparer Clim'City à d'éventuelles catastrophes. L'ensemble de ces actions constituera votre plan climat.

Vous avez donc 50 ans pour constituer ce plan climat. Il devra vous permettre d'atteindre les objectifs fixés.

Réfléchissez bien avant de dépenser vos points sur les actions les plus judicieuses. Agissez vite car chaque année les émissions de GES et la consommation d'énergie vont augmenter si pouvoirs publics, entreprise et citoyens ne font rien pour Clim'Ciy. »

Quel usage avec des élèves ?

Il s'agit donc d'un jeu de simulation semblable à d'autres jeux du commerce dont il s'inspire (Civilisation, Sim City, etc.). Il est cependant d'un bon niveau.

L'usage de ce type de jeu en classe est délicat. Il est plus intéressant de laisser jouer les élèves en autonomie. Toutefois, on peut proposer aux élèves d'y jouer à deux pour qu'au sein des binômes on puisse confronter les avis et les stratégies.

Il peut être utile aussi dans ce cadre de proposer un « débriefing » en classe pour faire émerger un bilan des stratégies qui semble les plus efficaces et décrypter les présupposés (l'algorithme) sur lesquels repose le jeu.

2 Utilisation du site de l'Insee

Travail de synthèse : produire un rapport sur l'état de la France dans la transition vers un développement durable (niveau Terminale : 2 séances de deux heures).

Démarche : on s'appuiera sur les « indicateurs de la stratégie nationale de développement durable » tels qu'ils ont été définis pour la période 2010-2013 puis 2015-2020.

À partir de la liste de ces indicateurs, on recherchera des données statistiques pour produire un petit rapport de synthèse sur un ou plusieurs de ces indicateurs.

1. *Où trouver les indicateurs de la stratégie nationale de développement durable en question ?*

   Ils sont disponibles sur le site du ministère de l'Environnement :
   www.statistiques.developpement-durable.gouv.fr

   Il y a une liste de 39 indicateurs de niveau 1 qui se déclinent en 9 « défis ».
   On peut proposer un travail de groupes où chaque groupe (2 ou 3 élèves) se concentre sur un défi et quelques indicateurs.

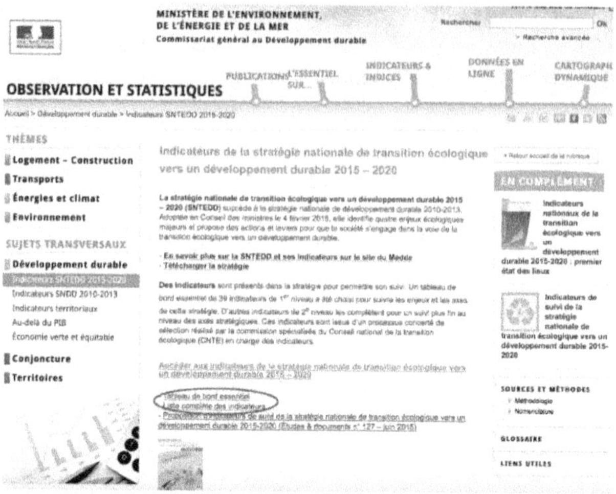

Figure F.2 – Aperçu de la page Web du site du ministère de l'Environnement

2. *Pour trouver les statistiques qui permettront de faire cette synthèse, on peut se rendre sur le site de l'Insee qui propose dorénavant un ensemble de statistiques sur les questions environnementales.*

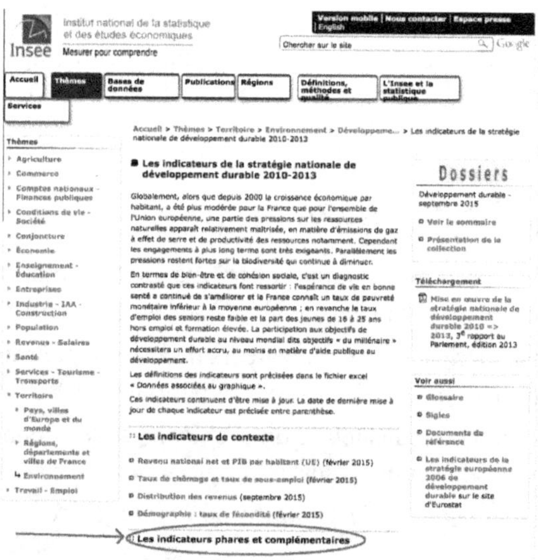

Figure F.3 – Aperçu de la page Web du site de l'Insee

Consigne de travail : *À l'aide des données statistiques trouvées sur le site de l'Insee (ou sur d'autres sites), vous produirez une synthèse de l'évolution de l'indicateur qui vous a été attribué en quelques phrases. Cette synthèse devra comporter également un tableau ou un graphique permettant de représenter cette évolution.*

CORRIGÉ :

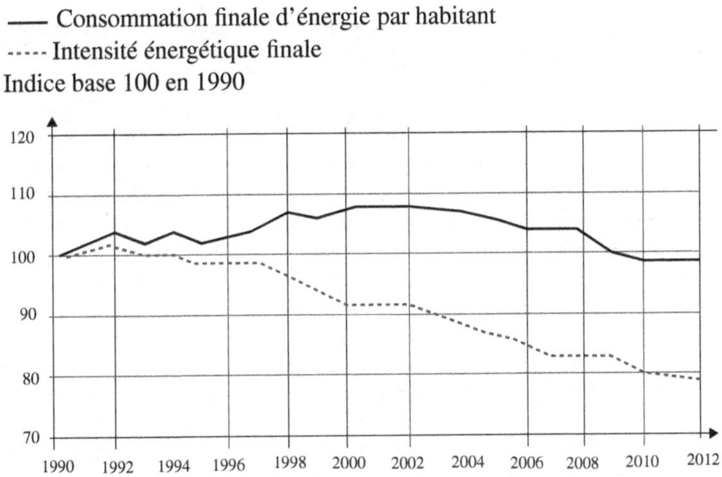

Note : consommation d'énergie corrigée des variations climatiques. L'intensité énergétique finale mesure le rapport entre la consommation finale énergétique, corrigée des variations climatiques, et le PIB en volume.
Champ : consommation d'énergie et population : métropole. PIB en volume : France entière.

Source : SoeS, bilan énergétique de la France pour 2012.

Figure F.4 – Consommation d'énergie par habitant et intensité énergétique

L'énergie est encore aujourd'hui constituée essentiellement des énergies fossiles. Elle crée une situation de dépendance vis-à-vis des pays producteurs. Mais surtout, sa consommation émet des polluants et des gaz à effet de serre. Un des objectifs majeurs est donc d'en consommer moins.

3 Utilisation d'un tableur

3.1 Exemple : « L'évolution des gaz à effet de serre »

Objectifs

- Prendre la mesure de l'évolution des gaz à effet de serre en France et dans d'autres pays.
- Savoir utiliser un tableur pour faire des calculs et des représentations graphiques de l'évolution.

L'Insee propose sur son site de nombreuses statistiques sur l'environnement. On pourra entre autres y trouver ce tableau. Comme souvent, le site propose de télécharger au format Excel, le fichier avec les « séries longues » permettant de faire des calculs et ses propres graphiques.

On obtient le tableau suivant :

Tableau F.1 – Émissions de gaz à effet de serre dans l'Union européenne en 2012 en millions de tonnes d'équivalent CO2

	1990 (r)	2000 (r)	2012			
			Total	dont énergie	dont agriculture	dont processus industriels
Allemagne	1 248	1 040	939	786	69	68
Autriche	78	80	80	60	7	11
Belgique	143	146	117	94	9	11
Bulgarie	110	60	61	47	7	4
Chypre	6	9	9	7	1	1
Croatie	32	27	26	19	3	3
Danemark	69	69	52	39	10	2
Espagne	284	380	341	266	38	23
Estonie	41	17	19	17	1	1
Finlande	70	69	61	48	6	5
France	557	561	490	352	89	36
Grèce	105	127	111	87	9	10
Hongrie	98	77	62	45	9	4
Irlande	55	68	59	37	18	2
Italie	519	551	461	380	35	28
Lettonie	26	10	11	7	2	1
Lituanie	49	20	22	12	5	4
Luxembourg	13	10	12	10	1	1
Malte	2	3	3	3	0	0
Pays-Bas	212	213	192	162	16	10
Pologne	466	396	399	320	37	27
Portugal	61	84	69	48	7	5
République tchèque	196	146	131	107	8	12
Roumanie	248	134	119	82	18	12
Royaume-Uni	780	701	583	483	52	25
Slovaquie	74	49	43	30	3	8
Slovénie	18	19	19	15	2	1
Suède	73	69	58	42	8	6
Union européenne à 28	5 632	5 133	4 548	3 604	471	321

r : données révisées

Source : Agence européenne pour l'environnement.

On proposera de supprimer le détail pour 2012 et de ne retenir que la colonne « Total ».

On peut aussi supprimer quelques pays et ne retenir que les plus significatifs.

On rajoutera une colonne intitulée « Variation 1990-2012 ».

Pour obtenir les chiffres de cette colonne, il faudra donc calculer le taux de variation et appliquer la formule de calcul de manière relative à toutes les lignes.

La formule est assez simple à appliquer à Excel : (Valeur d'arrivée —Valeur de départ)/ valeur de départ. Si la valeur d'arrivée c'est-à-dire 2012 est dans la cellule D4 et la valeur de départ, c'est-à-dire 1990, dans la cellule D2 on obtient l'écriture suivante :

= (D4 – D2)/D2

Pour exprimer ensuite ce calcul en pourcentage, il faut aller dans le menu déroulant « Format » et choisir pour la cellule le format « Pourcentage » avec éventuellement une ou deux décimales.

À partir de ces calculs on peut aussi demander une représentation graphique pour exprimer la place de la France dans la production de gaz à effet de serre et son évolution.

3.2 Exemple : « La productivité matière »

Objectifs

- Définir ce concept.
- Prendre la mesure de l'évolution de la productivité matière en France et dans d'autres pays.
- Savoir utiliser un tableur pour faire des calculs et des représentations graphiques de l'évolution.

Définir

La consommation intérieure apparente de matières (*domestic material consumption*, DMC) est égale à la somme des flux de matières extraites du territoire ou importées, réduites des flux de matières exportées. Elle correspond ainsi à la quantité de matières consommées par la population présente sur le territoire pour ses besoins propres. Rapporté au produit intérieur brut (PIB), cet indicateur donne la productivité matière apparente d'une économie (PIB/DMC). L'inverse de ce ratio, qui correspond à « l'intensité matières », est également utilisé. Rapporté à la population, cet indicateur permet une comparaison internationale.

Mesurer

L'Insee propose sur son site une statistique de cet indicateur.

Tableau F.3 – Productivité matière dans l'Union européenne (en indice base 100 en 2000)

	2000	2001	2002	2003	2004	2005	2006	2007	2008	2009
Allemagne	100	108	110,7	111,3	111,3	116	117,3	121,3	123,3	122,7
Espagne	100	100,9	95,5	92,9	92,9	93,8	92	92,9	108,9	131,3
France	100	105,5	106,1	113,8	113,8	111	111,6	108,8	111,6	121
Italie	100	104	111,3	123,8	123,8	114,6	116,6	124,5	125,8	133,1
Royaume-Uni	100	101,4	107,1	111,3	111,3	117	119,8	124,5	130,7	138,7
Suède	100	103,4	104,1	106,2	106,2	99,3	111	104,8	103,4	113,7
UE (27)	100	102,3	104,5	106,8	106,8	105,3	106,6	106,8	109	118

Source : Eurostat, 2012.

Il est également possible de télécharger une série longue au format Excel avec plus de pays.

On pourra à partir de ces données exprimer sous forme de courbe les évolutions des principaux pays évoqués ici (en indice base 100 en 2000) et mieux repérer l'évolution qu'a eu la France.

Comprendre

On peut aussi compléter cet exercice en se rendant sur le site StatApprendre qui propose une rubrique sur le développement durable : education.fr/insee/devdurable

Parmi les indicateurs du « pilier écologique », on trouvera des exercices autour de cette notion de productivité matière tout comme bien d'autres indicateurs.

Productivité matières en France

Productivité matières et consommation intérieure de matières

	1990	1995	2000	2005	2010sd	2011p
DMC (milliers de tonnes)	829	797	881	853	779	803
DMC/hab (tonnes/hab)	14,3	13,4	14,6	13,6	12,1	12,4
Productivité matières (PIB/DMC) (€/kg)	1,6	1,7	1,8	2,0	2,3	2,2

Note : sd = semi-définitif ; p = provisoire.
Note : PIB en volume (prix constants) base 2005.
Définition : La consommation intérieure apparente de matières (Domestic Material Consumption : DMC) est définie comme la quantité totale de matières directement utilisées dans une économie. Elle agrège, en tonnes, les combustibles fossiles, les produits minéraux et agricoles, extraits du territoire national ou importés sous forme de matières premières ou de produits finis, moins les exportations.

Source : SOeS - Insee, 2012. Métropole et Dom.

Enjeux : orienter nos modes de production et de consommation vers une économie plus sobre en ressources naturelles est un enjeu majeur. La stratégie de l'UE, comme celle de la France, en faveur du développement durable vise le découplage entre la croissance économique et l'impact environnemental associé. Les progrès dans le découplage peuvent être approchés par l'indicateur de productivité matières. Il donne un aperçu de l'efficacité d'une économie en faisant le lien entre l'utilisation des matières et le niveau de l'activité économique.

Productivité matières

Questions :

- **Une productivité matières égale à 2,2 signifie :**
  qu'il faut 2,2 tonnes de matières pour produire 1 euro.
  que le pays crée 2,2 euros de richesses par kilo de matières utilisées.
  que chaque habitant consomme en moyenne pour 2,2 euros de matières.
- **Entre 1990 et 2011, la productivité matières en France a :**
  diminué de 26 000 tonnes.
  augmenté de 0,6 euros par kg.
  été multipliée par 0,6.
- **Depuis le début des années 1990, l'économie française devient plus sobre en ressources naturelles.** Vrai Faux

Figure F.6 – Aperçu d'une activité du site Statapprendre

Bibliographie

- Caroline Jouneau-Sion, Guillaume Touzé (dir.), « Apprendre avec le numérique », *Cahiers pédagogiques*, n° 498, juin 2012.
- Denis Cristol, *Former, se former et apprendre à l'ère numérique*, ESF, 2014.
- Ghislain Dominé, *Les TICE en classe* : mode d'emploi, ESF, 2014.

Chapitre

G Préparer les épreuves du Baccalauréat

OBJECTIFS

- Comprendre les épreuves du baccalauréat en SES
- Différencier les épreuves : dissertation et épreuve composée
- Distinguer les différentes compétences attendues
- Préparer les élèves aux épreuves de SES du cycle terminal

SOMMAIRE

SECTION 1 **Les compétences mises en œuvre au baccalauréat**

SECTION 2 **Former les élèves aux épreuves du baccalauréat**

Le *Bulletin officiel* du 6 octobre 2011 définit les nouvelles épreuves du baccalauréat à compter de 2013. L'objectif de l'évaluation au baccalauréat est de vérifier les acquis des élèves définis par les programmes (attentes institutionnelles). Cette évaluation certificative d'une durée de 4 heures et dotée d'un coefficient de 7 porte sur des compétences spécifiques comme :
– la capacité à élaborer une argumentation ;
– la capacité à maîtriser des connaissances (faits, notions et mécanismes) ;
– la capacité à exploiter un document statistique ou un texte ;
– la capacité à conduire un raisonnement et à élaborer une problématique.

Deux sujets de nature différente, une dissertation s'appuyant sur un dossier et une épreuve composée de trois parties distinctes, sont offerts au choix du candidat pour la partie obligatoire. Ils sont déterminés de façon à couvrir plusieurs dimensions du programme. La dissertation et le raisonnement de l'épreuve composée d'une part, et les deux questions de mobilisation de connaissances de l'épreuve composée d'autre part, porteront sur deux domaines différents (économie, sociologie et regards croisés). Les sujets élaborés par les concepteurs utilisent les notions des première et deuxième colonnes du programme de Terminale et les acquis de Première. Les instructions complémentaires bornent le programme de Terminale et délimitent ainsi les sujets proposés aux candidats.

Tableau 6.1 – Exemple issu du programme de Terminale en économie

3. Économie du développement durable Thèmes et questionnements	Notions	Indications complémentaires
3.1 La croissance économique est-elle compatible avec la préservation de l'environnement ?	Capital naturel, physique, humain, institutionnel, biens communs, soutenabilité, réglementation, taxation, marché de quotas d'émission.	On expliquera pourquoi l'analyse économique du développement durable, qui se fonde sur la préservation des possibilités de développement pour les générations futures, s'intéresse au niveau et à l'évolution des stocks de chaque type de capital (accumulation et destruction) ainsi qu'à la question décisive du degré de substitution entre ces différents capitaux. On évoquera, à l'aide d'exemples, les limites écologiques auxquelles se heurte la croissance économique (épuisement des ressources énergétiques et des réserves halieutiques, déforestation, augmentation de la concentration des gaz à effet de serre, etc.). L'exemple de la politique climatique permettra d'analyser les instruments dont disposent les pouvoirs publics pour mener des politiques environnementales. En lien avec le programme de première sur les marchés et leurs défaillances, on montrera la complémentarité des trois types d'instruments que sont la réglementation, la taxation, les marchés de quotas d'émission. Acquis de première : externalités, droits de propriété, offre et demande, défaillances du marché.

Les notions utilisées dans les intitulés des sujets

Les Indications Complémentaires bornent les sujets possibles pour chaque épreuve

Section 1 LES COMPÉTENCES MISES EN ŒUVRE AU BACCALAURÉAT

1 Les objectifs de la dissertation : problématiser, argumenter et mobiliser des connaissances

La dissertation est une épreuve qui s'appuie sur trois ou quatre documents factuels (textes ou documents statistiques). Le libellé du sujet invite le candidat à poser et à traiter, d'une façon organisée et réfléchie, un problème exigeant un effort d'analyse économique et/ou sociologique et de construire une problématique afin de répondre au sujet posé. Il est demandé au candidat de :
- répondre à la question posée par le sujet ;
- construire une argumentation à partir d'une problématique qu'il devra élaborer ;
- mobiliser des connaissances et des informations pertinentes pour traiter le sujet notamment celles figurant dans le dossier ;
- rédiger en utilisant un vocabulaire économique et social spécifique et approprié à la question ;
- organiser le développement sous la forme d'un plan cohérent et équilibré.

Pour aider le candidat, un dossier est mis à sa disposition. Il comporte trois ou quatre documents de nature strictement factuelle : 120 données chiffrées maximum pour le document statistique et le texte doit comporter moins de 2 500 signes. Il s'agit principalement de données statistiques (graphiques, tableaux) ou d'un document texte (par exemple, chronologie, extrait d'entretien, monographie, récit de vie, compte rendu d'enquêtes). Ce dossier ne doit pas inciter les élèves à la paraphrase.

Exemples de sujets de dissertation

- *Dans quelle mesure les variations de la demande expliquent-elles les fluctuations économiques ?* (Polynésie Française, juin 2013).
- *Les facteurs travail et capital sont-ils les seules sources de la croissance économique ?* (France métropolitaine, juin 2014).
- *Les instruments dont disposent les pouvoirs publics sont-ils efficaces pour préserver l'environnement* ? (Asie, 2014)

On observe que trois objectifs principaux d'apprentissages se dégagent : problématiser, argumenter et mobiliser ses connaissances.

2 Les objectifs de l'épreuve composée : mobiliser, traiter des informations et raisonner

L'épreuve composée, grâce à ses trois parties permet d'évaluer trois grandes compétences attendues en fin de Terminale ES. Les trois parties mobilisent des notions figurant dans les titres des thèmes et des deux premières colonnes du programme, celle des acquis de première (et le vocabulaire du langage courant) et portent chacune sur un point figurant explicitement dans les indications complémentaires du programme.

Savoir mobiliser ses connaissances

La première partie de l'épreuve, sans document, est composée de deux questions, notées chacune sur 3 points, et évalue la capacité à mobiliser des connaissances. Il est demandé au candidat de répondre aux questions en faisant appel à ses connaissances sur les notions et mécanismes du programme de Terminale en SES. L'objectif est de vérifier la maîtrise de connaissances qui va au-delà d'une « simple » restitution de connaissances (type récitation). Les intitulés des sujets sont délimités par les instructions complémentaires.

La compréhension du sens de la question, la maîtrise des connaissances indispensables, l'illustration, et une réponse structurée sont les attentes des correcteurs.

Exemple de sujet mobilisation de connaissance issu du programme de Terminale : « Croissance, fluctuations et crises » (thème 1)

Thèmes et questionnements	Notions	Indications complémentaires
1.1 Quelles sont les sources de la croissance économique ?	PIB, IDH, investissement, progrès technique, croissance endogène, productivité globale des facteurs, facteur travail, facteur capital	En s'appuyant sur le programme de première, on s'interrogera sur l'intérêt et les limites du PIB. L'étude de séries longues permettra de procéder à des comparaisons internationales. À partir d'une présentation simple de la fonction de production, on exposera la manière dont la théorie économique analyse le processus de croissance. On fera le lien entre la productivité globale des facteurs et le progrès technique et on introduira la notion de croissance endogène en montrant que l'accumulation du capital, sous ses différentes formes participe à l'entretien de la croissance On mettra l'accent sur le rôle des institutions et des droits de propriété. Acquis de Première : facteurs de production, production marchande et non marchande, valeur ajoutée, productivité, institutions, droits de propriété, externalités.

Présentez le lien entre productivité globale des facteurs et progrès technique.
France métropolitaine, juin 2013

Savoir traiter l'information économique et sociale

La deuxième partie, notée sur 4 points, correspond à l'étude d'un document (statistique ou texte), de nature strictement factuelle (et de taille identique à celle des documents pour la dissertation), qui évalue la capacité à traiter l'information et qui comporte une question. Afin de répondre au sujet proposé, les candidats doivent présenter le document, extraire les informations et les mettre en évidence. Il est alors demandé au candidat d'adopter une démarche méthodologique rigoureuse de présentation du document, de collecte et de traitement de l'information afin d'apporter des éléments de réponse. L'objectif est d'évaluer uniquement le traitement de l'information, il ne s'agit pas d'expliquer les informations présentes dans le document. La question posée doit alors mobiliser le moins possible de savoirs autres que les notions présentes dans le document.

Pour atteindre cette compétence, les attentes sont les suivantes : présenter le document, fournir une lecture correcte, sélectionner et manipuler les données statistiques afin de répondre à la tâche demandée.

Exemple d'une deuxième partie, étude d'un document (Amérique du sud, 2014)

Après avoir présenté le document, vous comparerez la croissance économique de la France, de l'Allemagne et de l'Union Européenne entre 2003 et 2012. (4 points)

Taux de croissance du PIB en volume en Allemagne, en France et dans l'Union européenne entre 2003 et 2012 (en %)

	2003	2004	2005	2006	2007	2008	2009	2010	2011	2012	TCAM[1] (2003-2012)
Allemagne	-0,4	1,2	0,7	3,7	3,3	1,1	-5,1	4,2	3,0	0,7	1.2
France	0,9	2,5	1,8	2,5	2,3	-0,1	-3,1	1,7	2,0	0,0	1
UE à 28	1,5	2,5	2,1	3,3	3,2	0,3	-4,3	2,1	1,6	-0,3	1.2

Source : Eurostat, 2013.

[1] Taux de croissance annuel moyens.

Savoir construire un raisonnement économique ou sociologique

Le raisonnement, partie 3 de l'épreuve composée, notée sur 10 points, s'appuie sur un dossier documentaire qui a pour objet d'évaluer la capacité des candidats à conduire un raisonnement à partir de deux ou trois documents factuels ou interprétatifs et des connaissances acquises au cours du cycle terminal. Il ne s'agit pas d'une « mini-dissertation ». La réponse doit être structurée sous la forme de paragraphes argumentés mais cette structure n'est pas fixée dans le cadre modélisateur de la dissertation. Ainsi, un plan en deux ou trois parties équilibrées n'est pas exigé.

Les attentes des correcteurs vont porter sur la présentation et la maîtrise de mécanismes pertinents, sur la construction et la conduite d'un raisonnement avec des enchaînements logiques (fil conducteur, connecteurs logiques), sur des efforts de démonstration. Il est aussi nécessaire que les candidats exposent un contenu rigoureux qui comporte une maîtrise du vocabulaire spécifique, des mécanismes et une exploitation du dossier adaptés au regard du raisonnement conduit.

Exemples

Raisonnement s'appuyant sur un dossier documentaire (10 points)

- France métropolitaine, 2013 : *À l'aide de vos connaissances et du dossier documentaire, vous expliquerez pourquoi les trois types d'instruments utilisés en matière de politiques climatiques sont complémentaires. (Trois documents)*
- Asie, 2013 : *À l'aide de vos connaissances et du dossier documentaire vous montrerez comment l'augmentation du capital physique contribue à la croissance. (Deux documents)*

On peut conclure en présentant cette carte mentale qui permet de comparer la partie 3 de l'épreuve composée et la dissertation :

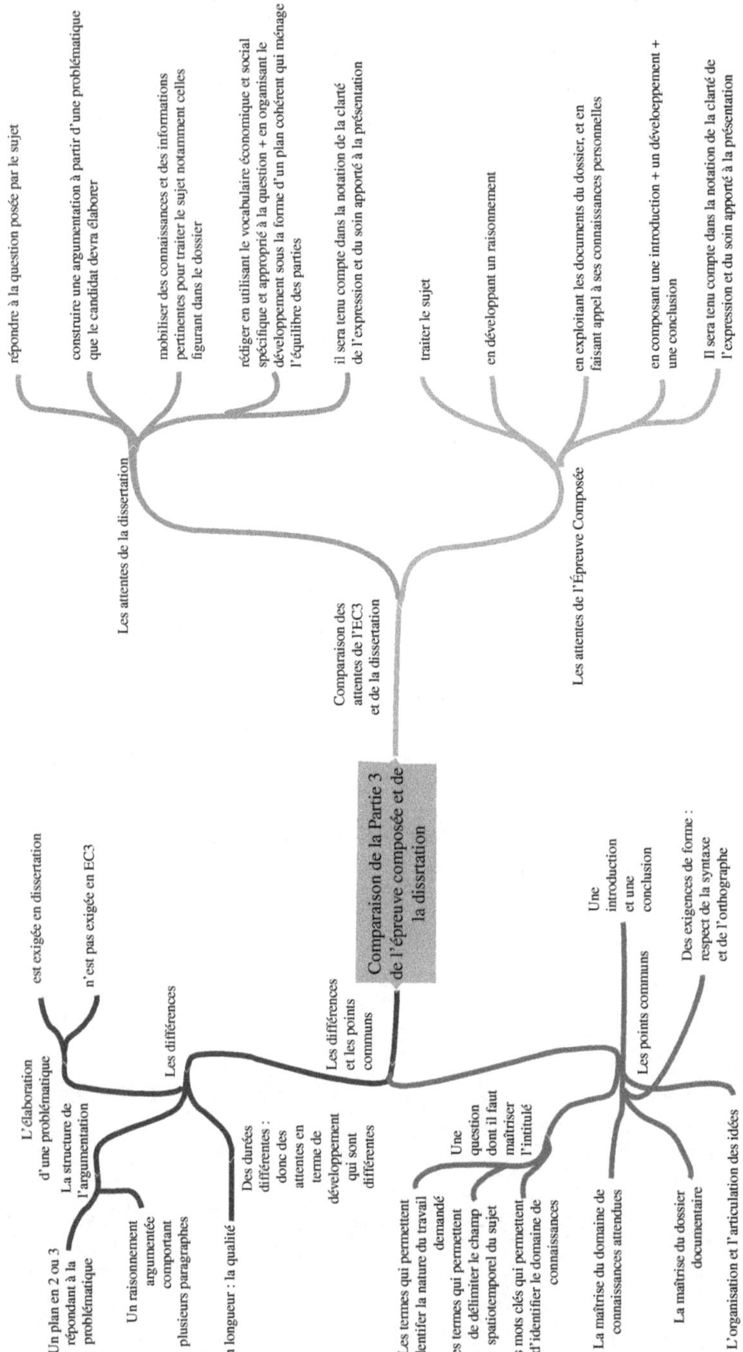

Source : Académie de Strasbourg, site des SES.

Figure G.1 – Comparaison des attentes de l'épreuve composée de la dissertation

Section 2 FORMER LES ÉLÈVES AUX ÉPREUVES DU BACCALAURÉAT

Les épreuves du baccalauréat font l'objet de la part des enseignants d'un apprentissage dès le début du cycle terminal (Première et Terminale), voire dès la Seconde. Elles mettent en œuvre différentes compétences que l'élève doit acquérir au cours de sa scolarité. Il est nécessaire d'élaborer des séquences de cours ou d'aide personnalisée qui permettent à l'élève de s'approprier les différentes compétences exigibles le jour de l'épreuve.

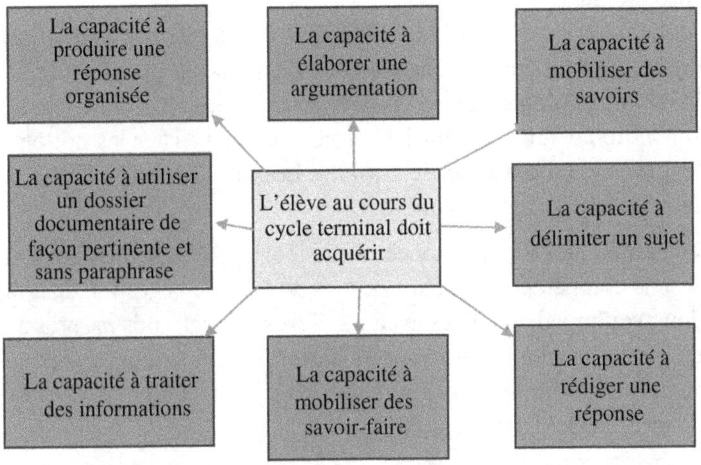

FIGURE G.2 – Les compétences à acquérir pour réussir les épreuves du baccalauréat

1 Travailler les épreuves du baccalauréat en Première et en Terminale : se préparer tout au long de l'année

Il est nécessaire de réaliser des fiches de synthèse afin de mémoriser le cours au fur et mesure. Le volume de connaissance étant important, la mémorisation et le rappel sont des éléments clés de la réussite. Ces fiches doivent comprendre : le plan du cours (détaillé), les notions (avec les définitions), les informations, les mécanismes essentiels et quelques illustrations.

Les élèves doivent aussi maîtriser les savoir-faire exigibles au baccalauréat afin de comprendre et d'analyser les documents proposés lors des épreuves (voir chapitre B).

Les élèves doivent s'approprier les méthodologies des épreuves du baccalauréat.

Chaque piste proposée ci-dessous peut être travaillée en classe de façon autonome : par exemple, « l'analyse d'un sujet » peut donner lieu à une séance tout comme « apprendre à calculer des valeurs relatives ».

- **Pour l'épreuve composée :**

– partie 1 : mobilisation de connaissances.
Pour répondre aux questions, il faut analyser la consigne de travail et définir les termes. Ensuite, le candidat développe des arguments qui lui permettent de répondre sans être hors sujet ;

– partie 2 : étude d'un document.
Il faut le présenter (titre, source, unités, etc.), analyser le titre pour bien comprendre le sujet du document, faire attention aux unités en valeurs absolues et en valeurs relatives, faire des calculs simples (traitement des données), aller du général (l'ensemble ou le total) vers le particulier pour un document statistique ;

– partie 3 : raisonnement.
Le dossier documentaire doit aider le candidat à construire son argumentation. Il faut donc extraire les informations de chaque document, établir des liens entre eux, apporter des connaissances supplémentaires. Pour réussir cette troisième partie, le candidat doit aussi répondre au sujet (définir les termes du sujet, lister les notions qui s'y rattachent, comprendre la consigne de travail). Le plan découle alors directement de l'analyse du sujet réalisée par le candidat.

Mais bien évidemment, ses compétences sont situées, contextualisées, elles ne peuvent être séparées d'une compétence rédactionnelle et de celle de la gestion du temps. Il faudra absolument donc veiller à développer avec les élèves des activités propres à ce travail de rédaction et de gestion du temps. Souvent les élèves ne réussissent pas non pas parce que les compétences du baccalauréat ne sont pas acquises, mais bien parce qu'ils se situent difficilement dans l'espace, dans le temps.

- **Pour la dissertation :**

– analyser le sujet et définir une problématique : il faut définir les termes, comprendre la consigne de travail en la reformulant, décomposer le sujet sous forme de questions qui sont des guides pour aider l'élève à mobiliser des connaissances et à analyser le dossier documentaire ;

– construire un plan : l'objectif est de donner une réponse au sujet, pour cela, il faut exposer les différentes parties et les arguments qui conduisent l'élève à atteindre cet objectif ;

– rédiger la dissertation : l'introduction, moment fort dans une copie, est construite avec méthode (accroche, délimitation du sujet avec les définitions des termes importants, la reformulation du sujet, l'annonce de plan). La conclusion donne la dernière impression du devoir et comporte un bilan de l'argumentation exposée et une ouverture vers d'autres débats en lien avec le sujet. Quant au développement, le corps de la dissertation, il est composé de deux ou trois parties elles-mêmes subdivisées en sous-parties, conclusions partielles et transitions.

2 Exemples de mise en activité : « Préparer l'épreuve composée »

Des éléments pour la formation des élèves sont présentés sous forme d'activités possibles en cours, à la maison ou en accompagnement personnalisé (AP).

2.1 EC 1 : Mobilisation de connaissances

- Apprendre à différencier restitution et mobilisation des connaissances.
- Proposer des éléments de connaissance pour répondre à une question, trier les éléments qui répondent au sujet et ceux qui sont hors sujet.
- Comprendre des consignes (« distinguer », « quelles relations… ? », « comparer », « expliquer », « justifier », etc.).
- Définir les notions clés dans l'exposé de la réponse.
- Organiser la réponse.
- Travailler la rigueur de l'expression écrite.
- Comprendre la question.
- Apprendre à ne pas réciter son cours.
- Apprendre à sélectionner les éléments pertinents dans son cours.

EXEMPLE D'EXERCICE SUR LE QUESTIONNEMENT « LA CROISSANCE EST-ELLE COMPATIBLE AVEC L'ENVIRONNEMENT

1. *Montrez que le PIB ne permet pas d'évaluer la soutenabilité de la croissance.*
2. *Expliquez le fonctionnement d'un marché des quotas d'émission.*

Complétez le tableau (d'après le site de SES de l'académie de Limoges) ci-dessous à partir des questions précédentes et sélectionnez des éléments pertinents dans votre cours pour bien répondre à la question.

Question	Je cerne la consigne [Je donne ici le sens de la consigne]	J'identifie dans mon cours les connaissances attendues [Je note ici les connaissances utiles]	Je sais les mettre en relation (consigne et connaissances) [Je reformule ici ce que je dois faire]	Je démontre ma réponse : par des explications et/ ou des exemples pertinents selon la question. [Je note ici les éléments d'argumentation utiles]	J'organise logiquement ma réponse [J'ordonne mes éléments de réponse/mes paragraphes]
1					
2					

Croissance et fluctuations

Corrigé

Question	*Je cerne la consigne [Je donne ici le sens de la consigne]*	*J'identifie dans mon cours les connaissances attendues (Je note ici les connaissances utiles)*	*Je sais les mettre en relation (consigne et connaissances) [Je reformule ici ce que je dois faire]*	*Je démontre ma réponse : par des explications et/ou des exemples pertinents selon la question. [Je note ici les éléments d'argumentation utiles]*	*J'organise logiquement ma réponse [J'ordonne mes éléments de réponse/ mes paragraphes]*
1	Montrer : mettre en évidence	Économie Définir PIB/ croissance/ soutenabilité	Je dois expliquer que l'indicateur PIB n'est pas toujours pertinent pour prendre en compte l'impact de la croissance sur l'environnement	Expliquer le rôle du PIB comme indicateur de croissance Présenter les limites du PIB Les externalités, les limites écologiques, les effets sur le capital naturel, la question de la soutenabilité, les coûts… Présenter un exemple (coûts liés à la dépollution)	Un paragraphe pour la présentation du PIB comme indicateur de la croissance Un paragraphe pour montrer les limites pour évaluer la soutenabilité
2	Expliquer : donner les raisons	Économie Définir marché quotas émission / politique climatique	Je dois mettre en évidence le fonctionnement d'un marché de quotas	Un des instruments de la politique climatique Expliquer comment les externalités négatives peuvent être combattues par la réglementation et par la mise en œuvre d'instruments ayant pour objectif de les internaliser. Faire émerger un prix des émissions, libre confrontation entre offre et demande de quotas d'émission. Contrôler les quantités de pollution émises sur le marché du carbone, quotas d'émission distribués par les pouvoirs publics aux entreprises (Europe) en fonction d'un niveau global de pollution toléré. Exemple : Depuis 2005, en Europe.	Un paragraphe sur la présentation du marché de quotas Un paragraphe sur l'explication du fonctionnement

2.2 EC 2 : Étude d'un document

- Présenter un document sous forme de tableau (titre, source, unités, notions clés, champs, période, etc.).
- Collecter et traiter les informations du document.
- Apprendre à formuler des données statistiques, faire des calculs simples.
- Rechercher avec le manuel les outils statistiques nécessaires pour analyser et traiter un document. Établir les liens entre un document et le(s) savoir-faire du programme.
- Relier des intitulés de sujets et les documents s'y rapportant.
- À toute occasion en cours, lorsqu'un document nouveau est utilisé : prendre l'habitude de le faire présenter.
- À partir d'un document nouveau, faire identifier aux élèves les différentes informations qui s'y trouvent.
- Montrer qu'un même document peut éventuellement donner lieu à des questions plus ou moins différentes dans le cadre de l'EC2.
- Formuler l'idée générale du document.
- Illustrer une réponse avec des données chiffrées.
- Construire une carte heuristique pour répondre au sujet.

Exemple de carte heuristique sur l'EC2

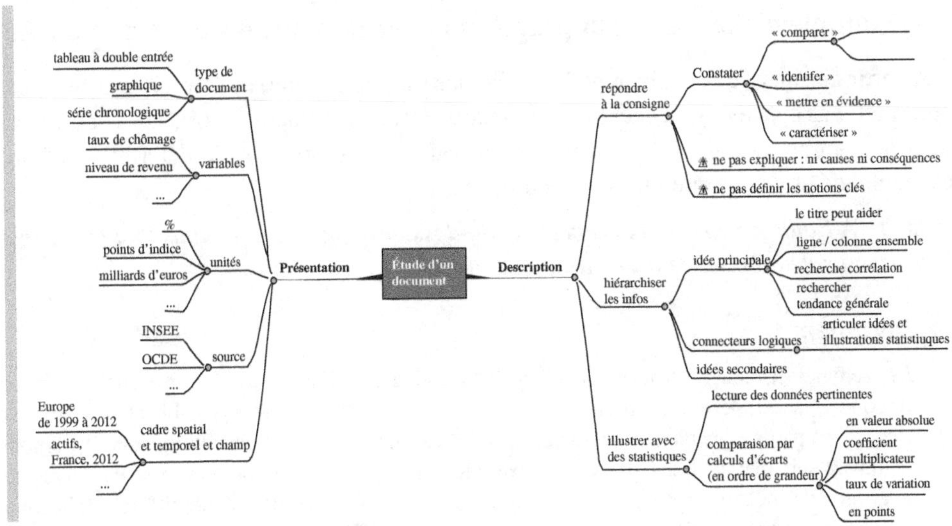

Source : Académie de Créteil, site des SES.

Figure G.3 – Etude d'un document

2.3 EC 3 : Raisonnement

- Introduire le sujet en définissant les termes.
- Mobiliser des connaissances adaptées au sujet.
- Répondre de manière organisée sous la forme de paragraphe (importance des connecteurs logiques).
- Travailler la cohérence du raisonnement (et éventuellement de la progressivité du raisonnement).
- Pratiquer le raisonnement par arborescence et transposer ce raisonnement en paragraphes argumentatifs (en construisant une carte heuristique par exemple).
- Présenter un corpus documentaire aux élèves sans donner de sujet : les faire travailler sur le(s) sujet(s) possible(s).
- Montrer la diversité des réponses à travers différents corrigés (notamment quant à la structure), différentes productions d'élèves.
- Exploiter un dossier documentaire (illustration de l'argument par des données statistiques, faire des références aux documents).
- Travailler à la construction de séquences argumentatives :

– une idée (qui répond au sujet), un ou plusieurs arguments (preuve, mobilisation de connaissances) ;
– une idée (qui répond au sujet), une ou plusieurs illustrations (faits, exploitation des documents).

2.4 Exemple d'exercice pour préparer la partie 3 de l'épreuve composée

À partir du sujet du baccalauréat 2015 (France métropolitaine) de l'épreuve composée, nous pouvons concevoir un exercice sur la partie 3 (raisonnement). L'objectif est d'entrer dans le sujet en identifiant la consigne de travail et les mots-clés, de déterminer ce qui est demandé et de comprendre les documents.

Sujet : À l'aide de vos connaissances et du dossier documentaire, vous montrerez que le processus de croissance a un caractère endogène.

Document 1

Les activités de recherche-développement (R&D), en accumulant un stock immatériel d'idées et de connaissances, permettent d'augmenter l'efficacité avec laquelle il est possible de produire des richesses à partir de capital et de travail [...]. En élevant le niveau d'éducation, donc le nombre de travailleurs très qualifiés qui peuvent participer à cette accumulation de savoir, on augmente le rythme des découvertes et, donc, les possibilités de croissance des économies. L'implication de ce type de théorie est que le taux de croissance du PIB s'élève avec le niveau d'éducation [...]. En conséquence, si une économie alloue, une année, plus de ressources à l'éducation et augmente ainsi son stock de capital humain, cela aura pour effet d'augmenter durablement non pas seulement le niveau des richesses produites mais surtout le taux de croissance de l'économie.

L'éducation peut avoir un autre rôle, non moins important : favoriser non plus les innovations technologiques mais leur adaptation. [...] Les technologies les plus performantes sont adoptées et mises en œuvre plus rapidement par les économies les plus riches en capital humain. À nouveau, c'est le niveau d'éducation qui élève le taux de croissance de l'économie, en accélérant l'assimilation du progrès technique.

Cette deuxième fonction de l'éducation ne résulte pas seulement d'une plus grande maîtrise technique de la part des personnes qui ont fait davantage d'études. Il se peut que l'éducation augmente aussi la capacité à effectuer des choix strictement économiques, à allouer convenablement les ressources - par exemple en mesurant que tel marché est en développement, que telle technologie sera ou ne sera pas rentable - bref à prendre les bonnes décisions. [...]

Dans cet ensemble d'approches, [...] le taux de croissance à long terme ne dépend plus d'une croissance du progrès technique inexpliquée [...], mais de l'effort d'investissement en capital humain des différentes économies. Cela donne une place centrale aux politiques éducatives, d'autant qu'une impulsion donnée au niveau d'éducation par une intervention publique peut avoir un effet durable puisqu'il affecte non seulement le niveau de la production mais aussi son taux de croissance dans l'avenir.

Source : Marc Gurgand, *Économie de l'éducation*, La découverte, coll. Repères, 2005.

Document 2. Dépenses de recherche et développement en % du PIB entre 2000 et 2012

	2000	2007	2012
Allemagne	2,47	2,53	2,98
Espagne	0,91	1,27	1,30
France	2,15	2,08	2,29
Finlande	3,35	3,47	2,29
Japon	3,00	3,46	3,35
Chine	0,90	1,40	1,98

Source : « Principaux indicateurs de la science et de la technologie, OCDE, 2014.

Croissance et fluctuations

Document 3

On peut supposer que la productivité d'une entreprise au cours d'une période donnée est une fonction croissante de l'expérience passée qu'elle a accumulée dans la production d'un bien. Cette amélioration de la productivité est incorporée aux investissements : à chaque fois qu'un producteur investit, les biens d'équipement nouveaux incorporent les connaissances accumulées par l'expérience et ils sont donc plus efficaces que les équipements anciens auxquels ils se substituent.

[...] En améliorant sa productivité, une entreprise a également un effet externe positif sur la productivité des autres entreprises. Il existe une synergie[1] entre les producteurs qui rend chacun d'autant plus efficace que les autres le sont déjà. Cela tient notamment à l'émulation réciproque par la concurrence et à l'imitation des procédés les plus efficaces. [...]

[1] Synergie : action en commun de plusieurs éléments qui visent un même objectif.

Au sens large, les infrastructures comprennent les routes et autoroutes, les voies ferrées, les ports et aéroports, les réseaux de télécommunication, les réseaux nationaux de distribution du gaz et de l'électricité, l'éclairage public etc., en un mot, tous les investissements qui développent et facilitent la circulation des informations, des personnes et des biens. Il est certain que le développement de ces infrastructures constitue un facteur important d'économies externes pour les entreprises.

Source : Jacques Généreux, *Introduction à la politique économique*, Seuil, 1999.

Entrer dans le sujet en définissant les termes, en comprenant la consigne et en reformulant le sujet

Mots-clés : croissance économique, PIB, croissance endogène, productivité globale des facteurs, facteur travail, facteur capital, facteurs de production, externalités.
Il s'agit de mettre en évidence le caractère endogène de la croissance et son origine. Les agents économiques en accumulant différents capitaux participent à ce processus cumulatif et auto-entretenu. Les investissements en capital humain (formation et éducation) sont à l'origine d'une croissance endogène car ils créent des externalités positives ; les investissements en recherche et développement et en infrastructures publiques sont aussi à la source de la croissance.

Analyser les documents

Corrigé

Documents	Information principale	Explications et illustrations
1	Ce texte présente l'effet des dépenses de recherche et développement ainsi que de l'investissement en capital humain sur la croissance.	Les dépenses de R&D permettent une croissance cumulative et créent des externalités positives. Les dépenses d'éducation (investissement en capital humain) augmentent la qualification et donc la productivité de la main-d'œuvre et permettent ainsi la création mais aussi l'adaptation des technologies les plus productives. Les politiques publiques, qu'elles prennent la forme de politiques de recherche et développement ou de dépenses pour l'éducation peuvent aussi générer de la croissance
2	Ce tableau statistique met en évidence une augmentation des dépenses de recherche et développement par rapport au PIB dans tous les pays sur la période considérée (2000-2012).	Il y a des écarts importants entre les pays : certains allouent un montant important pour la recherche et le développement (Japon, Finlande, Allemagne) alors qu'un pays comme l'Espagne a de faibles dépenses de R&D. Exemples : le Japon est le seul pays dans lequel ce poids a diminué entre 2007 et 2012 (–0.11points). La croissance des dépenses est particulièrement forte en Chine : la part du PIB consacrée à la recherche et développement a plus que doublé en 12 ans.
3	Ce texte présente deux mécanismes à l'origine d'une croissance auto-entretenue : l'investissement en capital « technique » et l'investissement en infrastructures.	Plus une entreprise est expérimentée dans une technique de production et plus elle réalise cette production de manière productive. L'investissement en biens d'équipement nouveaux incorpore les techniques et innovations les plus productives qui bénéficient à tous sous forme d'externalités positives. Les investissements publics dans les infrastructures augmentent la productivité des entreprises par l'amélioration de la distribution de leurs produits ou des produits qu'elles achètent (par l'amélioration de la circulation de l'information ou de distribution)...

Proposer un plan

I Les comportements d'accumulation de capital par les agents économiques expliquent le processus de croissance

II La croissance est un processus auto-entretenu

Bibliographie

- Philippe Perrenoud, *La fabrication de l'excellence scolaire : du curriculum aux pratiques d'évaluation*, Droz, 2e édition, 1998.
- Le site de l'Académie de Versailles propose des annales du baccalauréat : www.ses.ac-versailles.fr/bac/form_recherche.php
- Marion Navarro, Vincent Barrou, Laurent Braquet, Nicolas Danglade, *BLED SES*, Hachette, 2012.

Partie 5

Du commerce international à l'internationalisation de la production | Chapitre 11

L'intégration européenne | Chapitre 12

L'utilisation des documents en SES | Chapitre H

Étayage, désétayage : les consignes et questions sur documents | Chapitre I

Mondialisation et intégration européenne

Chapitre 11

Du commerce international à l'internationalisation de la production

OBJECTIFS

- Analyser les déterminants des échanges internationaux de biens et services et de la spécialisation
- Comprendre les avantages et inconvénients respectifs du libre-échange et du protectionnisme
- Analyser les déterminants de la multinationalisation des firmes

NOTIONS

- Avantage comparatif, spécialisation, dotation factorielle, libre-échange, protectionnisme
- Firmes multinationales, commerce intra-firme, externalisation, délocalisation, compétitivité prix, compétitivité hors prix

SOMMAIRE

Section 1 **La victoire apparente du libre-échange**

Section 2 **Aujourd'hui, des théories beaucoup plus circonspectes**

Section 3 **La mondialisation de la production**

Nassau Senior, économiste ricardien, commençait son premier cours en déclarant : « Nul n'est économiste s'il est protectionniste ». C'est dire à quel point les thèses libre-échangistes dominent, malgré des critiques qui vont en s'accroissant. Le débat qui oppose partisans du libre-échange et défenseurs du protectionnisme est sans doute aussi vieux que la science économique elle-même. Pour les mercantilistes, l'échange est un jeu à somme nulle. La thèse de l'efficience de l'ouverture internationale apparaît avec les classiques, qui mettent fin à la vision mercantiliste du commerce comme jeu à somme nulle. Cependant, d'après Paul Krugman[1], nos esprits seraient encore influencés par cette vision, qui sous-tend l'illusion dangereuse d'une « guerre économique » qui opposerait entre elles les nations. Cette « guerre économique » peut prendre la forme d'une guerre des monnaies lorsque chaque pays, favorisant la dépréciation de sa monnaie, tente d'avoir une monnaie dont la valeur diminue par rapport à celle de ses principaux concurrents[2]. La mondialisation n'est donc pas un phénomène nouveau, comme le rappelle Suzanne Berger[3]. Ses effets sont finalement assimilables à ceux du progrès technique : elle entraîne un processus de destruction créatrice, qui rend nécessaire, sous une forme ou une autre, une gouvernance de cette mondialisation encore en devenir.

DÉFINITION

Mondialisation : émergence d'un vaste marché mondial des biens et services, des capitaux et de la force de travail, s'affranchissant des frontières politiques.

Section 1 LA VICTOIRE APPARENTE DU LIBRE-ÉCHANGE

1 Les fondements classiques

1.1 La loi des avantages absolus

Selon Smith[4], mieux vaut échanger que tout vouloir produire au sein de la famille ou de la nation :

> La maxime de tout chef de famille prudent est de ne jamais essayer de faire chez soi la chose qui lui coûtera moins à acheter qu'à faire. [ ] Ce qui est prudence dans la conduite de chaque famille en particulier, ne peut guère être folie dans celle d'un grand empire.

[1] Paul Krugman, *La mondialisation n'est pas coupable* : vertus et limites du libre-échange, La Découverte, 1999.

[2] Agnès Benassy-Quéré, Pierre-Olivier Gourinchas, Philippe Martin, Guillaume Plantin, « L'euro dans la guerre des monnaies », *Note du CAE*, n° 11, 2014.

[3] Suzanne Berger, *Notre première mondialisation :* leçons d'un échec oublié, 2003.

[4] Adam Smith, *Enquête sur la nature et les causes de la richesse des nations*, Livre IV, 1776.

L'échange permet donc de tirer parti des gains de productivité que permet la division du travail. Si un pays étranger peut fournir une marchandise à meilleur marché que nous, il vaut bien mieux que nous la lui achetions avec notre propre production, dans laquelle nous sommes plus efficaces. De là il est possible d'en déduire la loi des avantages absolus : chaque pays doit se spécialiser dans les secteurs pour lesquels il est le plus productif. Évidemment, se pose alors le problème du pays qui est plus productif que les autres dans aucun secteur, et qui sera de fait exclu du commerce international.

1.2 La loi des avantages comparatifs

La loi des avantages comparatifs a été élaborée par Ricardo, pour compléter et corriger la loi des avantages absolus smithienne. Un pays qui a une meilleure productivité (ou moins bonne) et qui a donc des avantages absolus dans tous les produits (ou aucun), a néanmoins intérêt à échanger si l'avantage diffère selon les produits. Le pays se spécialise donc dans le produit où il a le plus grand avantage (ou le moindre désavantage) par rapport à l'autre pays.

Définition

Avantage comparatif : écarts relatifs des coûts entre les pays.

Reprenons l'exemple canonique de Ricardo sur le Portugal et la Grande Bretagne.

Tableau 11.1 – Avantages comparatifs du Portugal et de la Grande Bretagne

	Nombre d'heures pour produire une unité de vin	Nombre d'heures pour produire une unité de drap
Portugal	80	90
Angleterre	120	100
Coût relatif des produits portugais par rapport aux produits anglais	67 %	90 %

On observe que le Portugal a un avantage absolu dans les deux produits (qu'elle produit en moins de temps), mais dispose d'un avantage comparatif dans le vin : il lui faut 33 % de temps de travail en moins dans le vin contre 10 % dans le drap. Inversement, l'Angleterre a un avantage comparatif dans le drap où elle est « moins mauvaise » que dans le vin. Le Portugal va se spécialiser dans le vin, il l'exportera et pourra acheter du drap. L'Angleterre va se spécialiser dans le drap. Grâce à cette spécialisation, la production et la consommation mondiales augmenteront.

Définition

Spécialisation : choix des pays de produire les biens pour lesquels ils disposent d'un avantage et d'abandonner les autres productions.

Après spécialisation, la Grande-Bretagne utilisera ses 220 heures (120 + 100) de travail pour produire uniquement des draps, le Portugal ses 170 heures (80 + 90) pour produire uniquement du vin :

Tableau 11.2 – Accroissement de la production grâce à la spécialisation

	Unités produites	Angleterre (220 heures)	Portugal (170 heures)	Volume total produit
Sans spécialisation	Vin	1	1	2
	Drap	1	1	2
Avec spécialisation	Vin	0	170/80 = 2,125	2,125
	Drap	220/100 = 2,2	0	2,2

Avec ses 220 heures de travail, l'Angleterre produira 2,2 unités de drap (puisqu'elle en produisant une en 100 heures), avec ses 170 heures de travail, le Portugal produira 2,125 unités de vin (puisqu'il en produisait une en 80 heures). La spécialisation et l'échange international permettent d'augmenter la quantité produite globale, ce qui est source de croissance. L'échange international permet donc de repousser la frontière des possibilités de production. L'échange international entraîne des gains à l'échange.

Selon Ricardo, la spécialisation a au moins quatre avantages :

- Elle pacifie les relations entre les nations.
- Elle permet d'accroître la diversité des biens mis à la disposition des consommateurs.
- La production mondiale va augmenter grâce à la spécialisation.
- L'état stationnaire est retardé.

Ricardo est donc partisan du libre-échange, et militera pour la suppression des Corn Laws[1], mesure protectionniste encadrant le commerce de grains.

DÉFINITION

> **Libre-échange** : élimination de tous les obstacles aux échanges internationaux de biens et de services.

Mondialisation

[1] Instaurées en 1815, ces dernières seront supprimées en 1846, soit après la mort de Ricardo.

2 Les prolongements

2.1 Le théorème HOS

Dans la théorie ricardienne, les pays diffèrent par la productivité des facteurs de production. Dans le modèle HOS, des noms d'Eli Heckscher (1939), Bertil Ohlin (1919) et Paul Samuelson (1948), les pays utilisent tous la même fonction de production, mais diffèrent par leurs dotations factorielles.

DÉFINITION

Dotation factorielle : quantité relative des facteurs de production.

On parle à propos de HOS de modèle 2*2*2 : deux pays, deux facteurs de production (travail et capital) et deux biens. L'hypothèse de concurrence pure et parfaite est également valide. La théorie HOS postule des facteurs de production parfaitement mobiles au sein de chaque pays, mais immobiles au niveau international. Au fond, tout se passe comme si les deux pays, faute d'échanger des facteurs de production, échangeaient les produits issus de ces facteurs. Le prix relatif des produits est expliqué par le prix relatif des facteurs de production, lui-même expliqué par les quantités disponibles de ces facteurs. Un pays dans lequel le facteur travail est le facteur relativement abondant aura un facteur travail relativement moins cher, et devra donc se spécialiser dans la production plus intensive en facteur travail. Un pays a un avantage dans la production utilisant le plus intensivement le facteur de production relativement plus abondant. À long terme, les prix relatifs des facteurs de production, et donc les prix relatifs des biens, doivent s'égaliser au niveau mondial. Le théorème Stolper-Samuelson[1] montre que l'échange international entraîne pour le pays une augmentation globale du bien-être, mais peut dégrader la situation de certaines populations (*exemple* : celle des travailleurs, si le pays se spécialise dans des productions intensives en facteur capital, la demande de capital va augmenter, mais la demande de travail et son coût relatif diminueront). Il y a des perdants à l'échange, ce qui pourrait justifier d'éventuelles politiques de redistribution (voir chapitre 13).

2.2 Les prolongements dans la lignée ricardienne

Dans la lignée ricardienne, les différences *ex-ante* entre pays vont rester la justification principale de l'échange. Wolfgang Posner[2] lève l'hypothèse de l'identité des fonctions de production – censée être assurée par diffusion internationale parfaite de la technologie – pour étudier au contraire l'impact des différences technologiques : le déterminant du commerce est ici l'écart technologique. Lorsqu'un pays met au point un nouveau produit, il sera probablement imité, mais tout va dépendre du délai de réaction des consommateurs

[1] Wolfang Stolper, Paul Samuelson, « Protection and real wages », *Review of Economic Studies*, 1941.

[2] Michael Posner, « International trade and technical change », *Oxford Economic Papers*, 1961.

et producteurs nationaux et étrangers. Plus les consommateurs nationaux consomment le produit, et la concurrence étrangère met du temps à s'adapter, et plus le pays innovateur maintient un avantage dans le nouveau produit.

Raymond Vernon[1] est à l'origine de la théorie du « cycle de vie du produit ». L'idée consiste à superposer le cycle de vie du produit (naissance, croissance, maturité, déclin) et les pays (réunis en trois groupes : pays leaders, autres pays industrialisés, et pays en développement). La confrontation du cycle de vie du produit et des pays permet de décrire l'évolution de la production et de la consommation du produit par les différents pays (d'abord produit et consommé dans les pays leaders, puis exporté, avant d'être produit dans d'autres pays) et d'en déduire les flux internationaux d'échanges.

Section 2 AUJOURD'HUI, DES THÉORIES BEAUCOUP PLUS CIRCONSPECTES

Si le protectionnisme semblait coûteux en bien-être, tandis que le libre-échange révélait son optimalité dans le cadre de la concurrence pure et parfaite, les économistes ne font plus aujourd'hui du libre-échange un but en soi. Le protectionnisme peut d'ailleurs être un moyen pour instaurer ensuite le libre-échange.

DÉFINITION

> **Protectionnisme** : pratique destinée à réduire l'ampleur de la concurrence étrangère. Il peut prendre la forme de barrières tarifaires, de restrictions non tarifaires (quotas ou normes), ou encore de manipulations monétaires, fiscales et/ou sociales.

Mondialisation

1 Le protectionnisme éducateur

1.1 Les effets pervers de l'ouverture internationale

Selon les théories tiers-mondistes développées par Paul Prebisch[2] et Hans Singer[3] dans les années 1950, les pays riches exploitent les pays plus pauvres, notamment du fait d'une mauvaise spécialisation de ces derniers. Les pays spécialisés dans des productions de biens à faible valeur ajoutée dont les prix tendent à baisser, comme c'est le cas des pays en développement, sont condamnés à devoir exporter toujours plus de biens s'ils veulent pouvoir importer nos produits manufacturés en échange : c'est la « dégradation des termes

[1] Raymond Vernon, « International investment and international trade in the product cycle », *Quaterly Journal of Economics,* 1966.

[2] Paul Prebisch, « The Economic development of latin America and its principal problems », *Economic Bulletin for Latin America*, n° 7, 1950.

[3] Hans Singer, « The distribution of gains between investing and borrowing countries », *American Economic Review*, vol. 40, n° 2, 1950.

de l'échange ». L'échange international est donc pour eux source de dépendance, voire d'appauvrissement. L'échange international serait avant tout un « échange inégal » et la solution ne pourrait passer que par un développement plus autocentré, c'est-à-dire par une réduction des échanges internationaux.

1.2 Les intuitions de Smith

Dans la *Richesse des Nations*, Smith écrit :

> Si un pays étranger peut nous fournir une marchandise à meilleur marché que nous ne sommes en état de l'établir nous-mêmes, il vaut bien mieux que nous la lui achetions avec quelque partie du produit de notre propre industrie, employée dans le genre dans lequel nous avons quelque avantage.

Mais cette règle générale admet quelques exceptions, notamment concernant les enjeux de défense nationale (la défense est prioritaire sur l'opulence). La liberté totale du commerce est une utopie irréalisable voire parfois non souhaitable, notamment dans l'optique de protéger les industries naissantes. Comme le dit encore Smith :

> À la vérité, il peut se faire qu'à l'aide de ces sortes de règlements, un pays acquière un genre particulier de manufacture plus tôt qu'il ne l'aurait acquis sans cela, et qu'au bout d'un certain temps ce genre de manufacture se fasse dans le pays à aussi bon marché ou à meilleur marché que chez l'étranger.

1.3 List et les industries dans l'enfance

Friedrich List[1], membre de l'École historique allemande, ne croit pas en l'existence de lois économiques. Il faut au contraire tenir compte du contexte économique, des institutions de chaque pays, et de son état de développement à un moment donné. List défend un « protectionnisme éducateur » pour l'industrie allemande, au motif qu'elle n'est pas aussi « avancée » que la Grande-Bretagne, et que la théorie des avantages absolus et comparatifs est faite pour les pays ayant démarré leur révolution industrielle plus tôt.

> Les fabriques de la première puissance manufacturière et commerçante [la Grande-Bretagne] possèdent mille avantages sur celles des autres nations qui viennent de naître ou qui n'ont pas achevé leur croissance.

Les nouveaux entrants, non compétitifs à la base, peuvent néanmoins le devenir avec le temps si un protectionnisme temporaire leur donne la possibilité d'emmagasiner l'expérience nécessaire. Un pays dont l'industrie est encore « dans l'enfance » doit pouvoir protéger ses activités nationales de la concurrence étrangère, du moins le temps qu'elles acquièrent suffisamment d'expérience pour se battre « à armes égales ». Le protectionnisme (temporaire) est un moyen permettant à terme d'ouvrir les frontières. Le protectionnisme permet de faire apparaître des avantages absolus ou relatifs qui ne sont plus stables dans le temps : on peut les construire.

---

[1] Friedrich List, *Système national d'économie politique*, 1841.

2 Les nouvelles théories du commerce international

2.1 Les limites des théories traditionnelles

La théorie HOS a plusieurs défauts. Elle prédisait d'abord que l'échange devait surtout se développer entre pays différents (notamment entre pays riches et pays en développement) et prendre la forme d'un échange de produits différents. Or, il devient de plus en plus évident que l'échange se développe surtout entre pays similaires, et prend largement la forme d'un échange intra-branche. Par ailleurs, elle se base sur l'hypothèse selon laquelle les pays ont accès aux mêmes technologies, alors que les écarts de productivité entre pays sont considérables. En 1953, le « paradoxe de Leontief[1] » montre que les exportations américaines sont plus riches en travail que leurs importations, ce qui semble infirmer le théorème HOS car les États-Unis sont plus fortement dotés en facteur capital. Les travailleurs américains étant en réalité mieux formés, ils sont plus productifs, les États-Unis sont donc riches en travail qualifié, il est donc normal qu'ils exportent des biens intensifs en capitaux.

DÉFINITION

Commerce intra-firme : échanges de biens et de services entre filiales d'un même groupe.

Enfin, elle postule des facteurs de production immobiles entre les pays, alors que se développent les firmes multinationales (voir chapitre 12) et le commerce intra-firmes. De nouvelles théories vont donc émerger pour expliquer ces évolutions. Elles abandonnent l'hypothèse de concurrence pure et parfaite, ce qui les amènera *de facto* à revisiter la thèse de l'optimalité du libre-échange.

2.2 L'abandon de la concurrence pure et parfaite

Une première manière d'abandonner la concurrence pure et parfaite est de postuler des rendements croissants. Le plus gros producteur a les coûts unitaires les plus bas, ce qui conduit logiquement au monopole. Ohlin[2] fut le premier à envisager cet argument : certaines productions peuvent être sources de rendements croissants, donc les gains à l'échange augmentent, au détriment des pays qui se spécialisent dans des productions à rendements décroissants. Plus un pays produit, plus son avantage s'accentuera. Les économies d'échelle vont favoriser les pays qui produisent des volumes importants de biens. Le commerce international s'explique ici notamment par les tailles différentes des marchés intérieurs.

Une autre façon d'abandonner la concurrence pure et parfaite est de postuler le goût des consommateurs pour la variété (fin de l'homogénéité des biens, ce qui n'empêche pas

[1] Wassily Leontief, « Domestic production and foreign trade: the american capital position re-examined », *Proceedings of the American Philosophy*, vol. 97, 1953.

[2] Bertil Ohlin, *Interregional and International Trade*, Harvard University Press, 1933.

Mondialisation

forcément les économies d'échelles s'il y a personnalisation du bien en toute fin du processus de production). C'est ce que théorisera notamment Krugman[1]. Le commerce international s'explique ici par une « demande de différence » (Bernard Lassudrie-Duchêne).

Selon Krugman[2] :

> À la question de base : pourquoi y a-t-il de l'échange, la théorie traditionnelle répond : parce que les pays sont différents. La nouvelle théorie reconnaît que les différences entre pays sont un motif à l'échange, mais en ajoute un autre : parce qu'il y a des avantages inhérents à la spécialisation.

2.3 Le libre-échange comme second best

À partir du moment où toutes les spécialisations ne se valent pas, alors le libre-échange perd son caractère systématiquement optimal. Les nouvelles théories du commerce international, dans la lignée de Smith, peuvent justifier la mise en place de politiques commerciales : c'est la naissance de la nouvelle théorie du protectionnisme. James Brander et Barbara Spencer[3] vont théoriser l'intérêt des politiques commerciales stratégiques. En présence d'économies d'échelle et dans les secteurs oligopolistiques, le libre-échange n'est pas optimal. Une politique industrielle, notamment de subventions pour les dépenses en recherche-développement, permettra d'abaisser le coût de production de la firme nationale sous celui de sa rivale. Le coût pour les ménages (financement par les prélèvements obligatoires de la subvention) sera plus que compensé par la baisse des prix permise par l'arrivée d'un concurrent national sur le marché. Cette thèse sera popularisée par Krugman, à travers son célèbre exemple d'Airbus et Boeing, même si ce dernier se montrera par la suite de plus en plus sceptique sur la pertinence de ces politiques. En effet, il est difficile pour un État de savoir à l'avance où les avantages sont susceptibles d'apparaître, sans compter le risque de mesures de représailles de la part des autres États. On voit donc aujourd'hui que le débat ne se pose plus en termes de libre-échange absolu ou de protectionnisme intégral, mais plutôt dans un entre-deux.

Section 3 LA MONDIALISATION DE LA PRODUCTION

Puisque le facteur capital est maintenant mobile à l'échelle internationale (même s'il demeure très concentré géographiquement), le théorème HOS qui postule des facteurs de production immobiles entre les pays perd de son intérêt. Il ne s'agit plus seulement de se demander *quoi* produire mais également *où* produire. La variable du territoire devient essentielle, et peut être source *per se* de compétitivité pour les entreprises.

---

[1] Paul Krugman, « Scale economies, product differenciation, and the pattern of trade », *American Economic Review*, 1980.

[2] Paul Krugman, *Rethinking International Trade*, MIT Press, 1990.

[3] James Brander, Barbara Spencer « International R&D rivalry and industrial change », *Review of Economic Studies*, 1983.

1 Une « décomposition internationale des processus productifs » (DIPP)

1.1 Le modèle de Dunning

John Dunning[1] explique à quelles conditions une entreprise a intérêt à implanter un site de production à l'étranger, plutôt que d'exporter sa production ou passer par un système de licence. Ainsi, une firme va internationaliser sa production si et seulement si :

- elle possède un certain pouvoir de marché découlant de l'appropriation d'une partie de la production (ownership) ;
- s'il existe un véritable intérêt à délocaliser une partie de ses activités pour les exercer à l'étranger (localisation) ;
- et enfin s'il y a des avantages pour l'entreprise à garder le contrôle des sites de production délocalisés plutôt que d'externaliser ses activités (internalising).

DÉFINITION

Externalisation : fait pour une entreprise de *faire faire* une partie de ses activités, jugées non stratégiques, par d'autres entreprises.

Dans la pratique, on observe qu'exporter, sous-traiter, ou s'implanter à l'étranger, ne sont pas trois modes alternatifs de pénétration des marchés étrangers : l'accroissement des investissements directs à l'étranger (IDE, prise de participation significative – supérieure à 10 % – dans le capital d'une entreprise étrangère) ne s'est pas traduit par une diminution des exportations, bien au contraire. Flux de biens et flux de facteurs de production ne sont pas substituables mais complémentaires.

1.2 Une production fragmentée

Les entreprises investissent donc de plus en plus à l'étranger, sous deux formes :

- Les IDE horizontaux consistent à produire à l'étranger le même produit que sur le territoire national : c'est une duplication de la production.
- Les IDE verticaux consistent en une fragmentation de la production : la production du bien est divisée en plusieurs étapes, chacune pouvant être réalisée en un lieu différent. Il y a bien alors « décomposition internationale des processus productifs », selon l'expression de Lassudrie-Duchêne.

Selon Berger, cette fragmentation de la production constitue réellement la grande nouveauté de la mondialisation actuelle :

> Dans le monde de la production fragmentée, les enjeux sont ce qu'ils ont toujours été : bénéfices, pouvoir, sécurité et nouvelles opportunités. *Ce qui a changé, c'est qu'il est désormais possible d'atteindre ces objectifs en se positionnant à n'importe quel point de la chaîne de valeurs*[2].

[1] John H. Dunning, *Trade, Location of Economic Activity and the MNE*, 1977.

[2] Suzanne Berger, *Made in monde : les nouvelles frontières de l'économie mondiale*, Seuil, 2006.

Mondialisation

Si les IDE horizontaux peuvent se substituer aux importations (le bien produit directement sur place n'a plus besoin d'être importé), les IDE verticaux s'accompagnent par contre d'un accroissement des flux de commerce international afin de rassembler les différents composants du produit (commerce dit intra-firme).

Certains IDE portent le nom de délocalisation quand ils s'accompagnent de la fermeture du site de production qui existait sur le territoire national.

Définition

Délocalisation : fermeture d'une ou plusieurs unités de production dans un pays donné, et implantation d'une unité de production équivalente dans un autre pays (dans lesquels les conditions de production sont jugées plus favorables).

Les firmes qui procèdent à des IDE sont appelées firmes multinationales (FMN). L'apparition des FMN n'est pas un phénomène récent, dans la mesure où dès le XIXe siècle, ces dernières font leur apparition pour « sauter » par-dessus les tarifs douaniers (*tariff jumping*). Néanmoins, le phénomène s'est accéléré depuis les années 1970.

Définition

Firmes multinationales : entreprise qui, à partir d'une base nationale, implante une ou plusieurs unités de production à l'étranger.

Les spécialistes des stratégies des FMN[1] ont montré que ces entreprises menaient initialement des stratégies d'approvisionnement (implantation de filiales produisant des matières premières pour approvisionner la maison-mère). À cette première stratégie s'est ajoutée une stratégie de marché, visant à implanter des filiales relais dans la perspective d'accroître les ventes de la maison mère en se rapprochant des clients. Aujourd'hui, il s'agit également de stratégie de rationalisation de la production : les IDE deviennent alors majoritairement verticaux, puisqu'on implante des filiales relais à la recherche des territoires proposant les conditions de production les plus avantageuses.

Il y aurait aujourd'hui 80 000 FMN dans le monde, disposant de 900 000 filiales. 40 000 firmes dans le monde réalisent plus de la moitié de leur chiffre d'affaires hors de leur pays d'origine. Environ un tiers des échanges mondiaux sont des échanges intra-firme, c'est-à-dire d'une filiale à une autre. Si on ajoute aux échanges intra-firme les échanges où l'un au moins des co-contractants est une firme transnationale, ce sont 92 % des échanges mondiaux qui sont concernés. On voit donc que la mondialisation ne saurait se passer aujourd'hui des firmes transnationales.

[1] Charles-Albert Michalet, *Le capitalisme mondial*, PUF, 2e éd., 1985 ; Andreff Wladimir, *Les multinationales globales*, La Découverte. 1996.

2 La DIPP permet de profiter des avantages de chaque territoire

2.1 Des avantages côté offre et côté demande

Côté offre, l'implantation dans un autre pays est souvent le moyen de réduire les coûts de production de l'entreprise. L'attractivité d'un territoire dépend néanmoins de multiples facteurs : coût mais surtout productivité de la main-d'œuvre, qualité du tissu industriel, qualité des infrastructures de transport et de télécommunications, stabilité de l'environnement institutionnel, etc.

Par ailleurs, on oublie souvent les arguments côté demande qui justifient l'intérêt d'une implantation d'un site de production à l'étranger. L'implantation dans un pays peut être une condition de l'exercice de l'activité, comme pour certains services, mais est surtout le gage d'une très bonne connaissance de son marché, et de ses évolutions. Une étude du CEPII[1] montre d'ailleurs que ce sont surtout les perspectives de demande qui attirent les entreprises sur un territoire, d'où l'importance de disposer d'une demande suffisamment dynamique.

2.2 Qui permettent de gagner en compétitivité

Si les stratégies menées par les FMN sont multiples, l'objectif est finalement toujours de gagner en compétitivité. La compétitivité désigne la capacité d'une entreprise à résister à la concurrence, à maintenir ou augmenter ses parts de marché. Elle peut être basée sur le prix ou sur d'autres facteurs.

DÉFINITIONS

Compétitivité prix : compétitivité provenant de prix plus faibles que ceux des concurrents ; elle dépend des coûts de production, de la politique de marge, de la productivité, ou encore de la valeur de la monnaie.

Compétitivité hors prix : compétitivité provenant d'autres facteurs que le prix, et notamment d'une qualité plus grande du produit. Le rôle de l'innovation, de l'image de marque, est ici essentiel.

Il y a donc plusieurs stratégies possibles pour les entreprises. Soit affronter la concurrence par les prix et donc chercher à comprimer les coûts de production, cela amène l'entreprise à investir là où les coûts sont les plus bas, c'est-à-dire souvent à l'étranger. Soit fuir, en quelque sorte, la concurrence par les prix, ce qui amène l'entreprise à rechercher la différenciation des produits fabriqués. Dans ce cas, les entreprises cherchent à agir sur les caractéristiques du produit, caractéristiques capables de le faire vendre malgré un prix relativement plus élevé que celui des concurrents. Cela peut être par exemple la qualité, l'image de marque, la fiabilité, le réseau de service après-vente, etc. La compétitivité structurelle peut dépendre aussi de la qualité de la main-d'œuvre, de

1 Thierry Mayer, Isabelle Méjean, Benjamin Néfussi, « S'implanter en France ou à l'étranger : le choix des firmes françaises », *CEPII*, 2007.

la qualité des infrastructures collectives. Dans cette perspective, délocaliser vers les pays les moins chers n'est pas toujours la solution optimale et peut même s'avérer dangereuse.

> 3,1 % des sociétés du champ de l'enquête ont envisagé des délocalisations sans les effectuer. Dans huit cas sur dix, il s'agit de sociétés exportatrices. L'incertitude sur la qualité des biens et services produits une fois les délocalisations effectuées est un obstacle important pour plus de la moitié des sociétés ayant envisagé des délocalisations sans les effectuer, de même que le besoin d'une proximité avec les clients actuels. Les barrières juridiques ou administratives et l'inquiétude des employés et des syndicats viennent juste après. Des obstacles se sont également dressés sur la route des sociétés ayant effectué des délocalisations. L'inquiétude des employés et des syndicats est dans tous les cas souvent citée comme un obstacle important ou très important ; c'est d'ailleurs le seul obstacle vraiment important lors des délocalisations vers l'UE15. L'incertitude sur la qualité des biens et services produits est le problème majeur pour les sociétés ayant délocalisé en Chine, en Inde ou en Afrique. Le besoin de proximité avec les clients actuels est également souvent un obstacle [...] lors des délocalisations vers l'Afrique et la Chine. Sont également mentionnés comme obstacles très importants, lors des délocalisations en Afrique, les barrières juridiques ou administratives, l'insuffisance de management et de savoir-faire, et l'instabilité politique et économique de la zone. S'agissant des délocalisations en Chine, le risque de non-respect de la propriété intellectuelle est considéré comme un obstacle très important, tandis que la difficulté à identifier les fournisseurs étrangers adéquats ou les tarifs douaniers et barrières non tarifaires sont souvent indiqués comme des obstacles importants[1].

Comme l'ont montré les enquêtes menées par Berger[2], la concurrence mondiale n'impose pas un modèle unique d'organisation économique. Il y a beaucoup de manières différentes de réussir dans l'économie mondiale pour les entreprises, même s'« il y a des stratégies condamnées, comme celle qui consiste à monter une entreprise sur les seuls avantages du recours à une main-d'œuvre bon marché. »

3 La nouvelle géographie du commerce international

Deniz Unal[3] montre en 2014 que la région est aujourd'hui « l'ancrage de la mondialisation ». Il s'agit à la fois d'une régionalisation de fait et d'une régionalisation de droit, qui autorise à dire que la globalisation est en réalité plutôt une régionalisation. Le commerce international est donc extrêmement polarisé : pour 90 % des pays, au moins la moitié des échanges se fait avec la région d'origine. On peut rappeler avec Jacob Viner[4] que la régionalisation a des effets ambigus. Si elle déplace les flux d'échanges, elle peut être aussi bien à l'origine de création d'échanges supplémentaires que de détournements d'échanges non optimaux. La création de trafic est d'autant plus probable que la régionalisation comporte un grand nombre de pays, et que ces derniers ont des productions complémentaires.

---

1 Lionel Fontagné, Aurélien D'Isanto, « Chaînes d'activité mondiales : des délocalisations d'abord vers l'Union européenne », *Insee Première*, n° 1451, juin 2013.

2 Suzanne Berger, *Made in monde* : les nouvelles frontières de l'économie mondiale, Seuil, 2006.

3 Deniz Unal, « La géographie du commerce mondial : 1967-2011 », *Panorama du CEPII*, 2014.

4 Jacob Viner, *The Customs Union Issues*, 1950.

Focus

Les pays émergents

Les pays émergents sont des pays en développement présentant un fort taux de croissance du PIB, un niveau relativement élevé d'industrialisation et d'exportation de produits industriels, un fort taux d'ouverture à l'extérieur et un marché intérieur en expansion. Mais ce sont aussi des pays fragiles, qui ont été largement touchés par les crises financières des années 1990 et, surtout, par la crise économique et financière de 2008-2009 dont le monde n'est pas totalement sorti [...] Pour autant, les grands pays émergents comme la Chine et l'Inde n'ont pas été touchés avec la même intensité que d'autres lors de cette dernière crise et ont retrouvé depuis des taux de croissance très confortables, accompagnés malgré tout par des tensions inflationnistes. Le taux de croissance très haut des pays émergents leur permet, petit à petit, de combler une partie de leur retard par rapport aux pays avancés. Actuellement, les pays émergents sont le moteur principal de la croissance mondiale. Ils présentent des capacités de développement très importantes mais également des vulnérabilités auxquelles il leur faudra remédier dans les années à venir s'ils veulent consolider leur émergence et continuer à rattraper les pays avancés.

Des catégories imprécises

Aujourd'hui, on ne distingue plus entre pays riches et pays pauvres, ni entre un monde développé et des pays du tiers-monde, distinctions qui furent utilisées pendant longtemps pour décrire la coupure entre les situations des divers pays de la planète. La principale distinction se fait désormais entre les pays avancés (comme les États-Unis, la France, le Japon ou l'Allemagne), les pays émergents (comme la Chine, l'Inde, la Roumanie ou le Brésil) et les pays en développement (comme le Burkina Faso, le Laos, le Soudan ou Haïti). Bien sûr, les différences sont grandes à l'intérieur même de ces catégories et les passages de l'une à l'autre sont possibles. Une autre distinction a vu le jour et consiste aussi à classer les pays en trois catégories : pays à revenus élevés, pays à revenus intermédiaires et pays à revenus faibles. Cette distinction est utilisée, par exemple, par la Banque mondiale. Elle permet de toucher plus près la réalité de la vie quotidienne des habitants. Cela n'empêche pas, néanmoins, des pays comme la Chine, l'Inde ou la Russie, qui ne sont pas dans les pays à revenus élevés, de compter chaque année de plus en plus de milliardaires en dollars.

Liste indicative des pays émergents

Mexique, Brésil, Argentine, Venezuela, Colombie, Chili, Pérou, Chine, Corée du Sud, Inde, Taïwan, Indonésie, Thaïlande, Hong Kong, Malaisie, Pakistan, Philippines, Singapour, Russie, Turquie, Pologne, République tchèque, Hongrie, Afrique du Sud, Égypte, Israël, Arabie Saoudite.

Cette liste regroupe tous les pays qui sont qualifiés d'émergents mais dont la qualité d'émergents n'est pas reconnue par tous. C'est le cas, notamment, de l'Égypte, du Pérou, du Pakistan, des Philippines qui ne sont pas considérés par tous les spécialistes du développement comme ayant une économie émergente. *A contrario*, Hong Kong, la Corée du Sud, Israël et Singapour sont plutôt considérés par certains économistes comme faisant partie des pays avancés, aux économies développées.

Source : www.ecoinfosmonde.com/p/qui-sont-les-pays-emergents.html

L'étude de Deniz Unal montre également que « Les «centres de gravité» de la production et du commerce se sont sensiblement déplacés des régions eurafricaine et américaine vers l'Asie-Océanie », pendant que les autres zones subissaient un déclin relatif. Ces tendances de long terme ont été accentuées dernièrement par la crise.

Savoir-faire

L'argumentation économique

Comme tous les types d'argumentation, l'argumentation économique doit à la fois être précise et bien reliée au sujet.

« Précise », cela signifie qu'il faut montrer au correcteur que vous avez une véritable connaissance des théories, concepts et auteurs. Par exemple, si vous êtes amenés à évoquer le théorème HOS, il faut partir des hypothèses du modèle, et être capable d'expliquer tous les enchaînements expliquant les conclusions du modèle. En fonction du sujet, il peut être utile également de préciser dans quel contexte théorique et empirique la théorie s'inscrit (c'est-à-dire quelle théorie cherche-t-elle à corriger, quels nouveaux faits cherche-t-elle à expliquer ?). Il importe également de connaître les limites et remises en cause des théories, afin par exemple de justifier le passage à une autre sous-partie prolongeant la réflexion.

« Reliée au sujet » signifie que les connaissances ne sont jamais présentées pour elles-mêmes : elles sont là au service d'une problématique, d'une démonstration. Le but est de répondre à une problématique, et pas de multiplier de vagues références sans lien avec la question posée. Par exemple, si on vous interroge sur les liens entre libre-échange et développement, la présentation de la théorie des avantages comparatifs en elle-même a peu d'intérêt : il faut pouvoir montrer que la spécialisation internationale crée de la croissance, et que cette dernière peut être mise au service du développement. Le travail consistant à relier la théorie des avantages comparatifs au débat sur les liens entre libre-échange et développement doit être fait dans la copie, sans considérer que le correcteur « sait bien » que la spécialisation est source de croissance, et donc de développement. Toutes les étapes du raisonnement doivent donc être explicitées, en montrant bien toujours en quoi telle ou telle théorie apporte des éléments de réponse précieux à la question que pose le sujet. Bref, « argumenter », ce n'est pas exposer des connaissances, c'est être capable de se les être appropriées afin de les mettre au service d'une réflexion située.

Sujet : « Protectionnisme et libre-échange »

On propose deux paragraphes qui s'intègrent dans une partie qui doit démontrer l'importance de la spécialisation garantie par le libre-échange pour créer de la croissance.

Exemple 1

Comme le démontre Adam Smith, la spécialisation est créatrice de croissance. En effet, la spécialisation permet des gains de temps, d'habileté et d'innovation.

☞

Aujourd'hui, le *learning by doing*, les nouvelles méthodes de travail (à domicile par exemple) ou encore les développeurs permettent de créer des richesses. Ainsi, les gains de temps, d'habileté et d'innovation permis par l'innovation permettent d'augmenter la productivité et donc la croissance.

Exemple 2

Smith démontrait que la spécialisation permet la croissance. Ricardo aussi, ainsi que le théorème HOS. Ainsi, se concentrer sur une seule tâche permet de produire plus. C'est le cas des pays développés qui ont créé le taylorisme. La croissance est donc bien déterminée par la spécialisation.

Le premier exemple est correctement argumenté. On retrouve les phases de l'argumentation (affirmer, expliquer, illustrer et conclure), l'élément d'explication est présent et permet de comprendre pourquoi la spécialisation crée de la croissance. À l'inverse le deuxième exemple reste vague, l'auteur a voulu trop en dire théoriquement, plutôt que de se centrer sur une analyse théorique située et explicative, il présente des connaissances non explicitées et qui conduisent à conclure maladroitement.

Questions de réflexion

1 ■ Exporter et/ou s'implanter à l'étranger ?

2 ■ La concurrence des pays à bas salaires est-elle responsable du chômage des pays développés ?

3 ■ Firmes multinationales versus États-nations ?

4 ■ La compétitivité hors-prix de la France.

5 ■ Doit-on réguler les firmes multinationales ?

Mondialisation

Bibliographie

- Alexandre Gazaniol, Frédéric Peltrault, Jean-Marc Siroen, « Les performances des entreprises françaises implantées à l'étranger », *Économie et Statistique*, n° 435-436, 2010.
- Paul Krugman, Maurice Obstfeld, *Économie internationale*, Pearson France, 2014.
- Olivier Bouba-Olga, *Les nouvelles géographies du capitalisme : comprendre et maîtriser les délocalisations*, Seuil, 2006.
- OMC, *Statistiques du commerce international*, 2015.

Chapitre

12 L'intégration européenne

OBJECTIFS

- Démontrer l'originalité de la construction européenne
- Analyser la place de l'union économique et monétaire dans le contexte monétaire et financier international
- Montrer les effets de la monnaie unique sur l'interdépendance des politiques des États membres et les difficultés posées par la coordination de ces politiques

NOTIONS

- Union économique et monétaire
- Euro
- Banque centrale européenne

SOMMAIRE

SECTION 1 **Les grandes étapes de l'intégration européenne**

SECTION 2 **La coordination problématique des politiques macroéconomiques**

SECTION 3 **La monnaie unique entre contestation et consolidation**

De nombreux économistes s'accordent pour trouver décevantes les performances des pays de la zone euro. Beaucoup mettent en avant également un décrochage de l'économie française, notamment en termes de PIB par habitant, par comparaison avec les États-Unis, comme si le processus de rattrapage enclenché depuis les années 1950 marquait le pas. De là à attribuer ceci à l'euro, il n'y a qu'un pas, que beaucoup n'hésitent plus à franchir. Christian Saint-Etienne[1] estime par exemple que l'euro coûte à la France un demi-point de croissance par an. Pour reprendre une question que se posent les économistes de l'OFCE :

> Si l'Union économique et monétaire est tellement merveilleuse, pourquoi la performance de la zone euro est-elle si médiocre ?

Pour aller plus loin, faut-il considérer que la sortie de la crise passe par la sortie de la zone euro, et que finalement le passage à l'euro fut une erreur ? Cette configuration institutionnelle si originale d'une « monnaie sans État » pose quoi qu'il en soit de nombreuses questions, la principale consistant sans doute à se demander si les pays ne sont pas allés soit trop loin, soit pas assez loin, dans le processus d'intégration européenne. Après avoir présenté les principales étapes de l'intégration européenne, nous verrons que les contestations de la monnaie unique imposent de penser les conditions de sa consolidation, sauf à envisager l'éclatement de la zone euro.

Section 1 LES GRANDES ÉTAPES DE L'INTÉGRATION EUROPÉENNE

1 Du marché commun à la zone euro

1.1 Les différentes étapes d'une intégration régionale

Elles ont été théorisées en 1961 par Bela Balassa[2] et commencent par une zone de libre-échange, en passant par des stades d'intégration de plus en plus poussés, et ce jusqu'à une intégration complète :

- zone de libre-échange : espace économique constitué par plusieurs pays qui tendent à éliminer les barrières douanières faisant obstacles aux échanges ;
- union douanière : ensemble de pays appartenant à une zone de libre-échange et qui adoptent en outre une politique commerciale commune, notamment un tarif extérieur commun ;
- marché commun : pays qui constituent une union douanière et qui instaurent la libre circulation des capitaux et des hommes ;

[1] Christian Saint-Etienne, *La fin de l'euro*, Bourin Editeur, 2009.

[2] Bela Belassa, *The Theory of Economic Integration,* 1961

- union économique : pays membres d'un marché commun qui coordonnent leur politique économique ;
- union économique et monétaire : pays d'une union économique qui instaurent une coordination monétaire.

1.2 Les avantages du « grand marché intérieur »

En 1988, le rapport Cecchini a calculé les coûts de la « non-Europe ». Il estime que les gains économiques d'un marché unique européen devraient s'élever à 3 à 7 % du PIB pour l'ensemble des pays concernés. Ces gains proviennent principalement de :
- la réduction des coûts par suppression des obstacles aux échanges ;
- la réduction des coûts liés aux économies d'échelle ;
- la baisse des coûts suite à l'intensification de la concurrence ;
- l'augmentation du bien-être due aux efforts d'innovation et à l'élargissement de la gamme des produits disponibles.

Ainsi :

> On a estimé à 200 milliards d'ECU le coût de la non-Europe. Par sa dynamique propre, la construction en 1992 du marché unique européen permettra une augmentation du PIB de 4,5 %, une diminution des prix de 6 %, la création de deux millions d'emplois nouveaux. Ces avantages pourront s'accroître ultérieurement si l'on adopte des mesures de politique économique capables d'exploiter pleinement le nouveau potentiel de développement offert par le marché unique européen ; en ce cas, l'augmentation du PIB pourra atteindre les 7 % et le marché de l'emploi s'enrichir de cinq millions de nouveaux postes de travail[1].

Ce rapport a été actualisé en 2012 par le Comité économique et social européen sous le titre « Pour une analyse actualisée du coût de la non-Europe ».

1.3. Vers l'union économique et monétaire (UEM) en Europe

Depuis la création de l'euro (voir chapitre 6), le stade de l'union économique et monétaire a été franchi.

Définition

> **Union économique et monétaire** : espace économique constitué par les membres d'une union économique qui instaurent une coopération monétaire renforcée, avec en particulier une monnaie unique (union économique + unification des politiques économiques + monnaie unique).

Définition

> **Euro** : nom donné à la monnaie unique de la zone euro.

Nous pouvons schématiser ainsi les grandes étapes de la construction européenne :

---

[1] Paolo Cecchini, « Le coût de la non-Europe », *Le fédéraliste*, n°2, 1988, p. 115.

Tableau 12.1 – Les grandes dates de l'Union européenne

Grandes étapes de l'intégration		Réalisations
1951	Traité de Paris	CECA : marché unique pour le charbon et l'acier (France, RFA, Italie, Benelux)
1957	Traité de Rome	CEE : union douanière, politique commerciale commune, politique agricole commune, abolition des obstacles à la libre circulation des personnes et capitaux
1979		Premières élections européennes au suffrage universel direct Création du Système monétaire européen
1986	Acte unique européen	Extension des délégations de pouvoir aux institutions européennes. Réaffirmation du principe de la libre circulation des personnes, marchandises, services et capitaux
1990	Convention de Schengen	Libre circulation des personnes entre la France, l'Allemagne et le Benelux
1992	Traité de Maastricht	UEM : Intégration monétaire et mise en place de l'Euro, de la BCE et d'une politique monétaire unique. Création de la citoyenneté européenne et du principe de subsidiarité
1995	Élargissement	Autriche, Suède, Finlande
1997	Traité d'Amsterdam	Création du Pacte de stabilité et de croissance
1999		L'euro devient la monnaie officielle de l'Union européenne
2000	Stratégie de Lisbonne	Stratégie pour « l'économie de connaissance la plus compétitive et la plus dynamique du monde ».
2001	Traité de Nice	Réforme des institutions en prévision de l'élargissement
2004	Le grand élargissement	Dix nouveaux pays membres entrent dans l'Union : Chypre, Estonie, Hongrie, Lettonie, Lituanie, Malte, Pologne, République tchèque, Slovaquie, Slovénie
2005		Assouplissement du Pacte de stabilité et de croissance « Non » Français et Néerlandais au référendum pour le traité instituant une Constitution pour l'Europe Révision de la stratégie de Lisbonne
2007	Élargissement	Bulgarie, Roumanie
2009	Traité de Lisbonne	Renforcement des politiques communes. Président du Conseil européen et Haut représentant de l'Union pour les affaires étrangères.
2010	Stratégie Europe 2020	Création du Fonds européen de stabilité financière (FESF) Stratégie pour une croissance intelligente, durable et inclusive
2013		Entrée en vigueur du traité sur la stabilité, la coordination et la gouvernance : renforcement de la discipline budgétaire.
2014		Élections des 751 députés de l'Union européenne Union bancaire : adoption du mécanisme de résolution unique. Union à 28 pays – Zone euro à 19 pays (Allemagne, Autriche, Belgique, Chypre, Espagne, Estonie, Finlande, France, Grèce, Irlande, Italie, Lettonie, Luxembourg, Malte, Pays-Bas, Portugal, Slovaquie, Slovénie, Lituanie)
2016	Référendum britannique	Brexit : retrait du Royaume-Uni

2 Les avantages économiques d'une monnaie unique

2.1 Des avantages plutôt microéconomiques

Au niveau microéconomique, les effets positifs attendus consistent surtout en des effets d'offre. L'utilisation d'une seule monnaie dans une vaste zone géographique permet de réaliser des économies d'échelle importantes : la comparaison internationale des prix est plus aisée, les coûts de transaction diminuent (notamment la couverture du risque de change), la capacité à attirer des capitaux s'accroît, et la monnaie peut devenir une monnaie internationale. En théorie, les taux d'intérêt devraient diminuer, ce qui a bien été observé durant un temps. Enfin, la mobilité du capital au sein d'une zone monétaire unifiée doit permettre une allocation plus efficace des ressources. Comme le disent Agnès Bénassy-Quéré, Antoine Berthou et Lionel Fontagné[1] :

> La participation à la monnaie unique est un moyen de gagner en crédibilité monétaire. La monnaie unique, parce qu'elle facilite l'accès aux marchés de la zone et renforce la concurrence entre les entreprises, doit favoriser cette diversité des produits et la modération des prix. [...] Au total, l'euro a bel et bien participé à l'intégration du marché européen depuis dix ans, confirmant les gains microéconomiques prédits par la théorie.

Au niveau macroéconomique par contre, les avantages sont moins évidents.

2.2 Mais des coûts macroéconomiques ?

Au niveau macroéconomique, les coûts sont réels et découlent principalement de la perte de certains instruments de politique économique. La politique de change ne peut plus être utilisée. La politique monétaire devient commune, et se révèle donc plus ou moins adéquate pour chacun des pays de la zone pris individuellement : la politique monétaire de la BCE peut ainsi se révéler pro-cyclique pour certains pays, pour lesquels le taux d'intérêt réel ne correspond pas à ce qu'exigeraient les tendances inflationnistes.

> La politique monétaire mise en œuvre par la BCE n'est éventuellement optimale que pour une minorité d'États membres, ceux dont le taux d'inflation s'approche de la moyenne européenne[2].

Enfin, si la politique budgétaire reste théoriquement du ressort des États membres, elle n'en est pas moins étroitement contrôlée par le Pacte budgétaire. Dès lors, seule la politique fiscale demeure vraiment autonome, avec la tentation dangereuse de pratiquer une forme de moins-disant fiscal. Le risque consiste alors à voir se développer des politiques non-coopératives de sortie de crise, chaque pays tentant d'exporter ses déséquilibres vers les pays voisins. On parle dans ce cas de politique de « moins-disant » social, fiscal, ou encore environnemental.

---

[1] Agnès Bénassy-Quéré, Antoine Berthou, Lionel Fontagné, « Euro : comme prévu, des gains et des coûts », *Lettre du CEPII*, n° 284, 2008.

[2] Jérôme Creel, Eloi Laurent, Jacques Le Cacheux, « Politiques et performances macroéconomiques de la zone euro : institutions, incitations, stratégies », document de travail, OFCE, 2007.

Focus

L'euro est-il inflationniste ?

« En 2002, avec l'introduction de l'euro, les prix ont augmenté d'environ 0,2 % en France. Le saut a été particulièrement fort pour les produits à faible prix en raison des effets d'arrondi : 6 % en moyenne pour le café servi en salle d'août 2001 à avril 2002. Cette poussée s'est produite dans tous les autres pays de la zone. Partout, elle est restée temporaire et l'inflation est vite revenue à son rythme antérieur. Pourtant, au même moment, un décrochage se produit dans la perception des ménages de tous les pays de la zone euro qui ont l'impression que l'inflation augmente brutalement. Cette rupture est plutôt moins accentuée en France mais elle est aussi beaucoup plus durable. Plusieurs types de raisons peuvent être avancés pour expliquer ce décrochage : des raisons d'ordre psychologique, mais aussi des raisons économiques, sans rapport avec l'introduction de l'euro. Tout d'abord, juger les prix en euros est très difficile pour nombre de consommateurs qui raisonnent encore mentalement par rapport au franc. [...] Un second effet est plus important. Les consommateurs sont surtout sensibles aux prix des produits qu'ils achètent fréquemment, par exemple les produits alimentaires ou le carburant. Or il se trouve que ce sont eux qui augmentent le plus rapidement. Pour d'autres biens – automobiles, appareils ménagers, matériel informatique, hi-fi, etc. –, les prix baissent ou augmentent moins. Le gain, pourtant très réel, de pouvoir d'achat n'est pas directement perceptible : les consommateurs ne gardent pas en mémoire les prix du passé lointain, surtout s'ils étaient exprimés dans une monnaie différente. Des éléments sans rapport avec l'introduction de l'euro sont aussi intervenus et les évolutions de prix relatifs en France ont été inhabituellement divergentes. Tout d'abord, la législation du commerce a limité la concurrence, si bien que des hausses de prix importantes ont été observées dans la grande distribution au moment du passage à l'euro. [...] Ensuite, certains prix dits « réglementés », c'est-à-dire déterminés par les pouvoirs publics, ont également augmenté beaucoup plus fortement que la moyenne au cours des années récentes : les prix du tabac, ceux du transport ferroviaire de voyageurs (trains, métros). Enfin, les prix de certains produits de consommation courante ont eu des évolutions de grande ampleur, à la hausse mais également parfois à la baisse, en raison de facteurs largement externes : les carburants, avec les hausses de prix du pétrole, ou les fruits et légumes frais suite aux perturbations climatiques. La succession de ces hausses sur des produits différents mais très visibles a naturellement influencé les perceptions de l'inflation. »

Banque de France, « Rapport annuel », 2006.

Pour autant, suivant les enseignements du triangle de Mundell[1], la zone euro est néanmoins l'occasion de retrouver des marges de manœuvre pour mener une politique monétaire autonome. Le « triangle des incompatibilités » montre que l'on ne peut avoir simultanément des changes fixes, des mouvements de capitaux qui se déplacent librement à l'échelle internationale, et une politique monétaire autonome (c'est-à-dire consacrée à des objectifs internes, en fonction de ce qu'exige la situation économique du pays : lutter plutôt contre l'inflation ou plutôt contre le chômage). Le passage à l'euro a inscrit notre

[1] Robert Mundell, « The monetary dynamics of international adjustement under fixed and flexible exchange rates », *Quarterly Journal of Economics*, vol. 74, 1960.

monnaie commune dans un système de changes flottants (voir chapitre 6), donc la politique monétaire de la BCE est théoriquement autonome, et ce même si les capitaux se déplacent sans contrainte. Les évolutions du triangle de Mundell montrent ainsi que le passage à l'euro permet de retrouver davantage d'autonomie dans le domaine monétaire (figure 12.1).

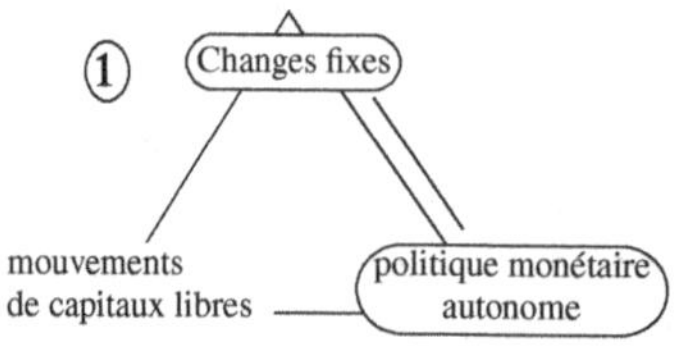

Dans les années 1950-1960, les taux de change sont fixes. Cependant, cela n'empêche pas de mener des politiques monétaires autonomes, puisque les capitaux ne se déplacent pas librement d'un pays à l'autre.

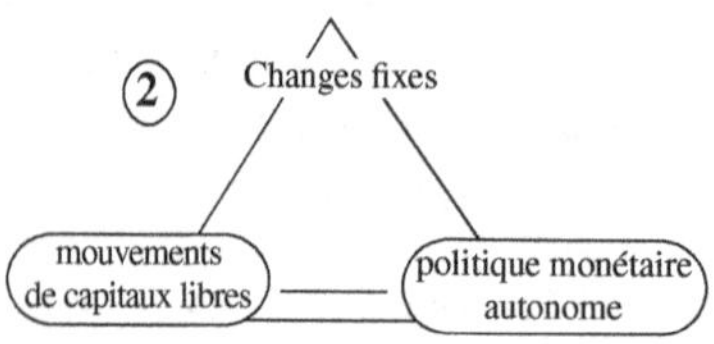

Dans les années 1970, les muvements des capitaux sont libres mais la france peut mener les politiques monétaires de son choix car on abandonne l'objectif de taux de change fixe.

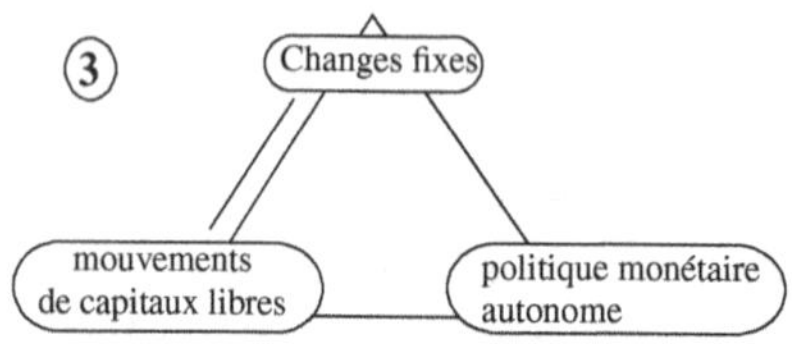

A partir des années 1980, la volonté de créer une monnaie unique fait son appartion. Elle nécessite une période préalable de changes fixes. La politique monétaire est consacrée à la fixité du change, et ne peut plus être utilisée pour mener des politiques monétaires de relance (qui feraient fuire les capitaux suite à la baisse des taux d'intérêt).

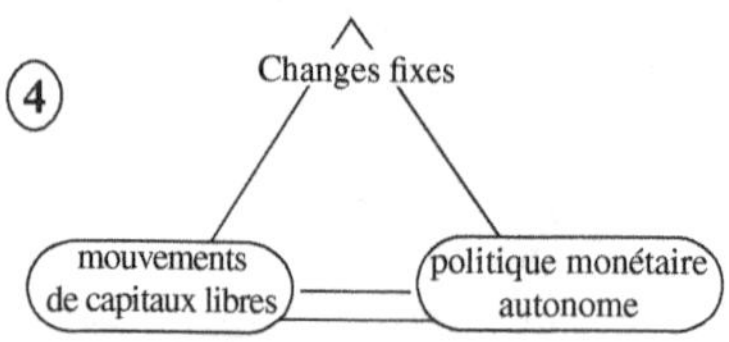

Aujourd'hui, la Banque Centrale Europenne ne pousuit pas d'objectif de changes fixes. La politique monétaire peut donc retrouver son autonomie.

Figure 12.1 – Les évolutions du triangle de Mundell

Section 2 LA COORDINATION PROBLÉMATIQUE DES POLITIQUES MACROÉCONOMIQUES

1 La politique monétaire dans la zone euro

1.1 Une politique monétaire confiée à la Banque centrale européenne

La mise en place d'une monnaie unique confie *de facto* la conduite de la politique monétaire (voir chapitre 14) à la Banque centrale européenne[1].

Définition

Banque centrale européenne : banque des banques des pays de la zone euro. Elle est indépendante et est en charge de la conduite de la politique monétaire des pays de la zone euro.

[1] Edwin Le Héron, *À quoi sert la Banque centrale européenne ?*, La Documentation française, Débats, 2013.

Les travaux des économistes de la Nouvelle école classique (tels que Barro ou Gordon[1]) et la volonté des Allemands ont œuvré en faveur d'une banque centrale très indépendante, soucieuse d'asseoir sa crédibilité. La Banque centrale européenne a pour mission d'assurer la stabilité des prix, et a défini cette stabilité par une inflation inférieure à 2 %. La clause du « *no bail out*[2] » interdit également à la Banque centrale européenne de financer le déficit des États, ce qui s'avère particulièrement problématique dans un contexte de crise des dettes publiques.

1.2 Une politique monétaire unique

Une politique monétaire unique appliquée à des pays aux caractéristiques économiques très variables peut poser plusieurs problèmes.

La politique monétaire est alors forcément la même pour tous les pays de la zone euro, même si leurs conjonctures économiques diffèrent et nécessitent des taux d'intérêt différents. Le taux d'intérêt directeur qu'applique la banque centrale européenne peut se révéler trop bas pour certains pays mais trop élevé pour d'autres. Par ailleurs, la politique monétaire unique est l'instrument approprié pour lutter contre un choc symétrique qui touche tous les pays de la même façon. Elle est inopérante par contre pour faire face à des chocs asymétriques, que l'intégration européenne n'a pas rendus moins fréquents. Enfin, se pose la question de savoir s'il ne faudrait pas ajouter à la stabilité des prix un objectif de stabilité financière. Contrairement à une idée longtemps répandue, et résumée sous le terme de « principe de séparation[3] », la stabilité des prix des biens n'implique pas la stabilité des prix des actifs financiers. Les réflexions sur la nécessaire évolution des missions des banques centrales sont donc en plein renouvellement[4].

2 Des politiques budgétaires nationales coordonnées ?

2.1 La coordination problématique mais nécessaire des politiques budgétaires

Pendant longtemps a dominé l'idée selon laquelle la politique budgétaire (voir chapitre 14) de relance des pays voisins était source d'externalités positives pour nous. On se rappelle la célèbre formule du ministre irlandais : « La meilleure politique de relance, c'est celle que pratiquent nos voisins[5] ». En effet, les politiques de relance entraînent chez nos partenaires

[1] Robert Barro, David Gordon, « A positive theory of monetary policy in a natural rate model », *Journal of Political Economy*, vol. 91, n° 4, 1983.

[2] Article 125 du Traité de Fonctionnement de l'Union européenne

[3] On parle également de « l'hypothèse de Schwartz ». Voir Anna Schwartz, « Why financial stability depends on price stability? », *Economic Affairs*, 1995.

[4] Voir par exemple Xavier Ragot, *Les banques centrales dans la tempête : pour un nouveau mandat de stabilité financière,* CEPREMAP, Éditions Rue d'Ulm/Presses de l'École normale supérieure, 2012 ou encore Jean-Paul Betbèze, Christian Bordes, Jézabel Couppey-Soubeyran, Dominique Plihon, « Banques centrales et stabilité financière », *Rapport du CAE*, La Documentation française, n° 96, 2011.

[5] Willy O'Dea, ancien ministre irlandais de la Défense.

commerciaux une augmentation de leurs exportations, ils doivent produire plus et embaucher, sans avoir de déficit à financer. Il s'agit ici d'un comportement de passager clandestin, la politique budgétaire de relance s'apparentant à une sorte de bien collectif : tout le monde y a intérêt pour diminuer le chômage et augmenter la croissance, mais tous ont intérêt à la laisser être financée par les autres. On parle alors d'interdépendance stratégique.

Mais cette idée a évolué. Aujourd'hui, on considère plutôt que la politique budgétaire de relance de nos voisins risque d'être source d'externalités négatives. Le déficit des uns créerait du tort aux autres. Les pays déficitaires risquerait de développer une « préférence pour l'inflation » afin de voir réduire la valeur réelle de leur dette. En effet, si l'inflation augmente, les taux d'intérêt augmentent pour tous dans la zone euro, ce qui crée un problème de *policy-mix*. C'est ce que l'on appelle les « effets de débordement », c'est-à-dire les effets sur l'ensemble de la zone d'une politique budgétaire nationale. On parle alors d'interdépendance économique.

On comprend mieux dès lors les arguments qui ont justifié la mise en place d'une coordination des politiques budgétaires :

- La politique budgétaire étant inefficace, autant viser l'équilibre budgétaire puisqu'il n'y a rien à perdre.
- Le déficit des uns pourrait créer du tort aux autres (effets de débordement).
- Enfin, il s'agit également d'un enjeu de *policy-mix* : ici, l'objectif est d'éviter un jeu non coopératif, la politique budgétaire tentant de compenser les effets négatifs sur l'activité d'une politique monétaire jugée trop stricte.

2.2 Des politiques budgétaires encadrées

Depuis 1997, le Pacte de stabilité et de croissance (PSC) encadre les politiques budgétaires nationales. Le pacte impose aux pays un déficit public inférieur à 3 % du PIB, et une dette publique inférieure à 60 % du PIB, sous peine de sanctions financières. De nombreux pays ont échoué à respecter ces règles, et le pacte a dû être repensé et amendé. Une première modification est intervenue en 2005, visant à intégrer davantage le rôle de la conjoncture économique en tenant compte de la place de l'économie dans le cycle (croissance potentielle). Ces réformes seront poursuivies en 2012, au travers du Pacte budgétaire, officiellement intitulé Traité sur la stabilité, la coordination et la gouvernance (TSCG). Ce nouveau traité intergouvernemental regroupe les mesures prises par Six-pack (cinq règlements et une directive) qui réforme le Pacte de stabilité et de croissance dès 2011 ; ainsi que Two-pack (deux règlements) qui crée notamment un conseil de surveillance budgétaire.

Il est établi alors que :

- Le déficit structurel (celui que l'on observe quand l'écart entre croissance effective et croissance potentielle est nul) doit être limité à 0,5 % du PIB à moyen terme.
- Les règles d'équilibre budgétaire doivent être inscrites dans un texte à valeur constitutionnelle.

- Les sanctions en cas de non-respect des règles budgétaires peuvent aller jusqu'à 0,5 % du PIB.
- Les États doivent réduire d'un vingtième par an (sur une moyenne de trois ans) l'écart entre leur taux d'endettement et la valeur de référence de 60 % du PIB.

Lors de la signature du Traité, les États signataires sont presque tous en situation de procédure pour déficit excessif.

2.3 Quelles pistes de réforme ?

Dans une note du CAE[1], des économistes regrettent une gestion macroéconomique défaillante dans la zone euro. Ils mettent en exergue les limites et les effets pervers d'une coordination des politiques budgétaires qui se limite « à tenter d'empêcher un État membre de s'engager dans une trajectoire budgétaire non soutenable. ». La crise des dettes publiques a conduit à la mise en place de mécanismes de solidarité tels que le Mécanisme européen de stabilité. Ce premier pas pourrait être un signe en direction d'une « capacité budgétaire en zone euro », évoquée par le rapport de 2012 dit « des quatre présidents[2] ». Un pays confronté à un choc négatif recevrait des transferts de la part des pays bénéficiant d'un choc positif. On pourrait également aller plus loin et imaginer un véritable budget pour l'Union européenne[3], par exemple un « budget zone euro » disposant de ressources propres. Ainsi, comme le disent les auteurs de cette lettre du CAE, la coordination des politiques économiques n'a finalement de sens que si elle préfigure une véritable intégration.

Section 3 LA MONNAIE UNIQUE ENTRE CONTESTATION ET CONSOLIDATION

1 Zone euro et zone monétaire optimale

1.1 Qu'est-ce qu'une zone monétaire optimale (ZMO) ?

Une ZMO est le domaine d'application géographique optimal d'une monnaie ou de plusieurs monnaies dont les taux de change sont fixés irrévocablement. C'est donc une région géographique dans laquelle il est bénéfique d'établir une monnaie unique. La théorie des ZMO énonce les conditions sous lesquelles des pays peuvent réaliser une

[1] Agnès,Bénassy-Quéré, Xavier Ragot, « Pour une politique macroéconomique d'ensemble en zone euro », *Note du CAE*, n° 21, 2015.

[2] Herman Van Rompuy, José Manuel Barroso, Jean-Claude Juncker, Mario Draghi, *Towards a Genuine Economic and Monetary Union*, 5 décembre 2012.

[3] Agnès Benassy-Quéré, Xavier Ragot, Gutram Wolff, « Quelle Union budgétaire pour la zone euro ? », *Note du CAE*, n° 29, 2016.

zone monétaire et donc renoncer à leur monnaie nationale (et au taux de change) au profit d'une monnaie unique. La mise en place d'une union monétaire est possible soit si la zone considérée ne connaît que des chocs symétriques, soit s'il existe au sein de la zone des mécanismes de rééquilibrage.

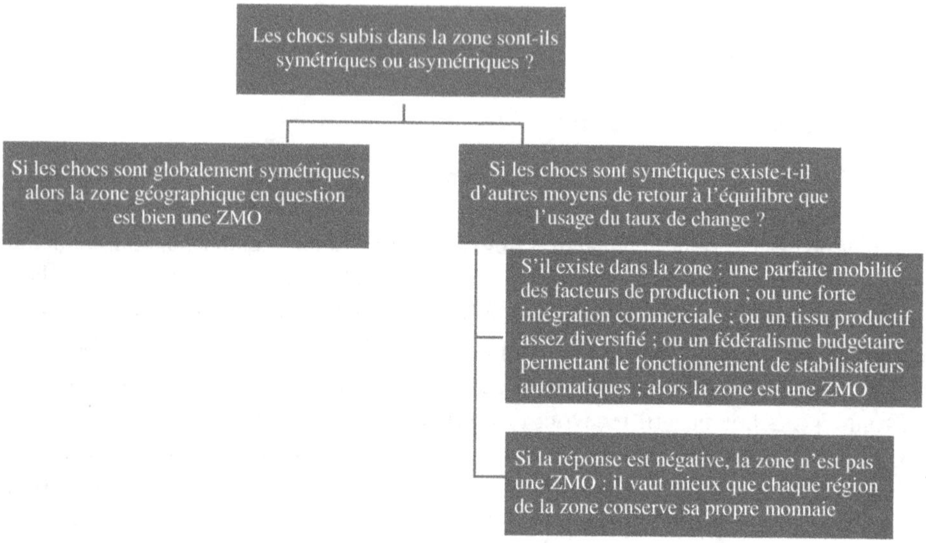

Figure 12.2 – Les zones monétaires optimales

Cela signifie donc qu'en présence de chocs asymétriques, le retour à l'équilibre se fera autrement que par des modifications des taux de change ou du taux d'intérêt. Il existe plusieurs critères permettant à une zone monétaire d'être optimale :

- Pour Robert Mundell[1], il faut que d'autres mécanismes se substituent à la politique monétaire en cas de choc asymétrique. Ainsi, la flexibilité des prix, en particulier des salaires, peut permettre de restaurer la compétitivité. Si les prix sont rigides, c'est la mobilité des facteurs de production, et en particulier du travail, qui permettra de baisser le chômage en transférant la main-d'œuvre des régions à chômage élevé, vers les régions où la croissance est plus forte.
- Pour Ronald McKinnon, il faut que les échanges soient importants. Dans ce cas, les dévaluations compétitives ne présentent pas d'intérêt puisque les effets positifs sur les exportations seront plus que contrebalancés par l'inflation due à l'augmentation du prix des produits importés.
- Pour Peter Kenen, les pays peu spécialisés et qui ont donc chacun un tissu productif très diversifié peuvent adopter une monnaie unique, car les chocs asymétriques ont des conséquences faibles dans ce type d'économie. Cependant, la modification du taux de

1 Robert Mundell, « A theory of optimum currency areas », *American Economic Review*, 1961.

change a des impacts différenciés sur les secteurs, introduisant des modifications de prix relatifs qui peuvent être déstabilisatrices.

- Pour J.C. Ingram et Harry G. Johnson, les pays qui adhèrent à une même zone monétaire doivent avoir une intégration fiscale et financière suffisante afin que les zones déficitaires puissent bénéficier de la mobilité des capitaux et de la solidarité budgétaire.
- Pour Christian Kindleberger, les populations doivent partager les mêmes préférences en matière de niveau d'inflation et de chômage.

Ainsi si l'un ou plusieurs de ces critères sont réunis, la zone monétaire est optimale (ZMO). Des pays qui ont des échanges intenses ont intérêt à partager la même monnaie ou bien avoir des taux de change irrémédiablement fixes, si la mobilité des facteurs de production (travail et capital) ou un certain degré de fédéralisme budgétaire permettent de suppléer la politique monétaire lorsque les pays sont confrontés à des chocs asymétriques.

1.2 La zone euro est-elle une ZMO ?

Quel que soit le critère choisi, il semble que la zone euro ait des difficultés à présenter les caractéristiques d'une ZMO. Concernant d'abord le critère le plus utilisé, celui de Mundell, on voit bien que la mobilité des facteurs de production reste très limitée, en tout cas nettement plus limitée qu'aux États-Unis. Les échanges intra-zones sont importants. Et, si la mobilité du capital est forte, la mobilité du travail reste faible malgré les accords de Schengen et les efforts d'harmonisation des diplômes. En effet, les barrières linguistiques persistent et l'absence d'harmonisation des systèmes de protection sociale freine la mobilité de la main-d'œuvre. Si l'intégration commerciale progresse, il n'existe aucun fédéralisme budgétaire permettant le jeu des stabilisateurs automatiques dans la zone euro. La solidarité entre les États membres est interdite[1], donc chaque pays finance sa dette. Enfin, les tissus productifs de chaque pays ne sont pas de plus en plus diversifiés, au contraire. Ainsi, selon Krugman[2] l'intégration pousse plutôt à l'accentuation des avantages comparatifs de chaque pays, et donc à une spécialisation accrue des régions. Cette spécialisation augmente *de facto* la probabilité des chocs asymétriques, et pourrait donc éloigner de plus en plus la zone euro d'une ZMO.

Cela rend ainsi plus improbable la thèse d'une zone monétaire optimale endogène[3], selon laquelle l'intégration monétaire pourrait se justifier non pas *ex-ante* mais *ex-post*, par une intégration commerciale favorisant la corrélation des cycles. Ici, c'est le passage à une monnaie unique qui favoriserait la synchronisation des cycles et diminuerait donc la prévalence des chocs asymétriques. De la même manière pour Jeffrey Frankel et Andrew

[1] Article 125 du Traité sur le fonctionnement de l'Union européenne.

[2] Paul Krugman, « Lessons of Massachusetts for EMU, » *in* F. Torres, F. Giavazzi (dir.), *Adjustment and Growth in the European Monetary Union*, Cambridge University Press, 1993.

[3] Robert Mundell, "Uncommon arguments for common currencies", *in* Harry G. Johnson and A.K. Swoboda, *The Economics of Common Currencies*, Allen and Unwin, 1973.

Rose[1], la synchronisation des cycles aurait dû être le résultat de la zone monétaire, mais ce n'est pas ce que l'on observe actuellement.

Enfin, les difficultés d'adhésion aux traités montrent que les populations ne partagent pas toutes les mêmes préférences. La zone euro est donc fragile.

1.3 Le risque d'une « eurodivergence »

Pourtant, la probabilité de chocs asymétriques risque plutôt d'augmenter compte tenu de la divergence croissante des économies de la zone euro. Selon Patrick Artus et Isabelle Gravet[2], la cause fondamentale de la crise actuelle provient des très grandes difficultés de fonctionnement d'une union monétaire composée de pays divers et sans unification politique : « Au départ de tout se trouve l'hétérogénéité croissance des pays de la zone euro ». L'unification monétaire a fonctionné selon eux comme une machine à fabriquer de l'hétérogénéité. Le passage à l'euro a accentué les divergences de structures économiques et les spécialisations des pays. L'euro fort a favorisé la désindustrialisation des pays du Sud (péninsule ibérique, Italie, Grèce), mais aussi de la France, et renforcé l'industrie dans les pays du Nord (Allemagne, Pays-Bas).

Les différences entre les structures productives s'accroissent (certains pays de la zone euro ont des industries fortes et des excédents du commerce extérieur, quand d'autres deviennent des économies de services avec des déficits extérieurs). Ainsi, « la crise résulte du conflit entre ces institutions fondées sur l'homogénéité et la réalité caractérisée par une hétérogénéité croissante ». Si une certaine forme d'hétérogénéité est souhaitable et normale, celle résultant de l'absence de coordination des politiques sociale, fiscale, budgétaire est nuisible.

2 Compléter l'euro ?

2.1 Une construction inédite

Beaucoup d'économistes mettent en exergue le caractère original et inédit de la zone euro. C'est d'ailleurs ce caractère totalement inédit qui fait peser des doutes sur le caractère viable de cette configuration institutionnelle. Saint-Etienne[3] note ainsi que les enseignements de l'histoire économique montrent qu'il ne peut y avoir de divorce durable entre souveraineté monétaire et souveraineté politique : les zones monétaires finissent par s'unifier politiquement, ou éclatent. Michel Aglietta[4] fait le même constat : dans

---

[1] Jeffrey Frankel, Andrew Rose, « Is EMU more justifiable ex post than ex ante ? », *European Economic Review*, vol. 41n° 3-5), 1997 ; Jeffrey Frankel, Andrew Rose, « The endogeneity of the optimum currency area criteria », *The Economic Journal*, vol. 108 n° 449, 1998.

[2] Patrick Artus, Isabelle Gravet, *La crise de l'euro : comprendre les causes, en sortir par de nouvelles institutions*, Armand Colin, 2012.

[3] Christian Saint-Etienne, *La fin de l'euro*, Bourin Editeur, 2009.

[4] Michel Aglietta, *Zone euro : éclatement ou fédération*, Michalon, 2012.

l'histoire, les unions monétaires ont finalement été dissoutes (union latine, union scandinave), ou ont institué une souveraineté politique. L'expérience montre donc que les institutions actuelles de la zone euro ne peuvent être pérennes. « Sauver » l'euro impliquerait alors forcément de le compléter.

2.2 La zone euro à la croisée des chemins

L'urgence est aujourd'hui de lutter contre l'alignement par le bas, notamment par une plus grande coordination dans le domaine social et fiscal. Comme le dit Thomas Piketty[1]

> À partir du moment où les pays ont renoncé à leur souveraineté monétaire, il paraît indispensable de leur redonner une souveraineté fiscale sur des sujets qui échappent désormais aux États-nations, comme le taux d'intérêt de la dette publique, l'impôt progressif sur le capital ou l'imposition des bénéfices des sociétés multinationales.

Pour que la zone euro ne soit plus cette « zone de jeu non coopératif », la question du fédéralisme devient incontournable… Il semble donc bien que le passage à l'euro ne puisse être qu'une étape vers un nouveau modèle d'union monétaire européenne. Comme le dit Michel Aglietta, l'euro est aujourd'hui une « monnaie incomplète », et la crise actuelle nous obligera peut-être à choisir entre éclatement ou fédération. On peut estimer, comme Xavier Ragot, que la zone euro souffre certes de difficultés économiques indéniables, mais que son incapacité à trouver des solutions est de nature politique.

Questions de réflexion

1 ■ En quoi l'Union européenne est-elle une expérience originale d'intégration.

2 ■ Peut-on avoir une monnaie sans État ?

3 ■ Quelle gouvernance économique européenne ?

4 ■ L'interdépendance des politiques économiques en union économique et monétaire.

5 ■ La zone euro est-elle une zone monétaire optimale ?

Mondialisation

Bibliographie

- Michel Dévoluy, *L'euro est-il un échec ?*, La Documentation française, 2011.
- Marie-Annick Barthe, *Économie de l'Union européenne*, Economica, 2014.
- Yves Doutriaux, Christian Lequesne, *Les institutions de l'Union européenne après la crise de l'Euro*, La Documentation française, 2013.

[1] Thomas Piketty, *Le capital au XXIe siècle*, Seuil, 2013.

Chapitre H — L'utilisation des documents en SES

OBJECTIFS

- Présenter la place du document dans l'enseignement de SES
- Présenter une typologie des documents
- Utiliser de différentes manières un même document

SOMMAIRE

SECTION 1 Diversité et évolution de l'utilisation des documents en SES

SECTION 2 Pourquoi et comment utiliser des documents en SES ?

SECTION 3 Proposition de typologie des documents

La question de l'utilisation des documents est presque « identitaire » pour les sciences économiques et sociales. À leur création, les SES se sont construites sur une démarche active et inductive qui s'appuyait sur des documents essentiellement « factuels » (enquêtes, entretiens, et bien sûr statistiques). Les manuels de SES de la deuxième génération (les premiers étaient très classiques et comportaient un cours écrit) ont institué durablement cela, en étant constitués essentiellement de recueil de documents. De même les épreuves du baccalauréat (voir chapitre G) s'appuient sur des documents depuis la création de la discipline.

Au cours des années, l'usage et la nature des documents se sont modifiés avec l'évolution des programmes et de la pédagogie des enseignants de SES. Toutefois, il reste un fort attachement aux documents dans les pratiques enseignantes qu'il convient de re-questionner pour en retrouver le sens initial.

Section 1 DIVERSITÉ ET ÉVOLUTION DE L'UTILISATION DES DOCUMENTS EN SES

Au préalable, notons qu'est considéré comme document ici « tout support d'information susceptible d'être utilisé dans des situations d'enseignement, même s'il n'a pas été conçu à cette fin ». Cette définition est donnée dans un rapport de l'Inspection générale en 1999-2000 sur « Le statut et le rôle du document en sciences économiques et sociales ».

1 La première utilisation du document en SES : développer le sens de l'observation

Dès la création d'un enseignement d'initiation aux faits économiques et sociaux, les instructions officielles (juillet et octobre 1967) privilégient comme méthode pédagogique « la constitution et le commentaire de dossiers documentaires » tant au niveau de l'enseignement que de l'évaluation du travail des élèves. Cette prééminence accordée à l'étude de dossiers documentaires sera confirmée par les Instructions officielles accompagnant les modifications ultérieures des programmes. L'initiation aux faits économiques et sociaux telle qu'elle est créée laissait au départ, une part très faible voire quasi inexistante à la théorie. L'enjeu initial était de susciter une curiosité et de faire en sorte que les élèves se posent des questions à partir d'un thème et puissent ainsi avoir une meilleure connaissance de la réalité économique.

> L'enseignement trop précoce de modèles ou de schémas d'explication peut durcir de jeunes esprits et les rendre inaptes à entreprendre ultérieurement des études sérieuses de sciences économiques et sociales. Double écueil à éviter. Développer le sens de l'observation est une première réponse. Mais l'observation peut être située à trois niveaux : observation directe, (utilisation de l'expérience de l'élève, évidemment « critiquée » ou observation suscitée) ; observation indirecte par l'intermédiaire du document chiffré ; observation indirecte par l'intermédiaire d'un observateur privilégié (analyse de texte). Ainsi est-il possible de passer de l'environnement immédiat, - point d'application utile mais non exclusif de cet enseignement - à un monde moins proche[1].

Les documents utilisés dans cette première période reflètent cette approche essentiellement inductive en étant surtout des documents descriptifs. Bien sûr on y trouve, dès le départ, de nombreux documents statistiques mais aussi des articles de presse, des témoignages, des résultats d'enquêtes. La taille des documents est très variable et on n'hésite pas à faire étudier des extraits relativement longs de romans ou de reportages. L'image et notamment le dessin de presse ne sont pas oubliés. On notera qu'on n'étudie jamais un document seul mais bien un ensemble de documents de natures diverses. La construction de ces dossiers documentaires par les élèves eux-mêmes est fortement encouragée. Le travail sur documents est donc omniprésent dans les pratiques de classe,

[1] Instructions relatives à l'enseignement de l'initiation aux faits économiques et sociaux classes de Seconde et de Première, circulaire N° IV 67-416 du 12 octobre 1967

même si les textes envisagent la possibilité de recourir épisodiquement au cours magistral à la demande des élèves. Cette conception extensive du travail sur documents conduit d'ailleurs à ne pas dissocier cours et travaux dirigés de manière à éviter de faire du travail dirigé un simple moment d'illustration d'un cours magistral qui l'aurait précédé.

Les enseignants de SES, peu nombreux, mutualisent leurs travaux de recherche documentaire en produisant des dossiers diffusés par le biais du Centre national de documentation pédagogique. L'évolution des moyens de reprographie va faciliter ce travail documentaire. De même, les supports audiovisuels (émissions de télévision, films, documents pédagogiques) vont se développer avec l'apparition des magnétoscopes avant les DVD.

Les manuels scolaires qui apparaissent avec les années 1980 et qui constituent donc la deuxième génération institutionnalisent l'usage du document. Les manuels de SES apparaissent alors comme atypiques comparés à ceux des autres disciplines. Ils sont en effet constitués essentiellement de documents de toute nature avec très peu de « cours » rédigé au sens strict du terme. Un des manuels les plus utilisés dans les années 1980 s'appuie notamment sur une bande dessinée (*Obélix et Compagnie*) pour construire le cours sur l'entreprise.

Les épreuves du baccalauréat sont constituées (jusqu'en 1995) de deux dissertations s'appuyant sur une dizaine de documents. Dans cette perspective, ils servent à soulager l'effort de mémoire et à évaluer la capacité à traiter des informations et en faire la synthèse.

2 De la critique de l'inductivisme à l'émergence du document-réponse

Avec les années 1990, l'usage des documents s'est transformé et réduit. C'est d'abord sous l'influence d'une critique de l'inductivisme : on a vu en effet de plus en plus de « vrais-faux » documents constitués d'extraits d'ouvrages de vulgarisation ou de manuels du supérieur. Bien souvent la lecture des documents consistait à « chercher la clé cachée sous le paillasson ». Autrement dit, à trouver la réponse contenue dans le document au lieu de partir du document pour construire une problématique. Une autre critique portait sur un trop grand relativisme puisque l'on mettait sur le même plan des documents de types très différents comme par exemple un texte d'auteur avec une bande dessinée ou un dessin satirique. Enfin, l'apprentissage rigoureux des techniques d'analyse, notamment pour les documents statistiques, pouvait être quelquefois négligé par peur de bloquer l'expression spontanée des élèves.

Dans les manuels et dans les sujets de baccalauréat, on a vu aussi la taille des documents se réduire. Dans les manuels c'est d'abord pour des raisons éditoriales qu'on a limité la taille et adopté une standardisation limitant la séance à une seule et même double-page. Pour l'évaluation au baccalauréat, on a là aussi codifié l'usage, le nombre et la taille des documents. L'arrêté qui encadre les nouvelles épreuves du baccalauréat de 1995 avec en particulier l'introduction d'une nouvelle épreuve dite « épreuve de synthèse étayée par un travail préparatoire » limite le nombre de documents à six (dont deux de nature différente) pour la dissertation et à trois ou quatre pour l'épreuve de synthèse. Les textes ne doivent pas dépasser 1300 signes et 65 données chiffrées pour les tableaux statistiques.

Dans l'épreuve de dissertation, le dossier documentaire constitue avant tout une aide pour l'élève qui est libre de l'utiliser à sa façon en fonction de la problématique qu'il a choisie pour répondre à la question posée. Dans l'épreuve de synthèse, les documents font l'objet de questions précises qui visent à vérifier la capacité de l'élève à traiter et à expliquer les informations qu'ils contiennent : lire des données statistiques, les transformer, les confronter à d'autres données, à des théories, etc. Mais le constat fait par les correcteurs et l'inspection était celui d'une double dérive. Certains élèves se contentaient d'une paraphrase ou d'un commentaire des documents au lieu de mettre les documents au service d'une problématique. Par ailleurs, les documents comportant déjà de très nombreux éléments pour traiter le sujet, cela semblait justifier pour certains élèves de ne pas apprendre le cours.

3 Le récent retour du document factuel

En réaction à cette dérive, les épreuves ont été modifiées en 2011[1] en réduisant le nombre de documents et en restreignant ceux-ci (pour la dissertation) à des documents « factuels ».

Un rapport de l'inspection générale daté de 2000 et intitulé « Statut et rôle du document en sciences économiques et sociales » constituait une des dernières observations des pratiques des enseignants. Basée sur les inspections des enseignants, les inspecteurs constataient que l'utilisation reste une pratique dominante (95 %) mais ils notaient que les documents « factuels » ne représentaient plus qu'un quart des sources étudiées. L'essentiel des documents utilisés provenaient des manuels mais aussi de revues de vulgarisation. Les auteurs de ce rapport notaient que « la tension entre la contrainte de scientificité et celle de lisibilité conduit souvent à apporter des modifications aux documents proposés aux élèves au risque d'en dénaturer le sens ». Ils soulignaient aussi que :

> Dans la majorité des situations observées, l'analyse des documents fait l'objet d'un travail préalable de préparation sur la base de questions posées par le professeur. Lorsque ce travail a été réellement effectué par les élèves, ce qui dépend généralement de la régularité des contrôles effectués par l'enseignant, le cours peut alors se construire à partir d'un jeu de questions-réponses. Cependant, dans à peu près un tiers des cas, la découverte des documents se fait en cours.

On constatait également que si les séances de cours évoluent vers plus de magistral, « les travaux pratiques donnent cependant l'occasion aux professeurs de systématiser les méthodes d'exploitation des documents. »

[1] *Bulletin officiel spécial*, n° 7, 6 octobre 2011.

On peut dire que la question de l'utilisation des documents est un bon instrument de mesure de l'évolution de la discipline. Le travail sur documents n'induit pas, à lui seul, des pratiques de classe fondamentalement différentes du cours magistral. Tout dépend de la manière dont les documents sont effectivement exploités. La nature et l'usage des documents se sont modifiés depuis la création de la discipline. Ils apparaissent souvent comme une permanence du passé mais sans avoir forcément conservé l'esprit initial et avec quelquefois un caractère presque « rituel ». Il importe donc de se questionner de nouveau sur l'utilisation des documents en SES pour en retrouver le sens.

Section 2 POURQUOI ET COMMENT UTILISER DES DOCUMENTS EN SES ?

Nous venons de le voir, l'usage des documents s'est transformé au cours de l'histoire de la discipline. Et cette évolution est indissociable de l'évolution des programmes et des débats qui ont traversé et traversent toujours cet enseignement. Mais on peut essayer malgré tout d'inventorier les principales justifications didactiques de l'utilisation des documents.

1 Pour développer le sens de l'observation, la motivation et la curiosité

En premier lieu, les documents sont un moyen de développer le sens de l'observation des élèves. Dans le cadre d'une démarche inductive, les supports documentaires sont un moyen de révéler à l'élève une réalité extérieure qu'il est censé mal connaître et qu'il doit analyser. Un texte descriptif ou mieux encore une vidéo peuvent être l'occasion de « montrer » l'importance de la mondialisation. Bien sûr, il importe alors de ne pas oublier que tout document est le produit d'un « point de vue » et que, même un document vidéo n'est pas « la » réalité mais une vision de celle-ci. Un empirisme pur et un inductivisme excessif conduiraient à oublier cette dimension et à se limiter à une observation raisonnée sans doter les élèves des outils conceptuels permettant de mieux lire ce qu'ils observent.

Le préambule des programmes du cycle terminal de 2011 le spécifie :

> La démarche scientifique conduit, dans de nombreux cas, à une rupture avec le sens commun, à une remise en cause des idées reçues. Même si certaines démarches (notamment en sociologie) accordent une place importante aux discours et à l'expérience des acteurs, il n'en demeure pas moins que le chercheur dispose d'un ensemble de savoirs théoriques et méthodologiques lui permettant une prise de recul par rapport à la connaissance ordinaire du monde social.

Mais si l'on veut emmener les élèves dans les apprentissages, il convient de ne pas oublier que les documents peuvent être aussi l'occasion de créer la motivation et la curiosité (voir chapitres D et E).

2 Pour transformer des informations en connaissance

À l'inverse, les documents peuvent être utilisés pour servir d'illustration des concepts étudiés en cours. Ils ne se situent pas alors au même moment de la séquence pédagogique. On peut s'appuyer sur un document pour approfondir la définition d'un concept ou bien encore dans une logique d'évaluation pour appliquer ce même concept à l'étude d'une situation donnée. Les occasions sont nombreuses d'utiliser un document approprié y compris dans une démarche déductive.

L'utilisation des documents en classe permet aussi de montrer qu'il n'y a pas une seule source de savoir dans la classe. De plus, un document n'est jamais seul et s'insère toujours dans un dossier documentaire. Les documents permettent donc d'illustrer la diversité des points de vue et de favoriser le débat. Cela conduit aussi à modifier les rapports entre professeurs et élèves en remplaçant le cours magistral par le « dialogue permanent » entre maître et élèves. L'introduction du numérique et le développement de la recherche par Internet renforcent cette dimension. L'enseignant n'est plus et ne peut plus être le seul dispensateur d'informations. Il devient alors un « passeur culturel » et celui qui va aider les élèves dans la transformation des informations en connaissance.

3 Qu'est-ce qu'un « bon » document ?

Aujourd'hui, nous sommes loin du temps où les moyens techniques de reprographie et de recherche documentaire rendaient longue et même coûteuse la construction d'un dossier documentaire destiné aux élèves. L'enseignant d'aujourd'hui dispose non seulement des manuels et de la presse mais aussi et surtout de l'usage de l'Internet qui lui permet d'accéder aux sites d'information en ligne, à de très nombreuses sources statistiques mais aussi à tous les sites de mutualisation académiques ou personnels. De plus, il est devenu très facile aujourd'hui de récupérer des documents audiovisuels et de les projeter en classe. Nous sommes donc face à une situation d'abondance et même d'inflation documentaire et il importe d'être encore plus vigilant sur les critères de choix de ces documents.

Comment juger de la pertinence d'un document ? Il n'y a évidemment pas de règle unique et cela dépend de la place et du moment dans la séquence de cours. Et cela dépend aussi du type de documents. On peut en effet distinguer les documents qui apportent des connaissances déjà (plus ou moins) élaborées et les documents « factuels » où le travail d'analyse va être plus important avec un guidage de l'enseignant à travers les consignes de travail. Il est clair que cette deuxième catégorie sera plus appropriée dans une logique de sensibilisation alors que les premiers trouveront leur place dans une phase d'analyse ou d'évaluation des acquis. Le travail sur documents obéit donc à des fonctions multiples : sensibiliser les élèves aux questions traitées, extraire des informations, analyser, problématiser, argumenter, évaluer…

Mais il faut surtout insister sur la nécessité de varier les supports. Car c'est bien la diversité qui permet d'éviter l'ennui et la sensation de répétition. L'appel à des documents différents permet de stimuler l'attention d'autant plus lorsque cela est couplé avec des activités différentes au cours d'une même séance. En outre, les élèves n'apprenant pas tous de la même manière, la variété augmente les chances de répondre aux besoins spécifiques des élèves (voir *La sociologie au CAPES de SES*).

Section 3 PROPOSITION DE TYPOLOGIE DES DOCUMENTS

Les documents utilisés en SES sont très divers et variés dans leur forme, mais aussi dans leur statut et fonctions. On peut proposer une liste non exhaustive de ces trois catégorisations possibles des documents.

1 Les formes du document

L'enseignant devra veiller à ce que les élèves maîtrisent chacune de ces formes de documents, qui peuvent être utilisées pour les épreuves du baccalauréat. Pour chaque forme, il pourra créer des automatismes d'étude auprès des élèves. L'étude de document suit ainsi des étapes simples :

- Identification de l'environnement du document : il s'agit pour les élèves de prendre conscience que les documents sont rédigés puis publiés dans des environnements qui contextualisent le document et influencent son analyse. Quatre éléments sont essentiels à cette contextualisation :

– l'auteur du document : le professeur lui-même, un autre enseignant, un chercheur (de quelle discipline ?), un journaliste, une institution (dont il faudra caractériser les objectifs), etc. ;

– l'éditeur du document : un éditeur scolaire, scientifique, de recherche ou de vulgarisation, un éditeur institutionnel, etc. ;

– les dates du document : on veillera à distinguer avec les élèves la date des informations du document (données factuelles ou interprétation datée) et la date de publication du document. Les élèves doivent comprendre pourquoi on insiste sur les dates (parce que les savoirs sont datés et s'inscrivent dans un temps et un lieu donné) ;

– le titre du document : dans les nouvelles épreuves du baccalauréat, on peut trouver des documents sans titre. Il relève donc du travail de l'enseignant d'apprendre aux élèves à chercher un titre pour les documents. Quand le titre est indiqué, il peut expliciter l'objectif du document pour la classe ou être le titre originel du document. Lorsque les élèves savent relever l'information principale d'un document, ils sont capables de lui trouver un titre.

- Identification de la structure du document. Il s'agit de faire comprendre aux élèves que quelle que soit la forme du document, il a une structure dont l'analyse est nécessaire pour s'approprier les contenus. Trois éléments sont essentiels :
– nature du document : graphique, texte factuel ou explicatif, iconographie, schéma, tableau, etc. ;
– structure du document : axes, lignes, colonnes, paragraphes, couleurs et formes, flèches et leurs significations, légende, etc. ;
– objectif principal : explicatif, illustratif, démonstratif, synthèse, etc.

- Identification des informations à relever. La capacité à mobiliser des connaissances est fortement liée à celle de distinguer deux types d'information :
– informations principales : thèse du document ;
– informations secondaires en lien avec les questions posées ou en lien avec le sujet.

Type de document	Formes de document
Statistique	Tableaux de données, graphiques, diagrammes, histogrammes…
Texte	Ouvrages ou articles complets, extraits d'ouvrages scientifiques, de presse ou didactiques…
Iconographie	Affiches, photographies, croquis, dessins, gravures, peintures, caricatures…
Cartographie	Cartes géographiques
Audiovisuel	Émissions de radio, de télévision, films, documentaires, séries
Schéma	Représentations graphiques simplifiées, schémas d'implication, schémas de synthèse
Tableau	Tableaux comparatifs, explicatifs, de classification

2 Les statuts du document

« Tous les documents ne se valent pas ». L'histoire de l'utilisation des documents en SES démontre qu'en fonction des programmes scolaires certains documents prédominent. Il ne s'agit pas ici de définir le « bon » document, mais de démontrer que tous les documents sont utiles et nécessaires et doivent être utilisés pour favoriser l'acquisition de l'autonomie par l'élève. Ainsi, les dossiers documentaires doivent être composés de différentes formes de documents, mais doivent aussi utiliser des documents qui n'ont pas les mêmes statuts, l'essentiel est que ceux-ci soient accessibles.

Statut du document	Identification	Utilisation
Factuel	Document qui ne présente que des faits : statistiques, récits, monographies, articles de presse…	Curiosité, rupture avec les prénotions, situation-problème, illustration, exercice, évaluation type baccalauréat (EC2 notamment)
Analytique	Document qui présente une analyse scientifique, ou orientée d'un phénomène	Rupture avec les prénotions, explication de phénomène, démarche scientifique ou de presse
Didactique	Document réalisé pour les élèves ou par les élèves	Synthèse, résumé, comparaison, simplification, définition

Cette typologie des statuts du document révèle l'absence de congruence entre les différentes catégorisations des documents. Ainsi un texte peut être factuel ou analytique, comme une iconographie. Principalement, en SES seront utilisés les documents factuels qui font l'objet de l'EC2 de l'épreuve composée au baccalauréat, mais les documents analytiques sont évidemment essentiels dans notre enseignement. Bien que les documents didactiques soient souvent de « faux » documents, il ne faut pas nier l'utilité de la simplification pour les élèves. L'enseignant à ce titre peut construire un document didactique à partir d'un document de première main, par exemple en présentant sous forme de tableau des idéaux-types.

3 Les fonctions du document

L'essentiel pour l'enseignant reste donc d'utiliser divers documents que ce soit par leur forme ou leur statut, cette utilisation favorisant l'apprentissage de tous les élèves et l'acquisition d'une autonomie de réflexion. Ainsi, quelle que soit la forme ou le statut du document, il peut être utilisé de différentes manières, pour différents objectifs.

Phase de l'apprentissage	Fonctions du document
Sensibilisation	Rompre avec les prénotions, rappeler les prérequis, éveiller la curiosité, soulever un paradoxe
Problématisation	Trouver des hypothèses, des enjeux
Investigation	Expliquer un phénomène, interpréter des données, illustrer, travailler la méthodologie d'analyse des documents
Structuration	Synthétiser, résumer, mémoriser

Afin de sensibiliser les futurs enseignants à l'analyse de documents, on présente ici plusieurs possibilités d'utilisation d'un document de synthèse et d'un document statistique.

Document 1

Fonctions	Domaines d'actions	États	Union européenne
Allocation des ressources	Régulation des marchés de biens et services	X	XX
	Régulation des marchés de capitaux	X	XX
	Régulation des marchés du travail	XX	X
	Infrastructure, recherche, éducation	XX	X
	Soutien à l'agriculture (PAC)		XXX
Stabilisation	Politique monétaire et de change		XXX
	Politiques budgétaires	XX	X
Redistribution	Fiscalité directe et transferts sociaux	XXX	
	Entre États membres		XXX

Lecture : par convention la somme de chaque ligne est égale à trois « X ». XXX indique une compétence exclusive.

Source : inspiré de Agnès Benassy-Quéré *et al.*, *Politique économique*, De Boeck, 2e édition, 2009.

Ce document peut être utilisé par exemple pour :

- Sensibiliser les élèves aux difficultés de coordination de l'Union européenne : on peut partir de rappel sur les fonctions de l'État et les questionner pour l'UE.
- Analyser les difficultés de coordination de l'Union européenne : on pourra alors leur demander par exemple de rappeler les déterminants de l'interdépendance entre politique monétaire et budgétaire, et leur demander de démontrer que la répartition des compétences en UE pose des problèmes de coordination. On peut aussi profiter du document pour montrer aux élèves qu'il n'y a pas que des politiques conjoncturelles, que les politiques structurelles peuvent aussi mener dans leur mise en œuvre à des difficultés de coordination malgré l'existence de méthodes ouvertes de coordination. Enfin, on peut s'attacher à leur faire relever les politiques dont la gestion se fait à plusieurs niveaux (régulation des marchés de biens et services par exemple) et d'expliquer à partir de leurs connaissances (notamment sur le marché) en quoi cette double compétence peut créer des difficultés.
- Insister avec les élèves sur l'utilisation des notes de lecture : souvent, ils les oublient à leur détriment. Ce document est incompréhensible sans note de lecture ce qui permet de s'assurer qu'ils la lisent. Ensuite on peut passer rapidement et simplement utiliser le document pour illustrer les difficultés de coordination.
- Travailler sur les titres : on peut proposer plusieurs titres aux élèves, par exemple : « La répartition des compétences au sein de l'UE », « Les difficultés de coordination au sein de l'UE », « La répartition des fonctions de l'État dans l'UE », « Politiques macroéconomiques, politiques structurelles : quelle répartition des domaines d'action dans l'UE ? ». On pourra alors expliquer chaque titre et montrer aux élèves l'importance de lire celui-ci. On pourra leur demander de choisir le titre qui convient le mieux pour décrire le document lui-même et le titre qu'on pourrait choisir en classe pour synthétiser l'information retenue dans le cadre du cours.

Document 2

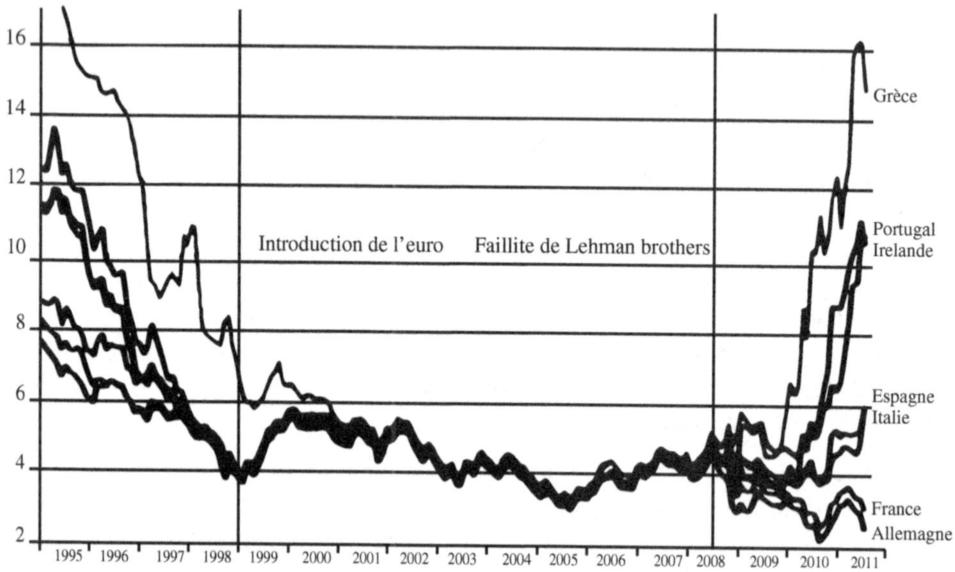

Source : Thomson Reuters Datastream

Figure H.1 – Taux d'intérêt à long terme de la dette souveraine dans la zone euro

Ce document est devenu un « incontournable » avec la crise économique. Les « incontournables » sont des documents utilisés par les médias lorsqu'ils évoquent des thématiques de SES, ou encore des documents que l'on trouve dans tous les manuels scolaires quel que soit l'éditeur, dans les sujets de baccalauréat, etc. On apprend à les reconnaître et ils ne sont pas figés. Le premier indice est la récurrence dans les manuels, un deuxième dans les annales du baccalauréat, un troisième dans les revues destinées à l'enseignement de SES, *Idées* par exemple.

Ce document est intéressant, car sur le très long terme le graphique peut permettre de montrer la convergence réalisée avec la mise en place de la monnaie unique, mais on peut aussi faire le choix de le couper, de récupérer les données sur Eurostat et d'en refaire un – centré sur la période 2008-2012 –, pour montrer au contraire l'effet de la crise de *subprimes* sur la zone euro et sur la divergence des économies européennes. Il peut permettre aussi de faire réfléchir les élèves à partir de leurs connaissances, à la question de savoir comment la BCE peut définir son taux directeur étant donné l'hétérogénéité des taux longs. Enfin, si on intègre les données les plus récentes, ce graphique peut illustrer les efforts de coordination de la zone et montrer que le pire de la crise est passé.

On ne peut donc conclure sur ce chapitre qu'en insistant sur le rôle et le statut du document, sur la prise de conscience nécessaire du futur enseignant de l'importance qu'il doit accorder à ses choix de documents et d'utilisation de ceux-ci. Ne pas leur faire dire n'importe quoi, ni se limiter à les présenter, ne pas les utiliser à la place du cours, mais pour mettre en activité authentique et intellectuelle les élèves. Lors de l'épreuve professionnelle du CAPES cette phase d'analyse sera donc cruciale. Le candidat ne pourra présenter une « bonne séquence » que s'il a pris conscience des éléments développés et qu'avec un entraînement à l'analyse et l'utilisation des différentes formes, statuts et fonctions des documents.

Bibliographie

- Jérôme Deauvieau, *Enseigner dans le secondaire : les nouveaux professeurs face aux difficultés du métier*, La Dispute, 2009.
- Chatel Élisabeth (dir.), Paul Caron, Gérard Grosse, Adeline Richet, Luc Simula, Robert Soin, *Élèves et professeurs en classe de sciences économiques et sociales : pédagogies actives et activité intellectuelle de l'élève*, INRP, 2000.
- Alain Beitone, Marie-Ange Decugis, Christine Dollo, Christophe Rodrigues, *Les sciences économiques et sociales : enseignement et apprentissages*, De Boeck, 2004.
- Élisabeth Chatel, Gérard Grosse, Adeline Richet, *Professeur de sciences économiques et sociales : un métier et un art*, Hachette, 2002.
- Inspection générale de sciences économiques et sociales, « Statut et rôle du document en sciences économiques et sociales », ronéoté, 2011 : ftp://trf.education.gouv.fr/pub/edutel/syst/igen/sesdoc.rtf

Chapitre 1

Étayage, désétayage : les consignes et questions sur documents

OBJECTIFS

- Montrer pourquoi et comment guider les élèves dans leurs apprentissages
- Définir précisément l'étayage et le désétayage
- Formuler des questions sur les documents et consignes

SOMMAIRE

Section 1 **Guider les élèves dans la lecture et l'analyse des documents**

Section 2 **Illustrer la pratique de guidage**

> Trop souvent l'étude des documents repose sur une suite de questions dont la cohérence ne semble obéir ni à une problématique d'ensemble, ni à une progressivité des difficultés, ni à une méthode d'investigation particulière. Le caractère elliptique et allusif de ce travail laisse inévitablement une impression d'insatisfaction aux élèves comme à l'inspecteur.

C'est une des conclusions d'un rapport de l'Inspection générale publié en 2001[1]. Elle interroge la pratique de tous les enseignants, débutants ou non. Avoir recours à des documents nécessite une vraie rigueur, l'enseignant doit toujours accorder de l'importance à sa bonne utilisation et à sa justification auprès des élèves. Un document s'insère dans un ensemble composé d'autres documents et d'un cours avec des objectifs d'apprentissage en termes de savoir et de savoir-faire.

---

[1] Inspection générale de sciences économiques et sociales, « Statut et rôle du document en sciences économiques et sociales », ronéoté, 2001 : ftp://trf.education.gouv.fr/pub/edutel/syst/igen/sesdoc.rtf

Section 1 GUIDER LES ÉLÈVES DANS LA LECTURE ET L'ANALYSE DES DOCUMENTS

1 Pourquoi guider les élèves ?

La mobilisation d'un document quel qu'il soit suppose un traitement. Il n'est jamais livré aux élèves sans un ensemble de consignes rigoureusement choisies et clairement expliquées pour être comprises par les élèves. Celles-ci sont la condition nécessaire mais non suffisante de la mise en activité des élèves et de l'efficacité des apprentissages. Mais cela suppose aussi une graduation de la difficulté afin que les élèves puissent progresser sans être découragés dans leur apprentissage.

Le cadrage est donc primordial afin d'aider les élèves à comprendre et apprendre au mieux. C'est ici qu'intervient le concept de guidance. Le professeur guide la réflexion des élèves mais doit veiller à trouver un équilibre. Il convient de les aider à acquérir une certaine autonomie tout en les incitant à aller au-delà de leur « zone de confort ». Le professeur doit toujours tenir compte du niveau, adaptant la difficulté des supports et des consignes au niveau global de la classe. Il faut donc proposer une progressivité dans les activités demandées.

Cette réflexion fait référence aux travaux de Philippe Meirieu sur l'autonomie des élèves. Pour lui, l'autonomie se construit, elle ne doit pas être recherchée pour elle-même mais bien présentée comme un objectif à atteindre. C'est la mise en œuvre de dispositifs d'apprentissage spécifiques et adaptés qui permettront aux élèves d'être capables de lire et comprendre une consigne (première illustration d'une forme d'autonomie). L'autonomie est ici définie comme « la capacité de comprendre et de maîtriser des situations dans lesquelles on est inséré, la capacité de faire face ». Pour ce faire, le professeur doit avoir conscience de l'espace existant entre ce que l'élève peut apprendre seul et ce qu'il apprend avec l'aide d'un adulte, ce qu'on appelle la zone proximale de développement. Il devra aussi, dans un second temps qui peut être celui de l'évaluation sommative, proposer des situations plus complexes où l'élève pourra réinvestir ce qu'il a appris. S'il est important que les élèves apprennent grâce à l'étude des documents, il est tout aussi important qu'ils en soient convaincus ! D'où l'importance de la synthèse et des démarches d'évaluation formatrice (voir chapitre J) qui permettront de faire le point sur ce qu'on a acquis

Focus

La zone proximale de développement

Le pédagogue Lev Vygotski (1896-1934) a élaboré de nombreux concepts dont celui de ZPD, zone proximale de développement. Celle-ci décrit l'espace conceptuel entre ce que l'enfant peut apprendre de lui-même et ce qu'il peut apprendre avec l'aide d'un adulte. Elle est donc tout ce que l'enfant peut maîtriser quand une aide appropriée lui est donnée. On parle de « zone proximale » car les difficultés à résoudre sont à la fois complexes mais aussi abordables par l'apprenant. Si la difficulté était trop importante et trop éloignée des possibilités actuelles de l'enfant, cela se révèlerait non seulement démotivant mais inefficace.

Pour Vygotski, les enfants peuvent donc réaliser et maîtriser des problèmes complexes quand ils sont accompagnés par une personne compétente. L'enseignant, l'éducateur a alors une fonction utile dans la construction de l'apprentissage.

Le travail du pédagogue consiste alors à proposer des situations de formation avec une possibilité d'assurance, dans des conditions sociorelationnelles propices, permettant de construire des savoirs : organiser, structurer, etc. C'est ce qu'on peut appeler l'étayage. Mais si on reste à ce niveau-là, on ne dégage pas le sujet de sa dépendance par rapport à la situation de formation. Si on veut le faire progresser, il faudra ultérieurement passer à des situations plus complexes et moins guidées. Il faut qu'il soit capable de transférer ce qu'il a appris dans des situations différentes de la situation d'apprentissage où il pourra transférer et réutiliser ce qu'il a appris dans le cadre de l'apprentissage initial. Et c'est à l'enseignant de proposer aussi ces « situations complexes » en permettant en quelque sorte de « désétayer » que ce qui a été étayé.

2 Formuler et expliciter des consignes de travail

Analysez, caractérisez, énumérez, comparez, discutez, etc. Toutes les consignes de travail ne se valent pas. Et bien souvent le sens des opérations mentales attendues derrière ces verbes ou ces expressions n'est pas clair pour les élèves mais aussi quelquefois pour les enseignants eux-mêmes. Il suffit de faire l'expérience et de mettre ensemble des enseignants d'une même discipline (ou pire encore de disciplines différentes…) pour vérifier qu'ils n'ont pas tous les mêmes définitions et les mêmes attentes. La construction des consignes de travail autour d'un document ou d'un ensemble de documents est donc un enjeu essentiel. Une pédagogie qui lutte contre l'échec doit être la plus explicite possible et lutter contre l'implicite.

On peut recommander d'éviter les verbes « mentalistes » (*appréciez, que pensez-vous ?*) et de préférer les verbes d'action concrète : *relevez, mesurez, comparez, calculez, argumentez*, etc. Avec les élèves les plus jeunes on évitera les consignes de travail trop complexes et rassemblant plusieurs opérations mentales (*exemple* :

analysez). Il est préférable de décomposer en plusieurs opérations plus simples. Plutôt qu'analyser, on peut demander aux élèves d'énumérer les principales caractéristiques d'un phénomène, d'expliquer les phénomènes observés, et d'en décrire les conséquences, etc.

Mais il faut éviter aussi les questions où la réponse est trop induite dans l'énoncé. L'élève cherche alors à deviner la réponse qui fera plaisir à l'enseignant plutôt que de mener un réel travail intellectuel.

Focus

Les principales consignes en SES

Définir : déterminer en une ou plusieurs phrases, l'ensemble des caractéristiques d'une notion, d'un concept.

Illustrer : donner des exemples afin de préciser la compréhension d'un concept.

Comparer : examiner les caractéristiques d'un phénomène et en distinguer les similitudes et les différences.

Distinguer : faire apparaître les principales différences entre plusieurs éléments.

Analyser : décrire de manière détaillée un phénomène. Les différentes caractéristiques doivent être organisées selon un classement pertinent.

Montrer (que) : exposer l'ensemble des arguments d'une thèse ou un enchaînement logique.

Expliquer : trouver les causes d'un phénomène. Il est souhaitable que ces causes soient exposées dans un ordre logique ou selon un classement pertinent (interne/externe, conjoncturel/structurel, etc.).

Expliquer (une phrase) : donner des éléments de connaissance extérieurs au texte afin de mieux comprendre la phrase.

Discuter : présenter de manière logique des arguments pour puis des arguments contre une thèse.

Dans quelle mesure : envisager les arguments d'une thèse puis la relativiser et voir à quelles conditions celle-ci est pertinente.

Constater : établir un fait à partir de l'observation (lecture de données, calcul, texte, etc.) et construire éventuellement une corrélation ou un lien logique.

La première étape du travail consiste donc avant même la mise en activité des élèves à s'assurer de la bonne compréhension de consignes par l'ensemble des élèves afin de veiller à ce que tous participent. On peut faire lire la consigne, et même la décomposer. On peut demander à repérer le verbe, les éléments importants, les aides possibles, le support utilisé, le temps imparti, tout cela avant que les élèves ne se mettent au travail.

Le travail sur documents demande donc une phase d'appropriation par les élèves. La gestion du temps apparaît comme une des principales difficultés pour les enseignants débutants (et même au-delà…). Elle est difficile à théoriser tant cela varie d'une classe à l'autre et même d'une heure à l'autre. La tentation est grande de vouloir aller trop vite et de ne pas laisser suffisamment de temps aux élèves afin de faire tout ce que l'on a prévu (et qui est quelquefois trop ambitieux). À l'inverse, les élèves développent comme tout un chacun des stratégies d'évitement et une forme de procrastination. Plus on a de temps, plus on en prend... L'enseignant est alors le « maître du temps » qui, par sa circulation dans la classe et l'attention portée au travail individuel de chacun va à la fois stimuler ceux qui sont dans la « flânerie » ou la difficulté, veiller à la prise de notes et déterminer le moment de la synthèse (voir *La sociologie au CAPES de SES*).

Si les documents constituent souvent l'essentiel du cours dans une séance de sciences économiques et sociales de cycle terminal, une attention toute particulière doit en effet être apportée aux moments de réponses aux questions posées. C'est ce moment qui va permettre de réaliser une synthèse à l'issue de chaque thème ou même après chaque étude de document.

Bien souvent à l'issue des réponses aux questions qui font l'objet d'une interrogation nominative des élèves, le professeur peut proposer avec l'aide des élèves une synthèse d'une longueur raisonnable, compréhensible par tous et comprenant les éléments essentiels à retenir et remobiliser à l'avenir. C'est encore mieux lorsque cette synthèse est faite par les élèves eux-mêmes. C'est évidemment un moment essentiel car il permet de donner du sens aux activités et de repérer clairement ce qu'on a appris avant de faire le lien avec la séance suivante.

3 Étayage, désétayage : comment et jusqu'où guider l'élève ?

- Jusqu'où aider les élèves ?
- Comment les guider vers une bonne compréhension du document ?
- Comment les aider à aller vers l'autonomie ?
- Donc, faut-il toujours les guider ?

Voici quelques-unes des questions que tout enseignant de SES se pose quand il construit des consignes de travail et des questions sur un document ou un dossier documentaire. Comme nous le dit la théorie de la zone proximale de développement, il s'agit de ne pas placer l'élève dans une situation de trop grande insécurité qui gênerait l'apprentissage mais il ne faut pas non plus lui « mâcher le travail » au point qu'il n'y ait plus d'enjeu dans la tâche proposée. On doit donc à la fois guider les apprentissages et en même temps permettre aussi de construire l'autonomie.

« Étayage/désétayage » est un modèle proposé par l'américain Jérôme Bruner[1] en appui des travaux de Vygotski sur la zone proximale de développement. Pour lui, l'étayage désigne « l'ensemble des interactions d'assistance de l'adulte permettant à l'enfant d'apprendre à organiser ses conduites afin de pouvoir résoudre seul un problème qu'il ne savait pas résoudre au départ ». L'enseignant construit donc des dispositifs et des consignes de travail destinés à encadrer l'activité de l'élève et à orienter les apprentissages.

[1] Jérôme Bruner, *Savoir faire, savoir dire* : le développement de l'enfant, PUF, 1983.

Jérôme Bruner reconnaît six fonctions de l'étayage caractérisant ce soutien temporaire de l'activité de l'enfant par l'adulte.

- l'enrôlement : susciter l'adhésion de l'élève aux exigences de la tâche.
- la réduction des degrés de liberté : simplifier la tâche en réduisant la difficulté du processus de résolution.
- le maintien de l'orientation : faire en sorte que l'élève ne change pas d'objectif durant la résolution de la tâche et qu'il conserve le but initialement fixé.
- la signalisation des caractéristiques dominantes : faire prendre conscience à l'élève des écarts qui existent entre ce qu'il réalise et ce qu'il voudrait réaliser.
- le contrôle de la frustration : essayer de maintenir l'intérêt et la motivation de l'élève en utilisant divers moyens et en se prémunissant d'une trop grande dépendance.
- la démonstration ou présentation des modèles de solution : présenter sous une forme « stylisée » la solution de l'élève, pour que l'élève tente de l'imiter en retour sous la forme appropriée.

Si les enseignants sont capables d'organiser des situations d'étayage, il est plus difficile pour eux d'organiser des situations de désétayage. En d'autres termes, l'accès à l'autonomie est difficile à mettre en œuvre alors qu'il est pourtant essentiel, car c'est la question de la durabilité des apprentissages qui est posée. On peut aussi voir ce processus comme le passage de l'acquisition de savoirs à la construction de compétences. Il suppose de proposer des situations complexes et inédites et non plus seulement des exercices d'application qui seraient la simple répétition de ceux qui ont déjà été proposés en classe.

« Désétayer » doit permettre à l'apprenant de se passer des aides formatives. Dans leur dimension sociorelationnelle d'abord, il faut que le sujet ne soit plus dépendant des aides psychologiques dont on l'a, dans un premier temps, entouré. Dans leur dimension cognitive ensuite, il faut que le sujet soit capable de transférer ce qu'il a appris dans des situations différentes de la situation d'apprentissage. C'est ce qu'on appelle la « décontextualisation ». Le sujet doit devenir progressivement capable de se passer de la présence du maître et de trouver des situations où il peut réutiliser ce qu'il a appris à l'école. C'est ce que les Américains appellent le *bridging*, c'est-à-dire la capacité de faire des « ponts avec d'autres situations que celles dans lesquelles on a appris », nous dit Philippe Meirieu[1].

Ne l'oublions pas, l'enjeu du cours de SES et de l'ensemble de la formation est de permettre aux jeunes qui nous sont confiés d'accéder à plus d'autonomie. Le travail sur documents est un des outils de cette éducation à une citoyenneté critique. Il permet de former à un questionnement, de considérer qu'il n'y a pas une seule source de savoir, de développer un esprit de synthèse, de favoriser le débat.

[1] Article « Autonomie » dans le dictionnaire de pédagogie du site : www.meirieu.com/DICTIONNAIRE/autonomie.htm

Section 2 ILLUSTRER LA PRATIQUE DE GUIDAGE

Le dossier présenté ici s'insère dans la partie 2.1 du programme de Terminale : « Mondialisation, finance internationale et intégration européenne ». Il concerne plus particulièrement la deuxième partie des indications complémentaires.

Thèmes et questionnements	Notions	Indications complémentaires
2.1 Quels sont les fondements du commerce international et de l'internationalisation de la production ?	Avantage comparatif, dotation factorielle, libre-échange et protectionnisme, commerce intra-firme, compétitivité prix et hors prix, délocalisation, externalisation, firmes multinationales. Acquis de Première : gains à l'échange	En partant d'une présentation stylisée des évolutions du commerce mondial et en faisant référence à la notion d'avantage comparatif introduite en première, on s'interrogera sur les déterminants des échanges internationaux de biens et services et de la spécialisation. On analysera les avantages et les inconvénients des échanges internationaux pour les producteurs comme pour les consommateurs. On présentera à cette occasion les fondements des politiques protectionnistes et on en montrera les risques. On s'interrogera sur les effets d'une variation des taux de change sur l'économie des pays concernés. **En s'appuyant sur des données concernant le commerce intra-firme et sur des exemples d'entreprises multinationales, on abordera la mondialisation de la production. On analysera les choix de localisation des entreprises et leurs stratégies d'internationalisation. On étudiera à cette occasion les principaux déterminants de la division internationale du travail, en insistant sur le rôle des coûts et la recherche d'une compétitivité hors prix.**

L'objectif est de montrer qu'il peut y avoir différents usages des mêmes documents ainsi que des manières différentes de les questionner avec un degré de guidage plus ou moins précis et des modalités s'adressant à des profils d'apprentissage différents.

1 Définir les objectifs

On peut à partir de l'analyse des instructions complémentaires définir deux problématiques :

- Pourquoi les firmes deviennent-elles multinationales ?
- Quel rôle jouent les firmes multinationales dans la mondialisation ?

Il faut aussi définir les objectifs de ce dossier pour les élèves, on peut le faire sous forme d'auto-évaluation pour faciliter les apprentissages.

Auto-évaluation à l'issue du dossier

• Je sais distinguer :
– compétitivité prix et hors prix ;
– exportation et internationalisation de la production ;
– investissements directs à l'étranger et délocalisation.
• Je sais décrire et/ou énumérer :
– les différentes raisons qui poussent à l'internationalisation des firmes ;
– les différentes stratégies des firmes multinationales.
• Je sais expliquer et/ou relier :
– Stratégie des firmes et division internationale du travail.
• Je sais lire
– un tableau statistique avec des proportions ;
– un schéma.

2 L'exploitation d'un dossier documentaire

Le dossier proposé ci-après contient 5 documents.

Les documents 1 et 2 se situent plutôt dans ce que certains appelleront une démarche « inductive » même si évidemment, il y a derrière ce texte ou ce schéma des concepts et une analyse déjà établie. On pourra dire plutôt qu'il s'agit alors d'une démarche empirique. Le document 1 notamment part donc d'une situation extrêmement concrète pour ensuite proposer une analyse plus globale sur le phénomène de délocalisation. Le document 2 avec ce schéma va à l'encontre d'une représentation que peuvent avoir les élèves : les avions Boeing sont des avions « américains » (tout comme pour beaucoup Airbus est un avion « français »).

Le document 3 est un tableau statistique (extrait d'un sujet de Baccalauréat) qui suppose que l'on connaisse et maîtrise la notion d'investissement direct à l'étranger (IDE). Celle-ci ne figure pas explicitement dans le programme de Terminale mais semble indispensable pour analyser les phénomènes de délocalisation. Les chiffres sont exprimés en pourcentage des flux mondiaux et ne posent pas de difficulté particulière.

Le document 4 semble plus technique mais est somme toute assez descriptif. Il est complémentaire ou substituable au document 2. Il formalise ce qui est évoqué dans le schéma sur la construction du Boeing 787. On peut donc avoir deux stratégies possibles :
– commencer par le document 2 puis ensuite le document 4 pour aller d'un cas particulier à une analyse plus globale (démarche inductive) ;
– commencer par le document 4 puis proposer ensuite le document 2 comme une illustration de l'analyse (démarche déductive).

Le document 5 développe la même idée en parlant de « fragmentation internationale de la production ». Il peut apparaître « redondant ». Mais il y ajoute une dimension supplémentaire en montrant que celle-ci ne concerne pas uniquement l'industrie mais s'applique aussi aux services.

On peut donc concevoir deux parcours :

– un parcours « inductif » partant d'une sensibilisation et d'un problème concret pour ensuite formaliser et fournir les concepts permettant l'analyse :
document 1 ➔ document 2 ➔ document 3 ➔ document 4 et/ou document 5 ;

– un parcours « hypothético-déductif » partant des concepts et fournissant ensuite des illustrations ou des exemples avec deux phases :
document 4 ➔ document 5 ➔ document 2 + document 4 ➔ document 1

Document 1

En avril 2004, M. Dupont repère une fuite de lavabo de sa salle de bains. Rien de grave : il lui faut simplement une clé plate pour revisser sa robinetterie. Mais M. Dupont n'est pas bricoleur ; il ne dispose pas de l'outil adapté. Il se rend donc dans son magasin de bricolage favori pour en faire l'acquisition. Dans le rayon, il hésite : le prix des clés plates varie du simple au double, entre un modèle premier prix et une clé de marque Facom. Il se renseigne : l'employé du magasin lui indique que la qualité d'une clé Facom est incomparable, mais que compte tenu du faible penchant de M. Dupont pour le bricolage, une clé premier prix pourrait suffire. Tout dépend bien sûr de l'investissement qu'il souhaite réaliser. Le prix de la clé ne pèse certes pas lourd dans son budget, mais entre les traites pour son logement, le remboursement de sa voiture, les dépenses croissantes pour ses enfants… et la faible évolution de son salaire depuis quelque temps déjà, M. Dupont se dit qu'il n'y a pas de petites économies : il opte finalement pour la clé premier prix.

En mai 2004, l'entreprise Facom annonce la fermeture de son site de production implanté depuis 1955 à Villeneuve-le-Roi dans le Val-de-Marne, site qui compte 203 emplois, pour se fournir désormais à l'étranger, à Taïwan. Le PDG de Facom présente la fermeture de l'usine de Villeneuve-le-Roi comme la conséquence de sa position sur le secteur du produit le plus banal et donc le plus exposé à la concurrence, celui des clés plates – baisse du chiffre d'affaires de 10 à 12 % par an –, et de ses coûts de production propres – l'usine perd 3 millions d'euros chaque année… M. Dupont, sans même le savoir a été « acteur » d'une délocalisation…

Olivier Bouba-Olga, *Les nouvelles géographies du capitalisme*, Seuil, 2006.

Il est intéressant de noter que ce document peut aussi s'insérer dans une réflexion plus globale sur l'articulation entre comportements individuels et phénomènes macroéconomiques (question 2 du guidage réduit).

Ici on se concentrera sur la réflexion à propos des délocalisations. On proposera deux niveaux de guidage, l'un plus détaillé que l'autre. On peut envisager de proposer deux séries de questions à des élèves différents dans le cadre d'une pédagogie différenciée (voir *La sociologie au CAPES de SES*).

Guidage détaillé	Guidage réduit
1 Recherchez la définition du mot délocalisation. *2 Qu'est-ce qui motive la décision de M. Dupont d'acheter une clé « ordinaire » plutôt qu'une clé Facom ?* *3 Pourquoi l'usine Facom de Villeneuve le Roi a-t-elle été fermée ?* *4 Quelles sont les conséquences de cette fermeture sur l'emploi et plus globalement sur l'économie en France ? (Vous pouvez construire un schéma d'implication.)* *5 Quelles sont les conséquences de cette délocalisation sur l'emploi et plus globalement sur l'économie à Taïwan ? (Vous pouvez construire un schéma d'implication.)* *6 Peut-on affirmer que M. Dupont est responsable de cette délocalisation ?* *7 À quelles conditions cette délocalisation aurait-elle pu être évitée ?*	*1 À partir de ce cas concret, détaillez les raisons qui poussent l'entreprise Facom à délocaliser et les effets sur le pays de départ et le pays d'accueil.* *2 Peut-on affirmer que M. Dupont est responsable de cette délocalisation ?* *3 À quelles conditions cette délocalisation aurait-elle pu être évitée ?*

Document 2

Le puzzle d'assemblage du Boeing 787 Dreamliner

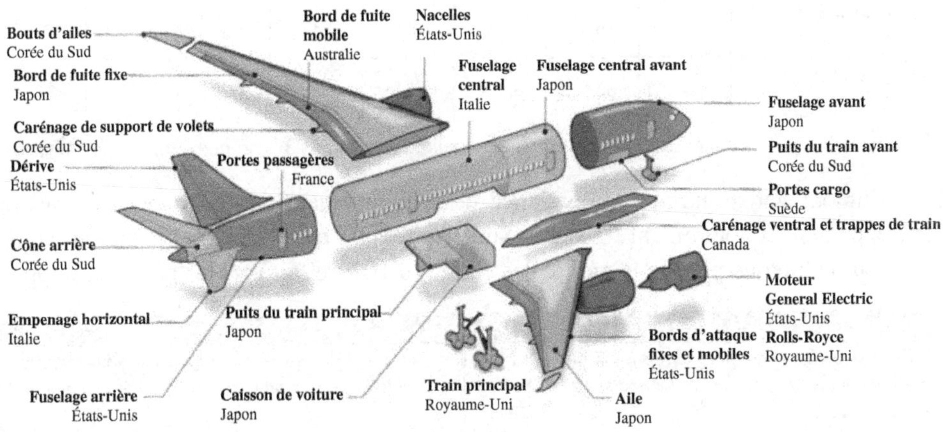

Source : OMC, 2012.

L'intérêt d'un schéma est de contraindre à passer à un autre mode d'expression (l'écrit) et ainsi de pouvoir vérifier la compréhension par ce mécanisme de transfert.

Mondialisation

Guidage détaillé	Guidage réduit
1 Quelle est la nationalité du constructeur d'avion Boeing ? *2 Répertoriez et comptez le nombre de pays où sont fabriqués des éléments du Boeing 787.* *3 D'après vous, comment peut-on expliquer cette répartition entre plusieurs pays ?* *4 Quels sont les effets de cette répartition sur le commerce international ?*	*1 Quelles sont les raisons de la décomposition du processus de production ?* *2 Repérez dans le document 5 les mécanismes qui sont illustrés par ce schéma.*

Document 3

Répartition des flux d'investissement direct à l'étranger par région, 2007-2010 (en % des flux mondiaux)

Région	Entrées d'IDE				Sorties d'IDE			
	2007	2008	2009	2010	2007	2008	2009	2010
Pays développés	**68,8**	55,3	50,9	48,4	84,8	80,7	72,2	70,7
Pays en développement dont :	26,9	37,7	43,1	46,1	12,9	16,2	23,1	24,8
- Amérique latine et Caraïbes	7,8	11,9	11,9	12,8	2,5	4,2	3,9	5,8
- Asie du Sud, de l'Est et du Sud-Est	12,3	16,3	20,4	24,1	7,9	9,3	16,5	17,5
Europe du Sud-Est, CEI(2)	4,3	6,9	6,0	5,5	2,3	3,2	4,2	4,6

Michel Rainelli, « Mondialisation et entreprises : quelles interactions ? », *Cahiers français*, n° 365, 2011.

Ce document statistique met en évidence le développement des IDE vers les pays en développement et notamment l'Asie du Sud-Est. Mais il faut aussi attirer l'attention des élèves sur le fait que près de la moitié des entrées d'IDE se fait vers les pays développés.

Guidage détaillé	Guidage réduit
1 Faites une phrase donnant toutes les informations permettant de comprendre la donnée en caractère gras. *2 Donnez des exemples concrets de ce que peuvent être des investissements directs à l'étranger.* *3 Calculez l'évolution des entrées d'IDE entre 2007 et 2010. Quels sont les pays qui accueillent le plus d'entrées d'IDE ?* *4 Calculez l'évolution des sorties d'IDE entre 2007 et 2010. Quels sont les pays qui réalisent le plus de sorties d'IDE ?* *5 Quelles peuvent être les motivations qui conduisent à réaliser des IDE vers les pays développés ?* *6 Quelles peuvent être les motivations qui conduisent à réaliser des IDE vers les pays en développement ?*	*1 Faites une phrase donnant toutes les informations permettant de comprendre la donnée en caractère gras.* *2 Qu'est-ce que permettent de mesurer les IDE ?* *3 Résumez sous forme d'un graphique la répartition des entrées et sorties d'IDE en 2010 ainsi que leur évolution.* *4 Que peut-on déduire à partir de ce tableau sur les déterminants des IDE ?*

Document 4

Le commerce international s'est considérablement développé au cours des dernières décennies, à la mesure de l'intégration croissante des marchés des biens et services. Les multinationales ont largement contribué à ce mouvement d'ensemble. Ainsi, d'après les données du Service des études et des statistiques industrielles (SESSI), les multinationales contribuent à environ 75 % des échanges internationaux réalisés par des entreprises françaises.

Les firmes peuvent optimiser la localisation de leur production afin de bénéficier de coûts de production plus faibles (1), mais aussi d'autres avantages non directement liés aux coûts. Ceux-ci peuvent résulter de facteurs purement géographiques (proximité des fournisseurs et des clients, par exemple) et institutionnels, ou de facteurs sur l'environnement de production tels que la qualification de la main-d'œuvre et la qualité des infrastructures. Les firmes peuvent également décider de conquérir de nouveaux marchés en s'implantant sur place. Ces stratégies conduisent toutes deux à un accroissement des transactions entre filiales :

- dans le premier cas (*i.e.* profiter de conditions de production favorables), le commerce intragroupe porte sur des produits intermédiaires. La chaîne de production est en effet segmentée, et les diverses phases de production sont réparties dans des filiales situées dans des pays différents. Ces filiales sont alors intégrées verticalement ;

- dans le second cas (*i.e.* conquérir de nouveaux marchés), le commerce intragroupe peut porter sur des produits intermédiaires ou sur des produits finis. L'implantation sur les marchés locaux peut en effet se faire soit en répliquant sur place tout ou partie de la chaîne de production, soit en important les produits finis *via* un distributeur affilié. Les filiales sont alors intégrées horizontalement.

Le commerce réalisé au sein des multinationales, *i.e.* le commerce intragroupe, représente une part considérable du commerce international [...].

En premier lieu, le commerce intragroupe est sans doute plus « captif » que le commerce entre entreprises indépendantes, dans la mesure où il résulte de choix techniques et commerciaux et de décisions d'investissement qui sont peu aisément réversibles. Le commerce intragroupe est alors moins sensible à des déterminants usuels du commerce international tels que les taux de change ou les droits de douane.

En second lieu, les multinationales peuvent modifier les termes de leurs transactions internes à la seule fin de minimiser leur charge fiscale globale. Elles arbitrent alors entre les différents systèmes nationaux d'impôt sur les sociétés. Il est reconnu de longue date, par exemple, que les multinationales peuvent jouer sur leurs prix de transfert pour transférer des profits réalisés dans des pays à forte fiscalité vers des pays à faible fiscalité.

(1) La fiscalité peut être rangée dans cette catégorie, au même titre par exemple que les charges sociales et, plus globalement, le coût de la main-d'œuvre.

Simon Quantin, Sébastien Raspiller, Salvatore Serravalle, *Commerce intragroupe, fiscalité et prix de transferts* : une analyse sur données françaises, Insee, direction des études et synthèses économiques, 2009[1].

Ce document présente à la fois les causes et les conséquences des délocalisations. Il mentionne aussi les stratégies d'optimisation fiscale. On peut choisir de ne pas faire figurer ce dernier paragraphe (supprimer à partir d'« En premier lieu… ») par souci d'efficacité.

Il est possible de mettre les élèves en activité en leur faisant remplir des tableaux, c'est ce que nous proposons dans la deuxième série de questions.

Mondialisation

[1] [document figurant dans le dossier documentaire de l'épreuve écrite d'« exploitation d'un dossier documentaire » du CAPES 2014].

Questions

1. *Exprimez par vos propres mots l'expression « optimiser la localisation de leur production ».*
2. *Repérez les différentes raisons qui conduisent à cette « optimisation ».*
3. *Distinguez les effets de ces différentes stratégies sur les pays concernés.*
4. *À partir du texte proposez une définition du commerce intragroupe.*

Activités

- *Remplissez le tableau à partir des indications du texte.*

	Stratégie 1	Stratégie 2
Objectifs		
Produits concernés		
Pays concernés		
Conséquences pour l'emploi		

- *Relevez dans le texte les éléments qui favorisent la compétitivité-prix et la compétitivité hors-prix. Vous pouvez les souligner ou les surligner avec des couleurs différentes.*

Document 5

Les 50 dernières années ont été marquées par l'augmentation du commerce des pièces et composants, liée à la fragmentation internationale de la production, qui explique en grande partie pourquoi la croissance du commerce a été supérieure à celle du PIB. Depuis peu, les entreprises ne se contentent plus de répartir les différentes étapes de la production entre différents lieux et d'importer des biens intermédiaires ; elles « dégroupent » et délocalisent aussi certaines tâches administratives, en particulier celles où l'écart de salaires entre le Nord et le Sud n'est pas justifié et compensé par un écart de productivité. L'exemple classique est la délocalisation en Inde des centres d'appels des États-Unis. Cela a amené certains économistes à parler de l'avènement d'une nouvelle ère de la mondialisation. On considère généralement que la réduction des coûts de communication et le coût de l'échange d'idées sont les causes de ce deuxième « dégroupage » [...].

La fragmentation internationale de la production existait déjà au début des années 1960. IKEA a établi des usines de production en Pologne dès les années 1970. La délocalisation de services n'est pas non plus un phénomène nouveau. Dès la fin des années 1980, Swissair avait délocalisé en Inde une grande partie de ses fonctions comptables ; la ville de Londres s'est aussi adressée à l'Inde pour des services de maintenance informatique. Au cours des deux dernières décennies, l'expansion des réseaux de production en Asie de l'Est et la transformation économique de l'Europe orientale semblent avoir considérablement intensifié ces phénomènes [...]. Le commerce des pièces détachées et des composants est souvent utilisé comme indicateur indirect de l'ampleur de la délocalisation des produits.

Rapport sur le commerce mondial, OMC, 2008[1].

[1] [document figurant dans le dossier documentaire de l'épreuve écrite d'exploitation d'un dossier documentaire du CAPES 2014].

Le document précise le phénomène de délocalisation. Il peut être considéré comme complémentaire du document 4. On peut choisir de le garder pour une évaluation.

Questions

- *Que signifie l'expression "fragmentation internationale de la production" ?*
- *Qu'est-ce qui justifie la délocalisation des services ?*
- *Pourquoi parle-t-on d'une "nouvelle ère de la mondialisation" ?*

Activité

On peut aussi [comme cela est proposé dans le rapport du jury de CAPES[1]] faire faire une activité de compréhension du document sous forme d'un vrai/faux.

	Vrai	*Faux*
Les importations de la France proviennent principalement de pays à bas salaires.		
Relocaliser dans l'Hexagone des productions délocalisées n'aurait pas d'effet sur le pouvoir d'achat.		
Un produit fabriqué en France coûte de plus en plus cher par rapport à un même produit importé d'un pays de délocalisation.		
La baisse des prix engendrée par les délocalisations contribue à l'accroissement de la consommation de services.		

Bibliographie

- Jean-Michel Zakhartchouk, *Comprendre les énoncés et consignes*, Canopé/CRDP de l'Aisne, 1999.
- André Giordan, « Apprendre ! un véritable défi », *Sciences humaines*, septembre 1999.
- Philippe Meirieu, *Apprendre… oui, mais comment ?*, ESF, 1987.
- Vincent Carette, Bernard Rey, *Savoir enseigner dans le Secondaire*, De Boeck, 2011.
- Véronique Bedin, Martine Fournier, *Apprendre, Pourquoi ? Comment ?*, Éditions Sciences humaines, 2014.

1 Rapport du jury du CAPES externe de sciences économiques et sociales session 2014 http://cache.media.education.gouv.fr/file/capes_ext/82/9/ses_353829.pdf

Partie 6

Le rôle économique des pouvoirs publics | Chapitre 13

Les politiques macroéconomiques | Chapitre 14

Travail, emploi, chômage | Chapitre 15

L'évaluation | Chapitre J

Le travail de groupe | Chapitre K

La régulation des déséquilibres macroéconomiques

Chapitre

13 Le rôle économique des pouvoirs publics

OBJECTIFS

- Étudier les fonctions de régulation économique de la puissance publique, notamment en situation de défaillances du marché
- Montrer le rôle de la politique de la concurrence
- Montrer que l'action des pouvoirs publics permet de répartir les revenus et la richesse
- S'interroger sur les contraintes de la politique sociale via l'exemple des retraites

NOTIONS

- Externalités, biens collectifs, asymétries d'information
- Fonctions économiques de l'État (allocation, répartition, stabilisation)
- Abus de position dominante, cartel de producteurs, marché pertinent
- Services collectifs, protection sociale, assurance/assistance, revenus de transferts, cotisations sociales, fiscalité
- Répartition/capitalisation, taux de remplacement, ratio de dépendance, incitations pécuniaires, aléa moral, sélection adverse

SOMMAIRE

SECTION 1 **Favoriser la croissance à long terme : le rôle des politiques structurelles**

SECTION 2 **Protéger la population des risques sociaux et des inégalités : le rôle de la politique sociale**

Justifier l'intervention publique dans l'économie n'est pas évident dans le cadre de la théorie standard puisque le marché est censé aboutir à la situation optimale, à moins de reconnaître que le marché n'est pas performant en permanence. Nombreux sont les économistes à avoir développé le thème des « défaillances de marché », justifiant l'action des pouvoirs publics.

L'économiste néoclassique américain, Richard Abel Musgrave[1] propose une typologie des fondements de l'intervention des pouvoirs publics dans une économie de marché. Il distingue trois grandes fonctions de l'État, chacune étant liée à des incapacités du marché à trouver l'équilibre optimal et auxquelles peuvent remédier des politiques économiques appropriées : fonction de répartition, de stabilisation et d'allocation.

DÉFINITION

Fonctions économiques de l'État : ensemble des objectifs liés à l'activité marchande et pour lesquels les économistes reconnaissent la nécessité de l'intervention des pouvoirs publics.

DÉFINITION

Stabilisation : maîtrise des fluctuations conjoncturelles de l'activité, inhérentes à l'économie de marché. De cette fonction découlent les politiques conjoncturelles.

DÉFINITION

Allocation : modification de l'affectation des ressources issue des mécanismes de marché, lorsqu'elle s'avère préjudiciable à l'économie nationale. Cette fonction ouvre la voie aux politiques structurelles, notamment celles qui doivent remédier aux défaillances de marché traditionnelles.

DÉFINITION

Répartition secondaire (redistribution) : modification de la répartition des revenus primaires si elle est jugée trop inégalitaire et/ou injuste et/ou inefficace. Cette fonction justifie les politiques sociales.

Les fonctions d'allocation des ressources de redistribution relèvent des politiques structurelle et sociale, tandis que la fonction de stabilisation relève des politiques macroéconomiques qui seront étudiées au chapitre 14.

1 Richard Abel Musgrave, *The theory of public finance*, 1959.

Section 1 FAVORISER LA CROISSANCE À LONG TERME : LE RÔLE DES POLITIQUES STRUCTURELLES

Pour favoriser la croissance tendancielle de long terme, il faut améliorer la production potentielle (voir chapitre 9), soit améliorer les structures de l'économie, pour les rendre plus efficientes. Ce type d'action publique relève des politiques structurelles.

DÉFINITION

Politique structurelle : ensemble des mesures permettant de modifier les structures de l'économie. Action sur les modes de régulation afin d'influencer les institutions et les comportements sur le long terme.

DÉFINITION

Structures économiques : éléments d'un système économique, organisé de manière plus ou moins cohérente, afin d'en faciliter le fonctionnement.

Parfois, on réduit de manière trop étroite les politiques structurelles à de simples politiques de flexibilisation des marchés, l'objectif étant de rétablir les conditions favorables à l'émergence d'un équilibre. Mais cette façon d'envisager les politiques structurelles reste insuffisante, en ce que les politiques structurelles sont beaucoup plus larges et ne visent pas toujours à rétablir un fonctionnement du marché déficient. Ainsi, les grands domaines d'intervention de la politique structurelle sont les politiques sociales (santé, pauvreté, inégalités), mais également les politiques de l'éducation, de recherche et développement, ou encore les politiques de la concurrence ou les politiques industrielles.

L'action publique est ainsi justifiée car elle améliore la logique marchande et permet de lutter contre les défaillances de marché. On en comptabilise à l'origine trois :
- les externalités ;
- les biens collectifs ;
- les monopoles naturels.

Ces défaillances sont au cœur des théories de l'école du bien-être, initiée par Arthur Cecil Pigou. Dans le cadre de ces théories, la maximisation du bien-être doit passer par des politiques économiques, lorsque le marché ne permet pas de l'atteindre.

Plus récemment, les nouveaux keynésiens insistent sur un autre cas de défaillance : les asymétries d'information.

Focus

Théorèmes du bien-être et optimum social

Dans le prolongement des travaux de Pigou fondant l'École du bien-être, de nombreux économistes tenteront de démontrer l'existence de l'optimum social et chercheront à expliquer comment y parvenir.

C'est le cas de Kenneth Arrow et de Gérard Debreu, tous deux titulaires du « Prix Nobel d'économie » pour leurs travaux sur l'équilibre général. Ils vont mettre en évidence les deux théorèmes du bien-être :

- Sous l'hypothèse d'un système complet de marchés (tout bien fait l'objet d'un échange marchand, donc il ne saurait y avoir d'externalités ou de biens collectifs) et sous l'hypothèse de monotonie des préférences des ménages (les consommateurs préfèrent plus à moins), tout équilibre marchand est pareto-optimal en concurrence pure et parfaite, c'est-à-dire qu'il est impossible d'améliorer l'utilité d'un individu sans réduire celle d'au moins un autre.
- Sous l'hypothèse de convexité des préférences (le consommateur préfère un panier de biens diversifiés) et de concavité des fonctions de production (le producteur doit faire face à des rendements décroissants pour une production relativement élevée), toute allocation pareto-optimale est atteinte par l'intermédiaire d'un équilibre marchand concurrentiel.

Le second théorème n'est que la réciproque du premier. Les implications de ces deux théorèmes sont importantes. D'abord, le cadre concurrentiel est le meilleur : il permet d'atteindre efficacement une allocation des richesses pareto-optimale, grâce au système des prix. Mais en outre, il est possible d'aboutir à n'importe quelle allocation optimale, grâce au marché concurrentiel : on peut en effet envisager une répartition des richesses en fonction d'objectifs politiques, et le marché concurrentiel mènera systématiquement à un optimum parétien.

Cependant, les conditions sont extrêmement restrictives, et ils permettent également de souligner à quel point les marchés, dans la réalité sont éloignés de l'idéal walrassien. Moyennant quoi, il est nécessaire d'intervenir afin de pallier les défaillances de marché et rétablir les conditions de l'optimum social.

Dans un monde sans défaillances de marché, celui-ci permet d'atteindre spontanément un équilibre optimal, ce que les économistes appellent le « first best » (ou optimum de premier rang). Toutefois, cette hypothèse étant trop forte, il est nécessaire d'analyser les marchés en présence de défaillances. L'optimum de premier rang est inatteignable, et il faut alors se résoudre à ce que l'on atteigne une situation moins bonne, mais la meilleure possible compte tenu des défaillances de marché. Il s'agit alors du « second best » (ou optimum de second rang).

1 Les externalités

1.1 Qu'est-ce qu'une externalité ?

DÉFINITION

Externalité : conséquence de l'action marchande d'un agent économique sur le bien-être d'un autre, sans que cette conséquence ne fasse l'objet d'une compensation monétaire sur le marché.

En cas d'externalité positive, l'action d'un individu est à l'origine d'un gain pour les autres, sans que pour autant ces derniers ne le récompensent financièrement. De même, en cas d'externalité négative, les individus qui la subissent ne touchent pas de compensation financière de la part de l'individu qui en est à l'origine. Les exemples d'externalités sont nombreux : l'accumulation de capital humain est source d'externalité positive (voir chapitre 8), la pollution est source d'externalité négative (voir chapitre 10).

Face à une externalité, le marché échoue à maximiser le bien-être des individus : l'agent n'est pas incité à prendre en compte le coût ou le gain social de son activité.

1.2 L'internalisation des externalités par l'action des pouvoirs publics

Face à une telle défaillance de marché, les pouvoirs publics doivent intervenir. Leur action va consister à inciter les agents à intégrer dans leur calcul les coûts et avantages sociaux de leur activité marchande. Ce faisant, les individus internalisent les externalités, en adaptant leur comportement.

Les pouvoirs publics disposent de plusieurs moyens pour internaliser ces externalités.

- Ils peuvent adopter des normes. Cet outil est souvent utilisé quand l'externalité est à l'origine d'une forte baisse du bien-être. Cette solution a l'inconvénient de ne pas être souple, d'être potentiellement sous-optimale et de présenter des coûts de mise en œuvre des mécanismes de sanctions associés à la règle. *Exemple* : Concernant la gestion des ressources halieutiques, des quotas sont mis en place, afin de gérer les stocks. D'incessants débats ont lieu entre les pêcheurs, les pouvoirs publics et les défenseurs de l'environnement, afin de connaître l'état des stocks, la quantité de poissons que l'on peut pêcher, et le contrôle du respect de la règle. Au final, il n'est pas évident que les ressources soient gérées de manière optimale, compte tenu du manque d'informations claires.
- La mise en place d'une taxe « pigouvienne[1] » (voir chapitre 10) est également envisageable. Si cette solution a l'avantage d'être plus souple que la norme, elle reste relativement rigide car elle frappe tous les individus assujettis, sans prendre en compte leur capacité réelle à internaliser l'externalité. De plus, l'État n'étant pas omniscient, rien ne dit que la taxe puisse être optimale. *Exemple* : Une taxe sur la pollution touche tous les émetteurs de manière égale. Il est pourtant plus judicieux de demander des efforts

[1] Artur Cecil Pigou, *The Economics of Welfare, 1920*

en fonction des coûts de réduction des émissions. Les émetteurs qui peuvent réduire leur pollution à coût relativement faible devraient faire plus d'efforts que ceux qui sont contraints par des coûts plus élevés.

- Une dernière option a été imaginée par John Dales, sur la base des théories de Ronald Coase : il s'agit d'inciter les individus à internaliser l'externalité grâce à la mise en place d'un marché de droits de propriété. Les marchés de « droits à polluer »[1] actuellement mis en place fonctionnent sur ce principe : un producteur, dont l'activité est polluante, doit disposer des droits de propriété lui permettant de maintenir une activité polluante. Soit il les achète, soit il ne les achète pas, mais dans ce cas, il devra soit adopter une technologie propre, soit arrêter son activité. Dans le cas où il disposerait de trop de droits (par exemple parce que son activité est propre), il peut vendre ses droits en excès. Cette solution est considérée comme la plus souple, car elle fait reposer sur les entreprises les moins polluantes, ou pour lesquelles l'acquisition d'une technologie propre est la moins coûteuse, l'effort de réduction des émissions, et les entreprises les plus polluantes peuvent continuer leur activité économique créatrice de richesses, malgré la pollution émise. En fait, cette solution permet de décider dans un premier temps la quantité d'externalités que l'on accepte (*via* les droits de propriété), puis dans un second, de répartir les efforts d'internalisation de manière efficiente par la rencontre de l'offre et la demande fixant un prix d'équilibre pour l'externalité.

Dès lors, on parvient à maximiser le bien-être collectif, là où auparavant le marché était défaillant. Si l'action publique est une réussite, alors celle-ci peut être considérée comme optimale.

2 Les biens collectifs

2.1 Que sont les biens collectifs ?

Paul Samuelson est à l'origine de la théorisation de la notion de bien collectif[2].

DÉFINITION

Bien collectif : bien ou service qui réunit deux caractéristiques de non-rivalité et non-exclusivité. La non-rivalité signifie que la consommation d'un bien collectif n'empêche pas un autre consommateur de le consommer simultanément, et la non-exclusivité qu'on ne peut exclure un individu de la consommation de ce bien.

La chaleur des rayons du soleil présente les deux caractéristiques du bien collectif : elle m'éclaire sans que mon utilisation n'empêche personne d'en profiter également, et on ne peut d'ailleurs empêcher personne d'en profiter.

[1] Bluenext, créée en 2007, est l'exemple d'un marché de droits à polluer, concernant les émissions de CO2 sur le territoire français. Elle permettait aux entreprises disposant de droits à polluer non utilisés, de les vendre à d'autres entreprises. Ce marché n'existe plus depuis 2012. Mais il en existe des dizaines d'autres à travers le monde.

[2] Paul Samuelson, *The Pure Theory of Public Expenditure*, 1954.

Il ne faut pas confondre bien collectif, bien public et bien commun. Un bien collectif est différent d'un bien public, qui est un bien produit par les pouvoirs publics (qu'il soit ou non collectif par ailleurs). Par ailleurs, le bien commun est un bien rival, mais il est non-exclusif (voir chapitre 10). Dès lors, tout individu a intérêt à consommer le bien le plus rapidement possible, de peur que les autres individus ne consomment ce bien avant lui, ne lui laissant plus rien. Cela peut donner lieu à une surexploitation de ce bien, qui finit par disparaître, comme l'a montré Garett Hardin[1].

Traditionnellement, les économistes montrent que pour dépasser les problèmes liés aux biens communs, il est nécessaire de les privatiser, ou alors de les nationaliser. Dans les deux cas, la ressource devient une propriété, et est alors gérée de manière à éviter sa disparition. Mais, Elinor Ostrom[2] cherchait à montrer qu'il existait une troisième voie, observée dans l'histoire. Elle consiste en la mise en place d'institutions collectives, dans le cadre de la communauté, afin de gérer la ressource afin d'en éviter la surconsommation. Cette solution exige des normes sociales auxquelles chacun adhère.

2.2 La gestion des biens collectifs par les pouvoirs publics

Face à des biens collectifs, le marché est en échec. Il n'est pas possible d'exclure un individu de la consommation de ce bien, et sa consommation ne réduit pas la satisfaction des autres consommateurs. Dès lors, pourquoi payer pour bénéficier de ce bien, alors qu'on peut en profiter gratuitement ? Des comportements de passager clandestin deviennent possibles, rendant inopérante *a priori*, toute exploitation de ce bien par une entreprise privée. Tout individu rationnel parviendra à la conclusion qu'il a intérêt à affirmer ne pas avoir besoin du bien collectif produit, tout en le consommant bel et bien. Ainsi, si la Défense nationale était produite par une entreprise, personne n'accepterait de payer le service produit, l'entreprise privée ne pouvant imposer un quelconque paiement. Son chiffre d'affaires serait faible, voire nul, et le service ne serait plus assuré, ce qui finirait par réduire le bien-être de la population.

Un seul acteur est en mesure de produire le bien et d'obliger toute la population à payer pour cette production : les pouvoirs publics. En effet, ils peuvent prélever des impôts dont la fonction sera d'assurer la production de ce bien. Là où le marché échoue à cause du comportement de passager clandestin, les pouvoirs publics réussissent par la contrainte (mais qui est une contrainte légitime car politique, et acceptée par la population) fiscale. Même si ce sera contesté par la suite, la logique de Samuelson est de faire des biens collectifs des biens publics.

---

1 Garett Hardin, *Tragédie des biens communs*, 1968.

2 Elinor Ostrom, dans son ouvrage *Governing the Commons: the evolution of institutions for collective action*, 1990.

3 Le monopole naturel

3.1 Qu'est-ce que le monopole naturel ?

L'origine du monopole naturel est à rechercher dans la structure des coûts de l'activité concernée. Cette défaillance de marché est fondée sur les rendements croissants : la production du bien ou service présente des coûts fixes importants, mais des coûts variables faibles. Les rendements croissants se basant sur des coûts fixes se rencontrent dans des secteurs où les coûts de développement sont importants ou dans les industries de réseaux notamment (eau, énergie, télécommunications, etc.).

Ce type de défaillance de marché mène à ce que celui-ci soit sous-optimal : la production est sous-optimale, le prix sur-optimal, cela implique des pertes de surplus et une répartition en défaveur du consommateur (voir chapitre 4). Un secteur caractérisé par des rendements croissants tend spontanément vers une concentration progressive, amenant inéluctablement à une structure de marché en monopole. En effet, l'entreprise qui possède la part de marché la plus importante peut répartir son coût fixe sur un plus grand nombre d'unités produites, et donc bénéficie des coûts moyens les plus faibles.

3.2 Le monopole naturel légitime l'intervention publique

Une solution mise en place par les pouvoirs publics afin de contrer les risques du monopole naturel est la nationalisation. Ainsi, on profite des rendements croissants, tout en évitant les prix élevés, les pouvoirs publics empêchant la rente de monopole. Cela explique que dans de nombreux pays, au cours du XXe siècle, de nombreuses entreprises dans le chemin de fer ou dans l'énergie, aient été nationalisées. Toutefois, ces dernières années, un retour sur ces nationalisations a pu être observé, notamment dans les secteurs en réseau (transport ou énergie) : le réseau reste nationalisé, dans la mesure où c'est lui qui est à l'origine des coûts fixes importants. Mais l'utilisation du réseau peut être privatisé, et il est donc possible d'introduire de la concurrence : il suffit de le louer à des entreprises concurrentes, qui chercheront alors à réduire leurs prix.

Les pouvoirs publics interviennent ainsi de plus en plus de manière indirecte, par des partenariats public-privé, mais aussi par la politique de la concurrence.

Les monopoles naturels ont ainsi en partie justifié la mise en place de ces politiques[1], qui s'attachent notamment à assurer une concurrence libre et non faussée, et à contrôler les stratégies d'entreprises. Elles s'opposent ainsi à des pratiques de fusion et/ou acquisition, qui aboutiraient à conférer à une entreprise un pouvoir de marché excessif, sous forme d'un abus de position dominante, qui limite le bien-être des consommateurs.

[1] Qui s'occupent aussi des monopoles légaux et d'innovation.

Régulation des déséquilibres

Définition

Abus de position dominante : situation dans laquelle une entreprise profite de son pouvoir de marché pour influer sur les caractéristiques du marché au détriment des consommateurs, voire d'autres entreprises dominées.

Pour qualifier l'abus de position dominante, les autorités de la concurrence déterminent si le marché sur lequel opèrent les entreprises est un marché pertinent[1] : quels sont les substituts même imparfaits du produit ? Les consommateurs considèrent-ils tel ou tel bien comme un moyen alternatif d'accéder au même besoin ?

Définition

Marché pertinent : lieu sur lequel se rencontrent l'offre et la demande pour un produit ou un service spécifique. Sur un marché pertinent, les unités offertes sont parfaitement substituables.

Par exemple, une fusion entre deux grandes entreprises françaises peut aboutir à une situation oligopolistique. On peut songer au rachat de Citroën par Peugeot, ne laissant que deux constructeurs automobiles français. Mais l'échelle française est-elle la plus pertinente pour apprécier la fusion ? La concurrence sur le marché automobile s'exerce à l'échelle mondiale, et il y a bien une compétition entre les entreprises, sans que la concentration ne soit nuisible.

La politique de la concurrence lutte aussi contre les ententes entre producteurs comme les cartels. Cette situation, fréquente en oligopole, permet aux entreprises de coopérer afin de se partager le marché, et de maintenir des prix plus élevés que ce qu'exigerait la concurrence. Les entreprises peuvent ainsi en tirer une rente. En pratique, les producteurs peuvent choisir en fonction des coûts et avantages de chaque choix entre une stratégie de guerre des prix (Free par exemple lors de son entrée sur le marché de la téléphonie mobile) ou une stratégie d'entente.

Tableau 13.1 – Choix stratégiques en situation d'oligopole

Stratégies	Entente	Guerre des prix
Avantages	Rente d'oligopole	Élimination progressive des concurrents
Inconvénients	Sanctions juridiques : probabilité et montant de la condamnation	Vente au prix de revient qui nécessite d'avoir des coûts plus faibles que les concurrents

1 : Il ne faut pas confondre les notions de marchés pertinents (juridique) et contestables (voir chapitre 2).

DÉFINITION

Cartel de producteurs : entente entre des entreprises d'un même marché, afin de se partager le surplus et d'y limiter la concurrence. Le cartel est une forme élaborée d'entente menant à constituer un organisme commun chargé de la mise en œuvre de l'objectif poursuivi[1].

4 Les asymétries d'information

4.1 Qu'est-ce qu'une asymétrie d'information ?

À ces défaillances de marché considérées comme traditionnelles, s'ajoutent depuis les années 1980 les asymétries d'information, analysées par les nouveaux keynésiens, notamment Joseph Stiglitz et George Akerlof[2]. Ils montrent tous les deux que les asymétries d'information sont un obstacle au bon fonctionnement du marché.

DÉFINITION

Asymétrie d'information : situation dans laquelle un des deux participants à un échange marchand ne possède pas les mêmes informations que l'autre.

On distingue deux types d'asymétrie d'information, en fonction du moment où elle intervient. Soit elle intervient avant la signature du contrat, ce que l'on appelle l'antisélection, soit elle intervient après, et l'on parle alors d'aléa moral.

DÉFINITION

Sélection adverse : situation dans laquelle un agent sur le marché avant signature d'un contrat marchand, dispose d'une information sur une variable déterminante que l'autre n'a pas.

DÉFINITION

Aléa moral : situation dans laquelle un agent dispose d'une information sur une variable déterminante que l'autre n'a pas et sur laquelle il peut jouer après signature du contrat.

Ces asymétries d'information ont été appliquées à de nombreux cas, comme en économie bancaire (voir chapitre 7), sur le marché du travail (voir chapitre 15) ou dans le domaine des assurances (voir Focus « Assurance et asymétries d'information » en situation de sélection adverse). Ce qu'a montré Akerlof, c'est que la partie qui risque d'être lésée dans un échange est incitée à se retirer du marché. Moyennant quoi, le marché risque de se dissoudre et de disparaître, nuisant au final à tous. Le marché, spontanément, est incapable d'éviter ces asymétries d'information, il est défaillant.

[1] Jacques Houssiaux, « Ententes et cartels », *Encyclopédie Universalis,* 2015 (en ligne).

[2] George Akerlof, « The market for "lemons" : quality uncertainty and the market mechanism », *Quarterly Journal of Economics*, 1970

4.2 L'intervention publique favorise la transparence de l'information

Une manière pour les pouvoirs publics de surmonter ces défaillances, consiste à favoriser la circulation de l'information, en la rendant transparente. Il s'agit d'inciter ou de contraindre les individus à dévoiler l'information dont ils disposent, ou à justifier les informations qu'ils font circuler. Plusieurs moyens existent afin d'atteindre cet objectif. Les labels par exemple sont, très diversifiés et garantissent aux consommateurs la qualité des produits. Le but est de fournir de l'information, notamment lors de l'embauche : le candidat à un emploi connaît sa véritable compétence et sa productivité, mais le futur employeur ne les connaît pas. Le diplôme est un moyen de garantir la qualité du candidat à l'employeur. De même, le contrôle technique est un moyen pour obliger les propriétaires de voitures à garantir la qualité de leur voiture, notamment à la revente.

Section 2 PROTÉGER LA POPULATION DES RISQUES SOCIAUX ET DES INÉGALITÉS : LE RÔLE DE LA POLITIQUE SOCIALE

Les pouvoirs publics pour protéger la population contre les risques sociaux et les inégalités développent des actions diverses que l'on regroupe généralement derrière la politique sociale, et qui constitue une partie essentielle de l'action de l'État-providence.

Définition

Protection sociale : prise en charge collective des conséquences financières des risques sociaux assumés par les individus et pouvant induire une réduction importante de leurs revenus.

Son moyen est la redistribution, qu'elle soit horizontale (contre les risques sociaux) ou verticale (contre les inégalités).

1 La redistribution horizontale

1.1 Redistribuer pour faire face aux risques sociaux

La redistribution horizontale a pour but d'organiser une forme de solidarité à l'égard de ceux qui sont victimes de risques sociaux. Les risques sociaux ont été lentement reconnus au cours du XIXe siècle, pour s'affirmer institutionnellement au XXe siècle. Il s'agit de risques dont peuvent être victimes des individus, sans que leur responsabilité individuelle ne puisse *a priori* être engagée. Ces risques sociaux conduisent souvent à une interruption dans l'obtention du revenu tiré de la production, et il s'agit donc de subvenir aux besoins de la victime, puisqu'elle ne saurait être tenue responsable de son état. Parmi ces risques sociaux, on retrouve : maladie, accidents du travail et maladies professionnelles, famille, vieillesse, gérés par la Sécurité sociale, le chômage en est exclu et géré par l'Unedic ; la dépendance est qualifiée de cinquième risque, son intégration au système de sécurité sociale est en discussion.

Focus

Assurance et asymétries d'information

L'assurance permet de mutualiser les risques sociaux qui ont des coûts collectifs sur la société. On connaît les probabilités qu'un risque survienne. Sur cette base, chacun peut cotiser une petite somme, qui permettra de prendre en charge le risque qui touchera une partie des cotisants. Toutefois cette activité est vulnérable aux asymétries d'information, rendant nécessaire l'action des pouvoirs publics.

- *Ex ante*, il y a sélection adverse, dès lors que l'assuré connaît son degré de risque, mais pas l'assureur. Ce dernier est incité à répercuter le risque d'assurer un « mauvais risque » sur le prix de l'assurance. Les « bons risques » sont pourtant chassés par ce prix élevé, ils sont désincités à s'assurer pour ce prix. L'assurance par sélection adverse ne se retrouve à assurer que les « mauvais risques ». Les assureurs ont donc intérêt à mettre en place des questionnaires de santé, à différencier les polices d'assurance pour inciter les individus à révéler l'information sur leur degré de risque (théorie du signal). Mais, les « mauvais risques » n'étant pas assurés les pouvoirs publics doivent intervenir. Ils le font notamment par la réglementation : assurance obligatoire et publique en grande partie, complémentaires obligatoires depuis janvier 2016, règles concernant les questionnaires de santé.
- *Ex post*, l'aléa moral consiste pour l'assuré à prendre davantage de risques, une fois qu'il se sait protégé. De ce fait, la probabilité d'occurrence du risque augmente, ce qui remet en cause l'équilibre financier de l'assureur. Face au hasard moral, la mise en place de franchises, bonus-malus ou du ticket modérateur doit inciter l'assuré à limiter sa prise de risque.

DÉFINITION

Incitations pécuniaires : dispositions financières (sous forme d'un prélèvement ou d'une subvention) que les pouvoirs publics imposent aux individus, afin qu'ils adoptent un comportement souhaité.

1.2 Redistribuer par le système assuranciel ou d'assistance

Il existe deux grands idéaux-types de système de protection sociale :

- Le système bismarckien repose sur les assurances sociales. Les travailleurs cotisent (ainsi que leurs employeurs) sur la base de leur salaire (ou revenus de la production pour les indépendants), et leurs cotisations donnent accès, pour eux et leur famille, à la prise en charge du risque social. L'assurance étant assise sur le travail, ceux qui ne travaillent pas ne sont pas assurés ou de manière incomplète.
- Le système beveridgien est fondé sur l'assistance : tous les citoyens ont accès à la prise en charge du risque social. Ce n'est pas le travail qui permet l'accès au système, mais

la citoyenneté. Dès lors, le financement repose non plus sur les cotisations sociales, mais sur l'impôt. Bien que fondé sur une logique assurancielle, ce système est appelé un système d'assistance.

Ces idéaux-types ont évolué de telle sorte qu'on peut définir aujourd'hui trois modèles d'État-providence, le système Français oscillant entre ces idéaux (voir *La sociologie au CAPES de SES*).

2 La redistribution verticale

2.1 Répartir pour faire face aux inégalités

La redistribution verticale permet de réduire certaines inégalités. Les inégalités sexuées ou les inégalités entre personnes d'origines ethniques différentes ne sont pas prises en charge par ces dispositifs, mais indirectement, ils peuvent participer à leur réduction. Les inégalités de revenu peuvent être jugées légitimes, car elles constituent un « aiguillon » incitant les individus à réaliser des efforts afin d'être plus performants. Ainsi, imposer l'égalité tue cet aiguillon[1], car que l'on ait réalisé cet effort supplémentaire ou pas, on dispose du même niveau de vie. Ainsi, dans nos économies de marché, il est rarement question d'imposer un strict égalitarisme.

Cependant, les inégalités peuvent être inefficaces, voire dangereuses lorsqu'elles sont excessives. Keynes l'a expliqué (voir chapitre 1), l'épargne excessive liée aux inégalités peut entraîner une crise des débouchés. Certains économistes post[2] ou nouveaux-keynésiens pensent ainsi que la crise de 2008 peut entrer dans ce schéma : les fortes inégalités aux États-Unis ont entraîné une demande relativement faible de la part de la grande masse des ménages américains. Le seul moyen pour eux d'accéder à la consommation consistait à s'endetter. La crise sur le marché immobilier s'expliquerait ainsi : parce qu'un certain nombre de ménages américains disposaient de revenus trop faibles, ils ont été contraints de s'endetter, alimentant ainsi le succès d'innovations financières ayant mené à la crise que nous avons connue.

2.2 La répartition secondaire

D'abord intervient ce que l'on appelle la distribution ou répartition primaire : les individus obtiennent la contrepartie de leur participation à la production. Ainsi, les salariés touchent leurs salaires ; les propriétaires du capital obtiennent leurs revenus (dividendes, intérêts, etc.) et les indépendants touchent le revenu mixte, à la fois revenu pour leur travail, mais également pour leur capital.

La répartition secondaire modifie cette répartition primaire de la valeur ajoutée. Elle consiste en prélèvements obligatoires divers : impôts, taxes et cotisations sociales. Ces

[1] Bernard Salanié, *L'économie sans tabou*, Editions du pommier, 2004

[2] Liêm Hoang Ngoc, Sous la crise, la répartition des revenus, La Dispute, 2009

ressources peuvent servir certes à financer des services offerts par les administrations publiques, mais une très grande partie d'entre elles servent à financer des revenus de transferts (ou revenus secondaires), sous formes d'allocations diverses (minima sociaux, bourses, allocations logement, etc.).

DÉFINITION

Cotisations sociales : prélèvement obligatoire parafiscal affecté au financement de la protection sociale.

DÉFINITION

Fiscalité : système des règles et modalités organisant les pouvoirs de contrainte de l'État sur le contribuable.

DÉFINITION

Services collectifs : organismes qui ont en change la production des biens collectifs.

DÉFINITION

Revenus de transferts : revenus attribués aux agents économiques en vue de prendre en charge certains risques déterminés ou à assurer certains droits sociaux sans contrepartie équivalente.

Si le but des pouvoirs publics est de réduire les inégalités, les inégalités après redistribution doivent être inférieures aux inégalités avant redistribution. D'après l'Insee, les prestations sociales représentaient en France 22 % du revenu disponible brut, à l'échelle nationale, en 2014. Cela traduit des transferts monétaires assez massifs.

3 Le financement de la protection sociale : l'exemple des retraites

3.1 Le système de retraites, entre répartition et capitalisation

Le système de retraites s'est construit de manière très différente selon les pays.

Dans les pays anglo-saxons, la tradition est plutôt de miser sur la liberté et la responsabilité individuelles dans ce que l'on appelle un système de retraite par capitalisation. Dès lors, charge à chacun de se construire une épargne suffisante en vue de la retraite. Dans ce cadre, des entreprises financières spécialisées, les fonds de pension, se sont organisées afin d'offrir leurs services. Elles recueillent l'épargne des actifs, la placent sur les marchés financiers, et une fois la retraite arrivée, alors que les revenus d'activité sont limités, voire nuls, les fonds de pensions reversent aux retraités une pension, issue de l'épargne placée. Ce système est fondé sur la régulation marchande, l'État n'intervenant que pour maintenir un filet de sécurité pour les retraités les plus pauvres. Ce système a plusieurs avantages : il laisse les individus libres de se prendre en charge et d'épargner le montant qu'ils souhaitent, il permet de profiter de l'épargne disponible pour investir. Mais il a également des défauts : ses performances financières dépendent de la santé des marchés financiers. En période de bulle financière, les revenus des retraités peuvent donc être très élevés. Mais en période de crise financière grave, ils ont tendance à être faibles, car certaines entreprises ont fait faillite ou sont fragilisées, ce qui limite les revenus boursiers sur lesquels repose le système par capitalisation.

Définition

Répartition : les régimes de retraite par répartition sont fondés sur une solidarité collective intergénérationnelle (les cotisations des actifs payent les pensions des retraités).

Définition

Capitalisation : les régimes de retraite par capitalisation sont fondés sur l'épargne individuelle et placée de chacun (les placements rapportent à l'individu ce dont il disposera pour sa future retraite).

Les pays d'Europe continentale (et notamment la France) ont misé sur un tout autre système, dit système de retraite par répartition. Il est fondé sur une solidarité intergénérationnelle. En effet, chaque employeur et chaque travailleur en emploi verse des cotisations sociales (salariales et patronales), au titre de la retraite. Contrairement au système par capitalisation, les sommes récoltées ne sont pas placées sur les marchés financiers, mais reversées aux retraités sous forme de pension. Pendant ce temps, le cotisant accumule des droits à la retraite, lui permettant, une fois l'âge venu, de toucher une partie des cotisations versées. Ce système est ainsi fondé sur la régulation publique. Il a le mérite d'éviter que des individus ne touchent aucune retraite, ou une retraite très faible, du fait de revenus d'activité trop limités. Il assure une forme de solidarité entre les générations qui alimente le lien social et permet d'assurer les individus, qui peuvent ne pas épargner suffisamment. Mais ce système limite la liberté individuelle, car il s'impose obligatoirement à tous et son équilibre dépend du niveau de l'emploi.

3.2 Les défis démographiques des systèmes de retraite

Tout système de retraite est confronté au défi du vieillissement de la population. En effet, le financement des retraites repose sur la capacité des générations actives à l'assurer. Or, ces jeunes générations doivent être constituées de suffisamment d'actifs afin qu'ils puissent assurer le versement des retraites (sous formes de revenus financiers ou de cotisations sociales). Cela exige donc que la démographie soit suffisamment dynamique, et que le renouvellement des générations ait lieu.

La démographie des pays riches présente dès lors des difficultés : la fécondité ayant fortement baissé, les générations actives sont de plus en plus limitées, et la population vieillit avec le recul de l'espérance de vie. Moyennant quoi, les générations actives, augmentent de moins en moins, voire même reculent dans certains pays, l'équilibre du système de retraite par répartition est donc de plus en plus fragile.

3.3 Les solutions envisageables face au « problème » des retraites

Face à cette situation, plusieurs solutions sont possibles. Dans les systèmes par capitalisation, la solution repose sur la mondialisation financière. En effet, si un déséquilibre démographique a lieu sur le marché national, il est fortement atténué à l'échelle mondiale, dans la mesure où certains pays très jeunes (notamment en Asie) épargnent massivement. Ils peuvent donc se substituer partiellement aux générations jeunes pour acheter les titres financiers détenus par les fonds de pension, et donc assurer des revenus aux retraités.

Dans les systèmes de retraite par répartition, les solutions sont tout autres. Parfois, on envisage d'introduire une dose de capitalisation dans nos systèmes de retraite, ce qui revient à dire que les générations actives doivent réaliser un effort supplémentaire d'épargne. Mais d'autres solutions sont possibles : il s'agit d'adapter les financements des jeunes générations aux besoins des générations de retraités. Trois variables principales sont en jeu dans les réformes successives : le taux de remplacement, l'effort de cotisation des générations actives et l'âge de départ à la retraite.

Définition

Taux de remplacement : ratio entre la pension de retraite au moment de la liquidation des droits à la retraite (nets de prélèvements sociaux) et le salaire de fin de carrière (nets de prélèvements sociaux).

Diminuer le niveau des pensions de retraite a des limites, car le niveau de vie de nombreux retraités (surtout pour ceux qui ont occupé des emplois peu payés et qui ont connu des interruptions dans leur carrière) peut être faible.

Augmenter les cotisations peut être une solution, qui consiste à demander davantage d'efforts aux générations actives afin de financer les besoins. Mais celles-ci pèsent sur le coût du travail pour les cotisations patronales, ou sur le pouvoir d'achat des actifs pour les cotisations salariales (voir chapitre 15).

Reste une dernière solution, souvent mise en place par les gouvernements européens : reculer l'âge de départ à la retraite. Cette solution est relativement commode, dans la mesure où elle permet de maintenir une population active relativement nombreuse (encore faut-il qu'elle soit occupée pour qu'elle cotise), et freine l'augmentation du nombre de retraités, ce qui limite l'augmentation du ratio de dépendance.

Définition

Ratio de dépendance démographique : rapport entre la population de âgée de plus de 60 ans (ou de plus de 65 ans) et la population âgée de 20 à 59 ans (ou de 20 à 64 ans).

L'intérêt de cet outil est de mesurer l'évolution de la prise en charge de la population retraitée par la population en âge de travailler. Si en 1950, celui-ci était de 0,3 (avec pour borne 60 ans, et pas 65 ans), il est monté à 0,39 en 2006, et le Conseil d'orientation des retraites anticipe qu'il monte jusqu'à 0,66 vers 2035, pour ensuite se stabiliser autour de 0,7 (il serait de 0,52 avec une borne à 65 ans) d'ici 2050.

Ce taux ne dit pas tout de la dépendance réelle, car d'autres inactifs sont pris en charge par les actifs occupés, les jeunes notamment, ainsi que les actifs inoccupés, et ensuite les 20-59 ans ou les 20-64 ans ne sont pas composées uniquement d'actifs occupés. Le ratio de dépendance économique est un bien meilleur indicateur, et il relativise le catastrophisme lié à l'interprétation du ratio de dépendance démographique.

Définition

Ratio de dépendance économique : rapport entre la population inactive et active inoccupée et la population active occupée.

Les pouvoirs publics ont un rôle majeur du point de vue économique, et celui-ci ne se mesure pas qu'à la part du PIB concerné par les administrations publiques. Ce rôle est d'autant plus important que la main invisible n'est pas en permanence en mesure de favoriser l'optimum social. Et si l'intervention publique n'est pas non plus forcément en mesure d'atteindre cet optimum, elle peut permettre de s'en rapprocher, pour peu qu'elle soit bien pensée.

Questions de réflexion

1 ■ Comment répartir les revenus et la richesse ?

2 ■ Pourquoi la puissance publique intervient-elle dans la régulation des économies contemporaines ?

3 ■ Les défaillances de marché.

4 ■ Quel est l'impact des variables économiques et démographiques sur le financement de la protection sociale ?

5 ■ La santé : entre régulation marchande et administrée

Bibliographie

- Maya Bacache-Beauvallet, Florian Mayneris, *Le rôle de l'État*, Bréal, 2006.
- François Lévêque, *Économie de la réglementation*, La Découverte, 2004.
- Philippe Batifoulier, *Capital santé,* La Découverte, 2014.

Chapitre

14 Les politiques macroéconomiques

OBJECTIFS

- Montrer comment les pouvoirs publics peuvent utiliser la politique budgétaire pour agir sur les déséquilibres macroéconomiques
- Montrer par quels moyens d'action les banques centrales agissent sur l'activité économique
- S'interroger sur les contraintes de l'action des pouvoirs publics et montrer qu'elle fait l'objet de débats quant à son efficacité.

NOTIONS

- Chômage, déséquilibre extérieur
- Politique budgétaire, politique monétaire
- Prélèvements obligatoires, dépenses publiques, déficit public, dette publique

SOMMAIRE

SECTION 1 **La politique budgétaire**

SECTION 2 **La politique monétaire**

La politique conjoncturelle a pour but de surmonter des difficultés de court terme qui s'expriment surtout au niveau macroéconomique. L'objectif n'est pas de modifier les structures économiques, mais de jouer sur les grands paramètres macroéconomiques pour stabiliser la conjoncture. Au niveau macroéconomique, les paramètres que la politique conjoncturelle doit stabiliser sont notamment la croissance, l'inflation, le chômage, et les déséquilibres extérieurs. Réussir à maîtriser tous ces paramètres à la fois n'est pas évident. C'est la raison pour laquelle mener une politique conjoncturelle équilibrée est complexe, comme le soulignait Nicholas Kaldor à travers son « carré magique » (figure 14.1).

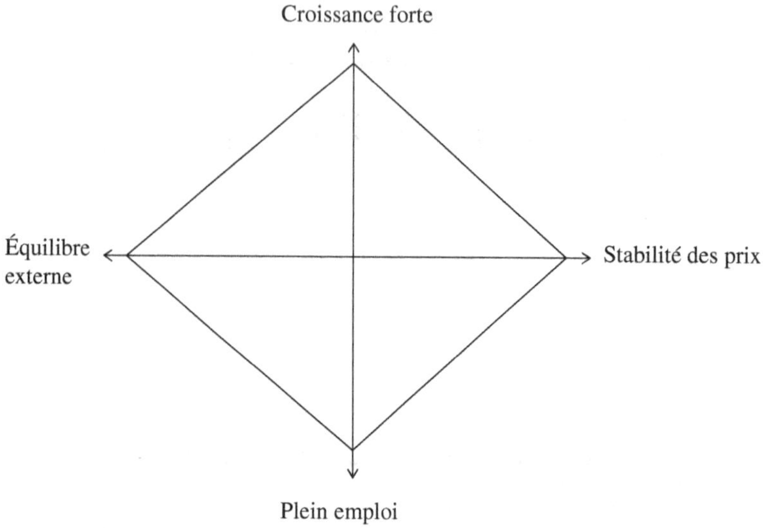

Figure 14.1 – Le carré magique de Kaldor

Ce carré est « magique » : favoriser la croissance permet de réduire le chômage. Mais cela peut aussi favoriser l'inflation (voir chapitre 15), et déséquilibrer les comptes extérieurs…

DÉFINITION

Chômage : situation d'un individu sans emploi, qui souhaite en occuper un, disponible rapidement, et qui met en œuvre des actions afin d'en trouver un.

DÉFINITION

Déséquilibre extérieur : déséquilibre du compte courant au sein de la balance des paiements lorsque les exportations n'équilibrent pas les importations. Soit elles leur sont supérieures (on parle d'excédent commercial), soit elles leur sont inférieures (on parle de déficit commercial).

Les moyens de la politique conjoncturelle sont les mesures budgétaires et les mesures monétaires. Les premières donnent lieu à la politique budgétaire, les secondes à la politique monétaire.

Section 1 LA POLITIQUE BUDGÉTAIRE

La politique budgétaire relève des pouvoirs publics qui définissent les lois de finances en accord avec le Parlement. Elle permet alors de prélever des ressources en vue de dépenses. Elle est exercée par différents niveaux de l'action publique. Au niveau de l'Union européenne, le Parlement vote le budget européen et depuis 2010 permet d'encadrer l'action budgétaire des États membres, dans le cadre du Semestre européen. Au niveau étatique, l'État a un budget propre, distinct du budget des collectivités territoriales (régions et départements) et locales (communautés de communes, communes). Nous nous attacherons ici à décrire l'action de l'État et à discuter de son efficacité.

1 Les moyens de la politique budgétaire

Définition

Politique budgétaire : ensemble des mesures visant à améliorer la conjoncture économique par l'utilisation des recettes et dépenses des pouvoirs publics.

Les recettes ou ressources sont constituées des prélèvements obligatoires en grande partie, même s'il peut exister d'autres ressources annexes et marginales.

Définition

Prélèvements obligatoires : ensemble des cotisations sociales, impôts et taxes que les ménages et entreprises versent aux administrations publiques et organismes de Sécurité sociale.

Les emplois concernent les dépenses publiques, au titre des différentes missions des pouvoirs publics (éducation nationale, défense, justice, etc.).

Définition

Dépenses publiques : ensemble des dépenses effectuées par les administrations publiques.

Lorsque les pouvoirs publics souhaitent soutenir la demande globale (voir chapitre 9) ils augmentent la dépense publique ou baissent les prélèvements obligatoires. L'investissement public (la FBCF publique) joue, à ce titre, un rôle économique majeur. Non seulement il est à l'origine de politiques structurelles qui améliorent l'efficience du système économique sur le long terme, mais en plus, il fait partie intégrante de la demande globale. Ce faisant, ces mesures peuvent favoriser un déficit public. D'ailleurs, le déficit public est souvent interprété comme le moyen (ou le symptôme) d'un soutien à la demande. Cette politique conjoncturelle est une politique de relance : elle doit soutenir l'activité et relancer la croissance.

Mais les pouvoirs publics peuvent également opter pour une politique inverse, une politique de rigueur : dans cette optique, il s'agit de freiner la demande. En effet, celle-ci, si elle est trop dynamique, favorise l'inflation.

Répartition des ressources fiscales 2015

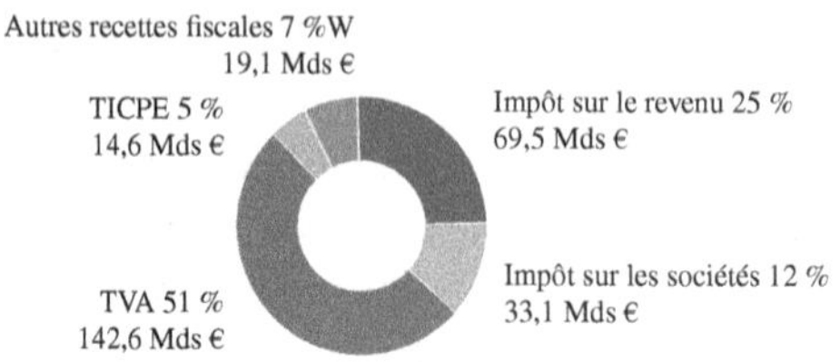

Source : lafinancepourtous.com d'après Ministère des finances et des comptes publics

Dépenses par missions en 2015

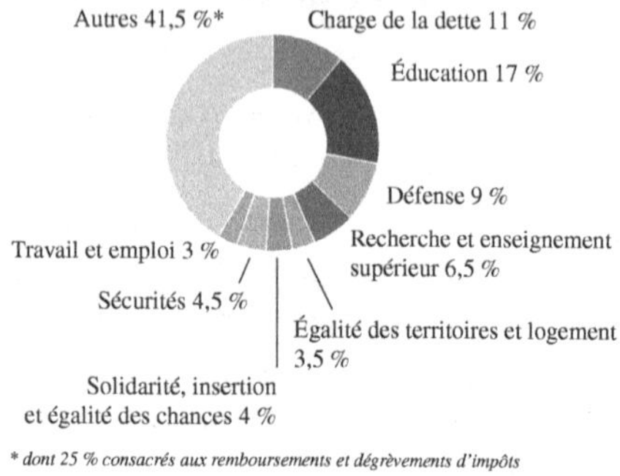

Source : IEFP sur la base de la loi finance initiale 2015

Figure 14.2 – Le budget de l'État en 2015

Lorsque les ressources excèdent les dépenses, alors on parle d'excédent public. Lorsque ce sont les dépenses qui sont supérieures aux ressources, on parle de déficit public. Ce déficit implique que les pouvoirs publics empruntent pour financer les emplois excédentaires, ce qui alimente la dette publique.

L'État peut ainsi devoir mener une politique d'austérité, consistant à réduire la dette et les déficits mais pouvant mener à contraindre la demande globale.

DÉFINITION

Déficit public : solde public négatif, caractérisé par des dépenses publiques qui excèdent les recettes publiques.

DÉFINITION

Dette publique : ensemble des engagements financiers de l'État pris sous forme d'emprunts.

2 La politique budgétaire est-elle efficace ?

2.1 Des politiques budgétaires efficaces en temps de crise

La politique budgétaire semble efficace aux yeux de Keynes en période de forte dépression, lorsque les anticipations (les « conventions » keynésiennes) sont négatives. En effet, les ménages craignent pour leur avenir, et notamment redoutent le chômage. Dans ce contexte, ils auront tendance à davantage épargner, en prévision de ce risque. De même, les chefs d'entreprise limitent leurs dépenses (en salaires, en consommations intermédiaires, et surtout en investissement), ce d'autant plus que leur carnet de commande est vide. Le risque est un cercle vicieux, où la demande faible réduit les perspectives des entreprises, qui licencient, ce qui renforce la faible consommation.

Face à cette situation, Keynes préconise d'utiliser la politique budgétaire. L'État peut relancer la demande des ménages en distribuant davantage de revenus (en augmentant les salaires des fonctionnaires, en augmentant les revenus de transfert donc bénéficient les ménages) ou la demande des entreprises en mettant en place des subventions ou dépenses fiscales (CIR, CICE par exemple).

Focus

Les multiplicateurs keynésiens

Le premier concepteur du multiplicateur keynésien est Richard Kahn (1905-1989, *La relation de l'investissement domestique au chômage*, 1931).

Il permet d'établir une relation entre l'investissement et la production, de telle manière qu'un investissement supplémentaire (ΔI) engendre une augmentation de la production (ΔY) :

$$\Delta I \cdot k = \Delta Y$$

Avec *k*, le multiplicateur keynésien tel que :

$$k = \frac{1}{s}$$

(avec s, la propension marginale à épargner)

Ce multiplicateur keynésien se décline ensuite en plusieurs types :

- Multiplicateur des dépenses publiques :

$\Delta G \cdot k = \Delta Y$ (avec G, dépenses publiques)

- Multiplicateur fiscal : *k* change de formule, car une partie de la baisse des impôts est épargnée, rendant le multiplicateur fiscal moins efficace que le multiplicateur des dépenses publiques :

$$k = \frac{-c}{s}$$

(avec c, propension marginale à consommer)

Dans ce cas l'effet du multiplicateur fiscal est le suivant :

$$\Delta T \cdot k = \Delta Y$$

(avec *T*, le montant des prélèvements obligatoires)

- Multiplicateur de budget équilibré : ce multiplicateur (énoncé par l'économiste norvégien Trygve Haavelmo en 1945 (1911-1999, « Prix Nobel d'économie » en 1989) intervient lorsque les pouvoirs publics décident d'augmenter les dépenses, en les finançant totalement par une augmentation des impôts. Autrement dit, il n'y a dans ce cas aucune augmentation du déficit public.

  Dans ce cas :

$$k = 1$$

On a alors une augmentation de la production qui est de même niveau que le montant des dépenses publiques (et donc des impôts) supplémentaires, même si ce multiplicateur est moins efficace que les deux précédents. En effet, Les impôts financent certes une dépense publique, mais se substituent pour partie à une consommation privée (et pour laquelle la dépense publique n'est pas plus efficace) et pour le reste à une épargne privée (pour laquelle la dépense publique est par contre efficace).

Régulation des déséquilibres

Toutefois Keynes note que ces mesures risquent d'avoir peu d'impact tant que les conventions restent négatives. Pour lui, il est primordial de favoriser la demande en soutenant l'investissement public. Concrètement, il s'agit de réaliser des dépenses utiles (construire notamment des infrastructures publiques), en remplissant les carnets de commande des entreprises. Ainsi, les chefs d'entreprise deviennent plus optimistes, et relancent l'emploi et leurs investissements pour répondre aux commandes. Si l'emploi se redresse, c'est alors au tour des ménages de gagner en optimisme, et s'ils estiment que les risques de chômage s'éloignent, alors ils pourront détendre leur effort d'épargne, pour consommer davantage.

C'est sur cette base que, dans l'immédiat après-guerre et durant les Trente Glorieuses, des politiques keynésiennes ont été menées.

2.2 La remise en cause de l'efficacité des politiques budgétaires

À partir des années 1970, ces politiques semblent de moins en moins capables de surmonter les difficultés conjoncturelles, et de nombreux économistes, opposés aux théories keynésiennes proposent des théories alternatives, condamnant les politiques budgétaires.

Le premier grand opposant au keynésianisme de cette période est le monétariste Milton Friedman[1]. Il va développer une critique virulente des politiques budgétaires dans sa théorie du « revenu permanent ». Il remet ainsi en cause la « loi psychologique fondamentale » de Keynes (voir chapitre 2). Pour lui, il n'est pas évident que la consommation et l'épargne dépendent du revenu.

Il considère que le revenu doit être décomposé entre un revenu permanent et un revenu transitoire. Le revenu permanent constitue le flux de revenu que l'individu reçoit en moyenne, tout au long de sa vie, sur la base de son patrimoine accumulé. Il s'agit donc d'un flux régulier et virtuel, lié au capital possédé. Mais l'individu peut aussi recevoir un revenu transitoire : il s'agit des revenus reçus de manière ponctuelle et non anticipée. Friedman fait alors dépendre la consommation essentiellement du revenu permanent, et non du revenu total. L'individu perçoit le revenu transitoire comme un revenu qui alimente, certes, son patrimoine, mais de manière trop marginale pour que cela ait un impact sur le flux de revenus qui donnera le revenu permanent. Dès lors, ce revenu transitoire est épargné, la consommation étant lissée en fonction du revenu permanent probabilisé. Ainsi les revenus transitoires ne peuvent jouer sur la demande. La politique budgétaire de relance par l'attribution de revenus supplémentaires à court terme s'avère donc inefficace.

Les économistes de la Nouvelle économie classique radicalisent les positions monétaristes. Robert Barro propose ainsi en 1974[2] ce que l'on appelle aujourd'hui le « théorème d'équivalence néo-ricardien ». Il applique une hypothèse d'anticipations rationnelles : les individus sont capables d'utiliser toute l'information disponible, y compris sur des variables futures (dans un cadre de risque probabilisable) pour optimiser leur utilité.

---

[1] Milton Friedman, *A Theory of the Consumption Function*, 1957.

[2] Robert Barro, « Are governement bonds net wealth ? », *Journal of Political Economy*, 1974.

Ainsi, toute hausse des allocations versées aux individus est interprétée comme une future cause de hausse des impôts. En effet, toute dépense devant être financée, il vient un moment où une dépense supplémentaire appelle une ressource fiscale supplémentaire. Dès lors, à toute hausse future de la fiscalité, les individus répondent par une hausse actuelle de l'épargne, en prévision des impôts futurs à payer. La politique budgétaire de relance est alors inefficace.

Cet effet d'éviction de la politique budgétaire par l'épargne s'accompagne d'autres effets. On évoque souvent par exemple l'éviction par l'intérêt (sur le marché des fonds prêtables, la demande publique réduit l'offre disponible pour les entreprises privées, ce qui renchérit leurs investissements).

2.3 Les contraintes de la politique budgétaire

D'autres critiques de la politique budgétaire ont été formulées sous la forme de contraintes. La contrainte de soutenabilité en est un exemple. En effet, une relance budgétaire alimentée par un déficit public implique un emprunt qui augmente la dette publique. Or, la dette ne peut indéfiniment augmenter au risque de devenir insoutenable. Au mieux, il faut faire des efforts supplémentaires et douloureux pour rembourser cette dette (sous forme d'une pression fiscale accrue ou de dépenses publiques plus faibles, soit une politique davantage rigoureuse). Au pire, ces efforts ne sont pas suffisants, auquel cas les engagements ne sont pas honorés, et un défaut sur la dette doit être déclaré. Les économistes ont théorisé un critère qui permet de déterminer la soutenabilité[1] d'une dette : il faut que le taux de croissance soit supérieur au taux d'intérêt réel. Dans ce cas, la croissance est suffisante pour assurer des revenus permettant de rembourser la dette de manière peu douloureuse, sans avoir d'efforts particuliers à réaliser.

La contrainte extérieure est une seconde contrainte importante. Lorsqu'une politique conjoncturelle est menée, elle n'a pas des effets que sur les agrégats internes, mais également sur les agrégats externes. Si la croissance favorise les importations, sans avoir aucun impact sur les exportations, cela creuse le déficit du compte des transactions courantes. De même, si l'inflation est supérieure à l'inflation des principaux partenaires commerciaux, la politique budgétaire peut réduire la compétitivité des entreprises nationales. Moyennant quoi, les exportations sont freinées et les importations favorisées. Là encore, le résultat est négatif pour la balance des transactions courantes. Tout cela provoque par ailleurs des flux de capitaux (la croissance peut attirer les capitaux étrangers pour les perspectives de profit, et l'inflation au contraire peut provoquer des sorties de capitaux puisque l'inflation les

[1] Il ne faut pas confondre soutenabilité et solvabilité. L'insolvabilité intervient lorsqu'il est impossible de faire face à ses dépenses. Dans ce cas, on ne peut parler de réelle faillite (un État ne faisant pas faillite), mais certaines dépenses peuvent ne pas être assurées (remboursement des dettes, paiement des salaires des fonctionnaires, etc.). La soutenabilité est différente, car elle s'intéresse à la dynamique budgétaire : un budget peut être insoutenable, alors que l'État est solvable. En effet, il peut encore être dans la capacité à assurer ses dépenses, mais le budget ne peut continuer sur la même dynamique, qui n'est pas durable. À court terme, l'État est solvable, mais à plus long terme, en maintenant la structure des dépenses et recettes publiques, et compte tenu de la conjoncture économique, l'Etat devrait devenir insolvable.

dévalorise) qui affectent le taux de change. Les pouvoirs publics ne peuvent donc pas se désintéresser de cette contrainte extérieure, qui réduit leurs marges de manœuvre.

La France a été confrontée dans les années 1980 à cette contrainte. Le nouveau gouvernement français de 1981, mené par Pierre Mauroy, met en place une politique de relance, notamment sur le plan budgétaire, dans un contexte mondial marqué par une franche domination de la discipline budgétaire. La demande française a progressé, notamment par la consommation. Mais une forte progression des importations l'a accompagnée, dégradant le compte des transactions courantes. Le franc a alors connu des tensions à la baisse, qui ont obligé le gouvernement à dévaluer plusieurs fois sans effet réellement positif. Face à cette contrainte extérieure, le gouvernement a finalement opté pour un abandon de la politique menée jusque-là et a ouvert la « parenthèse libérale ».

La politique budgétaire a par la suite longtemps consisté à diminuer les recettes et les dépenses publiques, dans un mouvement de réduction de l'intervention de l'État. Il a fallu attendre 2009 pour que les plans de relance liés à la crise économique questionnent à nouveau l'efficacité des politiques budgétaires. Toutefois, le « retour de Keynes » annoncé n'a pas eu lieu et depuis la crise des dettes publiques de la zone euro a mené à établir la règle d'or des finances publiques au détriment du soutien de la demande (voir chapitre 12).

Cette austérité budgétaire s'accompagne, d'un renouveau du *policy-mix* européen constitué d'une politique monétaire de relance dont l'ampleur est exceptionnelle.

Section 2 LA POLITIQUE MONÉTAIRE

La politique monétaire est menée par la banque centrale (voir chapitre 5). Le plus souvent, celle-ci est une administration publique. Mais cette administration jouit, dans les pays développés, d'une indépendance à l'égard du pouvoir politique, afin que ses missions soient assurées sans qu'une intervention publique, pour des raisons électoralistes, ne viennent les perturber.

1 Les moyens de la politique monétaire

Définition

Politique monétaire : ensemble des mesures permettant d'agir sur le financement de l'économie par la manipulation de la monnaie centrale.

1.1 Les objectifs des banques centrales

Les objectifs fixés à la politique monétaire concernent souvent des objectifs internes comme l'inflation mais aussi la croissance et/ou le plein-emploi. Toutefois la banque centrale peut poursuivre des objectifs externes, souvent des objectifs de parité (par exemple un taux de change fixe). La politique monétaire devient alors une politique de change. Concrètement, lorsque des capitaux arrivent, ils sont changés en monnaie locale, créée pour l'occasion, ce qui fait augmenter la masse monétaire. Pour éviter qu'un afflux de capitaux dans un pays n'ait un impact sur la masse monétaire nationale, les autorités monétaires peuvent « stériliser » leurs interventions de change notamment par des mesures *d'open market.*

Les interventions récentes des banques centrales mènent à repenser leurs objectifs : faut-il intégrer un objectif de stabilité financière ? L'objectif d'inflation est-il suffisant ? Quel indicateur de celle-ci utiliser ?; notamment parce que leurs instruments se sont renouvelés.

1.2 Les instruments de la politique monétaire

Les instruments utilisés pour appliquer la politique monétaire sont très diversifiés et évoluent dans le temps. Certains ont été abandonnés comme l'encadrement du crédit. D'autres sont peu utilisés, comme les réserves obligatoires (voir chapitre 5). Ces instruments visant surtout à contrôler la masse monétaire en circulation (monétarisme), ils ont été progressivement complétés par d'autres instruments qui visent une stratégie de ciblage de l'inflation.

C'est le cas des mesures d'*open market* et des facilités permanentes. Il s'agit, pour la Banque centrale, d'acheter ou de vendre des titres financiers (souvent sûrs), afin de jouer sur le taux d'intérêt de court terme, et donc indirectement sur les taux de long terme (voir chapitre 6).

Les opérations d'*open market* sont temporaires, elles se font au taux de refinancement, principal taux directeur de la banque centrale qui décide de ces opérations. Elles agissent de manière indirecte sur le marché interbancaire (voir chapitre 5), dont le taux d'intérêt au jour le jour (Eonia en UE) suit automatiquement en temps normal le taux REFI[2]. Toutefois, abaissé à 0 % en mars 2016, le taux de refinancement œuvre actuellement en Zone euro pour un taux au jour le jour nul. Aussi, la banque centrale perd sa capacité d'action directe sur la demande de monnaie centrale, celle-ci étant élastique à des taux si faibles.

Les facilités permanentes sont les deux autres taux directeurs de la BCE, mais aussi les taux plancher et plafond du marché interbancaire. Les facilités permanentes de prêts présentent actuellement un taux marginal de 0,25 %, tandis que celles de dépôts présentent actuellement un taux marginal de – 0,40 %. Le taux de dépôt est le taux auquel sont rémunérées les réserves excédentaires des banques commerciales[3], tandis que le taux de prêt est le taux maximal auquel une banque commerciale peut obtenir à tout moment de la monnaie centrale directement auprès de la banque centrale.

[1] John Taylor, « Discretion versus policy rules in practice », *Carnegie-Rochester Conference Series on Public Policy,* 1993.

[2] Aux États-Unis, la Fed a pour principal taux directeur le *Fed fund's rate* : taux auquel elle prête à l'État américain.

[3] Elles sont actuellement taxées, puisque le taux marginal de dépôt est négatif.

Focus

La règle de Taylor

John Taylor[1] observa les variations du taux d'intérêt de la Banque centrale américaine, en fonction de certaines variables économiques, afin de déterminer les causes de ses variations.

Il en déduisit une règle, appelée « règle de Taylor ». Elle permet d'expliquer l'orientation de la politique monétaire, en fonction de la conjoncture, par rapport donc au cycle économique.

Taylor a montré que « sa » règle, telle qu'il l'a énoncée, rendait assez bien compte de la politique monétaire de la Fed entre 1987 et 1992.

Comment Taylor a-t-il construit sa « règle » ? Dans un régime à taux de change flexible, il suppose que chaque BC ajuste sa cible de taux d'intérêt de court terme en réponse aux changements de prix et de produit réel par rapport à une cible. Il décrit la réaction moyenne de la Fed à l'inflation et à l'écart d'activité de la manière suivante :

$$i_t = r + \pi_t + 0{,}5(\pi_t - \pi) + 0{,}5(y_t$$

ou i_t : taux d'intérêt nominal ;

r : taux d'intérêt réel désiré, « neutre » constant, déterminé de manière normative (taux de croissance) ;

π_t : taux d'inflation ;

π : taux d'inflation cible ;

$y_t - y$: écart de production.

Cette équation permet d'interpréter le taux d'intérêt fixé par la BC comme une pondération entre l'écart de production et l'écart d'inflation, attestant ainsi un pragmatisme certain des décideurs politiques par rapport aux règles fixées. Cette règle suggère un taux d'intérêt relativement haut quand l'inflation dépasse sa cible ou quand l'économie semble être « en surchauffe » et un taux d'intérêt relativement bas (une politique monétaire accommodante) dans les situations opposées.

Les canaux de transmission classiques de la politique monétaire semblent toutefois grippés, les taux très faibles ne permettent plus d'agir de manière conventionnelle pour relancer la demande de monnaie.

Les mesures « non-conventionnelles » réintroduisent alors la quantité de monnaie au cœur des débats de politique monétaire. Largement utilisées depuis la crise de 2007-2008 (aux États-Unis, en Grande-Bretagne, au Japon ou dans la zone euro), elles consistent, comme pour l'*open market*, à acheter des titres financiers. Mais l'assouplissement quantitatif et qualitatif présente des caractéristiques particulières : la quantité de monnaie créée est énorme, la durée de la prise en pensions n'est pas définie et la qualité des titres pris en pension est moins bonne. Un deuxième outil important non conventionnel consiste pour la banque centrale à communiquer (*forward guidance*). Il s'agit d'annoncer les mesures qui seront prises, et à quelles échéances. Cela permet aux agents de fonder leurs anticipations sur des références, et de se mettre en accord avec les annonces de la banque centrale. Mais cela exige de cette dernière une grande crédibilité, faute de quoi les acteurs sur le marché ne la suivront pas.

2 La politique monétaire est-elle efficace ?

2.1 Une politique monétaire à l'efficacité relative

Pour Keynes, la période de crise économique, marquée par l'incertitude et les conventions négatives, est propice à la mise en place de mesures de relance monétaire qui accompagnent la politique budgétaire. Celle-ci permet de créer les moyens monétaires au financement des projets des agents, qu'ils relèvent de l'investissement ou de la consommation. Plus la masse monétaire est importante, plus l'offre de monnaie augmente par rapport à la demande, ce qui réduit le prix du crédit, c'est-à-dire le taux d'intérêt. Dans un second temps, le crédit étant favorisé, la demande de la part des individus et des entreprises augmentent[1] ce qui permet de relancer l'économie.

C'est ce qui caractérise une économie monétaire de production (voir chapitre 1) : pour produire, il faut une impulsion initiale qui trouve son origine dans le système bancaire. La fonction du banquier est primordiale pour deux raisons : d'abord parce que toutes les entreprises n'ont pas les moyens d'autofinancer leurs projets. Ensuite, parce que lancer la production pose un problème pour le chef d'entreprise : il n'a pas encore vendu, qu'il doit payer ses salariés et ses fournisseurs. Keynes, dans un article de 1937[2] insiste d'ailleurs particulièrement sur cette fonction, au point d'en faire une quatrième fonction de la monnaie, la fonction de financement. Toutefois, il explique qu'« on ne fait pas boire un âne qui n'a pas soif ». Le financement des projets dépend avant tout du « climat des affaires ». Si l'économie plonge dans une « trappe à liquidités[3] », la demande de monnaie est infiniment élastique par rapport au taux d'intérêt. Cela signifie que les agents économiques ont des conventions tellement négatives que s'ils demandent de la monnaie, c'est pour la thésauriser, car cela les rassure. Mais ce faisant, cette monnaie quitte le circuit économique, et ne participe pas à la relance.

Dès lors, la politique monétaire ne résout pas tout, elle ne peut qu'accompagner une relance budgétaire, qui a la préférence de Keynes. Par ailleurs, la relance monétaire est surtout efficace au début de la crise, avant que les conventions ne soient trop dégradées.

2.2 La remise en cause de la politique monétaire

À l'instar de la politique budgétaire, les monétaristes et les nouveaux classiques démontrent l'inefficacité des politiques monétaires.

En 1968, Milton Friedman propose ainsi une théorie sur ce que peut, et ne peut pas faire une banque centrale. Sur la base des hypothèses néoclassiques traditionnelles, et en particulier de la théorie quantitative de la monnaie, il développe l'hypothèse des anticipations adaptatives. Les individus sont victimes d'illusion monétaire à court terme (selon cette hypothèse keynésienne, les individus ne perçoivent pas les variations des prix à court terme,

Régulation des déséquilibres

[1] Si la rentabilité marginale du capital excède le taux d'intérêt.

[2] John Maynard Keynes, « The general theory of employment », *The Quaterly Journal of Economics*, 1937.

[3] Le terme est de Dennis Robertson.

mais seulement à moyen terme). Dès lors, ils peuvent se tromper dans leurs anticipations, puisqu'ils n'intègrent pas toute l'information disponible de manière parfaite. Mais à moyen terme, ils se rendent compte de l'erreur et adaptent leur comportement en le corrigeant.

Friedman contribue alors à une critique de la courbe de Phillips. Si à court terme, la banque centrale peut mener une politique monétaire de relance afin de faire face au chômage. Le regain d'inflation crée diminue les salaires réels, ce qui provoque une hausse de l'emploi, et donc mécaniquement une baisse du chômage. On glisse bien sur une courbe de Phillips décroissante (mouvement 1 sur la figure 14.4). Cependant, à long terme, l'illusion monétaire se dissipe : les individus se rendent compte de l'erreur commise, et prennent en compte la baisse de leur pouvoir d'achat. Ils vont donc réclamer des hausses de salaire. Le salaire réel tend à augmenter, et les chefs d'entreprise, dans ces conditions, décident de réduire le volume de l'emploi. Dès lors, le chômage réaugmente (mouvement 2 sur la figure 14.4). Cependant, on ne glisse pas le long de la courbe de Phillips pour revenir à la situation originelle : les prix ont augmenté entretemps, et rien ne permet de les diminuer. La politique monétaire à long terme ne règle en rien le chômage et ne favorise que l'inflation.

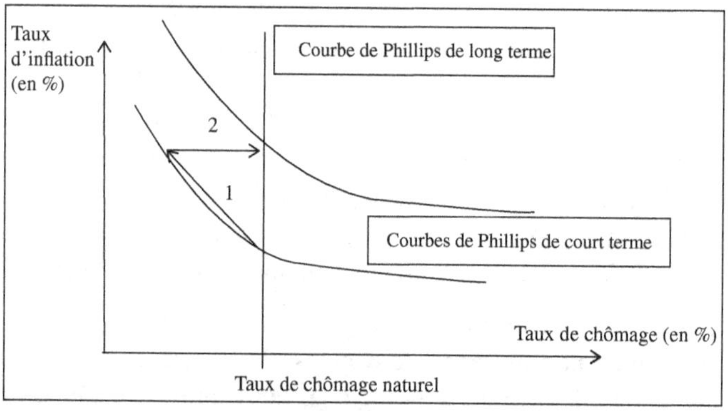

Figure 14.4 – La courbe de Phillips verticale

Robert Lucas en 1972 reproche à Friedman trop de concessions au keynésianisme. Il propose ainsi un modèle dans lequel les anticipations adaptatives sont remplacées par les anticipations rationnelles. Les individus appréhendent toutes les informations disponibles, et sont capables de les traiter de manière efficace. L'illusion monétaire qui était présente à court terme chez Friedman, disparaît. Par conséquent, dès qu'une politique monétaire de relance est mise en place, les individus anticipent une hausse des prix. Dès lors, les politiques monétaires de relance, même à court terme, sont inefficaces.

Ces critiques aboutissent à la remise en cause de la politique monétaire. Celle-ci ne peut favoriser soit la croissance, soit la stabilité des prix : cette alternative disparaît puisque le soutien à la croissance est inefficace. Dès lors, comme le déclarait Margaret Thatcher en son temps, « *There is no alternative* ». La seule politique à suivre consiste, pour les autorités monétaires, à maîtriser les prix.

Focus

La courbe de Phillips

Alban William Phillips[1] démontre empiriquement une relation inverse entre le taux de chômage et la variation des salaires nominaux. Lorsque le chômage est faible, les actifs occupés peuvent davantage peser sur les négociations salariales, et obtenir ainsi des hausses de salaire vigoureuses. Par contre, un fort niveau de chômage donne davantage de pouvoir de négociation aux employeurs, et les salaires progressent beaucoup moins, voire peuvent régresser

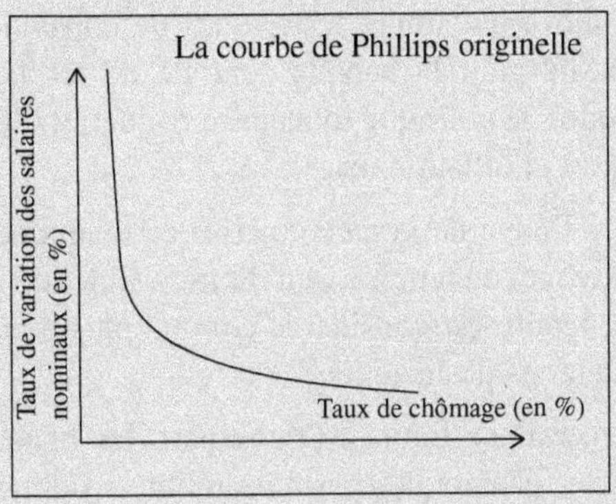

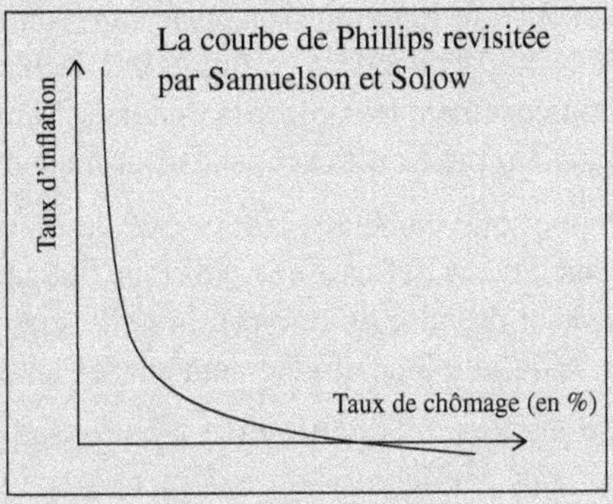

Figure 14.3 – La courbe de Phillips originelle et revisitée

Aux États-Unis, elle est empiriquement moins vérifiée. Samuelson et Solow la modifient alors et démontrent une relation inverse entre le taux de chômage et le taux d'inflation. En contexte de concurrence imparfaite tant sur le marché des biens (hypothèse de mark-up) que sur le marché du travail (présence de syndicats), les négociations salariales mènent à accélérer l'inflation.

Durant les Trente Glorieuses, cette interprétation a permis de justifier les politiques de stop and go. Toutefois, la période de stagflation qui s'impose dans les années 1970 remet en cause de manière brutale la courbe. Milton Friedman explique ainsi que si la courbe semble adaptée pour expliquer la relation inverse entre l'inflation et le taux de chômage à court terme, elle ne l'est pas à long terme. À long terme en effet, la courbe de Phillips est verticale au taux de chômage naturel (voir chapitre 15)

Régulation des déséquilibres

[1] Alban William Phillips, « La relation entre chômage et taux de variation des salaires nominaux au Royaume-Uni entre 1861 et 1957 », *Economica*, 1958.

2.3 Les contraintes de la politique monétaire

Deux évolutions importantes vont alors affecter les banques centrales. D'abord, à partir des années 1980, et surtout des années 1990, elles vont, pour un grand nombre d'entre elles, en particulier en Europe continentale, se convertir à un objectif prioritaire : maintenir l'inflation à un niveau bas[1]. La deuxième évolution, plus conforme à l'esprit de la nouvelle macroéconomie classique que du monétarisme, consiste à rendre les banques centrales indépendantes. Cette indépendance permet aux autorités monétaires de prendre leurs décisions sans qu'elles ne subissent de pressions du pouvoir politique[2].

Cette indépendance repose sur de nombreuses mesures, comme par exemple l'impossibilité (ou dans des cas très particuliers) de limoger le président (révocabilité) ou le gouverneur de la banque centrale, ou encore sa nomination pour une durée longue, sans pouvoir être renommé au poste, un salaire élevé qui limite les risques de corruption. Cette indépendance s'explique par la nécessité pour la banque centrale de respecter rigoureusement les objectifs assignés. Sans quoi, la politique monétaire risquerait d'être beaucoup moins efficace (sous-optimale export et inflationniste[3]).

La politique monétaire a retrouvé du crédit à l'aune de la récente crise économique et financière. Si l'effet d'une politique budgétaire met du temps avant d'être visible (du fait du délai de mise en œuvre), la politique monétaire est considérée comme plus rapide, parce qu'elle joue directement sur les anticipations des acteurs.

Elle est toutefois confrontée aujourd'hui à certaines limites. D'une part, les banques centrales parviennent difficilement à activer les canaux de transmission de la politique monétaire. D'autre part, les quantités énormes de liquidités injectées peuvent donner lieu à de nouvelles crises, soit sous forme d'inflation, soit sous forme de bulles spéculatives. C'est la raison pour laquelle Patrick Artus[4] compare les banques centrales ces dernières années à des « pompiers pyromanes ».

---

[1] La BCE se voit assigner un objectif de 2% d'inflation.

[2] Un courant néoclassique, l'école du Public Choice, s'est intéressé de près aux décisions des hommes politiques et des bureaucrates, en montrant qu'ils ne cherchaient pas l'intérêt général, mais à maximiser leur propre intérêt. Ainsi, les hommes politiques chercheraient avant tout à se faire réélire, et tous leurs choix sont guidés par cet objectif, parfois peu compatible avec le bien-être social. Cette pensée est notamment incarnée par l'économiste américain James Buchanan.

[3] Voir les trois articles fondateurs : Kydland Finn, Prescott Edward, « Rules rather than discretion : the inconsistency of optimal plans », *Journal of Political Economy*, 1977 ; Barro Gordon, « A positive theory of monetary policy institution a natural rate model », *Journal of Political Economy*, 1983 ; Rogoff Kenneth, « The optimal degree of commitment to an intermediate monetary target », *Quaterly Journal of Economy*, 1985.

[4] Patrick Artus, Marie-Paule Virard, *La liquidité incontrôlable*, 2010.

Questions de réflexion

1 ■ Règles et discrétion en politique macroéconomique.

2 ■ Le rôle des politiques conjoncturelles.

3 ■ La politique monétaire est-elle plus efficace que la politique budgétaire ?

4 ■ La politique monétaire non conventionnelle.

5 ■ Comment le budget de l'État permet-il d'agir sur l'économie ?

Bibliographie

■ Agnès Bénassy-Quéré, Benoît Cœuré, Pierre Jacquet, Jean Pisani-Ferry, *Politique économique*, De Boeck, 2012.

■ Valérie Mignon, *La macroéconomie après Keynes*, La Découverte, 2010.

■ Liêm Hoang-Ngoc, *Le fabuleux destin de la courbe de Phillips*, Presses universitaires du Septentrion, 2007.

Chapitre 15 Travail, emploi, chômage

OBJECTIFS

- Analyser l'articulation entre marché du travail et gestion de l'emploi
- Expliquer les multiples causes du chômage
- Montrer la pluralité des politiques pour l'emploi

NOTIONS

- Coût salarial, emploi
- Taux de salaire réel, salaire d'efficience, salaire minimum, contrat de travail, conventions collectives, partenaires sociaux, segmentation du marché du travail
- Flexibilité du marché du travail, taux de chômage, taux d'emploi, qualification, demande anticipée, salariat, précarité

SOMMAIRE

SECTION 1 La diversité des formes et analyses du chômage

SECTION 2 La pluralité des politiques de l'emploi

Depuis quarante ans, la France connaît une crise de son marché du travail qui prend diverses formes : chômage, parfois de longue durée, formes d'emplois atypiques, conditions de travail parfois très difficiles, dualisme du marché du travail. L'Insee publie les données récentes et l'évolution du marché du travail sur les trois dernières décennies, ces publications révèlent notamment l'augmentation du sous-emploi et de la précarité.

DÉFINITION

Précarité : situation d'instabilité et/ou d'incertitude qui caractérise notamment les formes particulières d'emploi (CDD, temps partiel, intérim, etc.) et le sous-emploi.

Les évolutions du marché du travail français se sont accélérées après la crise économique et financière[1], ce qui remet en cause les mesures de l'activité, de l'emploi et du chômage.

DÉFINITION

Emploi : activité de production rémunérée.

Focus

Les mesures de l'activité, de l'emploi et du chômage

Définir un emploi

Tout individu participant directement et activement à une activité de production de richesses possède un emploi. C'est le cas bien entendu des salariés, qui sont très largement majoritaires, mais également des indépendants, qui possèdent leur outil de travail.

Mesurer le chômage

La définition traditionnelle part du principe que le chômeur est sans emploi, prêt à en occuper un immédiatement, et en recherche un activement. Techniquement, le Bureau international du travail (BIT) a défini des critères précis permettant de déterminer le nombre de chômeurs. Ainsi, il faut ne pas avoir travaillé dans le mois qui précède l'enquête (même pas une heure), être disponible sous quinze jours pour un emploi, et être à la recherche d'un emploi, c'est-à-dire avoir pris des dispositions particulières au cours d'une période récente pour chercher un emploi salarié ou non salarié (les enquêteurs demandent la nature de l'emploi recherché et les démarches accomplies). Il existe une mesure alternative, réalisée dans le cadre du service public de l'emploi, Pôle emploi. Cette mesure ne prend pas en compte les chômeurs, mais les demandeurs d'emploi (car on peut posséder un emploi, et malgré tout en demander un autre). Parmi ces demandeurs d'emploi, la catégorie A se rapproche le plus de la définition du chômage du BIT : elle comprend les demandeurs d'emploi, sans emploi, mais tenus de réaliser des actes positifs de recherche d'emploi (envoyer des lettres de motivation, se former, se rendre à des entretiens d'embauche, etc.). Cette deuxième mesure n'est propre qu'à la France.

☞

[1] Pierre-Yves Cabannes, « Trois décennies d'évolutions du marché du travail », *in Trente ans de vie économique et sociale*, Insee Références, 2014 ; Fabien Guggemos, Joëlle Vidalenc, « Une photographie du marché du travail en 2014 », *Insee première*, n° 1 569, octobre 2015.

☞

Mesurer l'activité, l'emploi et le chômage

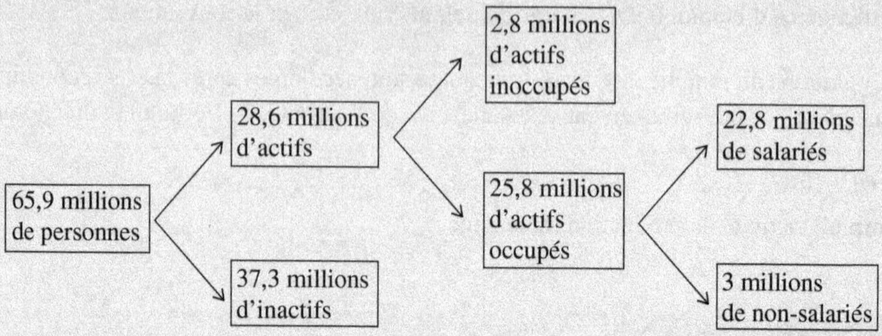

Figure 15.1 – La répartition de la population française (métropole) en 2014, selon l'Insee

Au sein de la population totale, ceux qui sont sur le marché du travail occupent ou recherchent activement un emploi. On considère donc qu'ils sont en activité. Par contre, ceux qui n'occupent pas et ne recherchent pas d'emploi sont considérés comme des inactifs. Parmi les actifs, il faut ensuite distinguer ceux qui occupent un emploi, et ceux qui n'en occupent pas, tout en en recherchant activement un. Les premiers sont des actifs occupés, et les seconds, les chômeurs, des actifs inoccupés.

À partir de ces distinctions, il est aisé de calculer des ratios utiles pour expliquer des évolutions structurelles. Le ratio le plus célèbre est le taux de chômage. Mais d'autres ratios sont de plus en plus utilisés, comme le taux d'emploi ou le taux d'activité, qui sont des objectifs de la Stratégie de Lisbonne et de celle de 2020.

Tableau 15.1 – Principales mesures et données

Taux de chômage	Taux d'activité	Taux d'emploi
nombre de chômeurs / nombre d'actifs	nombre d'actifs / population totale	nombre d'actifs occupés / population totale
10,3 % au dernier trimestre 2015	71,4 % pour les 15-64 ans en 2014	64,3 % pour les 15-64 ans en 2014

champ : France métropolitaine.

Les évolutions récentes du marché du travail ont contribué à rendre plus opaques les limites entre les différentes catégories. Ainsi, un travailleur qui obtient un emploi à temps partiel, mais souhaite travailler à temps plein n'est-il pas également un chômeur à temps partiel ? Un chômeur découragé est-il un chômeur ou un inactif ? Un chômeur qui effectue un nombre important d'heures de travail « au noir » (ou dissimulé) pourrait être considéré comme un actif occupé. Pour illustrer les frontières poreuses entre les différents statuts, Jacques Freyssinet[1] propose le schéma suivant :

[1] Jacques Freyssinet, *Le chômage,* La découverte, 1998.

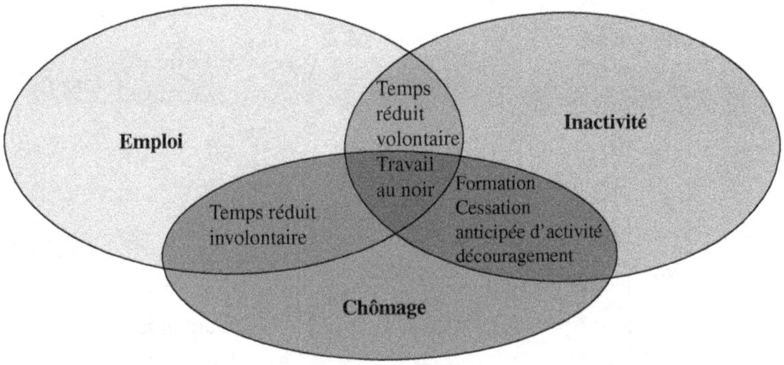

Figure 15.2 – « Schéma de Freyssinet » : le halo du chômage

Même parmi les actifs occupés, les frontières sont poreuses : un certain nombre de chefs d'entreprise ne sont pas des indépendants, mais des salariés. Le statut récent d'auto-entrepreneur permet de cumuler un emploi salarié, tout en créant par ailleurs une entreprise. Ce statut est ambigu, dans la mesure où certaines entreprises se séparent de leurs salariés, qui deviennent auto-entrepreneurs, et travaillent comme sous-traitants de l'entreprise qui les avait licencié… Dans ce cas, doit-on parler d'indépendants ou de salariés ? Si le statut de salarié est absent, le lien de subordination est, quant à lui, bien présent.

Section 1 LA DIVERSITÉ DES FORMES ET ANALYSES DU CHÔMAGE

Le chômage est un phénomène complexe. Il faut donc prendre en compte plusieurs facteurs, comme les rigidités du marché du travail, ou encore le déficit de la demande.

1 Le chômage classique : des rigidités sur le marché du travail

1.1 L'analyse néoclassique du fonctionnement du marché du travail

Pour les néoclassiques, le marché du travail est un marché comme un autre, le prix du travail est égal au coût du travail, c'est-à-dire le taux de salaire réel.

Définition

Coût salarial : ensemble des coûts assumés par l'employeur lorsqu'il fait travailler un salarié. Il comporte notamment le salaire brut, mais également les cotisations sociales à la charge de l'employeur.

Définition

Taux de salaire réel : rémunération horaire tenant compte de l'inflation. Il permet de connaître le « pouvoir d'achat » du salaire pour une heure de travail.

Régulation des déséquilibres

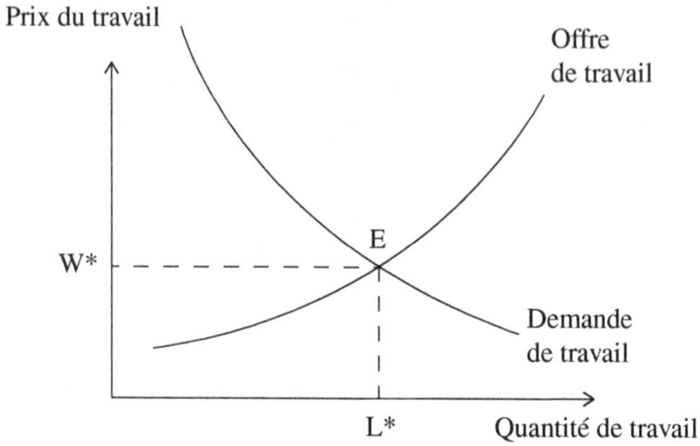

Figure 15.3 – L'équilibre sur le marché du travail

Les entreprises demandent le travail. Plus le prix du travail augmente, et moins elles en demandent car elles substituent du capital au travail, puisque le prix relatif du capital diminue (toutes choses égales par ailleurs). La demande de travail est donc une fonction décroissante par rapport au salaire réel. Les travailleurs offrent, eux, leur travail en fonction de ce qu'il rapporte, étant donné la désutilité du travail. Dès lors, plus le salaire augmente, plus les travailleurs sont disposés à offrir une quantité importante de travail. L'offre de travail est une fonction croissante par rapport au salaire réel.

Le marché du travail permet alors de faire émerger un prix d'équilibre, pour lequel l'offre de travail égale la demande de travail. À ce prix, le plein-emploi est atteint, à l'inverse tout ce qui vient rigidifier le marché du travail est un obstacle à l'équilibre, de même que toute remise en cause de la concurrence pure et parfaite.

1.2 Le relâchement des hypothèses de concurrence expliquent l'existence du chômage

Tableau 15.2 – La remise en cause de la concurrence sur le marché du travail

Les hypothèses de concurrence pure et parfaite	Les éléments qui rompent la concurrence pure et parfaite sur le marché du travail	Quelques exemples de recherche
Atomicité	L'existence de syndicats (les partenaires sociaux), qui concentrent les offreurs et les demandeurs d'emploi.	Le modèle WS/PS pose comme hypothèse la rupture de l'atomicité pour expliquer l'existence d'un chômage d'équilibre.
Homogénéité	Le facteur travail n'est pas homogène, car il est traité différemment selon certaines caractéristiques, menant parfois à des discriminations, maintenant au chômage certaines populations.	La théorie de la segmentation s'appuie sur une hypothèse de différenciation des qualifications, du capital humain en fonction des marchés du travail.

☞

Les hypothèses de concurrence pure et parfaite	Les éléments qui rompent la concurrence pure et parfaite sur le marché du travail	Quelques exemples de recherche
Libre entrée et sortie	Existence pour certaines professions de réglementations limitant l'entrée (exemple des licences pour les conducteurs de taxi) – Les coûts du *turn-over* (embauche, formation et licenciement) limitent la flexibilité de la main-d'œuvre – Les allocations chômage et les revenus de non-activité limitent l'entrée des offreurs.	Le rapport de Pierre Cahuc et Francis Kramarz (2004)[1] montre que les réglementations que connaissent certaines professions constituent des barrières à l'entrée empêchant la création d'emplois, et limitant le bien-être des consommateurs.
Mobilité du facteur travail	Limitée au niveau international par la non-maîtrise des langues étrangères ; au niveau local, par la difficulté pratique de quitter une région (emploi du (de la) conjoint(e), par exemple).	L'économie géographique s'intéresse aux mouvements de populations, pour formations ou pour fuir des situations géopolitiques incertaines.
Transparence de l'information	Les asymétries d'information provoquent un chômage structurel.	Les théories du salaire d'efficience expliquent l'apparition du chômage en posant des hypothèses de non-transparence de l'information.

Le marché du travail peut aussi présenter des rigidités légales telles que le salaire minimum, prix plancher sur le marché du travail (voir chapitre 4).

Définition

Salaire minimum : salaire en-dessous duquel un travailleur ne peut être employé. En France, salaire minimum interprofessionnel de croissance (SMIC).

Ces réflexions conduisent les économistes néoclassiques à expliquer le chômage par des causes structurelles : c'est une défaillance des structures du marché du travail qui est à l'origine du chômage. On appelle aujourd'hui chômage « classique » ce chômage lié aux rigidités du marché du travail.

Friedman insistait particulièrement sur ces causes lorsqu'il développa la notion de chômage naturel : celui-ci est fonction du niveau des rigidités. Plus les rigidités sont nombreuses, plus le taux de chômage naturel est élevé. La seule solution pour réduire durablement ce chômage consiste en une flexibilisation du marché du travail, susceptible de réduire la segmentation de celui-ci.

Définition

Segmentation du marché du travail : situation dans laquelle le marché du travail est divisé en compartiments plus ou moins étanches. On distingue les marchés primaires et secondaires qui alimentent respectivement les marchés internes et primaires.

1 Pierre Cahuc, Francis Kramarz. *De la précarité à la mobilité* : vers une sécurité sociale professionnelle, La Documentation française, 2004.

Au premier trimestre 2016, le gouvernement propose ainsi dans la loi El-Khomri de réformer le code du travail en France. La simplification des procédures de licenciement doit inciter l'employeur à créer des emplois. L'extension des domaines des conventions collectives, négociées par les partenaires sociaux peut permettre au marché de mieux s'adapter aux caractéristiques propres au secteur d'activité concerné.

DÉFINITION

Salariat : statut des travailleurs sous contrat de travail et qui perçoivent un salaire.

DÉFINITION

Contrat de travail : accord signé entre un employeur et son salarié qui se définit par un lien de subordination et le versement d'un salaire.

DÉFINITION

Conventions collectives : accords signés entre les partenaires sociaux au niveau d'un secteur ou une entreprise, permettant de déterminer un cadre dans lequel les contrats de travail s'insèrent, et précisant les conditions de travail.

DÉFINITION

Partenaires sociaux : ensemble des représentants, souvent syndicaux, des employeurs et des salariés, négociant les accords au niveau de l'entreprise, du secteur, ou même de l'économie nationale.

Toutefois, de nombreux économistes considèrent que le développement de la flexibilité du marché du travail risque d'aggraver la situation. Négociations salariales et intervention de l'État permettent d'agir sur le taux de salaire, qui est un déterminant principal de la demande.

2 Les chômages de types keynésiens : des équilibres de sous-emploi au chômage d'équilibre

2.1 Le chômage keynésien : une insuffisance de la demande globale

Pour Keynes, et ensuite les économistes post-keynésiens, le chômage s'explique par d'autres causes. En effet, dans les années 1930, l'augmentation massive du nombre de chômeurs en Grande-Bretagne ou aux États-Unis ne peut s'expliquer par une modification brutale des structures des marchés, et en particulier du marché du travail. Ce chômage résulte d'anticipations négatives, d'un manque de confiance en l'avenir. La demande effective (ou anticipée) est trop faible, si bien que les employeurs ne recrutent pas, pire, ils licencient. Mais ce faisant, la demande continue de diminuer.

Définition

Demande anticipée (ou effective) : demande globale que les entrepreneurs prévoient et qui détermine leur niveau de production et d'investissement.

Keynes explique ainsi qu'il peut exister des équilibres de sous-emploi. Tous les marchés sont équilibrés simultanément, sauf le marché du travail. Les chefs d'entreprise écoulent leur production sans problème. Ils ont recruté le nombre de travailleurs nécessaire à leurs plans, qui consistent à répondre à la demande qui leur est adressée. Cette situation d'équilibre n'attend pas de modification, car rien ne va inciter les chefs d'entreprises à recruter davantage de travailleurs. Les chômeurs, quand bien même ils souhaiteraient être embauchés, ne trouveront pas d'emploi. Face à cette situation, la solution néoclassique qui consiste à flexibiliser le marché du travail ne suffit pas : le problème n'étant pas lié à des rigidités, on ne résout pas la cause du chômage. Pire, en réduisant le coût du travail, on réduit encore la demande adressée aux entreprises, ce qui accentue le déficit de demande effective. Seule une augmentation des commandes adressées aux chefs d'entreprise peut les inciter à investir et recruter de nouveaux salariés, afin de se diriger vers un équilibre de plein-emploi. La seule solution consiste alors à relancer l'activité, afin de soutenir la demande effective.

Focus

La relation salaire-emploi chez Keynes et chez les néoclassiques

Pour les néoclassiques, le salaire est un coût. Pour Keynes, il est un revenu au niveau macroéconomique et donc un débouché pour les producteurs.

Les néoclassiques font du salaire la variable d'ajustement de l'offre et de la demande de travail. Dès lors, c'est le niveau du salaire (réel) qui détermine le niveau de l'emploi. Cette perspective suppose qu'il existe un marché du travail et donc une négociation équilibrée ce qui n'est pas le cas selon Keynes. Le demandeur d'emploi a un besoin rapide de revenu afin de subvenir à ses besoins et ceux de sa famille. Un rapport de domination de l'employeur sur le demandeur d'emploi peut exister.

Ainsi, la relation salaire-emploi est inversée : les entreprises déterminent le niveau d'emploi nécessaire à produire pour satisfaire la demande anticipée. À ce niveau d'emploi, les travailleurs ont une certaine productivité qui détermine le salaire versé. Ainsi, chez Keynes, c'est bien le niveau d'emploi qui détermine le salaire et non l'inverse.

Ces deux grandes explications du chômage ne s'opposent pas. Il vaut mieux envisager la coexistence des deux formes de chômage simultanément, comme nous y invitait Edmond Malinvaud[1] dans la théorie du déséquilibre. Une partie du chômage a des causes structurelles, une autre a des causes conjoncturelles. Cette perspective ouvre la voie à

[1] Edmond Malinvaud, *Réexamen de la théorie du chômage*, 1977 (Traduction française 1980).

une vision moins manichéenne de la crise du marché du travail. Mener une unique politique de flexibilisation ou de relance n'est pas la solution, il faut combiner les mesures de manière adaptée à la dynamique du chômage.

2.2 Les causes du chômage d'équilibre

De nouvelles approches du marché du travail sont nées dans les années 1970 avec les travaux d'économistes nouveaux keynésiens. Ils montrent qu'il existe un chômage structurel d'équilibre. Notamment, les approches en termes de salaire d'efficience se sont développées dans des directions parfois différentes, mais à partir de caractéristiques communes.

Définition

Salaire d'efficience : rémunération réelle versée au salarié qui maximise sa productivité et donc en deçà de laquelle l'entreprise n'a pas intérêt à aller.

Certaines approches en termes de salaire d'efficience montrent ainsi que d'une part, la productivité d'un individu dépend de sa rémunération[1] et que, d'autre part, si un chef d'entreprise cherche à attirer les travailleurs les plus productifs, il a intérêt à proposer des salaires plus élevés. Ces salaires sont efficients au niveau individuel. Mais si tous les chefs d'entreprise font de même, aucun ne parviendra à attirer plus de travailleurs productifs que les employeurs concurrents, alors que le coût du travail aura augmenté. On peut en déduire alors que le coût du travail devient supérieur au salaire d'équilibre, ce qui provoque du chômage.

Cette diversité de modèles aboutit à une synthèse intéressante au travers du modèle WS/PS[2] (pour *wage setting* et *price setting*). Celui-ci permet de confronter les attentes des travailleurs en matière de salaires (plus le chômage est fort et plus leurs prétentions salariales sont faibles) et les dispositions des employeurs (plus leur pouvoir de marché est important et plus leurs prétentions de marge peuvent être réalisées). De ce fait, un équilibre peut naître de la confrontation des plans des salariés et de ceux des employeurs. Il dépend du pouvoir de négociation de chacun d'eux et n'empêche pas l'existence d'un certain taux de chômage.

La diversité des formes et des analyses du chômage explique la pluralité des politiques de l'emploi.

---

1 Selon Harvey Leibenstein, *in Economic Backwardness and Economic Growth*, 1957.

2 Richard Layard, Stephen Nickell, Richard Jackman, *Unemployment: macroeconomic performance and the labour market*, 1991.

Tableau 15.3 – Nouvelles théories du marché du travail, réinterprétées par Laurent Cordonnier[1]

Théorie…	Nom officiel et auteurs	Explications
…du travailleur poltron	Théorie des contrats implicites - Bailly (1974), Gordon (1974), Azariadis (1975)	Le salarié risquophobe s'assure en temps normal contre le risque de crise. En situation de crise, les salaires versés restent stables, mais sont supérieurs au salaire optimal ce qui est créé du chômage.
…du salarié roublard	Théorie du salaire d'efficience - Weiss (1980), Yellen (1984)	Face à un problème d'antisélection, lié à la qualification du salarié l'employeur va proposer un salaire plus élevé que le salaire de marché afin d'attirer les travailleurs les plus productifs.
…du salarié paresseux	Modèle du tir au flanc - Shapiro et Stiglitz (1984)	Face à un problème d'aléa moral, l'employeur doit contrôler le travail du salarié. Il définit un niveau d'incitation optimal qui le conduit à verser un salaire supérieur au salaire de marché pour s'assurer l'engagement du travailleur.
…du salarié primesautier	Théorie des coûts de rotation - Salop (1979)	Les salariés sont opportunistes, ce qui les amène à changer d'emploi, et engendre des coûts de rotation importants. Afin de les limiter, les employeurs proposent des salaires plus élevés que le salaire de marché, pour fidéliser la main-d'œuvre.
…du salarié méchant	Modèle Insiders / Outsiders - Lindbeck et Snower (1986)	Les *outsiders* menacent les *insiders*. Ceux-ci ne coopèrent donc pas avec les nouveaux venus (pour les former ou travailler en équipe), ou négocient avec eux des normes de productivité inférieures. L'employeur est donc contraint de verser un salaire supérieur. Cela provoque un coût supplémentaire pour l'employeur, qui limite les embauches.

Section 2 LA PLURALITÉ DES POLITIQUES DE L'EMPLOI

La politique de l'emploi est un ensemble de dispositifs visant à soutenir la création d'emplois et/ou le maintien des emplois existants.

On distingue traditionnellement les politiques passives de l'emploi, qui ont pour but d'aider les chômeurs à vivre leur période (temporaire) de chômage, et les politiques actives, qui ont pour but d'enrichir la croissance en emploi et de favoriser l'accès à l'emploi. Nous présenterons ici une perspective historique, qui rend compte de l'état actuel des mesures pour l'emploi : ciblées, elles visent principalement l'offre de travail, et cherchent à agir sur le coût du travail et le temps de travail.

[1] Laurent Cordonnier, *Pas de pitié pour les gueux*, Raisons d'Agir, 2000.

1 Les années 1980 : des politiques ciblées

Durant les années 1970, le marché du travail entre en profonde crise. Les politiques de l'emploi vont se structurer autour de quelques principes simples, sachant qu'on envisage cette crise comme passagère. Le chômage est interprété comme la conséquence de caractéristiques individuelles (ce qui ne veut pas dire qu'elles relèvent de la volonté individuelle) : une formation inadaptée, un âge trop avancé, une situation de chômage trop longue, etc. les mesures adoptées ciblent les populations à partir des caractéristiques qui les empêchent de s'insérer correctement sur le marché du travail : notamment les jeunes, les travailleurs d'industries restructurées, les travailleurs les moins qualifiés ou les chômeurs de longue durée.

1.1 Des dispositifs d'aides au retour à l'emploi

Dès les années 1970, des actions d'accompagnement et de formation des travailleurs de secteurs restructurés (sidérurgie et chantiers navals) sont mises en place. On propose à partir des années 1980 un suivi individualisé pour les jeunes (stages d'accueil, d'orientation, d'insertion, fondés sur l'alternance). Ainsi, sont créés pour eux les fameux TUC (travaux d'utilité collective) en 1984 : les bénéficiaires ont un statut de stagiaire, et sont affectés à temps partiel auprès d'un organisme à but non lucratif.

Il faut ajouter les dispositifs d'emplois aidés. Le gouvernement propose en 1981 de créer les emplois dans le secteur public. Ainsi, des milliers d'emplois publics sont créés dans les administrations, les hôpitaux, les entreprises publiques. Par la suite, en 1997, le gouvernement Jospin s'engage dans un programme « nouveaux services-emplois jeunes » en 1997, et qui permet de recruter dans le secteur non marchand 350 000 « emplois jeunes ».

Le dispositif « emplois jeunes » n'est pas reconduit après 2002. On cherche au contraire à favoriser l'emploi marchand, et on crée un contrat d'aide à l'embauche en entreprise : des aides sont offertes à l'entreprise si elle embauche des jeunes non ou peu qualifiés. Mais face à la crise des *subprimes*, qui provoque une augmentation du nombre de chômeurs, le gouvernement est contraint de relancer le dispositif des contrats aidés, par le biais des « emplois d'avenir » (2012), dont bénéficient les jeunes peu qualifiés.

1.2 Des mesures passives

Une solution autre pour réduire le nombre de chômeurs est de réduire l'offre de travail. Plusieurs mesures sont adoptées : l'aide au retour des travailleurs immigrés (1977), l'abaissement de l'âge de départ à la retraite à 60 ans en 1983, l'utilisation massive des préretraites pour les 60-64 ans dès 1972, puis les 55-59 ans à partir de 1980 (700 000 préretraités en 1983).

À long terme, ces mesures sont négatives, car les dispositifs coûtent cher, et s'ils minimisent le taux de chômage, ils minimisent aussi les taux d'activité et d'emploi. Raison pour laquelle, en 1986, cette politique va être réduite, puis théoriquement annulée en 2008.

On peut également citer le RMI (revenu minimum d'insertion), créé en 1988. S'il ne s'agit pas d'une mesure de politique de l'emploi, mais d'une mesure de lutte contre l'exclusion, elle bénéficie malgré tout aux chômeurs de longue durée. Lorsque ceux-ci tombent en fin de droits, ils basculent dans ce dispositif, qui leur permet de maintenir un niveau de vie minimal (50 % des rmistes en moyenne sont des chômeurs en fin de droits).

2 Les années 1990 : réduire le coût ou le temps de travail ?

À partir des années 1990, alors que le chômage de masse s'est largement installé, il est interprété d'abord comme la conséquence d'un coût du travail élevé. Les politiques de l'emploi vont évoluer afin de prendre en charge ce problème. Une deuxième logique apparaît progressivement : les gains de productivité permettent largement de réduire le temps de travail. Dès lors, pour réduire le nombre de chômeurs, il suffit de partager le travail, en passant par exemple des 40 heures hebdomadaires aux 35 heures.

Les politiques de l'emploi deviennent de plus en plus actives : il ne s'agit plus de prendre en charge les effets négatifs du chômage, de manière passive, mais d'orienter les dépenses vers la création d'emplois.

Focus

Le contenu en emplois de la croissance

Lorsque la croissance est forte, il faut plus de travailleurs pour réaliser la production. Dès lors, la croissance est créatrice d'emplois. Encore faut-il que cette croissance ne soit pas assurée par des gains de productivité importants, car alors, les employeurs ne recruteraient pas des travailleurs supplémentaires.

Cela signifie donc que la croissance est d'autant plus créatrice d'emplois que la productivité progresse faiblement. Ainsi, en France, dans les années 1970, la croissance était en moyenne de 3,3 % par an, et la productivité du travail progressait quant à elle de 2,8 %. Cela signifiait que l'on ne pouvait pas uniquement se reposer sur une meilleure efficacité pour produire plus, il fallait également embaucher des travailleurs supplémentaires. L'emploi a progressé ainsi de 0,5 % par an en moyenne. Dans les années 1990, la croissance économique faiblit, puisqu'elle n'est plus que de 1,8 % tendanciellement. Heureusement pour l'emploi, les gains de productivité sont plus faibles également : 1,4 %. Au final, l'emploi progressait de 0,4 % par an en moyenne. On constate que tendanciellement, l'emploi progresse avec un taux de croissance plus faible. Cela s'explique par le ralentissement des gains de productivité, qui rend la croissance plus riche en emplois.

On peut en déduire une formule simple :

Variation de l'emploi =
Taux de croissance – Taux de variation de la productivité par tête

2.1 Réduire le coût du travail

Les premières grandes mesures de réduction du coût du travail interviennent au début des années 1990, dans un contexte conjoncturel très dégradé et dans un contexte intellectuel de plus en plus favorable à la baisse du coût du travail. En 1993, le taux de chômage atteint son niveau le plus élevé depuis 1945 (12,6 %), le taux de croissance est négatif (–1,1%). Le gouvernement va alors mettre en place une baisse générale des cotisations sociales patronales pour les salaires allant jusqu'à 1,2 fois le Smic[1] (ce qui concerna 3 millions de salariés). En 1996, il approfondit les baisses de cotisations patronales jusqu'à 1,33 Smic. Elles concernent 5 millions de salariés et réduisent le coût du travail au niveau du Smic de 12 %. En 1996 et 1997, cette politique est orientée également plus spécifiquement sur des zones géographiques (44 zones franches urbaines) et sur un secteur considéré en danger : les industries du cuir et du textile. En 1997, le gouvernement Jospin ne remet pas en cause les mesures d'allégement des cotisations patronales : elles sont intégrées dans la mise en place des 35 heures (jusqu'à 1,7 Smic). La baisse des cotisations patronales intervient à nouveau en 2003, puis 2007. En 2012, le gouvernement fait voter le « crédit d'impôt pour la compétitivité et l'emploi ». Ce dispositif entre en application à partir de 2013. Son but est de réduire le coût du travail, en proposant aux entreprises de déduire de leur impôt sur les sociétés (d'où le terme de crédit d'impôt) 6 % de la masse salariale (4 % en 2013), pour les salaires de moins de 2,5 Smic. Le dernier dispositif en date s'intitule le CIE-starter (contrat d'insertion dans l'emploi). Il est destiné à un public jeune (moins de 30 ans) et qui a des difficultés d'insertion dans l'emploi. Il propose une aide financière pour l'employeur sur six mois, à hauteur de 45 % du Smic.

Aujourd'hui, ces mesures, jouent un rôle primordial dans les politiques de l'emploi, elles représentent ainsi un coût de 28 milliards d'euros, ce qui représente plus de 1 % du PIB (les dépenses en faveur de l'emploi et du marché du travail représenteraient en France 85,4 milliards d'euros, soit 4,3 % du PIB). Elles permettent de créer des emplois (les mesures de 1996 auraient permis de créer ou sauvegarder 350 000 emplois). Mais outre le fait que les emplois créés sont de qualité médiocre, cette politique consiste à transférer le financement de la protection sociale des entreprises aux contribuables, puisque l'État prend en charge financièrement le manque à gagner que subit le système de protection sociale.

2.2 Réduire le temps de travail

Pour réduire le chômage, on peut aussi partager le travail, dans une perspective dite malthusienne, mais on peut aussi considérer au contraire que l'augmentation du temps de travail réduit son coût.

À partir de 1981, le temps de travail est réduit par la mise en place des 39 heures hebdomadaires, ainsi qu'une cinquième journée de congés payés (ce qui aurait permis, selon les études, de créer entre 70 000 et 145 000 emplois). En 1996, la loi de Robien instaure un dispositif d'incitation à la réduction du temps de travail (RTT). En 1998 et en 2000, la

[1] Le rapport Malinvaud, « Les cotisations sociales à la charge des employeurs : analyse économique », Rapport du CAE, 1998, vient légitimer la baisse des cotisations patronales, afin de réduire le coût du travail.

politique de l'emploi connaît une inflexion très nette en matière de RTT (ce que l'on appelle les deux « lois Aubry »). La durée légale hebdomadaire du travail descend à 35 heures, sans baisse proportionnelle du salaire, soit une augmentation du coût horaire du travail de 11,4 %. Pour amortir le surcoût engendré par une réduction du temps de travail sans réduction du salaire mensuel, la réduction du temps de travail s'est doublée de l'aménagement de celui-ci. Autrement dit, il s'agissait de demander aux travailleurs davantage de productivité et de flexibilité. Une baisse des cotisations patronales devait également réduire l'impact négatif, et les syndicats ont accepté une modération salariale sur les deux ou trois années qui suivaient.

Cette politique n'aurait pas eu d'impact négatif sur les conditions de travail, sauf pour les travailleurs peu qualifiés ou dans certains secteurs. Entre 1998 et 2002, 300 000 emplois auraient été sauvegardés ou créés selon l'Insee. Certains économistes, dont Pierre Cahuc et André Zylberberg[1], contestent cette interprétation. La politique des « 35 heures » s'est accompagnée d'une réduction massive des cotisations patronales sur les bas salaires. Selon eux, ce sont elles qui auraient créé des emplois. Faute d'études significatives, le bilan reste difficile à dresser de manière nette.

3 Dans les années 2000 : inciter à offrir son travail

3.1 Inciter les chômeurs à reprendre un emploi

À partir des années 2000, et à la faveur de la période de forte croissance des années 1997-2002, le taux de chômage diminue fortement dans la plupart des grands pays. Loin pourtant du plein-emploi, en France, cette baisse fait apparaître des tensions sur le marché du travail, une fois le taux de chômage en dessous de 10 %. En effet, certains secteurs connaissent des difficultés de recrutement, et ne parviennent pas à trouver la main-d'œuvre nécessaire. Cette situation favorise une nouvelle orientation de la politique de l'emploi : celle-ci est interprétée comme la conséquence d'un manque d'incitations à la reprise d'emplois.

La thématique des trappes à non-emploi devient populaire : les dispositifs divers comme les allocations chômage ou le RMI n'incitent pas les travailleurs à accepter de nouveaux emplois à temps partiel. Le gain monétaire lié à la reprise n'est pas évident. Cela confine une partie de la population dans le non-emploi, ce qui au final est contre-productif : ces travailleurs ne peuvent s'insérer dans l'emploi, fut-il de mauvaise qualité, et les entreprises ne trouvent pas les travailleurs qu'elles recherchent.

Dès lors, la responsabilité de cette situation semble individuelle. Mais elle est également la conséquence d'une évolution de la norme d'emploi : alors qu'auparavant, la norme d'emploi était fixée sur des emplois à durée indéterminée et à temps plein, les emplois créés sont souvent des emplois à durée déterminée et/ou à temps partiel. Cela ne les rend pas très attractif. Si les emplois restaient à temps plein, les phénomènes de trappes seraient nettement moins évidents, car le gain monétaire lié à la reprise de l'emploi serait plus avéré.

C'est dans ce contexte que l'on imagine des mesures pour inciter les individus à sortir des trappes, et à accepter les emplois proposés.

Régulation des déséquilibres

[1] Pierre Cahuc, André Zylberberg, *Le chômage, fatalité ou nécessité ?*, Flammarion, 2004.

3.2 Making work pay

Il faut que le travail paie. Il s'agit d'une mesure d'efficacité, mais également de justice sociale : une situation où un individu qui travaille ne gagne pas plus qu'un individu qui ne travaille pas est, toutes choses égales par ailleurs, injuste.

La « prime pour l'emploi », instaurée en 2001 est un mécanisme de crédit d'impôt destiné aux foyers fiscaux dont au moins un membre perçoit un revenu d'activité. Il favorise les salariés au voisinage du SMIC à temps plein, et est remis en cause en cas de perte d'emploi. L'intérêt de cette mesure est qu'elle ne bénéficie qu'aux individus insérés sur le marché du travail. Moyennant quoi, elle renforce l'écart de revenus entre les actifs occupés et les autres, ce qui incite à la reprise d'un emploi.

Le dernier outil mis en place pour lutter contre les phénomènes de trappe est le revenu de solidarité active (RSA) en 2008. Il remplace le RMI. En effet, ce dernier était accusé de favoriser les trappes à inactivité. Quel que soit le nombre d'heures de travail rémunéré réalisées, en dessous d'un certain temps de travail, le revenu final était sensiblement comparable. Le RSA modifie en profondeur cette logique. Il se décompose en deux parties : le RSA « socle », vécu comme un simple outil d'assistance en direction des plus démunis, notamment les sans-emploi. Il ne relève pas particulièrement de la politique de l'emploi, si ce n'est qu'il reprend la fonction du RMI comme « allocation d'assistance chômage » indirecte ; le RSA « activité » vise à fournir aux travailleurs les plus pauvres un complément de revenu qui diminue quand leur revenu d'activité tend à augmenter. La règle qui le préside est simple : tout euro de travail rémunéré doit permettre aux plus défavorisés de voir leur revenu final augmenter. Là encore, il permet d'assurer un certain écart de revenu entre ceux qui occupent un emploi, même peu rémunéré, et les autres.

Ces deux dispositifs sont aujourd'hui fusionnés dans le cadre de la prime d'activité qui doit rendre le dispositif plus efficace et lisible.

4 Réduire le chômage nécessite une politique de l'emploi cohérente

À partir du milieu des années 1990, on constate en France une baisse tendancielle du chômage : il semble fluctuer globalement entre 7,5 et 10 %. C'est la conséquence, en partie, de mesures qui ont eu leur efficacité, notamment sur la structure du marché du travail. En particulier, la croissance est plus riche en emplois. Mais cela s'est fait surtout par une augmentation de la part des emplois peu qualifiés dans l'emploi total. De plus, les emplois ont été créés au prix d'une progression de formes atypiques de l'emploi, remettant en cause la norme d'emploi.

Il faut toutefois nuancer l'efficacité de la politique de l'emploi française. En effet, elle a le défaut de ne pas être pensée de manière cohérente et les mesures ne sont pas adaptées. Au final, la politique de l'emploi ressemble à un « millefeuille » où les dispositifs s'entassent et ne font pas système[1].

[1] Yannick L'Horty, « Politiques de l'emploi : pourquoi ca ne marche pas ? », in *L'Adieu au chômage* : regards croisés sur l'économie, la Découverte, 2013

4.1 Pour réussir, la politique de l'emploi doit faire système

Les causes du chômage sont multiples. Dès lors, pour réduire ce sous-emploi, il est nécessaire d'adopter des mesures qui s'attaquent à ces différentes causes.

Yannick L'Horty[1] insistait en particulier sur les trois conditions à remplir pour que l'on puisse espérer une baisse du chômage. Elles doivent toutes les trois être simultanément remplies, faute de quoi, la politique de l'emploi est moins efficace, voire échoue.

- Première condition : il faut qu'il existe une offre d'emploi.
- Deuxième condition : il faut qu'un chômeur ait un profil qui corresponde à cette offre.
- Troisième condition : il faut que le chômeur accepte cette offre d'emploi.

L'intérêt d'insister sur ces trois conditions est de montrer que réduire le chômage implique de raisonner sur la base d'une politique de l'emploi complexe. En effet, la première condition joue sur la demande de travail : il faut donc créer naturellement des emplois (soit par une politique de l'emploi comme la baisse du coût ou du temps de travail, soit par une politique pour l'emploi, consistant à soutenir l'activité afin de lutter contre les équilibres de sous-emploi). Mais cela ne suffit pas, car la deuxième condition met l'accent sur l'adéquation entre offre et demande de travail : il faut former les travailleurs pour que leurs qualifications soient adaptées aux postes créés. Enfin, la dernière condition implique que l'offre de travail soit adaptée, et que les travailleurs soient disposés à occuper les emplois créés. Certes, cela suppose de lutter contre les phénomènes de trappe, mais également de créer des emplois de qualité, suffisamment attractifs.

DÉFINITION

Qualification : ensemble des compétences professionnelles que possède un individu, ou qu'exige un emploi.

4.2 L'exemple de la flexicurité

Si le thème de la flexicurité est un peu moins à la mode ces dernières années, il n'empêche que l'on a là l'exemple d'une politique de l'emploi globale, qui fait système. C'est d'ailleurs dans ce sens que Robert Boyer (2006) a analysé la flexicurité au Danemark. Son regard régulationniste est particulièrement utile pour appréhender cette politique de l'emploi, dans la mesure où il montre que les différentes institutions mises en place dans le cadre de la flexicurité sont interdépendantes et cohérentes. Cela renforce l'efficacité du dispositif. En effet, la flexicurité danoise est organisée autour de trois piliers. Le premier pilier est la flexibilité du marché du travail.

[1] Yannick L'Horty, *Les nouvelles politiques de l'emploi*, La Découverte, 2006.

Définition

Flexibilité du marché du travail : situation dans laquelle les conditions sont réunies pour assurer le fonctionnement des mécanismes du marché du travail.

Focus

Flexibilité, flexibilités

Il n'existe pas une conception unique de la flexibilité. Ainsi, la flexibilité quantitative consiste à faire varier la quantité de travail utilisée dans l'entreprise, soit de manière interne (par l'annualisation du temps de travail par exemple), soit de manière externe, en faisant appel à l'intérim ou à des CDD. Mais la flexibilité peut être salariale : on adapte les salaires à la conjoncture économique pour éviter que le coût du travail ne devienne un problème pour l'entreprise en temps de crise. L'externalisation est une autre forme de flexibilité, consistant à faire appel à des sous-traitants pour certaines tâches, sous-traitants dont on peut se libérer par temps de crise. Reste enfin la flexibilité fonctionnelle, qui consiste à adapter les tâches aux travailleurs, en favorisant leur polyvalence.

L'OCDE construit un indice de législation pour la protection de l'emploi, mesurant le degré de flexibilité d'un marché du travail. En particulier, il prend en compte les procédures et les coûts de licenciement, ainsi que les obstacles au recrutement de CDD d'intérimaires.

On peut ainsi noter que la flexibilité n'est pas organisée de la même manière selon les pays. Aux États-Unis, il s'agit de favoriser la souplesse des entreprises, au détriment de la protection des travailleurs. Dans d'autres pays, comme au Danemark, la flexibilité est plus exigeante : d'abord parce qu'elle repose davantage sur une flexibilité fonctionnelle, ensuite parce que l'on offre des garanties aux travailleurs, afin qu'ils soient protégés, même si leur emploi ne l'est pas.

Un deuxième pilier a été ajouté, qui consiste à offrir aux chômeurs des allocations chômage généreuses pour limiter la perte de revenus. Le problème, c'est qu'un individu peut alors avoir intérêt à être licencié pour bénéficier de ces aides. Un troisième pilier a été conçu, qui consiste à inciter le travailleur à retrouver un emploi, soit en le sanctionnant s'il refuse les emplois, soit en l'aidant à se former et en l'accompagnant dans la reprise d'emploi.

Ce système a permis au Danemark de connaître le plein-emploi avant la crise des *subprimes*. Évidemment, une telle crise n'a pas laissé indemne le marché du travail, qui s'est dégradé. Ce système, qui évolue au gré des besoins et contraintes, a également des défauts. Il coûte très cher à la collectivité, qui accepte d'en payer le prix, par choix politique[1]. Ce système est difficilement transposable, car il s'adapte aux structures économiques et sociales danoises. C'est à chaque pays de trouver les institutions qui lui conviennent, et de penser donc la politique de l'emploi la plus adaptée.

---

1 Robert Boyer, "La flexicurité danoise. Quels enseignements pour la France ?", Ed. Rue d'Ulm, CEPREMAP, 2006.

Savoir-faire

Conclure une dissertation

La dissertation est un exercice dans lequel il faut répondre à la question posée par le sujet. Cette réponse doit bien évidemment être nuancée, surtout si le sujet porte à débat.

La conclusion, dans ce cadre, a trois fonctions : d'abord, elle a pour but de rappeler succinctement les étapes du raisonnement du candidat ; ensuite la conclusion doit être une réponse à la question posée. Enfin, la conclusion doit permettre d'ouvrir le sujet.

Répondre à la question exige de reprendre les éléments principaux d'explications pour proposer une réponse claire et nuancée, car sur un sujet qui fait l'objet de polémiques entre spécialistes, il est difficile de proposer une réponse tranchée. Dans le cadre d'un plan en trois parties, la dernière, si elle est bien conçue, permet de dépasser le débat, et offre donc idéalement une réponse au sujet.

L'ouverture permet de montrer que le sujet ne s'arrête pas là : elle s'intègre dans une question plus vaste. Idéalement, les enjeux énoncés en introduction seront repris pour montrer que la réponse à la problématique apporte des éléments de réflexion.

Les erreurs à ne pas commettre

Une erreur fréquente est de vouloir en faire trop, de répéter les idées de chaque partie, puis de chaque sous-partie. La conclusion devient alors trop longue (elle ne devrait pas faire plus d'une demi-page), et le correcteur s'ennuie : il a déjà lu tout cela, et donc il est inutile de tout répéter. Il faut insister sur les éléments essentiels d'explications de la réponse.

Autre erreur fréquente : la mauvaise ouverture. Souvent, les étudiants ont en la matière des réflexes maladroits. Ils aiment plaquer des ouvertures « en kit », prêtes à l'emploi. Il arrive ainsi de trouver des ouvertures sur la « beauté du monde lorsque ce problème sera du passé ». Ce n'est pas une ouverture pertinente, car elle montre au correcteur que le candidat est incapable de replacer le sujet dans un contexte pragmatique. Cette ouverture peut envisager la prospective, mais il faut que ce soit crédible, et pourquoi pas appuyé par un auteur original, mais reconnu.

Sujet : « Peut-on revenir au plein-emploi ? »

Exemple de mauvaise conclusion

Le retour au plein-emploi suppose donc que l'on crée des emplois. Ce qui est possible par des politiques qui soutiennent la croissance, et permettent de créer des emplois, mais aussi par des politiques de baisse du coût du travail, incitant les employeurs à créer de nouveaux emplois. Mais le retour au plein-emploi ne se décrète pas, cet objectif est difficilement atteignable. En effet, le chômage connaît

☞

des formes très diverses, et il faut donc traiter toutes formes simultanément. En outre, les gains de productivité ne sont pas assez élevés pour susciter un choc de compétitivité fort. Au final, il faut donc une politique de l'emploi complexe, fondée sur des mesures de plusieurs ordres, mais il faut aussi se demander quel plein-emploi on souhaite pour savoir quelle politique mettre en place. Arrivera-t-on demain à créer suffisamment d'emplois pour revenir au plein-emploi ?

Exemple de bonne conclusion

Revenir au plein-emploi suppose de créer des emplois. Pourtant, cela ne suffit pas, car les sources du chômage sont nombreuses et ne sont pas liées qu'à un problème de création d'emploi. Cela exige donc de mettre en place une politique de l'emploi adaptée, faisant système, formant également les travailleurs et les incitant à accepter les emplois créés. Encore faut-il savoir quel plein-emploi on souhaite, ce qui signifie que l'on sache quel projet de société on élabore, et encore faut-il également que l'on soit capable d'évaluer les effets des anciennes mesures mises en place. Ce qui exigerait de nos décideurs qu'un cap soit fixé, et que l'on dispose de bien meilleurs outils pour évaluer les politiques publiques.

Questions de réflexion

1 ■ Comment a évolué le marché du travail depuis les années 1970 ?
2 ■ Quelles sont les causes du chômage ?
3 ■ Comment peut-on lutter contre le chômage ?
4 ■ À quelles conditions une politique de l'emploi peut-elle être efficace ?
5 ■ Qu'est-ce qu'un chômeur ?

Bibliographie

- Yannick L'Horty, *Les nouvelles politiques de l'emploi*, La Découverte, 2006.
- Anne Denis, Yannick L'Horty, *Économie de l'emploi et du chômage*, Armand Colin, 2013.
- Marc Montoussé (dir.), *50 débats sur le travail*, Bréal, 2008.

Chapitre J
L'évaluation

OBJECTIFS

- Comprendre l'objectif de l'évaluation et distinguer ses formes
- Apprendre à construire une évaluation

SOMMAIRE

SECTION 1 En amont : savoir ce qui est attendu et évalué
SECTION 2 En aval : faire de la correction un outil pour apprendre
SECTION 3 Mises en activité sur l'évaluation

L'évaluation doit avoir lieu tout le temps : avant, pendant et après le cours. C'est sur la base de cette distinction temporelle que repose la typologie devenue classique que l'on doit à Benjamin Bloom[1].

Tableau J.1 – Typologie des formes d'évaluation selon Benjamin Bloom

Avant la formation	**Évaluation diagnostique**	Orienter l'action
Pendant la formation	**Évaluation formative**	Réguler les apprentissages
Après la formation	**Évaluation sommative**	Vérifier, certifier

[1] Benjamin Bloom, *Handbook on Formative and Summative Evaluation of Student Learning*, McGraw-Hill, 1971.

Dans le système éducatif français, les deux premières formes d'évaluation ont du mal encore aujourd'hui à prendre leur place. La forme d'évaluation qui reste dominante et qui constitue le passage incontournable du travail enseignant est le « contrôle », c'est-à-dire une évaluation sommative se situant à la fin d'une séquence de cours. C'est à cette occasion qu'est associée le plus souvent une note chiffrée. Il faut souligner que l'institution scolaire – ou plutôt la « culture scolaire » – favorise cette pratique, dans la mesure où on attend bien souvent d'un enseignant qu'il fournisse des notes. Cet impératif est souvent aussi considéré comme un moyen de vérifier son travail et son « sérieux ».

Néanmoins, de plus en plus d'enseignants utilisent l'évaluation formative comme instrument de régulation des apprentissages et comme moyen de vérifier au plus près tout au long de chaque séance l'acquisition par les élèves.

Peut-on éviter le contrôle final ? Pas vraiment, car il est utile. Toutefois, on peut éviter d'en faire un piège et une fatalité pour les élèves. Un piège, puisque trop souvent les élèves ignorent, ou n'imaginent pas, ce qu'il peut y avoir dans le contrôle lequel apparaît comme une sorte d'épreuve au cours de laquelle ils jouent une note (et une moyenne générale) qui impacte leur scolarité sans qu'ils puissent interférer sur le contenu évalué. Une fatalité, dans la mesure où le contrôle est vu comme une fin en soi et que la plupart du temps, il n'y a pas de suite au contrôle puisqu'on passe à un autre chapitre. La remédiation aux difficultés détectées dans l'évaluation sommative est peu fréquente. Trop tard, on a déjà mis la note qui est alors vue comme une sanction.

Il importe donc, pour éviter ces deux pièges et faire en sorte que l'évaluation sommative soit aussi au service des apprentissages, de travailler autant en amont qu'en aval de celle-ci. En amont, pour que les élèves comprennent bien qu'elle va clore une séquence et qu'il s'agit donc de bien comprendre les objectifs et ce qui est demandé. En aval, pour que la correction soit aussi un moment formatif et permette aux élèves de comprendre leurs erreurs et ainsi de progresser.

Section 1 EN AMONT : SAVOIR CE QUI EST ATTENDU ET ÉVALUÉ

Le souci de l'explicitation passe par plusieurs principes assez simples qui doivent guider la préparation d'une séquence mais aussi de l'ensemble d'une progression.

1 Définir clairement les objectifs d'apprentissage d'une séquence et les annoncer aux élèves

« Qu'est-ce que je veux que les élèves sachent faire à l'issue de la séquence de travail ? » Il n'est pas si simple de répondre à cette question. On serait tenté de manière spontanée de dire qu'il suffit de lire les programmes officiels pour définir les objectifs.

On y trouve en effet une énumération des concepts à découvrir (Seconde) ou à maîtriser (Première et Terminale). Les instructions officielles complètent cette liste avec des indications sur les nuances à apporter et les moyens d'y parvenir. En annexe, on trouve aussi une liste des savoir-faire appliqués à des données quantitatives.

Mais si l'on reprend les concepts, qu'attend-on précisément des élèves ? Qu'ils connaissent la définition de la notion ? par cœur ? Est-ce une garantie qu'ils en aient compris le sens ? On sait bien que cela n'est pas suffisant. Pour prouver un degré de maîtrise des concepts, on peut vérifier que l'élève est capable d'illustrer et de trouver des exemples du concept ou de retrouver le concept à partir d'une liste d'exemples. On peut aussi attendre de l'élève qu'il distingue telle notion d'autres qui en sont proches, ou bien encore qu'il soit capable de la situer dans un ensemble plus vaste (voir chapitre C).

De même, selon les chapitres, il sera nécessaire de maîtriser quelques savoir-faire : lire un tableau statistique, savoir faire des calculs de proportion ou de variations ou bien encore tout simplement savoir lire un texte. Il est nécessaire de former les élèves à ces compétences et ne rien considérer comme implicite. Et, bien sûr, prévoir l'évaluation de tous ces éléments.

Ces objectifs ou ces critères de réussite (« *J'aurais réussi si je suis capable de...* ») doivent être formulés avec des verbes d'action et de manière assez précise pour que l'élève comprenne ce qui est attendu de lui. Ils sont annoncés aux élèves (oralement ou par écrit) au début de chaque séquence et reprécisés au début de chaque heure de cours (séance). Ils servent aussi de base aux différentes modalités d'évaluation, d'abord formative tout au long de la séance puis aussi pour l'évaluation sommative.

2 Dire clairement ce que l'on a appris

À l'issue de chaque séance de cours, et même pendant, il est utile de procéder à une évaluation formative. Concrètement, cela peut prendre la forme de questions orales posées à la fin du cours, mais aussi de petits exercices destinés à mobiliser les connaissances et les savoir-faire acquis durant la séance.

Cette évaluation formative a plusieurs fonctions. Elle va d'abord servir de *feedback* pour l'enseignant lui-même et lui permettre de savoir si les objectifs qu'il s'était fixé pour la séance ont été atteints. Mais surtout, elle permet à l'élève de faire le point et même de prendre conscience de ce qu'il a appris (ou pas). En plus de la régulation des apprentissages, il y a donc une fonction de verbalisation qui est très utile pour fixer les acquis. C'est tout l'enjeu de ce que l'on appelle la métacognition (voir *La sociologie au CAPES de SES*) que de dire clairement ce que l'on a appris et d'en faire prendre conscience.

Les fiches d'auto-évaluation sont aussi un bon moyen de construire cette prise de conscience (voir chapitre I).

3 Quelques principes pour construire une évaluation sommative

S'il semble assez évident pour l'enseignant de définir les objectifs d'une séquence lorsqu'il la construit, préparer dans le même mouvement l'interrogation finale est généralement un peu moins automatique. Pourtant, c'est un réflexe utile. On peut ainsi mieux cibler son enseignement et faire en sorte que l'évaluation sommative ne soit pas décalée par rapport à ce qui a été vu en classe. On peut même considérer qu'il y a un gain d'efficacité à procéder ainsi. En même temps qu'on définit les objectifs et les critères de réussite, on élabore l'évaluation finale en s'appuyant sur ce que l'on vient de définir.

Il faut ensuite faire attention à la diversité des exercices. Si on part du principe que tous les élèves n'ont pas le même profil d'apprentissage, il est alors utile de proposer des exercices qui s'appuient sur différents supports et types d'activités. On ne peut inférer la maîtrise d'une compétence que si on l'évalue par différents moyens.

Un autre principe essentiel est celui de l'unité de l'évaluation. On ne peut tout évaluer pour chaque exercice. Il est utile de se concentrer sur un savoir-faire ou un critère spécifique pour chacun et ne pas se disperser. On peut donner un exemple très concret avec l'orthographe. On a souvent tendance à vouloir pénaliser l'orthographe pour chaque « faute » repérée et cela fait quelquefois écran à ce qui est le cœur de l'évaluation de l'exercice en question. L'orthographe est importante mais on ne peut réduire l'évaluation à cela. Songez aussi que certains élèves peuvent avoir des problèmes spécifiques (dysorthographie, par exemple) qui ne doivent pas masquer leurs réussites dans d'autres domaines. On peut bien raisonner malgré une mauvaise orthographe.

Enfin, un contrôle ne doit pas être un piège tendu à l'élève. Les derniers rapports sur les pratiques d'évaluation des enseignants montrent que la pratique de l'« interrogation surprise » est en très forte régression. Mais plus encore que cet aspect, c'est la nécessité de ne pas prendre les élèves par surprise dans les contenus et les modalités de l'évaluation qui est essentielle. Les critères d'évaluation devraient être annoncés à l'avance.

Les formes d'exercice présentes dans le contrôle peuvent aussi avoir été déjà proposées dans le cadre du cours. C'est en particulier ce qu'André Antibi[1] suggère en proposant une « évaluation par contrat de confiance ». D'une manière plus générale, la confection d'une évaluation sommative repose sur un équilibre entre la vérification d'un certain nombre de savoirs et de savoir-faire vus en cours et de situations inédites permettant de mobiliser des ressources acquises durant la séquence de cours.

1 Antibi André, *Les notes ou la fin du cauchemar*, Math'adore, 2007.

Section 2 EN AVAL : FAIRE DE LA CORRECTION UN OUTIL POUR APPRENDRE[1]

Comme nous l'avons pointé, pour beaucoup d'élèves, une fois la note obtenue et enregistrée, on passe à autre chose. Et les moments de correction des copies en classe sont très souvent décevants : les élèves sont peu motivés et ne veulent pas revenir sur ce qui a déjà été vu.

Pour faire de ce *pensum* un véritable moment pédagogique au service des apprentissages, passer d'une correction magistrale à une correction dynamique, il faut réfléchir au statut de l'erreur et en faire un « outil pour enseigner[2]. »

1 Identifier les erreurs

Faire un diagnostic de l'erreur est donc un préalable indispensable à la remédiation : comment soigner quelqu'un si on ne sait pas ce dont il souffre ? C'est là une des difficultés importantes du métier d'enseignant. Il y a un devoir d'empathie pour essayer de se mettre à la place de l'élève et comprendre ce qui l'a amené à une erreur. « Rien de pire que celui qui ne peut pas comprendre qu'on ne peut pas comprendre » disait le philosophe Gaston Bachelard.

Dans son livre consacré au traitement de l'erreur Jean-Pierre Astolfi propose plusieurs typologies des erreurs. On peut résumer sa réflexion par un schéma qui pose la question sous l'angle de la communication.

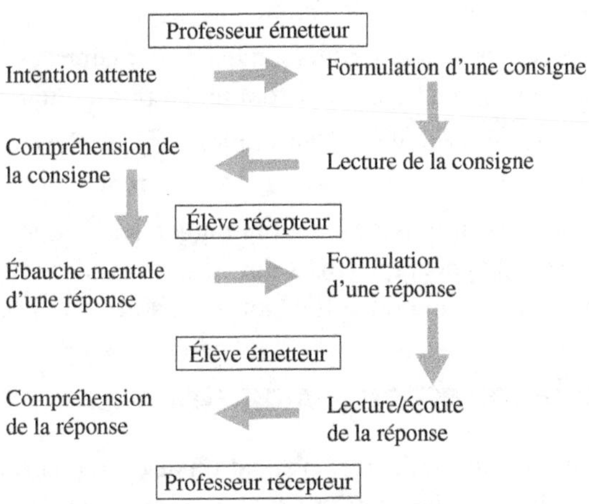

Source : D'après Jean Pierre Astolfi « L'erreur un outil pour enseigner » ESF, 1997.

Figure J.1 – Le processus de communication

[1] « L'erreur pour apprendre », *Cahiers Pédagogiques*, n° 494, janvier 2012.

[2] Astolfi Jean-Pierre, *L'erreur un outil pour enseigner*, ESF, 1997.

Dans cette perspective, on peut classer alors les erreurs rencontrées en trois catégories, correspondant aux trois actions successives que requiert la réponse à une consigne :
– compréhension de la consigne ;
– réflexion (interprétation des données disponibles, utilisation de méthodes) ;
– mise en mots de la réponse et compréhension par l'enseignant.

Plus largement, Jean-Pierre Astolfi a identifié huit types d'erreurs faites par les élèves :

- La compréhension des consignes : l'élève ne comprend pas la consigne et ne peut remplir le contrat didactique. Le problème peut venir de la difficulté de l'énoncé.
- Habitudes scolaires et mauvais décodages : l'élève fonctionne sur un principe de mécanique (didactique coutumière) et il est alors difficile pour lui de répondre à une consigne qui sort de ses habitudes.
- Surcharge cognitive : c'est un problème de mémoire qui survient le plus souvent quand l'enfant doit traiter plusieurs informations en même temps.
- D'une discipline à l'autre : il faut que l'élève réinvestisse systématiquement ses connaissances dans chaque matière. Cela demande au cerveau une gymnastique incessante qui entraîne parfois des erreurs.
- Les erreurs témoignant de conceptions alternatives : les élèves n'attendent pas une leçon pour se donner des explications par rapport à un problème donné. Ils ont déjà des représentations intellectuelles concernant les différentes notions qui vont être étudiées.
- Les erreurs liées aux opérations intellectuelles : l'enfant ne dispose pas encore des compétences nécessaires (réversibilité, transitivité, travail sur les états ou les transformations) pour répondre aux demandes de l'enseignant.
- Les erreurs portant sur les démarches : l'élève utilise des démarches qui ne sont pas forcément attendues par le professeur. Mais souvent la démarche est donc perçue comme étant une erreur par l'enseignant qui s'attend à une réponse bien précise.
- Les erreurs causées par la complexité du contenu : si l'élève ne comprend pas la consigne ou le contexte de l'exercice alors il y aura erreur.

Mais il importe cependant moins de pouvoir ranger les erreurs dans une catégorie précise que de parvenir à diagnostiquer. Il s'agit d'un travail comparable à celui d'un enquêteur ou d'un médecin et qui donne tout son sens au travail d'évaluation.

2 Alternatives à la correction « magistrale »

Il peut être intéressant de mettre l'élève en situation de correcteur. On peut partir d'une production erronée (fictive ou réelle) pour amener cette démarche, même si les élèves ont parfois du mal à admettre qu'ils puissent se mettre en situation de correcteur alors qu'ils ont fait eux-mêmes des erreurs. On peut cependant faire comprendre que si l'on est jamais le meilleur juge de soi-même, il est toujours plus facile de voir les défauts chez les autres… Le travail de correction par les élèves permettra alors de faire prendre conscience plus facilement des erreurs commises.

Un autre niveau d'auto-correction consisterait à proposer des exercices de remédiation construits à partir du relevé des principales difficultés. La séance devient alors l'occasion d'un travail de groupe où ils ont à faire des exercices « de remédiation » inspirés des erreurs fréquemment rencontrées, et dont la résolution doit leur faire apparaître les failles de leur raisonnement ou de leur expression, et les amener à corriger eux-mêmes leur propre travail.

Une autre dimension du travail de correction passe par l'entretien d'explicitation[1]. Il ne suffit pas, en effet, qu'on devine comment l'élève a pensé, ni qu'on lui en fasse part, il faut encore qu'il s'en aperçoive lui-même, qu'il en prenne conscience. Cela passe par la verbalisation et un processus de métacognition. Il repère les hypothèses qu'il avait faites (représentations, cheminement), prend conscience des fausses pistes et les abandonne s'il se rend compte que d'autres approches sont possibles. Il peut donc réemployer celles qui ont réussi.

Focus

Comment mettre les élèves en activité dans le cadre d'une évaluation sommative ?

Avant

- Annoncer clairement les objectifs de la séquence : quand on annonce dès le début de la séquence de cours ce qui va être évalué, il est plus facile pour les élèves de se projeter dans les apprentissages. La distribution d'une fiche d'auto-évaluation (« À la fin du cours, je serai capable de… ») est aussi un moyen de permettre aux élèves de se situer par rapport aux objectifs.
- Constituer un lexique des concepts : on peut demander aux élèves de noter en plus du cours, dans une partie du cahier ou du classeur ou dans un carnet à part, les principales définitions abordées dans le chapitre.
- Faire faire des schémas (heuristiques ou d'implication) pour résumer le cours.
- Demander aux élèves de construire des questions pour le prochain contrôle. Ce dispositif peut surprendre mais il est utile et pertinent. Il permet aux élèves de se mettre en situation d'anticiper ce qui peut être demandé et ainsi de mieux apprendre.

Après

- Demander aux élèves d'évaluer des réponses réelles (mais anonymes) ou fabriquées par l'enseignant pour identifier les compétences attendues et à (re)travailler.
- Constituer des groupes de besoin dans la correction des copies en faisant travailler les élèves sur une partie du contrôle où ils ont plus particulièrement eu des difficultés.
- Mener des entretiens d'explicitation avec les élèves les plus en difficulté pour identifier leurs cheminements et leurs méthodes de travail.
- Organiser la possibilité de « rattraper des points » en refaisant une partie du contrôle à partir des indications de correction (cette pratique est souvent utilisée par les professeurs de langue).

[1] Pierre Vermersch, « L'entretien d'explicitation », *Les Cahiers de Beaumont*, n° 52 bis-53, avril 1991, pp. 63-70.

Section 3 MISES EN ACTIVITÉ SUR L'ÉVALUATION

Tableau J.2 – Régulations et déséquilibres macroéconomiques

Thèmes et questionnements	Notions	Indications complémentaires
5.2 Comment le budget de l'État permet-il d'agir sur l'économie ?	Prélèvements obligatoires, dépenses publiques, déficit public, dette publique.	On décrira la structure du budget de l'État et de l'ensemble des administrations publiques, en donnant des ordres de grandeur. On insistera sur les notions de production non marchande et de prélèvements obligatoires. On montrera, à l'aide d'exemples (fiscalité écologique, crédit d'impôt pour les aides à domicile ou pour les dons aux associations, etc.) qu'en changeant les prix relatifs ou les rémunérations nettes, les impôts et taxes modifient les incitations des agents.

La première étape du travail consiste à définir les objectifs de la séquence pour les élèves. Il va donc falloir « traduire » en phrases simples et avec des verbes d'action ce qui est indiqué par le programme.

1 Définition des objectifs de la séquence

À la fin de la séquence de cours, vous devrez être capable...

– ... de donner des exemples de dépenses publiques et de distinguer ses différentes formes ;
– ... de définir la production non marchande et de la distinguer de la production marchande ;
– ... de donner des exemples de biens collectifs ;
– ... de détailler les différentes formes de prélèvements obligatoires ;
– ... de montrer qu'il y a différents acteurs de l'intervention publique ;
– ... de distinguer déficit public et dette publique ;
– ... de montrer par des exemples et par des enchainements logiques simples comment la fiscalité peut modifier ou orienter le comportement des agents économiques ;
– ... de faire le lien entre déficit public et dette publique.

Une fois cette étape réalisée, on voit qu'il est plus facile de construire des questions pour une évaluation finale.

2 Exemples d'activités

2.1 Activité 1

On aussi proposer aux élèves en accompagnement personnalisé ou en séance de travaux dirigés d'imaginer certaines de ces questions en variant les formes.

Par exemple, on peut concevoir un vrai/faux avec justification des réponses :

• Les services publics peuvent être assurés par des entreprises privées.

- Les prélèvements obligatoires sont constitués exclusivement des impôts directs et indirects.
- Déficit public et dette publique sont deux termes synonymes.
- Une augmentation de la dette publique augmentera le déficit public.
- Une augmentation du déficit public augmentera la dette publique.

2.2 Activité 2

On peut aussi fabriquer des « cherchez l'intrus ».

- La Poste – SNCF – Éducation Nationale – Police – Pôle emploi
- Cotisations vieillesse – TVA – Impôts sur la fortune – Impôt sur le revenu – Taxe sur les produits pétroliers – Allocations chômage
- Impôt sur les sociétés – Prime à la casse – Crédit d'impôt voiture « propre » – Taxe sur le diesel

2.3 Activité 3

On peut aussi proposer des schémas d'implication permettant de mettre en évidence des mécanismes économiques.

- Complétez le schéma suivant pour expliquer les effets négatifs sur l'emploi de la hausse de la TVA. Vous utiliserez notamment les termes : inflation, pouvoir d'achat, ventes, consommation, investissement. Vous pouvez ajouter flèches et blocs nécessaires.

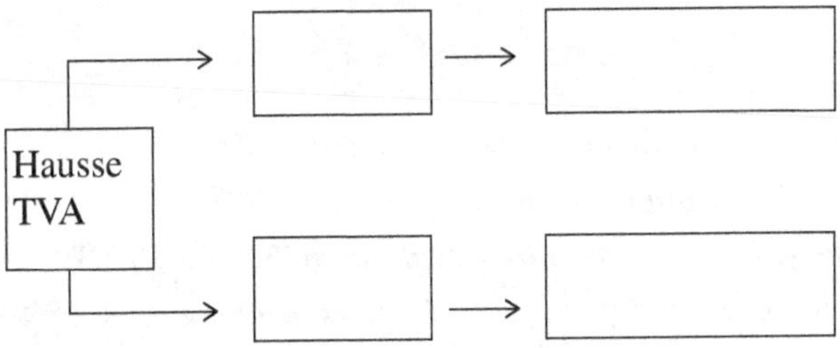

2.4 Activité 4

On peut également réfléchir à des situations plus complexes qui demandent aux élèves de construire un paragraphe argumenté.

- Décrivez les effets d'une hausse des cotisations sociales sur les ménages.
- Décrivez les effets d'une baisse de la TVA sur l'emploi.
- Décrivez les effets d'une augmentation des subventions pour les travaux d'économies d'énergie sur l'activité économique.

Régulation des déséquilibres

- Décrivez les effets d'une hausse des cotisations sociales sur l'activité économique.
- Décrivez les conséquences d'un accroissement du déficit budgétaire sur l'endettement public.

2.5 Activité 5

On peut proposer un autre exercice à construire avec les élèves en révision avant le contrôle : « Quelle différence… ? » (Il constitue une alternative intéressante à la récitation de la définition.)

- Quelle différence entre le déficit public et la dette publique ?
- Quelle différence entre un impôt et une cotisation sociale ?
- Quelle différence entre un impôt direct et un impôt indirect ?

Même sans chercher à bouleverser les pratiques d'évaluation, on peut donc faire évoluer la seule évaluation sommative. La question de récitation d'une définition constitue encore trop souvent l'essentiel du « contrôle » proposé aux élèves à la fin d'un chapitre. Mais ce n'est pas la seule et la meilleure manière d'évaluer les connaissances et les savoir-faire acquis durant la séquence. Il y a des alternatives qui permettent d'inférer la maîtrise d'un concept de manière plus fine. On peut aussi mesurer la maîtrise des compétences en mettant l'élève en situation plus active. L'enjeu est aussi de proposer des formes et des supports d'évaluation diversifiés pour tenir compte des différents profils d'apprentissage des élèves. On ne peut évaluer d'une seule manière si on veut donner à tous les élèves des possibilités de réussite.

Bibliographie

■ André Antibi, *La constante macabre,* Math'adore, 2003.
■ Charles Hadji, *L'évaluation : règles du jeu,* ESF, 1989.
■ Dominique Odry, *Pour comprendre l'évaluation,* Scéren-CRDP d'Amiens, 2009.
■ « Évaluer à l'heure des compétences », *Cahiers pédagogiques,* n° 491, octobre 2011.

Chapitre

K Le travail de groupe

OBJECTIFS

- Présenter l'intérêt du travail de groupe
- Montrer qu'un cadrage du travail et que le positionnement du professeur est essentiel à la réussite de ces travaux

SOMMAIRE

SECTION 1 **Les avantages (et inconvénients) du travail de groupe**

SECTION 2 **Mode d'emploi du travail en groupe**

SECTION 3 **Proposition de mise en activité**

L'image des sciences économiques et sociales à tort ou à raison est souvent associée aux méthodes actives et au travail de groupe. L'histoire de la discipline a été marquée par une référence forte au socioconstructivisme (voir *La sociologie au CAPES de SES*) et aux méthodes qui permettent de mettre l'élève en situation d'activité. Parmi celles-ci les différentes formes de travail de groupe ont une place de choix.

Pour définir le travail de groupe (appelé aussi « travail d'équipe »), il faut le distinguer du « groupe classe » mais aussi de formes de travail plus réduites. Il s'agit de diviser la classe en petits groupes d'unités variables, afin que les élèves réalisent une même activité (ou des activités différentes mais complémentaires) correspondant à des objectifs fixés par l'enseignant. Pour véritablement parler de groupes et distinguer ce dispositif du travail par paires d'élèves voisins de tables, il faut au moins trois élèves (pour entraîner un dialogue voire un « conflit cognitif ») avec une tâche à réaliser et une organisation spatiale spécifique à ce type de travail.

Le travail de groupe s'inscrit donc dans une tradition mais il importe d'en retrouver le sens initial et de bien en comprendre les modalités de mise en œuvre pour éviter d'en faire un dispositif ritualisé et de peu d'intérêt pédagogique. Cela engage aussi une réflexion sur le rôle de l'enseignant dans ce type d'organisation du travail. Car, loin de la représentation fausse du laisser-faire, le travail de groupe suppose un travail en amont important et un pilotage très rigoureux durant l'activité des élèves.

Le travail de groupe n'est pas précisément cité mais fait évidemment partie de la diversité des dispositifs pédagogiques qui peuvent être utilisés dans l'enseignement de Seconde. De même dans le préambule du cycle terminal[1], le travail de groupe ne figure pas tout comme les autres formes d'organisation du travail des élèves ne sont pas explicitement citées. Le travail sur les différents supports, la formulation des hypothèses ou encore les investigations peuvent être faites individuellement mais elles trouvent une autre dimension dans un travail en groupe. Il faut rappeler aussi que ce dispositif est en revanche clairement attendu dans les travaux personnels encadrés (TPE). Et cet enseignement interdisciplinaire propose même une évaluation du travail de chacun à l'intérieur du groupe.

Section 1 LES AVANTAGES (ET INCONVÉNIENTS) DU TRAVAIL DE GROUPE

1 Pour les élèves

On peut résumer l'enjeu du travail de groupe (et au-delà de l'ensemble des méthodes actives) par la formule de John Dewey selon laquelle « Toute leçon doit être une réponse à des questions que les élèves se posent réellement ».

Dans cette perspective, le travail de groupe n'est pas une fin en soi, c'est un outil au service des apprentissages. C'est la conception socio-constructiviste des apprentissages, qui considère que l'on apprend mieux par la mise en activité et la confrontation des idées ce qui justifie le travail de groupe. Le groupe d'apprentissage n'a de raison d'être que s'il est, pour chaque participant, un lieu et un moyen de faire des acquisitions intellectuelles.

Le travail de groupe est propre à favoriser le conflit socio-cognitif (voir *La sociologie au CAPES de SES*) à partir de la confrontation de points de vue, provoquant un déséquilibre duquel peut naître une structuration nouvelle des savoirs et des représentations. Il doit favoriser, avec l'aide de l'enseignant chez chaque élève la prise de conscience des processus d'appropriation des apprentissages.

Selon Philippe Meirieu, le projet d'une pédagogie constructiviste (c'est-à-dire soucieuse des apprentissages, notamment intellectuels et qui met l'élève au cœur des apprentissages pour l'en rendre acteur à part entière), doit aussi inverser le fonctionnement « naturel »

[1] *Bulletin officiel spécial*, n° 9, 30 septembre 2010.

des groupes dans le monde du travail et celui des loisirs, en instaurant une dynamique qui ne soit centrée ni sur la tâche ni sur le vécu affectif du groupe, mais sur le développement cognitif de chacun de ses membres.

Il y a donc aussi une dimension qu'on pourrait presque qualifier de « politique » puisque par le travail coopératif et l'interaction sociale qu'il sous-tend, c'est un levier pour le développement de compétences qui placent résolument l'individu au sein d'un collectif. Développer des dispositifs qui favorisent la coopération plutôt que la compétition et l'individualisme n'est pas neutre.

2 Pour la relation enseignant-élèves

Avec le travail de groupe, c'est aussi la représentation même de l'élève sur l'apprentissage et le rapport au savoir qui peut évoluer. En ce sens, le travail en groupes relève de ce qu'on peut nommer une forme de socialisation démocratique. L'enseignant apparaît ici non plus comme le seul dispensateur du savoir – ce qui reste souvent la représentation dominante même dans le cadre d'un cours dialogué - mais devient l'organisateur de l'apprentissage et la personne-ressource qui pourra être sollicitée pour la réalisation du travail demandé. Le savoir se construit donc par la confrontation des idées et des arguments et ne vient pas uniquement d'une autorité supérieure.

De plus, lorsqu'un élève explique à un autre élève, cela a bien souvent une plus grande efficacité pour chacun. Celui qui explique le fait avec ses propres mots et engage ainsi une opération de transfert qui permet d'inférer la maîtrise de la notion. Celui qui reçoit l'explication l'entend avec des mots peut-être plus accessibles que ceux de l'enseignant et peut aussi poser des questions avec moins de difficulté que dans le cadre de la classe entière.

3 Pour les enseignants

Faire travailler la classe par groupes apporte toujours un regard nouveau sur les élèves. On peut les découvrir très différents avec quelquefois de réelles surprises. Car pour l'enseignant, c'est l'occasion d'observer la façon dont l'apprentissage se construit, les obstacles auxquels sont confrontés les élèves et de passer, selon la jolie formule de Philippe Meirieu, d'une pédagogie du « face à face » à une pédagogie du « côte à côte ». La surprise est souvent aussi positive en découvrant des raisonnements beaucoup plus élaborés que nous ne le pensions, ou des compétences insoupçonnées car peu mises en valeur dans la forme d'enseignement traditionnel.

4 Inconvénients

Le travail en groupes génère une ambiance de classe différente de celle d'un cours habituel. Il faut distinguer le fond sonore occasionné par les échanges et qui fait partie intégrante de la démarche, d'une atmosphère bruyante qui s'auto-alimente et devient gênante pour tous. C'est à l'enseignant de décider du niveau sonore acceptable sachant que les degrés de tolérance peuvent varier.

Certains élèves peuvent être désorientés par ce type de travail lorsqu'il est nouveau pour eux. On peut assister à des refus de travail. Comme toute forme d'organisation de travail, elle demande du temps de mise en place avant que les élèves ne prennent des habitudes.

Le travail de groupe prend du temps. C'est ce qui fait reculer de nombreux enseignants soucieux de ne pas en perdre pour « finir le programme ». Le passage par ce dispositif est pourtant un bon « détour productif » comparé à des situations où les élèves restent spectateurs et où les apprentissages sont très superficiels. Cela veut dire aussi que le rôle de l'enseignant est d'être le « gardien du temps » et de rappeler aux élèves quelles sont les contraintes horaires. Comme dans toute activité humaine (y compris chez les enseignants !) il peut y avoir une tendance à la procrastination c'est-à-dire à retarder le moment de la mise au travail. C'est à l'enseignant d'être vigilant.

Section 2 MODE D'EMPLOI DU TRAVAIL EN GROUPE

1 Différents types de groupes

Tous les moments d'une séquence peuvent se prêter au travail de groupe : sensibilisation avec un travail sur les représentations, mobilisation de connaissances, découverte d'une nouvelle notion ou d'un nouveau savoir-faire. Cela répond au souhait de voir tous les élèves actifs. Le travail de recherche est peut-être celui où le travail collectif est le plus intéressant. Même les très bons élèves ont du mal à le réaliser seuls. Dans tous les cas, il faudra définir très clairement l'objectif de réalisation du groupe.

D'une manière générale, l'intérêt du travail en groupe résidant dans la possibilité de se répartir le travail et dans la richesse des interactions au sein du groupe, il faut se demander dans quelle mesure la constitution de groupes apporte une plus-value par rapport au travail individuel (ou par deux).

Pour en décider, on peut se poser un certain nombre de questions :

- Quel est mon objectif ? Qu'est-ce que je veux faire acquérir ?
- Quelle tâche puis-je proposer ? Quelle production vais-je demander aux élèves pour vérifier que mes objectifs sont atteints ?
- Quels dispositifs vais-je mettre en place ? Sur quels supports (documents) va-t-on appuyer l'activité ?
- Quelles consignes de travail ? Quel degré de guidage des élèves (étape par étape ou objectif final) ?

On peut distinguer plusieurs types de groupes selon les finalités et les modalités de constitution. Philippe Meirieu propose ainsi une typologie selon trois finalités pédagogiques.

Tableau K.1 – Comment composer les groupes ?

	Groupe centré sur la tâche	Groupe entré sur la résolution de problème	Groupe centré sur la relation
Composition	Groupes hétérogènes ou homogènes par rapport aux compétences utilisées, selon les objectifs poursuivis	Hétérogénéité maîtrisée	Par affinités
Besoin des élèves	Apprentissages méthodologiques (planification, organisation, coordination) Apprentissage de la coopération	Créativité, invention Décentration Assimilation	Assurer la cohésion du groupe Restaurer la confiance Trouver du plaisir à apprendre
Effets attendus	Production Coopération (groupes homogènes) Monitorat (groupes hétérogènes)	Apprentissage	Convivialité Regain de motivation
Organisation et précautions	Répartition des tâches soit en fonction des ressources, soit en fonction des besoins Distribution précise des rôles	Les conditions du conflit socio-cognitif Pallier l'effet centripète de ce type de travail	Faciliter l'engagement des élèves Veiller à ce que chacun ait sa place et soit gratifié
Risques de dérives	Mauvaise organisation du travail Élève qui se soustrait à la tâche	Rivalités entre les élèves Non-communication	Insatisfaction par malentendu Chahut

Source : Philippe Meirieu, *Outils pour apprendre en groupe*, Chronique sociale, 1989.

Les deux premières catégories correspondent aux deux situations les plus fréquentes dans le cadre du cours de SES. On peut en effet avoir un travail en groupes ponctuel centré sur une tâche de résolution, de tri ou de classement et un travail en groupes de plus longue durée avec une tâche de création (affiche, exposé, dossier, débat, sketch).

2 Modalités de mise en œuvre

La constitution des groupes est un éternel sujet de tension. On peut laisser les groupes se construire selon les affinités mais en courant le double risque du bavardage et de l'exclusion de fait de certains élèves. On peut aussi choisir de construire soi-même les groupes en fonction des compétences et niveau de chaque élève dans une logique de complémentarité. Le plus souvent la constitution des groupes est le résultat d'un compromis entre ces deux logiques.

On peut aller plus loin dans la logique de complémentarité en distribuant des fonctions différentes au sein du groupe : secrétaire, distributeur de la parole, rapporteur, etc.

Il peut être aussi intéressant de donner un travail à chaque groupe qui suppose forcément la répartition du travail et l'interaction pour la mise en commun. Ainsi, on va distribuer un dossier composé de huit ou dix documents à quatre élèves, ceux-ci ne pourront pas lire tous les documents dans le temps imparti, ils devront donc se répartir le travail et ensuite rendre compte de ce qu'ils auront lu et trouvé pour réaliser le travail collectif.

Il est également possible de donner des travaux différents et complémentaires à chaque groupe. La mise en commun (à l'oral) est alors une vraie synthèse.

La production des groupes peut prendre des formes multiples. La restitution orale semble la forme la plus répandue avec le rendu d'un texte écrit. Mais on peut aussi demander aux élèves de réaliser des affiches, ce qui est un bon moyen de favoriser le transfert et donc vérifier la maîtrise des concepts. La production de sketches ou même de documents vidéo sont aussi des modes de restitution s'inscrivant dans un travail de groupe de longue durée.

3 Le rôle de l'enseignant

L'enseignant n'est pas inactif pendant le travail de groupe ! D'abord il faut rappeler que le travail en amont avec la préparation des supports de l'activité et l'élaboration des consignes est l'élément discriminant qui permet au dispositif de fonctionner.

Durant le travail de groupe, la difficulté réside dans la détermination du degré de « guidance » adéquat. Où placer le curseur entre la volonté de laisser les élèves en autonomie dans l'accomplissement de leur tâche et la nécessité d'intervenir pour réguler ou répondre ? Il n'y a pas de réponse unique et cela dépend chaque situation.

On peut dire que cela passe d'abord par une phase d'observation.

- On peut observer discrètement si le travail s'engage bien et notamment le fonctionnement social au sein de chaque groupe.
- On doit aussi s'assurer que chacun s'investit (pas de mise à l'écart ou de prise de pouvoir intempestive) et que cela se déroule selon ce qui est attendu.

Il est important que, lorsqu'une question lui est posée, l'enseignant la renvoie au groupe. En effet, certains élèves demandent une validation incessante de la part de l'enseignant. S'il est donc nécessaire que l'enseignant cautionne le savoir construit par le groupe, il est souhaitable de ne pas donner une solution trop rapide mais d'aider le groupe à avancer dans sa réflexion.

Quelquefois, il faut aussi rappeler la règle ou sanctionner. L'interposition de l'enseignant est légitime, l'interruption des travaux relève de son pilotage.

Le rôle de l'enseignant est aussi d'évaluer. On peut évaluer la production collective du groupe mais se pose la difficulté de mesurer la part de chacun dans le travail. On pourra aussi évaluer les apprentissages réalisés lors de cette séance dans le cadre d'évaluations individuelles.

La logistique du travail de groupe peut rebuter les enseignants débutants ou non. Réaliser un travail collectif est une tâche difficile (y compris pour les enseignants eux-mêmes). Il faut quelquefois lutter contre les représentations et les résistances des élèves qui vont préférer des formes de travail scolaire plus individualistes, passives et moins engageantes. Cela n'est pas toujours facile à vivre pour l'enseignant mais l'enjeu est d'importance : il s'agit pour les élèves de devenir acteurs de leurs apprentissages et pour l'enseignant de faire vivre des valeurs de coopération. Travailler en groupes, cela s'apprend aussi bien pour l'élève que pour l'enseignant. C'est dans la durée que ce type de mise en activité prend toute son efficacité et tout son sens.

Section 3 PROPOSITION DE MISE EN ACTIVITÉ

Tableau K.2 – Travail, emploi, chômage

Thèmes et questionnements	Notions	Indications complémentaires
2.1 Comment s'articulent marché du travail et gestion de l'emploi ?	Taux de salaire réel, salaire d'efficience, salaire minimum, contrat de travail, conventions collectives, partenaires sociaux, segmentation du marché du travail. **Acquis de Première :** salaire, marché, productivité, offre et demande, prix et quantité d'équilibre, asymétries d'information.	En se limitant à une présentation graphique simple et en insistant sur les déterminants de l'offre et de la demande, on expliquera l'analyse néo-classique du fonctionnement du marché du travail. Pour rendre compte de la spécificité de la relation salariale, on montrera l'intérêt de relâcher les hypothèses du modèle de base en introduisant principalement les hypothèses d'hétérogénéité du facteur travail et d'asymétrie d'information. À partir de quelques exemples, on montrera que le taux de salaire dépend également du résultat de négociations salariales et de l'intervention de l'État.
2.2 Quelles politiques pour l'emploi ?	Flexibilité du marché du travail, taux de chômage, taux d'emploi, qualification, demande anticipée, équilibre de sous-emploi, salariat, précarité, pauvreté. **Acquis de Première :** chômage, productivité, demande globale, politique monétaire, politique budgétaire, rationnement.	À l'aide de données empiriques françaises et étrangères, on mettra en évidence le caractère dynamique du marché du travail en donnant des indications sur les flux bruts de création et de destruction d'emplois. On soulignera que, dans certains cas, le chômage peut être à l'origine d'un processus d'exclusion. Afin de montrer que la diversité des formes et des analyses du chômage explique la pluralité des politiques, on analysera les politiques macroéconomiques de soutien de la demande globale pour lutter contre le chômage keynésien, les politiques d'allégement du coût du travail pour lutter contre le chômage classique, les politiques de formation et de flexibilisation pour réduire la composante structurelle du chômage. On soulignera que les politiques de l'emploi sont aussi fondées sur la prise en compte du rôle du travail et de l'emploi dans l'intégration sociale. On se demandera en quoi ce lien entre travail et intégration sociale est fragilisé par certaines évolutions de l'emploi.

Pour illustrer la réflexion sur la mise en activité par le travail de groupe, on peut s'appuyer sur un dispositif de débat autour de la flexibilité en Terminale.

Ce procédé s'inspire des propositions faites par Marjorie Galy, professeure de SES à Strasbourg, qui a formalisé cette démarche elle-même inspirée des dispositifs utilisés en formation d'adultes.

1 Un travail de groupe

Préalablement au débat, il y a donc d'abord un travail de groupe. Il s'agit de fournir un dossier documentaire aux élèves pour y repérer des arguments pour ou contre la flexibilité du travail. Ce thème aura déjà été abordé en cours.

On peut envisager plusieurs modalités :

- On peut distribuer ce dossier à l'avance avec la demande à chaque élève de lire ce dossier à la maison et de répondre aux questions.
- On peut aussi distribuer ce dossier en classe et demander à chaque groupe de trois ou quatre élèves de le lire et d'exploiter ces documents. On peut alors procéder de deux manières :

– tous les élèves lisent tous les documents ;
– au sein du groupe, les tâches sont réparties et chaque élève ne lit qu'une partie des documents.

Dans cette deuxième modalité, l'intérêt est d'amener les élèves à coopérer et de les obliger à reformuler les informations pour en rendre compte à leurs camarades.

Si l'on dispose de deux heures avec un demi-groupe on peut alors consacrer la première heure à la lecture et l'exploitation de ce dossier documentaire. Les élèves doivent repérer les informations et arguments utiles pour le débat et les classer en deux colonnes (pour/contre) qui seront les deux équipes du débat.

Afin de rendre la préparation du débat plus efficace, il est recommandé de ne pas indiquer immédiatement aux élèves quel sera leur rôle dans le débat qui va suivre.

2 Un débat

Dans le cas d'une demi-classe, on peut constituer trois groupes. À l'issue de la première heure où chaque équipe repère les arguments, on indique quel sera le rôle de chaque équipe. Il y aura deux équipes de débatteurs (5-7 élèves) l'une pour une thèse, l'autre développant l'autre thèse. Et l'enseignant désignera un troisième groupe pour assurer le rôle de jury chargé d'évaluer la qualité du débat tant sur le plan de la forme que du fond des arguments échangés.

La tâche des deux équipes de débatteurs sera alors de peaufiner les arguments maintenant que les positions sont attribuées. Ils devront également désigner deux « champions » qui sont les débatteurs, les « équipiers » observent le débat afin de conseiller les débatteurs durant les pauses. Le débat aura donc lieu entre quatre personnes qui pourront changer d'un « *round* » à l'autre. L'intérêt de faire définir par l'enseignant quels sont les rôles des deux groupes et de permettre aux élèves de se décentrer d'une éventuelle opinion sur le sujet pour se concentrer sur l'argumentation. Et de comprendre par la même occasion que pour bien mener un débat, il faut connaître les arguments du camp opposé.

Dans la pratique courante, on peut proposer durant cette séance d'une heure, trois *rounds* de cinq minutes chacun. À l'occasion de chaque round, le ou les deux champions peuvent être remplacés par des membres de leur équipe.

La troisième équipe assume le rôle de jury. Parmi les membres de cette troisième équipe, un des élèves devient président de jury. C'est lui ou elle qui lance le débat et intervient éventuellement pour recadrer. Il ou elle gère aussi le temps. Les autres membres du jury s'attachent à observer et évaluer les différentes composantes du débat. On peut évaluer le fond et la forme pour chacune des équipes en positif et négatif.

Sur le fond :
- nombre d'arguments (+)
- qualité des arguments (+)
- capacité à réorienter le débat (+)
- affirmations non démontrées (–)
- contradictions/ erreurs (–)
- hors sujet (–)

Sur la forme :
- clarté des propos (+)
- capacité à convaincre (+)
- écoute (+)
- agressivité (–)
- faible prise de parole (–)
- monopolisation de la parole (–)

Chaque membre du jury observe une de ces composantes pour une des deux équipes. Une synthèse est faite à la fin de ces échanges. Elle donne lieu à une communication orale de chacun des membres du jury. Le président du jury peut alors faire une synthèse et indiquer quelle équipe a le mieux réussi le débat.

3 Le rôle de l'enseignant

Durant la deuxième heure, le rôle de l'enseignant est essentiellement un rôle d'observateur et de garant ultime (après le président de jury) de la qualité du débat. Pour la première heure, l'enseignant circule entre les groupes et aide chacun à répondre aux questions.

On peut dire que le travail de groupe met les élèves en situation d'être acteur de leurs apprentissages. Il fait aussi évoluer le rôle du professeur. Celui-ci n'est plus le seul dispensateur du savoir et il est surtout un facilitateur et un « passeur ». Il permet aux élèves de coopérer pour apprendre (dimension éducative) et de s'approprier des savoirs complexes en donnant du sens à des questions du programme en lien avec l'évolution de la société ou l'actualité.

Bibliographie

- Sylvain Connac, *Apprendre avec les pédagogies coopératives* : démarches et outils pour l'école, ESF, 2009.
- « Mieux apprendre par la coopération », *Cahiers pédagogiques,* n° 505, mai 2013.
- Alain Baudrit, *L'apprentissage collaboratif*, De Boeck, 2007.
- Marie-France Peyrat-Malaterre, *Comment faire travailler efficacement des élèves en groupe ?* Tutorat et apprentissage coopératif, De Boeck, 2011.

Partie 7

Sujets corrigés de composition | Chapitre 17

Sujets corrigés d'épreuve professionnelle | Chapitre 18

Sujets corrigés

Chapitre

16 Sujets corrigés de composition

SOMMAIRE

SECTION 1 **La démarche de l'économiste.**
Sujet rédigé d'histoire de la pensée économique :
« L'actualité de Keynes »

SECTION 2 **Les acteurs et leurs relations.**
Plan détaillé : « La concurrence est-elle toujours optimale ? »

SECTION 3 **Monnaie, financement et système financier.**
Plan détaillé : « Est-il justifié de parler de désintermédiation pour caractériser l'évolution des économies contemporaines ? »

SECTION 4 **Croissance, fluctuations et crises.**
Plan détaillé : « La croissance a-t-elle une fin ? »

SECTION 5 **Mondialisation et intégration européenne.**
Plan détaillé : « Commerce extérieur et croissance »

SECTION 6 **La régulation des déséquilibres économiques mondiaux.**
Plan détaillé : « La dépense publique est-elle une bonne réponse à la crise ? »

Section 1 LA DÉMARCHE DE L'ÉCONOMISTE

Sujet rédigé d'histoire de la pensée économique : « L'actualité de Keynes »

1. Une actualité qui semble évidente dans la crise actuelle

A L'absence d'autorégulation des marchés justifie les politiques de relance

La crise a rendu nécessaire la mise en place de plans de relance très conséquents, tant sur le plan monétaire (*quantitative et qualitative easing*) que budgétaire. Les plans de relance se sont multipliés, les déficits se sont creusés, dans une logique rappelant immanquablement celle de Keynes. La solution est alors que l'État investisse lui-même. On parlera de « socialisation de l'investissement » lorsque c'est l'État qui investit à la place des entreprises privées. En effet, l'État ne recherche pas le profit à court terme, et peut emprunter à des taux plus intéressants que les entreprises privées : il peut donc être avantageux que ce soit l'État qui investisse à leur place. Récemment, la Commission européenne a même reconnu que la valeur des multiplicateurs budgétaires avait été sous-estimée.

B Pour rétablir la confiance

D'après Keynes, en situation de crise grave, seul l'État peut donc intervenir pour transformer les anticipations négatives et réintroduire de la confiance. Compte tenu du fait que les décisions des acteurs (et notamment des entrepreneurs) sont guidées par des anticipations, la vision que l'on a de l'avenir joue un rôle fondamental. Donc si l'on voit l'avenir de manière optimiste, on formulera des conventions positives, qui favoriseront la croissance (les chefs d'entreprises investiront et les ménages consommeront) ; par contre, si l'on voit l'avenir de manière pessimiste, alors les conventions seront négatives, ce qui pèsera sur les décisions. Le terme de « confiance » apparaît d'ailleurs à de nombreuses reprises dans la *Théorie générale*. Ainsi, « […] C'est le retour de la confiance, pour user du langage courant, qu'il est difficile de provoquer dans une économie fondée sur le capitalisme individuel. Les banquiers et les hommes d'affaires insistent avec raison sur cet aspect de la dépression, et les économistes qui ont cru à l'efficacité d'un remède « purement monétaire » ne lui ont pas accordé l'importance qu'il mérite. ».

2. Une actualité tronquée : un retour partiel et partial

A Une économie qui reste une « économie de casino »

Le capitalisme, surtout financier, est instable. Cette instabilité accentue sa difficulté à créer spontanément du plein-emploi, ainsi que sa propension à s'enliser dans la crise ou la croissance molle : une fois qu'on y est, les anticipations perpétuent cette situation, et il n'existe pas de force de rappel pour que cela cesse : d'où la nécessité de l'intervention de l'État. Comme le dit Keynes, « Les spéculateurs peuvent être aussi inoffensifs que des bulles d'air dans un courant régulier d'entreprise. Mais la situation devient sérieuse lorsque l'entreprise n'est plus qu'une bulle d'air dans le tourbillon spéculatif. Lorsque dans un pays le développement du capital devient le sous-produit de l'activité d'un casino, il risque de s'accomplir en des conditions défectueuses. [...] Il est généralement admis que, dans l'intérêt même du public, l'accès des casinos doit être difficile et coûteux. Peut-être ce principe vaut-il aussi en matière de bourse. ». Ainsi, ce dernier estimerait sans doute que les mesures prises ne sont pas à la hauteur de la situation...

B La difficulté à penser un chômage involontaire

Comme le montre Jérôme Gautié[1], le chômage est de moins en moins considéré comme un problème macroéconomique, comme un défaut du système. Ce n'est plus un fait social qui s'impose aux individus. De plus en plus, les chômeurs sont vus comme des chômeurs volontaires, qui estimeraient que le salaire n'est pas suffisamment attractif pour renoncer aux loisirs. La problématique des « trappes » a pris de l'ampleur, et on défend l'idée selon laquelle le travail n'est pas suffisamment « payant ». Laurent Cordonnier[2] défend la même thèse, en rappelant qu'il ne suffit pas de vouloir travailler pour trouver un emploi : « Qu'avait dit Keynes, à ce sujet ? Que le niveau de l'emploi dépend du niveau de l'activité économique. Le chômage que Keynes a mis en évidence est donc de nature involontaire. Sa cause est de type systémique ».

3. Entre actualité du Keynes « pragmatique » mais enterrement du Keynes « radical » ?[3]

Selon Olivier Favereau, Keynes a hésité entre deux projets de recherche distincts. Il décrit une tension entre deux grands projets keynésiens, qui déboucheront ensuite sur deux écoles, qualifiées de post-keynésienne et de néo-keynésienne.

A Retour du Keynes de la synthèse

Le « Keynes pragmatique » est celui qui malgré tout fait confiance au marché, tout en admettant que parfois, il ne parvient pas à s'autoréguler. Dans ce cas, on construit une théorie générale dans laquelle la théorie classique se comprend comme un cas particulier. Comme l'explique Keynes lui-même, dans l'hypothèse où le plein-emploi est réalisé, la théorie ricardienne doit être considérée comme valable. « Le » Keynes que la crise de 2008 a partiellement réhabilité est un Keynes pragmatique, celui qui reconnaît que le fonctionnement de l'économie capitaliste a parfois besoin d'un coup de pouce pour

---

[1] Jérôme Gautié, « De l'invention du chômage à sa déconstruction », *Genèses*, n°46, 2002.

[2] Laurent Cordonnier, « Les trappes à inactivité, un point de vue keynésien (très) critique », *Idées*, n°136, juin 2004.

[3] Olivier Favereau, « L'incertain dans la révolution keynésienne : l'hypothèse Wittgenstein », *Économie et société*, mars 1985.

repartir, sans que cela nécessite de réformes profondes ou une remise en cause plus approfondie de son fonctionnement. On retrouve également ici l'idée d'un Keynes dit « hydraulique » : il s'agirait simplement de devoir réamorcer la pompe.

B Un Keynes purgé de ses éléments radicaux

Le « Keynes radical » se caractériserait au contraire par le projet de construire une véritable alternative à la théorie néoclassique. Ce Keynes-là est resté largement absent des débats. Sa prise en compte exigerait des mesures beaucoup plus radicales que tout ce qui a été envisagé jusqu'à présent. Comme le dit le spécialiste de Keynes, Gilles Dostaler[1], « On a en effet occulté alors les éléments les plus radicaux de la pensée de Keynes, transformant sa théorie en un modèle macroéconomique formalisé qu'on a combiné avec la microéconomie néoclassique. [...] Au-delà de la gestion fine de la conjoncture, Keynes estimait que seules des réformes très profondes seraient en mesure d'éviter, à long terme, l'écroulement d'un système qui, bien que très imparfait et désagréable à plusieurs égards, demeurait le seul possible ».

En effet, comme le faisait remarquer Bernard Maris[2], on ne peut comprendre l'essence du projet keynésien si l'on dissocie les termes « économie » et « civilisation ». Keynes ne pouvait envisager la réflexion économique sans référence à l'art, à la politique, au bien-être, il s'intéressait avant tout à la vie de la Cité de façon générale, d'où ce terme d'un « économiste citoyen ».

Section 2 LES ACTEURS ET LEURS RELATIONS

Plan détaillé : « La concurrence est-elle toujours optimale ? »

1. Si la concurrence n'est pas toujours optimale...

A La concentration permet parfois d'être plus efficace

Les rendements d'échelle croissants : dans cette situation, plus le marché est concentré, plus il est possible de réduire les coûts unitaires de production qui, répercutés sur les prix, favorisent donc le bien-être des consommateurs (situation de monopole naturel).

Une concurrence intense peut inciter les entreprises à réduire leurs coûts en abandonnant tout projet d'innovation. Pour Schumpeter, le monopole a ainsi deux effets : certes l'innovation radicale n'est pas favorisée, du fait de la situation privilégiée du monopole.

1 « Le retour de Keynes », Entretien avec Gilles Dostaler, en ligne sur : http://crisevousavezditcrises.blogs.nouvelobs.com/archive/2009/06/10/le-retour-de-keynes.html

2 Bernard Haris, *Keynes ou l'économiste citoyen*, Les presses de Sciences Po, 2007.

Mais si une concurrence potentielle est présente, le monopole peut avoir intérêt à innover, sans que pour autant cela aboutisse à des prix élevé.

B Le risque de la concurrence : déstabiliser les systèmes économiques et sociaux

La mise en concurrence des systèmes productifs peut s'avérer néfaste pour le bien-être des habitants et pour le système social (Pierre-Noël Giraud, Maurice Allais).

La concurrence exacerbée peut mener à la surproduction et aux crises capitalistes. C'est ce que pensait Kondratieff, en analysant les cycles capitalistes du XIXe siècle. La concurrence réduit les profits, et inciterait les capitalistes à réduire leurs coûts, notamment salariaux. Mais ce faisant, ils sapent la consommation des ménages, ce qui aboutit à la surproduction, et à la crise.

2. ...elle conduit néanmoins souvent à la meilleure des situations possibles

La concurrence est un aiguillon : incitation à faire des efforts qui améliore l'efficacité du système économique et donc améliore le bien-être de tous.

A La concurrence favorise une compétitivité-prix

La concurrence entre les entreprises les incite à réduire au maximum les prix, de façon à ne pas perdre des parts de marché, voire à en conquérir. Cette situation se fait à l'avantage des consommateurs, dont le bien-être est maximisé. L'innovation peut être un des moyens utilisés à cette fin. Un mécanisme favorise cet optimum : la main invisible.

Une hausse du prix (par un monopole par exemple) réduit plus le bien-être du consommateur qu'il n'augmente celui du producteur (analyse des surplus).

B La concurrence favorise également une compétitivité hors-prix

La concurrence entre les entreprises favorise la diversité des biens (on relâche l'hypothèse d'homogénéité des biens), ce qui bénéficie au bien-être des consommateurs :

- La concurrence peut engendrer des stratégies de différenciation favorisant la diversité des biens produits, et créant ainsi des structures de marché relevant de la concurrence monopolistique.
- Le libre-échange permet d'agrandir la taille des marchés, et ce faisant, les importations augmentent la diversité des biens proposés sur le marché national.

3. Penser le niveau optimal de concurrence plutôt que la concurrence optimale

A Les effets positifs d'un niveau « raisonnable » de concurrence

La concurrence n'est pas un état (CPP), mais un processus (notamment pour les Autrichiens). Ce processus est plus ou moins positif en fonction de l'état du marché, du jeu des différents acteurs, et des compromis réalisés par ces acteurs sur ce marché. De ce point de vue, la concurrence peut tout aussi bien avoir des effets positifs que négatifs. En fait, ces effets dépendent des institutions sur le marché, des valeurs et de la culture des acteurs, etc.

Pendant longtemps, on a affirmé que les marchés avec des rendements d'échelle croissants devaient être gérés par des monopoles plus efficaces, mais aujourd'hui, la politique de concurrence européenne favorise l'ouverture des marchés. L'image de l'efficacité a changé entre-temps, ainsi que l'image que l'on a des services publics.

B La concurrence à court ou à long terme ?

La concurrence est simultanément limitée et favorisée par les brevets. À court terme, la protection des innovations par les brevets incite les entreprises à innover, et elles se livrent une concurrence intense (guerre des brevets). Une fois les innovations brevetées, la concurrence est très fortement limitée, car l'entreprise jouit d'un monopole sur celles-ci. Mais à plus long terme, lorsque le brevet tombe dans le domaine public, l'innovation se diffuse, avec un retour de la concurrence : toutes les entreprises peuvent utiliser l'innovation, et donc y gagnent en efficience.

La politique du « protectionnisme éducateur » de List répond à la même logique : on limite la concurrence en protégeant les industries nationales de la concurrence étrangère, mais juste le temps que les entreprises nationales deviennent compétitives. Une fois devenues compétitives, les frontières sont ouvertes, et les entreprises nationales subissent la concurrence internationale. Seulement, elles sont plus fortes, ce qui est très favorable au bien-être des habitants du pays.

Section 3 MONNAIE, FINANCEMENT ET SYSTÈME FINANCIER

Plan détaillé : « Est-il justifié de parler de désintermédiation pour caractériser l'évolution des économies contemporaines ? »

La désintermédiation est l'un des trois D énoncé par Bourguinat pour caractériser l'évolution du financement de l'activité économique à partir de la décennie 1980. À travers ce terme il voulait exprimer la diminution du rôle des banques au profit du développement des marchés financiers, pourtant le rôle des banques n'a pas baissé, il s'est transformé.

1. L'évolution des modalités de financement des activités

A Le développement des marchés financiers

L'augmentation du financement par l'émission de titres pour les APU et les entreprises.

Cette modification du financement a été permise par le développement des marchés financiers au cours des années 1980.

B La diminution du financement par le crédit bancaire

On observe une diminution des taux d'intermédiation strict et large ; surtout pour le financement des APU.

2. ... Transforme le rôle des banques

A L'intermédiation de bilan diminue au profit d'une intermédiation de marché

Les banques accordent moins de crédits, mais achètent aussi plus de titres émis par les agents non financiers pour les financer. Elles émettent aussi plus de titres pour se financer (billets de trésorerie, actions, obligations). Enfin, elles placent, auprès du public, les titres émis par les agents à capacité de financement.

B Elles étendent leurs activités financières

Elles développent la bancassurance, et d'autres services (téléphonie mobile...) et elles contrôlent les organismes qui les concurrencent pour les placements (les OPCVM sont à 80 % des filiales des banques).

C Elles conservent un pouvoir important dans la création monétaire

Elles créent moins de monnaie par les crédits bancaires. Mais, elles achètent plus de titres et créent de la monnaie à cette occasion. On assiste donc plus à une modification du rôle des banques qu'à une diminution de leur rôle.

Section 4 CROISSANCE, FLUCTUATIONS ET CRISES

Plan détaillé : « La croissance a-t-elle une fin ? »

1. L'état stationnaire, la fin de la croissance

Denis Clerc[1] propose une typologie des « décroissantistes » :

A Les « pessimistes »

Les économistes « pessimistes », comme Ricardo et Malthus, croient en un état stationnaire plus ou moins inéluctable. On peut y ajouter les travaux de Solow (1956), qui théorise une croissance par tête condamnée à l'épuisement.

[1] Denis Clerc, « De l'état stationnaire à la décroissance : histoire d'un concept flou », *L'Économie politique*, vol. 2, n° 22, 2004.

B Les « moralistes »

Les « moralistes », tels que Stuart Mill ou Keynes, considèrent que l'arrêt prévisible de la croissance et de l'accumulation est plutôt une bonne chose : les hommes pourront enfin s'adonner à des occupations plus dignes et plus nobles.

C Les « catastrophistes »

Dans les « catastrophistes », on peut trouver par exemple les rédacteurs du rapport Meadows, intitulé Halte à la croissance, du Club de Rome, qui craignent une pénurie drastique de ressources naturelles.

2. La possibilité d'une croissance infinie grâce au progrès technique

A Dépasser les limites de la croissance

Solow (1957) montre que le progrès technique reste le principal moteur de la croissance. Pensons également aux théories de la croissance endogène (Romer, 1986), qui endogénéisent le progrès technique.

B Dépasser les limites environnementales

Solow (1974) montre de plus que grâce au progrès technique, le capital supplémentaire produit par les hommes compensera la diminution du stock de capital naturel : la croissance sera donc durable (soutenabilité faible).

3. Reconsidérer les finalités de la croissance

A De la fin de la croissance à la décroissance

Il faut selon Serge Latouche[1] ou Jean Gadrey sortir de cette « société de croissance », et penser la transition vers une société de décroissance ou d'« a-croissance ». Jean Gadrey dans *Adieu à la croissance* (2010) rappelle que la croissance est présentée comme la solution à tous les grands problèmes : chômage, financement des retraites, pauvreté, dette… : « La croissance est devenue croyance, culte, baume miracle pour tout panser sans avoir à penser ». Il faut selon lui passer d'une société de croissance à une société solidaire et soutenable. Les choses peuvent en effet aller bien, et même mieux, sans connotation d'abondance matérielle. La société post-croissance est une nécessité : Il faut produire autre chose et autrement, avec une productivité qui diminue.

B La fin de la croissance est finalement le développement

Dans une optique senienne, la croissance n'est qu'une accumulation de ressources, qu'il importe de savoir transformer en capabilités et donc en réel développement.

Sujets corrigés

1 Serge Latouche *Le pari de la décroissance*, 2006.

Section 5 MONDIALISATION ET INTÉGRATION EUROPÉENNE

Plan détaillé : « Commerce extérieur et croissance »

1. Le commerce extérieur peut être propice à la croissance

A Le commerce extérieur permet un accroissement de la taille des marchés

Chez Smith, la division du travail augmente la taille des marchés, donc il faut produire plus, et donc on peut diviser le travail davantage : cercle vertueux. L'augmentation de la taille des marchés entraîne des économies d'échelle. Pour Ricardo également, le commerce extérieur permet d'augmenter la production grâce à la spécialisation, et retarde arrivée de l'état stationnaire.

B Le multiplicateur du commerce extérieur

- Keynes prolonge les intuitions mercantilistes : possibilité de la relance par les exportations.
- Multiplicateur : $\Delta Y = 1 / (s + m) \cdot \Delta X$
- L'augmentation des exportations entraîne un accroissement du revenu national, donc une augmentation de la demande.

C La diffusion du progrès technique

Le commerce extérieur permet également des transferts de technologie, et l'instauration d'une dynamique de diffusion-imitation.

2. Miser sur le commerce extérieur : une stratégie risquée, non coopérative voire contre-productive

A Une stratégie incertaine

La corrélation apparente entre croissance économique mondiale et croissance des échanges internationaux est mise en doute par les économistes tels que J. Sapir. Miser sur le commerce extérieur accroît la vulnérabilité en cas de crise s'il s'agit d'une crise mondiale : c'est problématique si les cycles sont de plus en plus corrélés.

B Une stratégie non coopérative donc non généralisable

On peut évoquer ici les effets pervers de la recherche de la compétitivité à tout prix. Pour Krugman (1994) : la compétitivité est une « dangereuse obsession ». Il y a un risque réel de dumping social, fiscal, et environnemental.

C Et qui confond causes et conséquences ?

Bairoch (dans *Mythes et paradoxes de l'histoire économique*, 1993) montre que c'est la croissance économique qui entraîne le développement du commerce international et non l'inverse. Le commerce extérieur n'est pas un moteur de croissance, c'est un mythe.

3. Une stratégie qui peut se révéler payante sous certaines conditions

A Tout dépend de la spécialisation choisie

Comme le montrent les nouvelles théories du commerce international, toutes les spécialisations ne se valent pas : mieux vaut être spécialisé dans des productions à externalités positives, à rendements d'échelle croissants, pour lesquelles la demande augmente… Les stratégies de développement basées sur l'autarcie (développement auto-centré) ont échoué, mais miser sur commerce extérieur peut entraîner des effets pervers, et notamment une dégradation des termes de l'échange (Prebish) ou encore une croissance appauvrissante (Bhagwati).

B Une stratégie qui doit être encadrée par les pouvoirs publics

On pense ici par exemple au décollage des pays de l'Asie du Sud Est, rendu possible par des politiques extrêmement volontaristes d'insertion dans la division internationale du travail. Ces pays ont instauré une remontée de filière progressive. Ainsi, les avantages comparatifs peuvent être construits.

Section 6 LA RÉGULATION DES DÉSÉQUILIBRES ÉCONOMIQUES MONDIAUX

Plan détaillé : « La dépense publique est-elle une bonne réponse à la crise ? »

1. Si la dépense publique peut souvent impulser une croissance permettant d'amortir la crise...

A La dépense publique permet d'amortir une crise sociale

Celle-ci joue le rôle de stabilisateur automatique permettant de prendre en charge financièrement la perte de revenu consécutive à la crise, que soit pour les chômeurs (avec les dépenses pour distribuer les allocations chômage) ou pour les plus défavorisés (avec les dépenses pour distribuer les minima sociaux). Cela provoque certes un endettement accru, mais cela permet de maintenir un niveau de vie décent pour les victimes de la crise. Par ailleurs, c'est un outil qui maintient le niveau de la demande dans la mesure où les revenus diminuent peu. Au final, cela se révèle être un outil qui amortit la crise.

Exemple de la France, où les dépenses sociales sont importantes, et qui a relativement moins souffert de la crise que nombre de pays (même si elle en sortira vraisemblablement plus tard).

B La dépense publique permet d'amortir la crise conjoncturelle

Lors d'une crise, les conventions deviennent négatives, ce qui provoque une baisse de l'investissement et de la consommation. La « machine économique » ralentit donc, ce qui provoque une hausse du chômage, un pouvoir d'achat stagnant, voire même diminuant, etc. La dépense publique, dans une perspective keynésienne, permet de limiter cette morosité. La dépense publique permet d'assurer une demande effective minimale et donc de rendre positives les conventions des chefs d'entreprise et des consommateurs. En effet, la dépense initiale est à l'origine d'une distribution de revenus importants, qui se succèdent et sont d'autant plus importants que le niveau du multiplicateur keynésien est élevé. Actuellement, les économistes estiment celui-ci entre 0,9 et 1,7 : autrement dit, un euro de dépense engendre vraisemblablement plus d'un euro de revenu dans l'économie.

C La dépense publique permet d'améliorer les structures de l'économie pour mieux résister aux crises

La crise peut avoir des causes structurelles profondes (manque de compétitivité, transformation du mode de régulation, distribution inégalitaire des revenus, etc.). Dès lors, la dépense publique permet de financer des réformes structurelles qui s'attaquent aux causes de la crise. Deux perspectives : soit la réforme doit pouvoir être appliquée rapidement, de façon à sortir rapidement de la crise ; soit elle permet de modifier les structures économiques permettant d'éviter des crises structurelles récurrentes. Dans le premier cas, on peut imaginer une politique qui vise à améliorer rapidement la compétitivité (plutôt prix si on est sur le court terme). C'est le cas d'une politique de baisse du coût du travail, où les dépenses publiques permettent de prendre en charge financièrement une partie du coût du travail (baisse des cotisations sociales par exemple). C'est le cas du « Pacte de responsabilité ». Dans le second cas, on peut imaginer que les politiques de croissance endogène constituent une bonne illustration de dépenses publiques visant à améliorer les structures de l'économie (éducation ou R&D par exemple).

2. ...cela ne garantit pas le succès de ces politiques

A Les dépenses publiques doivent être financées de manière soutenable

La crise des dettes souveraines rappelle qu'un pays ne peut vivre « au-dessus de ses moyens » de manière durable : dans le contexte actuel, la dépense publique peut s'avérer risquée à long terme. En effet, elle implique, pour être pleinement efficace, que l'on augmente les dépenses, sans augmenter les ressources publiques, ce qui signifie que l'on finance la relance sur la base d'un déficit public. Ce déficit alimente une dette publique. Or, la très grande majorité des pays développés ont accumulé des dettes publiques d'un niveau très important (95 % du PIB pour la France, 220 % pour le Japon…). Or, si un gouvernement d'un pays important était amené à ne pouvoir rembourser un jour la dette, une crise majeure s'ensuivrait, réduisant à néant les efforts pour favoriser la croissance. Cela explique que les gouvernements européens en particulier ne se soient pas engagés dans une politique de relance budgétaire.

B Les politiques budgétaires peuvent échouer

Il n'est pas évident que la politique budgétaire fonctionne, car les politiques conjoncturelles ne sont pas très efficaces. Friedman a montré ainsi que la politique budgétaire permettait d'améliorer le revenu des ménages, en distribuant un revenu transitoire. Or, le revenu transitoire financé par la dépense publique n'a qu'un impact très marginal sur le revenu permanent, et donc la croissance. Moyennant quoi, la dépense budgétaire ne peut relancer la demande. La NEC radicalise ce constat avec le théorème d'équivalence néo-ricardien : les ménages vont plutôt épargner la somme reçue par les administrations publiques en prévision d'une pression fiscale accrue, ce qui provoque non pas une hausse de la consommation, mais de l'épargne.

C Les politiques budgétaires sont de moins en moins efficaces dans un cadre mondialisé

Depuis la publication de la *Théorie générale* de Keynes, le contexte mondial a fortement évolué, notamment parce que la mondialisation s'est imposée à travers la planète. Si la politique budgétaire peut sembler efficace en économie fermée, en économie ouverte, les conclusions sont moins favorables à la dépense publique : en effet, les importations constituent des fuites hors du circuit qui réduise l'efficacité du multiplicateur keynésien ($k = 1 / (s + m)$). C'est ce que l'on appelle la contrainte extérieure, à laquelle la France a été confrontée brutalement en 1981-1983. Dans le contexte actuel de taux de change flottants, la politique budgétaire est encore moins efficace, comme le montre le modèle IS/LM/BP, car elle engendre une hausse des taux d'intérêt qui provoque une hausse du taux de change. Or, cela nuit à la compétitivité de l'économie, qui importe davantage et exporte moins. Moyennant quoi, la demande adressée aux entreprises nationales diminue : la politique budgétaire est bien en échec.

Chapitre 17

Sujets corrigés d'épreuve professionnelle

SOMMAIRE

SECTION 1 **Économie du développement durable – Sujet capes externe 2015**

SECTION 2 **Le partage des richesses créées – Proposition de Sujet d'épreuve d'entretien**

On propose ici des corrigés de sujets des épreuves professionnelles. Seront corrigés le sujet proposé en 2015, « Économie du développement durable » pour l'écrit et un sujet d'oral sur le « Partage des richesses créées ». Ces corrigés ne sont que des propositions, qui permettent de rendre compte de la cohérence, de la progressivité et de l'utilisation possible du dossier. Toutefois, il ne s'agit pas de prétendre à une « vérité » de traitement des sujets, bien évidemment d'autres alternatives sont possibles, tant en terme de plan, que d'utilisation des documents ou en termes d'activités proposées. De plus, seule la progressivité et des exemples d'activité sont présentés, mais le futur professeur devra aussi s'attacher à être le plus précis possible, en fournissant des synthèses de formes variées et des activités dont les éléments de réponses doivent être précisément fournies.

Section 1 ÉCONOMIE DU DÉVELOPPEMENT DURABLE – SUJET CAPES EXTERNE 2015

1 Introduction pédagogique

1.1 Situation dans le programme

La séquence pédagogique s'inscrit dans la partie économie du programme d'enseignement spécifique de Terminale ES[1], dans le troisième thème « Économie du développement durable », au sein du questionnement « La croissance économie est-elle compatible avec la préservation de l'environnement ? ». Cette question sera traitée à la fin du programme d'économie, en décembre-janvier.

Le dossier présente des documents centrés sur la deuxième partie de l'indication complémentaire :

> On évoquera, à l'aide d'exemples, les limites écologiques auxquelles se heurte la croissance économique (épuisement des ressources énergétiques et des réserves halieutiques, déforestation, augmentation de la concentration des gaz à effet de serre, etc.). L'exemple de la politique climatique permettra d'analyser les instruments dont disposent les pouvoirs publics pour mener des politiques environnementales. En lien avec le programme de première sur les marchés et leurs défaillances, on montrera la complémentarité des trois types d'instruments que sont la réglementation, la taxation, les marchés de quotas d'émission.

Les notions suivantes seront donc abordées : réglementation, taxation, marché de quotas d'émission.

1.2 Démarche pédagogique

Prérequis

Les prérequis suivants doivent être maîtrisés par les élèves, leur maîtrise pourra être vérifiée par une évaluation diagnostique.

En termes de savoirs, on pourra s'appuyer sur la maîtrise des notions de Première suivantes : externalités, droits de propriété, offre et demande, défaillances du marché.

On pourra de plus considérer que les connaissances suivantes sont acquises et maîtrisées :
- définir et distinguer les différentes sources de la croissance, notamment l'accumulation du capital ;
- définir et distinguer les différents types de capitaux : naturel, physique, humain et institutionnel.

Sujets corrigés

[1] *Bulletin officiel*, 4 mai 2013.

En termes de savoir-faire, les élèves remobiliseront leur capacité à :
- calculer, lire et interpréter un diagramme en bâtons ;
- lire et interpréter un marché : représentation graphique de fonction simple, offre, demande, coût et interprétation de leur pente et déplacement.

En termes de compétences, celles mobilisées au cours de la séance sont notamment celles de l'épreuve composée du baccalauréat.

Objectifs

À l'issue de la séquence présentée ici, les élèves devront être capables de :
- montrer quelles sont les défaillances de marché à l'origine de la politique climatique ;
- définir et comprendre les enjeux de la politique climatique ;
- citer, expliquer et distinguer les différents instruments à disposition de l'État pour pallier aux défaillances de marché ;
- analyser les avantages et inconvénients de chacun de ces instruments dans le cadre de la politique climatique ;
- démontrer la complémentarité de ces instruments.

Problématique et démarche générale

Il s'agira notamment de revenir sur des acquis de première et peut-être de s'appuyer aussi sur les élèves qui ont suivi l'enseignement d'exploration de Seconde (question non obligatoire : la pollution : comment remédier aux limites du marché ?).

On pourra éventuellement revenir sur la notion de rareté. On insistera notamment sur la compréhension des défaillances de marché, comme problème d'allocation des ressources (première fonction de l'État au sens de Musgrave). Les défaillances traitées seront celles de biens communs et externalités. Il faudra prêter attention à ce que les externalités soient comprises comme un effet externe de l'échange marchand. La représentation du marché sera de plus remobilisée : principalement on reviendra sur les déterminants et la construction de la courbe d'offre (coût de production) ainsi que son déplacement.

Afin de mener les élèves à la compréhension de ce questionnement, il faut démontrer que la croissance passe par l'accumulation du capital et donc la constitution d'un stock de capital. La question du développement durable pose celle du maintien et de la transmission de ce stock. Or, le capital naturel est spécifique par rapport aux autres : il a des caractéristiques de bien commun et d'externalité. Ainsi, s'il est substituable aux autres, la croissance est compatible avec le développement, sinon, elle ne l'est pas parfaitement.

Le dossier nous amène donc à traiter de l'intervention de l'État pour préserver ce capital naturel spécifique : le marché ne prenant pas en compte les externalités, et étant sous-optimal dans la gestion des biens communs. Les instruments de l'État sont notamment la réglementation (contrainte), la taxation (incitation) et le marché des quotas d'émission (marché pour l'externalité). Après avoir présenté ces instruments aux élèves, on présentera leur complémentarité.

Plan de chapitre proposé

Chapitre : « La croissance est-elle compatible avec la préservation de l'environnement ? »

I Les limites écologiques de la croissance

A La découverte du développement durable

B Les différents capitaux et leur substituabilité

II Les instruments des pouvoirs publics en matière économique

A Les défaillances de marché en matière climatique

B Les instruments de la politique climatique

C La complémentarité des instruments à disposition de l'État.

Le dossier documentaire invite à ne traiter que la deuxième partie du chapitre. Nous posons donc comme problématique : *Quels sont les instruments dont disposent les pouvoirs publics pour préserver l'environnement ?*

2 Le projet de cours

2.1 Travail préparatoire

Consigne de travail

Une semaine avant la séance de cours, les élèves reçoivent le document 3 accompagné d'un fichier de suivi (à détailler en épreuve) permettant de faire un diagnostique sur les acquis des séances précédentes et d'introduire le cours en posant la question des instruments de la politique climatique nécessaires à la durabilité du développement.

2.2 Le cours proposé

Après avoir corrigé l'activité sur le document 3 en classe, nous poserons les titres suivants avec les élèves :

II Les instruments des pouvoirs publics en matière économique

A Les défaillances de marché en matière climatique

Documents utilisés : document 2 et document 6 de « En l'absence .... permis négociables » :

L'activité permettra de favoriser la capacité des élèves à mettre en lien des documents grâce à un corpus de questions menant à :
– expliquer la notion de bien commun et celle d'effet externe ;

Sujets corrigés

– faire travailler les élèves sur la représentation du marché : l'équilibre est sous-optimal car le prix de marché de l'aluminium est inférieur à ce qu'il serait si l'acteur privé prenait en compte le coût social de son activité ;
– mettre en commun un document graphique et littéral : « Quelle phrase du document 6 permet d'expliquer le document 2 ? »

B Les instruments de la politique climatique

Documents 1 (taxation), 5 (quotas), 6 « la réglementation ….importants » (réglementation) et 7 (fiscalité). On proposera ici un tableau à compléter :

Instruments	Définition	Explication	Illustration
Règlementation			
Taxation			
Marché de quotas d'émission			

En synthèse, on proposera aux élèves un travail maison : Sous forme de paragraphe argumenté type AEIC rédigez une réponse à la question suivante : « Quels sont les instruments dont disposent les pouvoirs publics pour internaliser les externalités. »

C La complémentarité des instruments à disposition de l'État

On peut proposer aux élèves de travailler sur la politique climatique en prenant l'exemple de la France. Il s'agira de travailler sur la complémentarité des instruments utilisés à partir des documents 1, 5 et document 6 « L'expérience française… admis. ».

3 Évaluation

On proposera ici aux élèves une EC3 en deux heures comportant le document 6 à partir de « Le recours ....efficience dynamique », le document 4 et le document 8.

Le sujet proposé sera : *Vous présenterez les instruments dont disposent les pouvoirs publics pour mener une politique climatique.*

L'étudiant pourra se référer au rapport de jury pour plus de précision, où une autre proposition de séquence fait notamment apparaître une évaluation formative.

Section 2 LE PARTAGE DES RICHESSES CRÉÉES – PROPOSITION DE SUJET D'ÉPREUVE D'ENTRETIEN

On propose ici un dossier documentaire de quatre documents, les trois premiers sont accompagnés de questions.

Document 1. Le partage de la valeur ajoutée d'une entreprise

L'entreprise Racart créée le 2 janvier 2015 présente une activité en plein essor. Spécialiste de la raquette de tennis, elle en produit en moyenne 30 000 par mois et vend sa production au prix de 75 euros pièce.

Les charges totales de l'entreprise sont les suivantes :
- Les matières premières : 15 euros par raquette fabriquée
- Les salaires et charges sociales 20 000 euros par mois
- Les impôts sur la production : 10 % du chiffre d'affaires
- Les impôts sur les bénéfices : 20 % de l'EBE
- Les intérêts : 7 000 euros par mois
- Les dividendes : 30 % des bénéfices avant impôts
- L'amortissement : 3 000 euros par mois

1. Calculez le montant de la valeur ajoutée, l'excédent brut d'exploitation et les bénéfices avant impôts mensuels de l'entreprise.

2. Calculez le montant des bénéfices mensuels mis en réserve.

Document 2. Part des salaires dans la valeur ajoutée des sociétés non financières en %

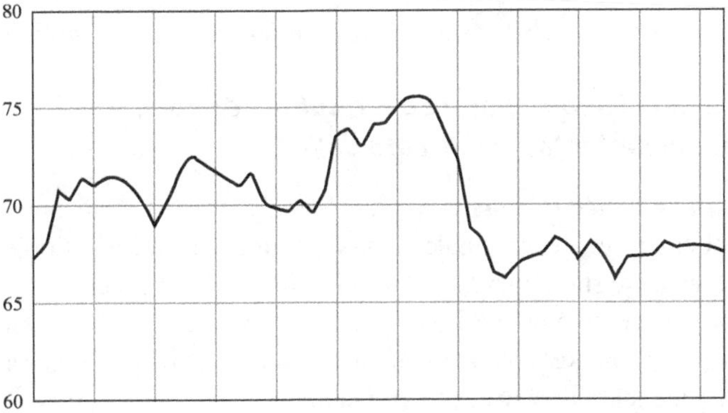

Source : Cotis, Rapport au président de la République, Partage de la valeur ajoutée, partage des profits et écarts de rémunérations en France, 2009

Sujets corrigés

1. L'évolution de la part des salaires dans la valeur ajoutée a connu plusieurs phases, repérez-les et indiquez-les sur le graphique.

2. Calculez en choisissant la mesure pertinente, l'évolution de la part des salaires dans la valeur ajoutée pour chacune des phases identifiées.

Document 3. PSG – Le détail des revenus (salaire, primes, sponsoring) de Blaise Matuidi

Il a certes perdu une place, au septième rang du palmarès des 50 sportifs français les mieux rémunérés dressé par L'Équipe Magazine. Mais ses revenus ont augmenté, c'est ce qui compte finalement pour le milieu de terrain du PSG, Blaise Matuidi. En 2015, l'international français a gagné 11 millions d'euros dont l'essentiel de son salaire reçu de son club.

Le PSG lui verse 770 000 euros brut tous les mois de salaire. Grâce à ses résultats collectifs sous les couleurs parisiennes, validés d'un triplé, coupe de France, coupe de la Ligue et championnat de Ligue 1, Blaise Matuidi ajoute 800 000 euros de primes à la performance à sa cagnotte finale. Le reste, il le tire des sponsors dont Nike, son équipementier ou les marques Nivea, Orange, BeIN, Beats ou EA Sports avec qui il est associé.

Tout cela dit L'Équipe Magazine donne une estimation finale du revenu de Blaise Matuidi à 11 millions d'euros. En deux ans, elle a progressé de 7,4 millions d'euros et l'Euro 2016 en France qui approche devrait être de nature à lui donner plus de présence, sur le terrain et dans la presse. Donc potentiellement à générer encore plus de revenus.

www.sportune.fr, 20 février 2016

1. Quels sont les différents revenus de Blaise Matuidi ?

2. L'essentiel des revenus de B. Matuidi provient-il d'un salaire ? Justifiez votre réponse.

Document 4.a. Sanofi : hausse des résultats en 2015, soutenus par l'effet favorable euro dollar

« *2016 sera une année très active* » pour Sanofi, avec 14 médicaments et candidats vaccins actuellement en phase finale d'essai clinique ou faisant l'objet de demandes d'autorisation de mise sur le marché, a promis son directeur général Olivier Brandicourt lors d'une conférence de presse à Paris. Plusieurs nouveaux produits ont été lancés l'an dernier, sans avoir encore notablement influé sur le chiffre d'affaires, même si M. Brandicourt a jugé leurs démarrages « *prometteurs* ». (…)

Avec 164 millions d'euros de ventes l'an dernier, la nouvelle insuline glargine Toujeo ne compense pas le déclin du Lantus, dont les prix sont sous pression, soumis notamment à la concurrence grandissante de biosimilaires. Le Lantus a plombé le segment diabète en 2015 (-6,8 % à 7,58 milliards d'euros à taux de change constants), comme anticipé par le groupe, qui s'attend à une baisse de 4 à 8 % par an des ventes dans cette division jusqu'en 2018. Les bénéfices cardiovasculaires potentiels de l'anti-cholestérol Praluent, dans lequel le groupe place beaucoup d'espoirs, ne seront pas connus avant 2017 au terme d'une vaste étude clinique en cours. Quant à Dengvaxia, le premier vaccin mondial contre la dengue, il a certes été homologué au Mexique, aux Philippines et au Brésil en décembre, mais aucune vente n'a encore été enregistrée. L'activité vaccins de Sanofi a néanmoins été robuste en 2015, tout comme les génériques, ainsi que l'activité dans les marchés émergents portés par l'Asie et la santé animale. Cependant, le meilleur atout du groupe reste sa filiale américaine Genzyme, spécialiste des maladies rares, dont les ventes ont bondi de près de 30 % l'an passé à taux de change constants, à près de 3,7 milliards d'euros, grâce notamment à ses traitements contre la sclérose en plaques.

Au total, les ventes annuelles du groupe ont atteint 37 milliards d'euros (+9,7 % sur un an, ou +2,2 % à taux de change constants), pour un bénéfice net de 7,37 milliards d'euros (+7,7 % ou -0,9 % à devises constantes), des chiffres globalement conformes aux prévisions des analystes. Le succès de Genzyme, qui se confirme trimestre après trimestre depuis son acquisition par Sanofi en 2011 pour environ 14,8 milliards d'euros, donne des envies d'achats au groupe. Tout en restant *« financièrement discipliné »,* des acquisitions de même envergure que Genzyme sont *« quelque chose que nous pourrions réaliser »,* a affirmé mardi le directeur financier de Sanofi, Jérôme Contamine, tout en n'ayant *« rien de spécifique actuellement à mentionner ».* À la mi-décembre, Sanofi a annoncé des négociations exclusives avec Boehringer Ingelheim pour échanger sa filiale vétérinaire Merial contre l'activité de santé grand public du groupe allemand, avec l'ambition de devenir numéro un mondial de ce secteur. Par ailleurs, Sanofi étudie toujours « toutes les options » pour son activité génériques en Europe et souhaite trancher la question d'ici fin 2016. En raison de négociations en cours avec les représentants du personnel dans plusieurs pays, M. Brandicourt n'a pas détaillé l'ampleur des réductions d'effectifs du groupe attendues dans le monde, dans le cadre d'un plan d'économies de 1,5 milliard d'euros d'ici 2018. Le chiffre global de ces réductions d'effectifs devrait être connu « d'ici cet été », a-t-il prévenu. Concernant la France, Sanofi a déjà annoncé la semaine dernière la suppression nette de 600 postes, au grand dam des syndicats. Ce plan de rigueur n'empêchera pas le groupe de proposer au titre de 2015 un dividende en hausse, pour la 22e année consécutive (2,93 euros par action, contre 2,85 euros pour 2014).

Source : AFP, publié le 9 février 2016 par l'Express

Document 4.b.

Données statistiques tirées du bilan du groupe

En millions d'€	2015	2014	2013
Chiffre d'affaires	35 542	31 694	30 966
Marge brute	23 942	21 769	20 989
Frais de R&D	5 082	4 667	4 605
Dividendes versés	3 6 94	3 676	3 638

Effectifs de l'entreprise au 31 décembre 2015

	Monde		Europe		France	
	2015	2014	2015	2014	2015	2014
Effectifs	115 631	113 496	54 341	53 431	27 431	26 933
En %	100 %	100 %	47 %	47 %	23,7 %	23,7 %

Source : Site de l'entreprise Sanofi.

1 Introduction pédagogique

1.1 Situation dans le programme

Le dossier documentaire renvoie au premier thème du programme de Première spécifique : Les grandes questions que se posent les économistes. Il s'agit ici de traiter de la 3e question posée par le programme après : dans un monde aux ressources limitées, comment faire des choix ? Que produit-on et comment le mesure-t-on ? On traite de la question de la répartition des richesses créées. La question est intitulée « Comment répartir les revenus et la richesse ? ».

1.2 Démarche pédagogique

Pré-requis

Le sujet a pu être abordé avec certains élèves qui auront suivi l'enseignement d'exploration en seconde, mais nous ne considérerons pas comme pré-requis les notions de revenus et de valeur ajoutée.

On pourra s'appuyer sur les premières questions traitées, les pré-requis étant alors la notion de valeur ajoutée (deuxième question).

Les élèves doivent maîtriser :

- La lecture de graphique et de tableaux statistiques.
- Les calculs et la lecture de taux de variation et de coefficients multiplicateurs.

Objectifs

Les élèves devront ici investir les notions de salaire, profit et valeur ajoutée.

À l'oral, on détaille les attendus des indications complémentaires et on indique que le dossier est centré sur la première partie de l'indication.

Pour ce qui est des savoir-faire, les élèves devront maîtriser la lecture de graphique, le calcul de répartition mais aussi l'analyse de document et la préparation d'argumentaires à partir d'un dossier documentaire.

Problématique et démarche générale

Comment rétribue-t-on les apporteurs de capital et de travail, comment ce partage évolue-t-il ? Et quelles en sont les conséquences ?

Plan de chapitre proposé

I. La répartition primaire des revenus…

A) Les revenus des apporteurs de capital et de travail (Doc 3)

B) Le partage entre salaire et profit (Doc 1)

II…un partage sous tension

A) Évolution du partage de la valeur ajoutée depuis 1950 (Doc 2)

B) Conséquences de cette évolution (Doc 4)

Présentation des documents

Le candidat à l'oral doit gérer son temps d'épreuve, si les documents sont simples, cette partie n'est pas nécessaire.

Documents	Contenus
1	Une simulation du partage de la valeur ajoutée dans une entreprise
2	Graphique de l'évolution de la part des salaires dans le partage de la valeur ajoutée
3	Texte sur les revenus de Blaise Matuidi : le salaire est une des sources de ses revenus
4	Dossier pour préparer un débat sur les attentes des salariés et des dirigeants d'entreprise quant au partage des richesses créées.

2 Le projet de cours

I La répartition primaire des revenus…

A) Les revenus des apporteurs de capital et de travail (Doc 3)

Les élèves répondent aux questions posées. Le professeur guide les élèves dans la découverte des revenus.

Ici, il s'agit principalement de catégoriser les types de revenus (revenu du travail, du capital). Le professeur devra être particulièrement vigilant au fait que certains élèves ne perçoivent pas la différence entre salaire et revenu du travail. Après cet exercice simple, le professeur proposera une synthèse sous forme de schéma représentant l'ensemble des revenus du travail (salaires, primes, honoraires, traitements…) et du capital (dividendes, intérêts…). On pourra alors expliquer la notion de revenus mixtes, issus du capital et du travail.

B) Le partage entre salaire et profit (Doc 1)

Pour cette partie de cours, le professeur commencera par demander aux élèves de rappeler ce qu'est la valeur ajoutée et comment la mesure-t-on. Ce temps de cours pourra prendre la forme d'une auto-évaluation sur le chapitre précédent.

L'activité productive d'une entreprise consiste à proposer un bien ou un service dont la valeur est supérieure à celle des biens et services consommés lors du processus de production. Cette valeur est appelée valeur ajoutée et est mesurée par la différence entre la valeur de la production vendue (chiffre d'affaires) et celle des consommations intermédiaires.

VA = CA – CI

Elle est ensuite répartie entre les différents agents économiques ayant permis sa création, c'est-à-dire principalement en salaire et en profit qui rémunèrent le travail et l'apport de capital nécessaires à la production.

Les élèves pourront alors mettre en application ces rappels en répondant individuellement aux questions du document 1.

À la suite de cette application, le professeur proposera un schéma, qui peut avoir deux objectifs :

- Aider les élèves qui n'auraient pas réussi l'exercice à trouver par eux-mêmes leur erreur.
- Synthétiser l'information pour faciliter les apprentissages.

Un schéma à trous qui reprend la figure 2.5, partie 2, chapitre 2 peut être proposé.

II … un partage sous tension

A) Évolution du partage de la valeur ajoutée depuis 1950 (Doc 2)

Objectif :

Préparer les élèves à l'épreuve EC2 du baccalauréat en présentant les contenus tirés de cette courbe à partir d'une approche générale (extrêmes) puis en repérant les phases particulières d'évolution. Cette présentation doit être accompagnée par des données chiffrées.

Éléments de correction :

On peut voir qu'en 1950, 67 % de la valeur ajoutée était distribuée en salaires ou cotisations sociales. Ce qui correspond à la situation de 2007.

Entre 1950 et 1970, le partage est plutôt stable. La part revenant aux salaires avoisine les 70 %. Entre 1970 et le début des années 1980, la part revenant aux salaires augmente et passe à environ 75 %. Entre le début des années 1980 et la fin des années 1980, la part des salaires repasse à environ 67 % de la valeur ajoutée. Enfin sur la dernière période, ce résultat restera stable.

Le tableau suivant peut être proposé aux élèves, dans un premier temps il permet de guider la périodisation, progressivement dans l'année ils seront invités à réaliser eux-mêmes ces tableaux.

Périodes	Part des salaires dans la VA (en %)	Part des profits (en %)
1950-1970	67	33
1970-début 1980	75	25
1980-1990	67	33
1990 à aujourd'hui	67	33

On voit donc que la part des salaires dans le partage des richesses créées évolue. Ces évolutions sont souvent des sources de tensions entre salariés et dirigeants pour des objectifs parfois antagonistes.

B) Conséquences de cette évolution (Doc 4)

Objectifs :

- Organiser son argumentation.
- Réinvestir les contenus dans un débat.

Les élèves cherchent dans cette partie à distinguer les avantages et les inconvénients d'un changement dans le partage de la valeur ajoutée. On proposera alors un guidage menant à une activité de débat.

1. Remplissez le tableau suivant

	Les dirigeants	Les salariés
Mesures souhaitées et pourquoi ?	Hausse des profits - Pour garder le leadership - Pour maintenir le cours des actions. Pour rémunérer les actionnaires qui nous financent - Investir en R&D montant investi en 2015 5,082 milliards d'euros en R&D. - Le coût des brevets déposés est important - Pour acheter les concurrents et bénéficier de leur savoir faire (Boehringer Ingelheim) - Rester compétitifs - S'étendre au niveau mondial, conquérir de nouveau marché ou consolider les marchés existants	Hausse des salaires ou maintien de l'emploi - Pour rémunérer le travail qualifié - Hausse des salaires est possible car augmentation de la marge brute - CA en hausse de 12 % en 2015 - Pour maintenir le pouvoir d'achat
Mesures non souhaitées et pourquoi ?	Hausse des salaires ou maintien de l'emploi - Faible hausse de l'effectif, de 1 % - Trop de hausse de salaire obligerait l'entreprise à délocaliser - Rester concurrentiel, obligation de s'adapter et de développer les produits phares	Hausse des profits - Car le profit est distribué aux actionnaires (dividendes) - Projet de 600 licenciements alors que le chiffre d'affaires augmente de 12 %

2. Défendre un argumentaire

Les élèves tireront au sort le rôle qu'ils joueront dans ce débat : Salariés, dirigeants, modérateur

Le débat (5 minutes environ) doit permettre d'exprimer des argumentaires construits et d'entendre les autres arguments.

Index

A

Abus de position dominante 359
Accélérateur 245
Acteurs 63
Actifs financiers 138
Actions 151
Administrations publiques 76
Agences de notation 183
Agrégats monétaires 137-139
Aléa moral 146, 188, 196, 361, 393
Allocation 314, 353
Allocation des ressources 102
Anticipations 161, 164-165, 171, 245, 372, 378-379, 425-426
Associations 64
Asymétrie d'information 32, 354, 361
Autofinancement 148

B

Balance
des paiements 170
des transactions courantes 163
Banking school 137
Banque 154
centrale 140, 142, 146, 162, 171, 376, 382
centrale européenne 176, 316
commerciale 144
d'affaire 145
mondiale 169
Barrières à l'entrée 106
Base monétaire 140-142
Besoin de financement 67, 147
Bien 219
collectif 318, 354, 358
commun 254, 358

Giffen 70
public 76, 358
Veblen 70
Bourse 152
Bretton Woods 161
Budget 371

C

Canaux de transmission 378
Capacité de financement 147
Capital 23, 63, 127
artificiel 251
fixe 80
humain 230, 252
institutionnel 252
naturel 251
Changes flexibles 161
Chiffre d'affaires 65
Chocs
asymétriques 317, 320
symétriques 317, 320
Choix 28, 36, 49
Chômage 143, 167, 370, 384
naturel 389
Circuit 22-23, 31, 63, 67
Classiques 24, 32, 142
Combinaisons productives 86
Commerce
extérieur 432
international 22, 24, 224
mondial 167
Compétitivité 305
hors-prix 107
prix 107
Complémentarité 57
Comportement mimétique 193
Concurrence 94, 427
imparfaite 32, 39, 93
monopolistique 106
pure et parfaite 71, 102-103, 388
Confiance 164, 167, 192-193, 244
Consensus de Washington 174
Consommation 64, 67, 69
intermédiaire 63, 77, 80
Contenu en emplois de la croissance 395
Contrainte budgétaire 73
Contrat de travail 390
Conventions collectives 390
Convertibilité 167-168
Coordination 318
Cotisations sociales 365
Courbe
de demande 97-98
d'indifférence 72, 74
d'offre 95
en J 163
de Phillips 380
Coût 83
d'opportunité 36, 50
fixe 84
marginal 84, 108
moyen 83, 108
salarial 387
structure 85
total 83
variable 84
Création monétaire 139, 141, 168
Crise
économique 31, 234
financière 165, 185
jumelle 185
Croissance 24, 370
endogène 142, 229-230
exogène 229
extensive 222
intensive 222
potentielle 235
Cycle
de vie 69
économique 232

D

Décomposition internationale des processus productifs (DIPP) 303
Décroissance 260
Défaillances de marché 76, 230, 353
Déficit
extérieur 375
public 318, 371-372
Déflation 167, 234, 242
par la dette 191
Délocalisation 304
Demande 63, 91, 98, 390
anticipée 391
globale 236

Démarche scientifique 33, 35, 38-39, 45, 52
méthode hypothético-déductive 33, 52
Démographie 25, 221, 366
Dépense publique 433
Dépréciation de la monnaie 163
Dépression 234
Désequilibre extérieur 22, 370
Désinflation 234
Désintermédiation 429
Destruction créatrice 241
Détour de production 242
Dette publique 318, 372
Dévaluation 163
Développement 223
durable 249, 437
Devises 140, 160
Dilemme du prisonnier 37
Diviseur monétaire 142
Division du travail 224, 296
Dotations factorielles 298
Droit de propriété 92
Droite
de budget 73-74, 88
d'isocoût 88

E

Échange international 163, 297
Écoefficience 253, 256
Économie
d'échelle 146, 314
de marchés 149
d'endettement 149
Effet
de revenu 70, 98
de substitution 70, 98
Efficacité marginale du capital 244
Élasticité 106-107
Emploi 31, 385
Empreinte écologique 255
Encaisses 69
Endettement 154
Ententes 360
Entreprise 63-64, 80
Environnement 249, 437
Épargne 64, 67-68, 150, 226-227, 237
Équilibre
de sous-emploi 144, 391
du consommateur 71, 74, 98
emplois/ressources 223
État 40, 371
moyens d'action 356
nationalisation 82
privatisation 82
rôle 24, 26, 30, 257
stationnaire 225
Euro 311-312
Externalisation 303
Externalités 230, 257, 317, 354

F

Facilités permanentes 377
Facteur
capital 220
travail 220
Facteurs de production 80
complémentaires/substituables 220, 242
productivité marginale 89
Faiseur de prix 93, 106
Fédéralisme budgétaire 321
Financement
besoin/capacité 147
direct/indirect 147
Firmes multinationales 160, 170, 304
Fiscalité 365
Flexibilité du marché du travail 400
Fluctuations économiques 26, 233
Fonction de production Cobb-Douglas 225
Fonctions économiques de l'État 353
Fonds
de pension 182
monétaire international 169, 173
souverains 183
Formation brute de capital fixe 68
Formes de la monnaie 137

G

Gains à l'échange 102, 297
Globalisation 180
Guerre des monnaies 295

H

Hedge funds 182

I

Incertitude 32, 69
Incitations 103, 254, 397
  et contraintes 36, 88, 362
  pécuniaires 363
Indice de développement humain (IDH) 223
Inflation 164, 168, 173, 242, 315, 370-371
  niveau général des prix 142
Innovations 83, 91, 240
Institutions 32, 35, 69, 91-92, 136
  marchandes 92
Intégration européenne 311
Interdépendance
  économique 318
  stratégique 318
Intermédiation
  de bilan 155
  de marché 155
  financière 147
  taux 153
Investissement 63-64, 66, 68, 106, 150, 241, 245
  à l'étranger 180
  direct à l'étranger 303
  étranger 167
  public 374

L

La théorie de la parité des pouvoirs d'achat 164
Libre-échange 24-25, 39, 295
Liquidité 138
Loi 41, 56
  seconde loi de Gossen 75, 89
  de l'offre et de la demande 71, 99, 103
  d'Engel 117, 119
  des avantages absolus 295
  des avantages comparatifs 296
  de Say 237
  des débouchés 25, 28, 30, 142
  des rendements décroissants 25, 84
  économiques 35
  psychologique fondamentale 67

M

Main invisible 24, 34, 37, 100
Marché 40, 67, 75, 83, 91, 95
  autorégulateur 99, 104
  de capitaux 150
  de quotas d'émission 260
  des changes 160
  du travail 384
  financier 65, 184
  interbancaire 151, 160, 191
  monétaire 151
  pertinent 360
  pouvoir 92
  prix et qualité d'équilibre 99
  structure 92
Masse monétaire 137-139, 141-142, 167
Ménages 64
Méthode hypothético-déductive 35
Mobilité des facteurs de production 320
Mode
  de production 238
  de régulation 239
Modèle 38, 56
  WS/PS 392
Mondialisation 295
Monnaie 24, 28, 30-31, 40, 58, 69, 135-136
  active 142
  currency 137
  demande 143
  électronique 136
  exogène 142
  fiduciaire 146
  fonctions 135
  formes 136
  internationale 169
  marchandise 136
  métallique 136
  neutre 142
  scripturale 136-137
  théorie quantitative 143
  unique 311
Monopole 93-94, 106, 109
  discriminant 107
  naturel 106, 354
Mouvement
  migratoire 221
  naturel 221
Multiplicateur 245
  monétaire 141

N

Normes 356

O

Obligations 151
Offre 91, 96
  courbe 95
  globale 236
Oligopole 93-94, 360
OPCVM 182
Opérations d'open market 377
Optimum social 355
Oscillateur 245

P

Pacte de stabilité et de croissance 318
Paradoxe de Jevons 257
Pareto-optimal 355
Partenaires sociaux 390
Passager clandestin 358
Pays émergents 307
Pays en développement 307
PIB 222
Policy-mix 318
Politique
  budgétaire 314, 317, 371
  de change 160, 166, 314
  de la concurrence 359
  de l'emploi 393
  économique 31
  fiscale 314
  industrielle 302
  monétaire 142, 146, 171, 196, 243, 314, 316, 376
  structurelle 354
Population active 220
Pouvoir
  d'achat 98, 117, 315
  de marché 93-94, 109, 359
Précarité 384-385
Préférence 50, 72
  pour la liquidité 31, 69, 143
Prélèvements obligatoires 66, 364
Preneur de prix 85, 95
Prêteur en dernier ressort 146, 173
Principe « pollueur-payeur » 257
Prix 26, 69, 75, 83, 107
  d'équilibre 102
  du marché 102
  plafonds 103
  planchers 103
  relatif 73
Producteur 83
Production 31, 63, 75, 88
  marchande 66, 75
  non marchande 76
  potentielle 354
Productivité 27, 55, 128-129, 224
  du travail 21
  gains 82, 221
  marginale du travail 28
  marginale 29
Produits dérivés 181
Profit 26-27, 85, 109
Programme
  du consommateur 97
  du producteur 108
Progrès technique 82, 221, 249, 253
Protectionnisme 24, 295, 299
Protection sociale 362, 396
  beveridgien 363
  bismarckien 363

Q

Qualification 399
Quantité d'équilibre 88

R

Rareté 28, 36, 47, 70
Ratio
  de dépendance démographique 367
  de dépendance économique 368
Rationalité 36-38, 41, 47, 52, 58, 71
Rationnement 103, 105
Recette 85
  marginale 85, 108
  moyenne 85, 108
  totale 85
Redistribution 64
Régimes de change 166, 173
Règle d'Hotelling 253
Réglementation 257
Régulation 194
Rendements 84
  croissants 301, 359
  décroissants 84, 87, 225
Rente de monopole 109
Répartition 29, 65
  primaire 364
  secondaire 353, 364

Ressources 36, 314
Reste du monde 64
Retraite 69
  par capitalisation 365
Revenu 69, 130
  de transfert 64
  disponible 67
  permanent 374
Risque
  de change 161
  de crédit 188
  systémique 146, 192

S

Salaire 26, 67
  d'efficience 392
  minimum 104, 389
Salariat 390
Segmentation du marché du travail 389
Sélection adverse 361, 393
Séparation des activités bancaires 195
Services 220
  collectifs 365
Seuil de rentabilité 96
Shadow banking 183, 196
Situation
  optimale 75, 102
  sous-optimale 95
Sociétés financières 64
Soutenabilité 249, 375
  faible 251
Spécialisation 296, 321
Spéculation 162, 170, 172, 175, 190
Stabilisateurs automatiques 321, 433
Stabilisation 353
Stades d'intégration 311
Stratégies
  d'entreprise 146, 305, 359
  différenciation 107
Structure
  de consommation 117
  productive 81, 84
  économique 354
Subprimes 187
Substituabilité des facteurs 57
Surplus 100
  du consommateur 100
  du producteur 101
Système
  de retraite par répartition capitalisation 366
  européen de banques centrales 176
  financier 147
  monétaire international 160, 167

T

Taux
  de change 162
  de change d'équilibre fondamental 166
  de chômage 386
  d'emploi 386
  d'épargne brute 68
  d'épargne financière 68
  de remplacement 367
  de réserves obligatoires 141
  de salaire réel 387
  d'intérêt 67, 149, 164, 243, 245
  d'intérêt directeur 317
  directeur 377
  marginal de substitution technique 87
Taxation 257
Taxe 356
Tertiarisation 254
Théorème
  d'équivalence néo-ricardien 374
  HOS 298
  Stolper-Samuelson 298
  du bien-être 355
Théorie
  de la parité des taux d'intérêt 165
  du cycle de vie 227
  de l'incidence fiscale 258
  des cycles 244
  des marchés efficients 184
  du « revenu permanent » 374
Thésaurisation 69, 143
Titres 150, 154
Titrisation 151, 188
Traité sur la stabilité, la coordination et la gouvernance (TSCG) 318
Trappes à non-emploi 397
Travail 80
Triangle des incompatibilités 315

U

Union économique et monétaire 312
Utilité 34, 36, 71, 74
  marginale 28, 71

V

Valeur 25, 28, 58, 72, 103
  ajoutée 77
  objective 26
  subjective 26
  théorie 25
  travail 26
  utilité 26

Z

Zone monétaire optimale (ZMO) 319

Index des auteurs et des courants économiques

A

Aglietta, Michel 136, 239, 322-323
Akerlof, George 32, 192, 361
Allais, Maurice 37
Aristote 21, 34
Arrow, Kenneth 28, 355
Artus, Patrick 322, 382

B

Bachelard, Gaston 19
Balassa, Bela 311
Barro 32
Barro, Robert 229-230, 374
Bénassy-Quéré, Agnès 314
Bodin, Jean 22
Boyer, Robert 239, 399

C

Cahuc, Pierre 397
Cassel, Gustav 164
Classiques 24, 228
Coase, Ronald 257-258, 357

D

Debreu, Gérard 355
Domar, Evsey 225, 241
Dornbusch, Rudiger 165
Dunning, John 303

E

École de la régulation 27, 42, 239
École des conventions 42
École historique allemande 39

F

Fama, Eugene 184
Fisher, Irving 28, 191
Friedman, Milton 39, 171, 374, 379

G

Grossman, Gene 254

H

Harrod, Roy 225, 241
Hayek, Friedrich 144, 242
Hétérodoxes 94, 240

J

Jevons, Stanley 27, 29, 257
John Hicks 149
Juglar, Clément 185, 234, 236

K

Kaldor, Nicholas 32, 162
Kenen, Peter 320
Keynes, John Maynard 20, 27, 30, 67, 165, 372, 390, 425
Keynésiens 143, 150, 244
Kitchin, Joseph 236
Knight, Frank 94
Kondratiev 237
Krueger, Alan 254
Krugman, Paul 32, 295, 302, 321
Kuhn, Thomas 19

L

List, Friedrich 39, 300
Lucas, Robert 32, 230, 380

M

Macroéconomie 29-30, 42, 52, 77
Malthus, Thomas Robert 24, 27, 226
Marginalistes 27-28
Marx, Karl 24, 27, 238
McKinnon, Ronald 320
Menger, Carl 27
Mercantilistes 21, 32, 226, 295
Microéconomie 29, 42, 52, 67, 78, 83
Mill, John Stuart 38
Minsky, Hyman 190
Modigliani, Franco 69
Monétariste 374, 379
Multiplicateurs keynésiens 373
Mundell, Robert 171, 315, 320
Musgrave, Richard Abel 353

N

Néoclassiques 28, 32, 71, 83, 94, 100, 142, 150, 228, 387
Néo-institutionnaliste 92
Néokeynésiens 144
North, Douglass 92
Nouveaux classiques 143, 379
Nouveaux keynésiens 354, 392
Nouvelle école classique 243, 317, 374

O

Orléan, André 35, 136, 165, 171, 192

P

Pareto, Vilfredo 36
Phillips, Alban William 381
Physiocrates 23
Pigou, Arthur Cecil 257, 355-356
Piketty, Thomas 323
Popper, Karl 33
Posner, Wolfgang 298
Post-keynésiens 32, 57
Prebisch, Paul 299

Q

Quesnay, François 23

R

Régulationniste 399
Ricardo, David 24, 39, 296
Robbins, Lionel 30, 38, 47
Romer, Paul 229
Rueff, Jacques 170

S

Samuelson, Paul 32, 245, 357
Say, Jean-Baptiste 20, 24, 142
Schumpeter, Joseph 22, 27, 91, 236, 240
Sen, Amartya 34, 223
Shiller, Robert 192
Simon, Herbert 38
Smith, Adam 19, 24, 34, 39, 224, 258, 295
Solow, Robert 32, 225
Stiglitz 32
Stiglitz, Joseph 361

T

Tobin, James 196
Triffin, Robert 170

V

Vernon, Raymond 299

W

Walras, Léon 27, 29, 34, 67, 100
Williamson, John 166, 174